Hanschke

Informationssicherheit und Datenschutz

einfach & effektiv

E-Book inklusive

Mit folgendem Code können Sie die E-Book-Ausgabe dieses Buches downloaden:

`fcng5-u030t-slina-vtd5y-mytae`

Registrieren Sie sich unter

plus.hanser-fachbuch.de/ebookinklusive

Das E-Book können Sie auf Ihrem Rechner*, Tablet-PC und E-Book-Reader nutzen.

* Systemvoraussetzungen: Internet-Verbindung und Adobe® Reader®

Inge Hanschke

Informationssicherheit und Datenschutz
einfach & effektiv

Integriertes Managementinstrumentarium systematisch aufbauen und verankern

2., aktualisierte Auflage

HANSER

Die Autorin: *Inge Hanschke*, München, *www.hanschke-consulting.com*

MIX
Papier | Fördert gute Waldnutzung
FSC® C016368

Print-ISBN: 978-3-446-47670-7
E-Book-ISBN: 978-3-446-47923-4
E-Pub-ISBN: 978-3-446-47969-2

Aus Gründen der besseren Lesbarkeit wird auf die gleichzeitige Verwendung der Sprachformen männlich, weiblich und divers (m/w/d) verzichtet. Sämtliche Personenbezeichnungen gelten gleichermaßen für alle Geschlechter.

Bibliografische Information der Deutschen Nationalbibliothek:
Die Deutsche Nationalbibliothek verzeichnet diese Publikation in der Deutschen Nationalbibliografie; detaillierte bibliografische Daten sind im Internet unter http://dnb.d-nb.de abrufbar.

Vilshofener Straße 10 | 81679 München | info@hanser.de
www.hanser-fachbuch.de
Lektorat: Brigitte Bauer-Schiewek, Kristin Rothe
Copy editing: Petra Kienle, Fürstenfeldbruck
Herstellung: le-tex publishing services GmbH, Leipzig
Grafiken: Inge Hanschke und Frank Fischer
Coverkonzept: Marc Müller-Bremer, www.rebranding.de, München
Covergestaltung: Thomas West
Titelmotiv: © fotolia.com/RealVector
Satz: Eberl & Koesel Studio, Kempten
Druck: Elanders Waiblingen GmbH, Waiblingen
Printed in Germany

Inhalt

Vorwort ... IX

1 Herausforderungen in Informationssicherheit und Datenschutz ... 1

1.1 Einordnung von Informationssicherheit und Datenschutz ... 3

1.2 Anforderungen an Informationssicherheit und Datenschutz ... 7

1.2.1 Wesentliche Normen und gesetzliche Vorschriften ... 8

1.2.2 Cyber-Security ... 35

1.2.3 ISO/IEC 27001 ... 41

1.2.4 IT-Grundschutz ... 75

1.2.4.1 Bestandteile des IT-Grundschutzes ... 80

1.2.4.2 Die IT-Grundschutz-Methodik ... 84

1.2.4.3 Der Sicherheitsprozess entsprechend IT-Grundschutz ... 86

1.2.5 EU-DSGVO ... 89

1.2.5.1 DSGVO-Grundsätze als Teil des Datenschutzkonzepts ... 96

1.2.5.2 Umsetzung der Anforderungen ... 98

2 Integriertes Managementsystem für Datenschutz und Informationssicherheit ... 103

2.1 Was ist ein Managementsystem für Datenschutz und Informationssicherheit? ... 106

2.2 Bestandteile eines integrierten Managementsystems ... 110

2.2.1 Warum? – Strategie: Datenschutzpolitik und Informationssicherheitsstrategie ... 111

2.2.2 Was? – Anforderungen: Festlegung der umzusetzenden Kontrollen ... 112
2.2.3 Wie? – Sicherheitsorganisation und Sicherheitskonzept ... 112
2.2.4 Nachweis – Überwachung der Maßnahmendurchführung sowie regelmäßige interne oder externe Audits, um Konformität und Wirksamkeit zu gewährleisten ... 115
2.3 Erfolgsfaktoren für ein wirksames integriertes Instrumentarium ... 122

3 Schritt-für-Schritt-Leitfaden ... 127
3.1 Vorgehensweise zum Aufbau eines integrierten DS & ISMS ... 128
3.2 Detaillierter Leitfaden für den Aufbau ... 135
3.2.1 Datenschutz- und Informationssicherheitsleitlinie und -organisation ... 137
3.2.2 Konzeption des integrierten Managementsystems ... 138
3.2.2.1 Teilschritte bei der Konzeption des Instrumentariums ... 140
3.2.2.2 Umsetzen der Konzeption für das integrierte DS & ISMS und Inbetriebnahme ... 144
3.3 Fazit ... 145

4 Best-Practices ... 147
4.1 Schutzziele und Schutzbedarfsfeststellung ... 149
4.1.1 Schutzziele ... 151
4.1.1.1 Vertraulichkeit ... 151
4.1.1.2 Integrität ... 155
4.1.1.3 Verfügbarkeit ... 156
4.1.1.4 Weitere Schutzziele ... 158
4.1.2 Schutzbedarfsfeststellung ... 160
4.1.2.1 Schadensszenarien ... 160
4.1.2.2 Kronjuwelen ... 164
4.1.2.3 Vorgehen bei der Schutzbedarfsfeststellung ... 165
4.1.2.4 Zonenkonzept ... 169
4.1.2.5 Schutzbedarfsfeststellung für Geschäftsprozesse und die dazugehörigen Informationen ... 173
4.2 Risikomanagement ... 176
4.3 Notfallmanagement ... 185
4.4 ISMS-Reporting ... 192
4.5 Sicherheits- und Datenschutzorganisation ... 196

5 Integration von EAM, IT-Servicemanagement und Informationssicherheit ... 203

5.1 EAM und Informationssicherheit ... 205

5.1.1 Enterprise Architecture Management ... 206

5.1.2 Zusammenspiel von EAM und DS & ISMS ... 213

5.1.3 Tool-Unterstützung für DS & ISMS ... 216

5.2 IT-Servicemanagement und Informationssicherheit ... 220

Glossar ... 229

Abkürzungen ... 257

Literatur ... 261

Stichwortverzeichnis ... 265

Vorwort

Am besten erledigt man die Dinge systematisch.

Hesiod von Böotien (um 700 v. Chr.)

Cybergefahren drohen Unternehmen immer häufiger auch durch Angestellte oder Geschäftspartner – oft aus Unachtsamkeit oder Unwissen.

Anforderungen an die Informationssicherheit (u. a. ISO 27001 oder BSI), den Datenschutz (EU-Datenschutz-Grundverordnung) und Sicherheitsbedrohungen sowie die durch diese verursachten Schäden nehmen immer weiter zu. Ein in allen Planungs-, Entscheidungs- und Durchführungsprozessen verankertes, handhabbares und integriertes Managementinstrumentarium ist für deren nachhaltige Bewältigung notwendig. Im Buch werden sowohl die Herausforderungen adressiert als auch Hilfestellungen für eine systematische Gestaltung und nachhaltige Verankerung in der Organisation gegeben.

Sowohl die Anforderungen der EU-Datenschutz-Grundverordnung als auch die aus dem Kontext der Informationssicherheit sowie wesentliche Normen und gesetzliche Regelungen werden eingeführt. Wegen der ständig zunehmenden Bedrohungslage im Cyberspace wird auch das Themenfeld Cyber-Security adressiert, um dessen wachsender Bedeutung gerecht zu werden. Cyber-Security beschreibt den Schutz vor technischen, organisatorischen und naturbedingten Bedrohungen, die die Sicherheit des Cyberspace inklusive Infrastruktur- und Datensicherheit gefährden. Es beinhaltet alle Konzepte und Maßnahmen, um Gefährdungen[1] zu erkennen, zu bewerten, zu

[1] Gefährdung = Bedrohung und Schwachstelle

verfolgen, vorzubeugen sowie Handlungs- und Funktionsfähigkeit möglichst schnell wiederherzustellen.

Neben den Herausforderungen für Datenschutz und Informationssicherheit finden Sie in diesem Buch sowohl Best-Practices für ein integriertes und ganzheitliches einfaches und effektives Managementinstrumentarium für Datenschutz und Informationssicherheit als auch einen Leitfaden, um Ihr individuelles Instrumentarium abzuleiten. Mithilfe eines Schritt-für-Schritt-Leitfadens werden Hilfestellungen für die individuelle Ableitung und für die Umsetzung gegeben. Die Schritte werden anhand von Beispielen erläutert.

Sowohl der Datenschutz als auch die Informationssicherheit, einschließlich der Cyber-Security, benötigen eine möglichst vollständige, konsistente und aktuelle Aufstellung aller Assets (fachliche und technische Werte des Unternehmens wie Geschäftsprozesse, Organisationsstrukturen, Applikationen, technische Bausteine und Configuration Items) für Analysen und Schutzbedarfsfeststellung.

So sind für den Datenschutz Informationen über die Verwendung von Daten (Geschäftsobjekte) in Prozessen oder Applikationen essenziell. Fragestellungen wie „Welche Prozesse oder Applikationen verwenden personenbezogene Daten in welcher Art und Weise?" sind relevant. Auf Basis des Asset-Registers erfolgen zudem die Schutzbedarfsfeststellung und die Gefährdungsanalyse sowie die Analyse von Abhängigkeiten und Auswirkungen von technischen Schwachstellen (siehe Abschnitte 4.1 und 4.2).

Das Asset-Management kann maßgeblich durch Enterprise Architecture Management (EAM) und eine Configuration Management Database (CMDB) unterstützt werden. Durch die Kombination des integrierten Managementsystems für Datenschutz und Informationssicherheit mit EAM und einer CMDB werden sowohl die Wirksamkeit als auch die Effizienz deutlich erhöht. Daher wird diesem Zusammenspiel ein eigenes Kapitel in diesem Buch gewidmet.

Das vorliegende Buch liefert einerseits einen ganzheitlichen schlanken und handhabbaren Ordnungsrahmen und andererseits einen Schritt-für-Schritt-Leitfaden für die systematische maßgeschneiderte Ableitung Ihres individuellen Datenschutz- und Informationssicherheitsinstrumentariums sowie deren Operationalisierung durch direkt anwendbare Hilfestellungen.

München, im Frühling 2025

Inge Hanschke

Danksagung

Vielen Dank an die vielen Datenschutz- und Informationssicherheitsexperten und Kollegen aus befreundeten Unternehmen für den intensiven Austausch.

Danke an meine Diskussionspartner, Reviewer und Unterstützer, die durch wertvolle Kommentare und Feedback das Buch maßgeblich mitgestaltet haben. Hier sind insbesondere Sebastian Hanschke, Christiane Charrad und auch Frau Brigitte Bauer-Schiewek sowie Frau Irene Weilhart vom Hanser-Verlag für ihr wertvolles Feedback und ihre Unterstützung zu nennen.

Besonderen Dank an Jörg Krüger, meine Familie und Freunde, die mir den Rücken freigehalten haben und mich auch durch Feedback tatkräftig unterstützt haben.

Wegweiser durch dieses Buch

Die Gliederung des Buchs ist im folgenden Bild dargestellt. Sie können die Kapitel in der genannten Reihenfolge oder aber auch selektiv lesen. Sie sind inhaltlich in sich abgeschlossen.

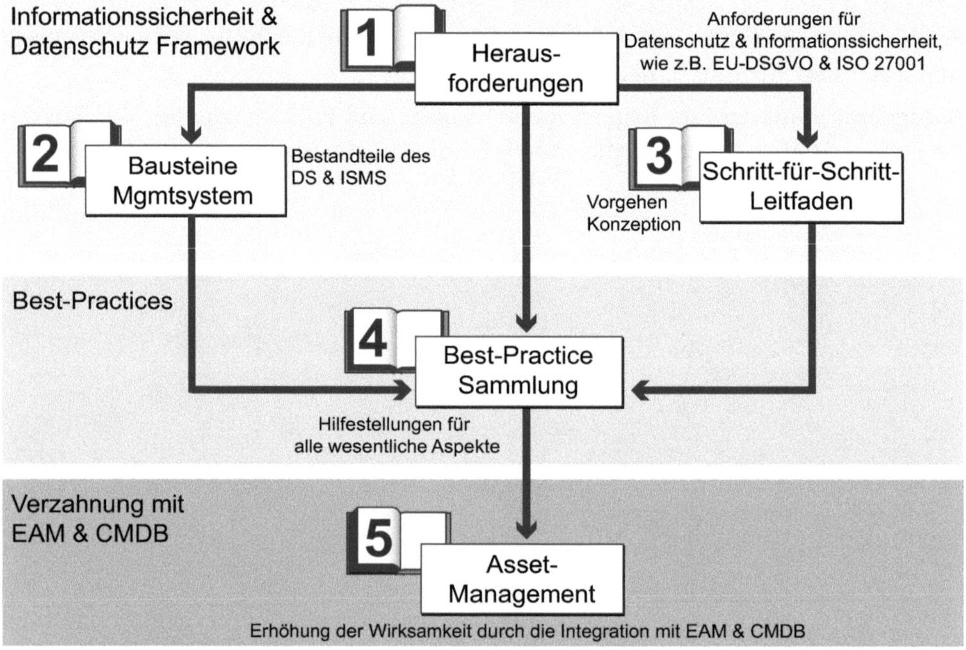

Bild 1 Kapitelstruktur

- **Kapitel 1** erläutert die Herausforderungen im Datenschutz und in der Informationssicherheit mit allen relevanten Sicherheitsvorgaben, wie z. B. ISO 27001, IT-Grundschutz und EU-DSGVO sowie der Cyber-Security.
- **Kapitel 2** skizziert die Bausteine eines integrierten Datenschutz- und Informationssicherheitssystems.
- In **Kapitel 3** finden Sie den Schritt-für-Schritt-Leitfaden für die Konzeption Ihres integrierten Instrumentariums.
- **Kapitel 4** liefert Ihnen eine Best-Practice-Sammlung zur Operationalisierung Ihres Instrumentariums.
- **Kapitel 5** widmet sich dem Asset-Management mit Hilfe vom Enterprise Architecture Management und einer CMDB.

Jedes Kapitel enthält darüber hinaus zahlreiche Literaturhinweise als Empfehlung für die Vertiefung des jeweiligen Themas.

Wer sollte dieses Buch lesen?

Das Buch adressiert alle Personengruppen im Kontext Informationssicherheit und Datenschutz, die „Kümmerer“ und die „Betroffenen“, wie z. B. der Datenschutz- oder Informationssicherheitsbeauftragte sowie die Bereiche Infrastruktur, Organisation, Personal, Technik und Notfallvorsorge. Folgende Personengruppen werden besonders adressiert:

- *Chief Information Security Officer (CISO), Informationssicherheitsbeauftragter (ISB), Beauftragte für IT-Sicherheit, Bereichs- oder Projektsicherheitsbeauftragter*
  - Wie kann das ISMS initiiert, implementiert und überwacht werden?
  - Welche Sicherheitsanforderungen bestehen? Welche Normen, wie z. B. ISO 27001, sind für das Unternehmen relevant?
  - Wie werden Sicherheitsziele und Geltungsbereiche festgelegt?
  - Welche Sicherheitsmaßnahmen sind zur Umsetzung der Anforderungen erforderlich?
  - Welche Dokumente sind unter welchen Vorgaben verpflichtend? Welche Inhalte haben die Dokumente, wie z. B. die Informationssicherheitsleitlinie? Wie können diese handhabbar gestaltet werden?
  - Wie muss eine Sicherheitsorganisation für den jeweiligen Kontext gestaltet werden?
  - Wie sieht ein Sicherheitskonzept aus? Welche Best-Practices gibt es hierzu?
  - Wie kann wirksam ein Instrumentarium aufgebaut und betrieben werden?
  - Wie erfolgt die Erstellung von Plänen zur Umsetzung und Kontrolle von Sicherheitsmaßnahmen?
  - Wie kann die Wirksamkeit überprüft werden?
  - Wie kann ein ausreichendes Sicherheitsniveau definiert und implementiert werden?
  - Wie kann Informationssicherheit effizient und effektiv kontinuierlich sichergestellt werden?
  - In welche Prozesse, wie z. B. Risikomanagement, und organisatorische Strukturen muss sich das Instrumentarium verzahnen? Auf welche Art und Weise?
- *Datenschutzbeauftragte (DSB)*
  - Wie kann der Datenschutzbeauftragte der obersten Leitungsebene bei der Wahrung der Persönlichkeitsrechte und der Vermeidung von Zwischenfällen, die dem Ansehen des Unternehmens schaden, unterstützen?
  - Wie sieht ein Datenschutzkonzept aus?
  - Welche Dokumente/Meldewege sind verpflichtend? Welche Inhalte und Struktur haben diese Dokumente? Wie können diese handhabbar gestaltet werden?

  - Welche technischen und organisatorischen Maßnahmen sind relevant für die Umsetzung des Datenschutzkonzepts? Wie kann deren Wirksamkeit überprüft werden?
  - Welche organisatorischen Voraussetzungen müssen geschaffen werden?
  - Wie kann ein ausreichendes Datenschutzniveau definiert und implementiert werden?
  - Wie kann Datenschutz effizient und effektiv kontinuierlich sichergestellt werden?
  - In welche Prozesse, wie z. B. Risikomanagement, muss sich das Instrumentarium verzahnen? Auf welche Art und Weise?
- *Betriebsrat*
  - Wie können die Mitbestimmungsrechte gewahrt werden?
  - Wie können Mitarbeiter vor Sanktionen geschützt werden?
  - Wie können Mitarbeiter vor unklaren Regelungen und einschränkenden Maßnahmen geschützt werden?
- *Oberste Leitungsebene („Informationssicherheit und Datenschutz ist Chefsache“)*
  - Ist ein ISMS im Wettbewerb ein Vorteil oder ein Hygienefaktor?
  - Wie können die Unternehmenswerte hinreichend gesichert werden?
  - Wie können die Unternehmensrisiken und die persönlichen Risiken beherrscht werden?
  - Wie können Informationssicherheit und Datenschutz hinreichend umgesetzt werden? Mit welcher Organisation? Ohne zu viele Aufwände? Ohne zu viele Formalismen? Wie viele Rollen und Ressourcen sind notwendig?
  - Welche Aufgaben bestehen für die oberste Leitungsebene? Welche Aufgaben können delegiert werden? Welche Verantwortung verbleibt?
- *Leiter Organisation und Führungskräfte*
  - Welche organisatorischen Voraussetzungen müssen für Informationssicherheit und Datenschutz geschaffen werden?
  - Welche organisatorischen und personellen Anforderungen bestehen und wie können diese durch angemessene Sicherheitsmaßnahmen umgesetzt werden?
  - Wie können Datenschutz- und Informationssicherheitsrisiken in das unternehmensübergreifende Risikomanagement integriert werden?
- *Einkauf*
  - Wie kann das Sicherheitsrisiko durch Lieferanten gesenkt werden? Wie können Auftragnehmer zu den für das Unternehmen festgelegten Sicherheits- und Datenschutzrichtlinien verpflichtet und in geeigneter Weise zur Einhaltung „gezwungen“ werden?

  - Wie stellt man sicher, dass der Auftragnehmer bei erkennbaren Mängeln und Risiken eingesetzter Sicherheitsmaßnahmen den Auftraggeber unverzüglich informiert?
  - Wie kann der Aufwand bei der Lieferantenauditierung reduziert werden?
- *Fachverantwortliche für Geschäftsprozesse und Fachverfahren*
  - Wie können die geschäftliche Relevanz/Kritikalität der zu verarbeitenden Informationen, der Verarbeitungen und deren Schutzbedarf festgelegt werden?
  - Welche Sicherheits- und Kontrollmaßnahmen sind zur Verwaltung und zum Schutz der im Verantwortungsbereich befindlichen Informationen zu implementieren?
  - Wie können durch den Fachverantwortlichen der Zugang zu Informationen sowie der Umfang und die Art der Autorisierung in den Verarbeitungen definiert werden? Was ist dabei zu berücksichtigen? Wie ist die Autorisierung zu dokumentieren?
  - Welche Informationen haben welche geschäftliche Relevanz und wie können diese adäquat geschützt werden?
  - Welche Aufbewahrungsfristen müssen entsprechend der gesetzlichen Vorschriften eingehalten werden?
- *Mitarbeiter*
  - Welche Verhaltensregeln gibt es im Kontext „Informationssicherheit und Datenschutz“?
  - Was muss beachtet werden? Wo findet man die jeweils gültige Richtlinie und Verfahrensanweisung?
- *IT-Verantwortliche*
  - Welche Richtlinien und Verfahrensanweisungen sind für die sichere IT-Unterstützung der Geschäftsprozesse relevant? Wie können diese mit den vorhandenen IT-Prozessen integriert werden?
  - Wie können IT-Servicemanagement und Informationssicherheit zusammenwirken?
  - Wie sollte eine ordnungsgemäße IT-Administration erfolgen? Welche Verhaltensregeln und Sicherheitshinweise sollten für Administratoren festgelegt werden?
  - Wie können über Sicherheitsgateways oder Firewalls Schutzzonen erstellt werden? Welche sind erforderlich?
  - Wie kann ein hinreichender Virenschutz zum Schutz vor Schadprogrammen erreicht werden?
  - Wie kann die Notfallvorsorge aussehen?
  - Was ist bei der Datensicherung zu beachten?

- Welche Daten sind zu archivieren? Welche Aufbewahrungsfristen gelten?
- Wie kann die sichere Nutzung von E-Mail und Groupware gewährleistet werden?
- Was ist bei Outsourcing und externen Dienstleistern zu beachten?

Webseite zum Buch

Weitergehende Informationen zum Buch finden Sie auf der Webseite *https://hanschke-consulting.com*.

1 Herausforderungen in Informationssicherheit und Datenschutz

Man wächst mit der Herausforderung.

Quelle: Unbekannt

Die Informations- und Kommunikationstechnik hat alle Lebensbereiche durchdrungen. Die Geschäftsprozesse von Unternehmen kommen kaum mehr ohne IT-Unterstützung aus. Die horizontale und vertikale Vernetzung von Partnern bis zu Maschinen nimmt immer weiter zu. Nur so kann schnell auf Kundenanfragen und sich ändernde Kundenbedürfnisse reagiert werden. Die hohe Durchdringung mit Informations- und Kommunikationstechnik erhöht jedoch gleichzeitig die Abhängigkeit und die Anfälligkeit für die kontinuierlich zunehmenden Sicherheitsbedrohungen, zum Beispiel im Kontext von Cyber-Security.

Sicherheits- und Datenpannen, wie Massen-E-Mails mit Viren, Veröffentlichung von vertraulichen Daten oder manipulierte, missbräuchlich verwendete, mutwillig zerstörte oder kompromittierte Daten, können für die Unternehmen zu ernsthaften rechtlichen oder wirtschaftlichen Konsequenzen führen. Insbesondere aber auch die Nichtverfügbarkeit von Systemen hat erhebliche wirtschaftliche Auswirkungen. Ein Beispiel hierzu ist die Unterbrechung einer Lieferkette in einer Just-in-time-Fertigung (JIT-Fertigung) aufgrund eines Systemabsturzes, der zu einem Produktionsstillstand führt, da wesentliche Rohstoffe oder Teile nicht angefordert werden und somit fehlen.

Externe Vorgaben wie Gesetze, Regulatoren und Normen sowie Anforderungen interessierter Parteien (z. B. BDSG, UWG, TMG, Regulierungsbehörden) und Verträge erfordern ein angemessenes Sicherheitsniveau und die Einhaltung von Formalien. Vorstände und Geschäftsführer haften persönlich für viele Versäumnisse und mangelnde Risikovorsorge. Ein Beispiel sind die hohen Bußgelder bei Datenpannen im Kontext der EU-DSGVO (europäische Datenschutzgrundverordnung) oder aber der NIS-2-Richtlinie. Imageschäden und Folgekosten erhöhen die Schadensauswirkungen noch erheblich. Die Gewährleistung der Persönlichkeitsrechte Betroffener und die Sicherstellung der Rechenschaftspflicht sind daher Grundanforderungen an ein Datenschutz-Managementsystem.

Informationssicherheit und Datenschutz sind unerlässlich, um sowohl personenbezogene Daten als auch Geschäfts- und Unternehmensgeheimnisse zu schützen und einen zuverlässigen Geschäftsbetrieb und die kontinuierliche Weiterentwicklung des Geschäftsmodells zu gewährleisten. Es geht letztendlich darum, mit Informationssicherheitsmanagement und Datenschutz den Erfolg des Unternehmens abzusichern (siehe Bild 1.1). Gerade im Zeitalter der digitalen Transformation sind „sichere" Daten- und Integrationsplattformen mit vielen Automatismen als integraler Bestandteil des Managementsystems unerlässlich. Nur so kann der Mehrwert aus Daten gehoben und Big Data, Business-Analytics rechtssicher und berechtigt genutzt werden.

Bild 1.1 Nutzenorientiertes Management von Datenschutz und Informationssicherheit

Die Informationssicherheit und der Datenschutz eines Unternehmens müssen einen Handlungsrahmen und Hilfestellungen liefern, um den kontinuierlichen Geschäftsbetrieb und auch die Geschäftsmodellweiterentwicklung hinreichend sicher zu ermöglichen.

Die Herausforderungen in Informationssicherheit und Datenschutz nehmen immer weiter zu und sind eng auch mit der Umsetzung weiterer Compliance-Anforderungen verbunden. Nach einer Einordnung von Informationssicherheit und Datenschutz schauen wir uns die Anforderungen etwas näher an.

In diesem Kapitel finden Sie die Antworten auf folgende Fragen

- Warum sind Informationssicherheit und Datenschutz wichtig?
- Was ist Informationssicherheit?
- Was ist Datenschutz?
- Welche Anforderungen leiten sich aus Gesetzen und Normen ab?

1.1 Einordnung von Informationssicherheit und Datenschutz

Wie bereits ausgeführt, sind Informationssicherheitsmanagement und Datenschutz essenziell, um den Erfolg des Unternehmens abzusichern. Was versteht man aber unter Informationssicherheit und Datenschutz?

Die **Informationssicherheit** zielt auf den angemessenen Schutz von Informationen und IT-Systemen in Bezug auf alle festgelegten Schutzziele, wie Vertraulichkeit, Integrität und Verfügbarkeit, ab. Ein unbefugter Zugriff oder die Manipulation von Daten soll verhindert und soweit möglich vorgebeugt werden, um daraus resultierende wirtschaftliche Schäden zu verhindern. Bei den Daten ist es unerheblich, ob diese einen Personenbezug haben oder nicht. Informationen können sowohl auf Papier als auch in IT-Systemen vorliegen.

IT-Sicherheit adressiert als Teilbereich der Informationssicherheit den Schutz elektronisch gespeicherter Informationen und deren Verarbeitung inklusive Funktionssicherheit, also das fehlerfreie Funktionieren und die Zuverlässigkeit der IT-Systeme. Hier müssen auch Systeme einbezogen werden, die häufig nicht unmittelbar als IT-Systeme wahrgenommen werden, wie Steuerungs- (ICS) oder IoT-Systeme. Die IT-Sicherheit ist also Bestandteil der Informationssicherheit. Das Aktionsfeld der klassischen IT-Sicherheit wird bei der Cyber-Sicherheit auf den gesamten Cyber-Raum ausgeweitet.

Unter **Datenschutz** wird primär der Schutz personenbezogener Daten vor missbräuchlicher Verwendung und Datenverarbeitung verstanden, um das Recht des Einzelnen auf informationelle Selbstbestimmung zu stärken.

Es stellt sich hierbei nicht die Frage, ob man Informationssicherheit und Datenschutz adressiert, sondern nur wann und in welchem Umfang. Die Kernfrage lautet: „Wann ist man hinreichend sicher?"

- *Welche Richtlinien, Verfahrensanweisungen und Arbeitsanweisungen sind erforderlich?*

  Mögliche Antwort: verpflichtende und empfohlene Dokumente aus Informationssicherheit und Datenschutz (u. a. ISO 2700X, BSI IT-Grundschutz, NIS-2-Richtlinie und EU-DSGVO)

- *Wie kann man die IT-Systeme hinreichend „technisch" absichern?*

  Hierauf gibt es eine einfache Antwort: „Systeme sind hinreichend sicher, wenn der Aufwand eines Angreifers dessen Nutzen erheblich übersteigt."

  Widerstandsfähige Systeme überstehen absichtliche Angriffe ohne inakzeptablen Schaden für das Unternehmen. Für viele Systeme mit normalem Schutzbedarf reicht eine Absicherung nach dem „Stand der Technik" aus (siehe Abschnitt 1.2.4).

> **Hinweis**
>
> Der Begriff „Stand der Technik" im Kontext des IT-Grundschutzes beschreibt Maßnahmen, Technologien und Verfahren, die aktuell als geeignet und effektiv angesehen werden, um Sicherheitsziele zu erreichen (siehe [BSI23-1]).

- *Wann ist die Absicherung hinreichend?*

  Wie viel Schutz ist notwendig, um einen kontinuierlichen Geschäftsbetrieb sicherzustellen, die sichere Geschäftsmodellweiterentwicklung zu ermöglichen und Imageschäden und Reputationsverlust zu vermeiden?

  So dürfen z. B. Hackerangriffe nicht zum Ausfall von Kernsystemen führen.

> **Schutz ist kein Selbstzweck.** Es ist so viel Schutz notwendig, um einen kontinuierlichen Geschäftsbetrieb, keinen Reputationsverlust, die Kundenbindung und allgemein die Voraussetzungen für das Erreichen der Unternehmensziele zu gewährleisten.

Hinreichend ist hierbei das Schlüsselwort. Denn eine hundertprozentige Sicherheit ist auch mit noch so hohem Aufwand nicht zu erreichen. Eine extrem hohe Absicherung ist unverhältnismäßig teuer oder geschäftsverhindernd. Ein Beispiel sind nicht vernetzte Systeme. Diese sind natürlich einfacher abzusichern. Jedoch erfordern die meisten Geschäftsabläufe gerade im Zeitalter der Digitalisierung vernetzte Systeme. Ein Kappen der Vernetzung verhindert oder erschwert den Geschäftsbetrieb so stark, dass wahrscheinlich auf Dauer nicht wirtschaftlich gearbeitet werden kann. Der konkrete Schutzbedarf hängt stark vom unternehmensindividuell eingeschätzten Schutzbedarf der jeweiligen Unternehmenswerte, wie z. B. die Kritikalität von Informationen oder Systemen, ab.

Ein hinreichender Informationsschutz ist für die meisten Werte mit normalem Schutzbedarf schon mit einer Standardabsicherung (siehe Abschnitt 1.2.4) der IT mit verhältnismäßig geringen Mitteln zu erreichen. In Bild 1.2 finden Sie eine Prinzip-Darstellung für die Festlegung des optimalen Sicherheitsniveaus. In der Abbildung werden die Maßnahmenkosten und das Sicherheitsbedürfnis gemessen über das Schadensausmaß in Abhängigkeit vom Restrisiko dargestellt. Zudem finden Sie eine grobe Zuordnung zu Fehlerklassen nach dem CRISAM®-Modell (siehe [Hen13]) dargestellt.

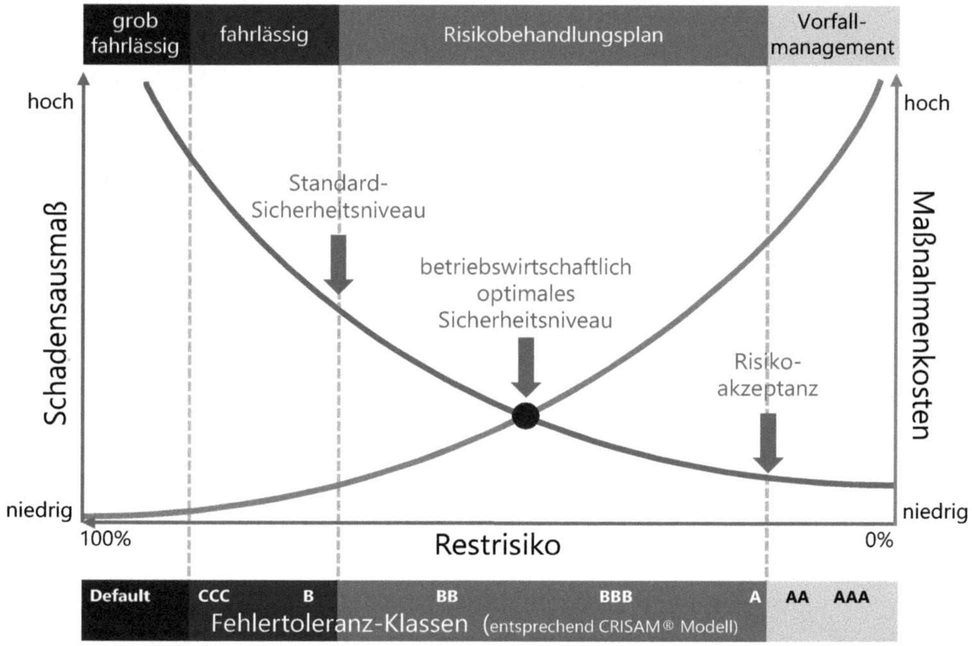

Bild 1.2 Optimales Sicherheitsniveau

Ohne Sicherheitsmaßnahmen und damit ohne Maßnahmenkosten wird ein extrem niedriges Schutzniveau erreicht und bestehende gesetzliche Anforderungen, wie z. B. aus der EU-DSGVO (siehe Abschnitt 1.2.5), werden nicht eingehalten. Die Organisation ist anfällig für Sicherheitsbedrohungen wie z. B. Kompromittierung von Webseiten, da entsprechende Vorkehrungen fehlen. Die Leitungsebene handelt grob fahrlässig und ist auch persönlich haftbar.

Das andere Extrem ist das Ziel, das Restrisiko von Sicherheitspannen weitestgehend auszuschließen. Jedoch ist der Versuch, alle möglichen Sicherheitsvorfälle vorherzusehen, sehr teuer; sowohl einmalig in der Erstellung als auch im kontinuierlichen Betrieb des Datenschutz- und Informationssicherheitsinstrumentariums. Für alle möglichen Konstellationen müssen organisatorische Maßnahmen, wie z. B. Richtlinien und Verfahrensanweisungen, oder technische Maßnahmen, wie z. B. automatisierte Forcierung der Einhaltung der Passwortrichtlinie, vorgesehen werden.

Jedes Unternehmen muss sein vorhandenes Sicherheitsniveau ermitteln und sein angestrebtes Sicherheitsniveau, den „Risikoappetit“, festlegen. Durch eine GAP-Analyse (siehe Abschnitt 3.1) können entsprechende Maßnahmen zur Schließung der Lücke ermittelt werden.

Das angestrebte Sicherheitsniveau sollte sich idealerweise nahe an dem in Bild 1.2 dargestellten betriebswirtschaftlich optimalen Sicherheitsniveau befinden. Über Standard-Absicherungsmaßnahmen z. B. aus dem IT-Grundschutz (siehe Abschnitt 1.2.4) kann für die Werte mit normalem Schutzbedarf ein Standard-Sicherheitsniveau auf dem „Stand der Technik“ erreicht werden. Für die darüberhinausgehenden Risiken, insbesondere für die Werte mit erhöhtem Schutzbedarf, sollte ein Risikobehandlungsplan erstellt und umgesetzt werden. Jedoch sollte hierbei eine Abwägung zwischen Schadensausmaß und Maßnahmenkosten durchgeführt werden. Wenn die Maßnahmenkosten in keinem Verhältnis zum Schadensausmaß stehen, dann muss die oberste Leitungsebene über die Risikoübernahme entscheiden. Akzeptierte Risiken müssen bei ihrem Auftreten schnell erkannt und über eine Vorfall- und Notfallmanagement-Organisation gemanagt werden. So können auch bei akzeptierten Risiken die Schadensauswirkungen reduziert werden.

Beispiele für akzeptierte Risiken aus der Praxis sind:

- **IT-System-bedingte Einschränkungen**

  Die Umsetzung von Sicherheitsanforderungen bedarf einer erheblichen Veränderung von IT-Systemen, die nur mit großem Aufwand mittelfristig umgesetzt werden können.

  Beispiel: „unverzichtbare“ Standardlösungen, die auf veralteten Patch-Level aufsetzen.

- **„Daten“ sind wesentlich für den Geschäftserfolg**

  Beispiel: (Personenbezogene) Daten, wie z. B. Kundeninteressen oder -vorlieben werden für Marketing- und Vertriebsaktionen benötigt. Hier werden diese Daten zum „berechtigten“ Interesse erklärt und nur auf Einzelaufforderung hin gelöscht oder anonymisiert.

Ein Hilfsmittel für die Abwägung zwischen Schadensausmaß und Maßnahmenkosten sowie die Risikoübernahme sind Risikoportfolios mit den Dimensionen Schadensauswirkung und Eintrittswahrscheinlichkeit. Den Bereichen im Portfolio kann eine entsprechende Risikobehandlungsstrategie, wie z. B. Risikoübernahme, zugeordnet werden. In Abschnitt 4.2 finden Sie Best-Practices zum Risikomanagement.

> **!** Die Abwägung zwischen Schadensausmaß und Maßnahmenkosten sowie der Risikoappetit müssen unternehmensindividuell festgelegt werden.

Normen, wie z. B. die ISO-2700X-Familie (siehe [Bre24]), geben sowohl Anforderungen als auch Empfehlungen für die umzusetzenden Sicherheitsmaßnahmen vor. Insbesondere der BSI-IT-Grundschutz (siehe Abschnitt 1.2.4) gibt zudem Umsetzungshinweise und Maßnahmenempfehlungen. Rund 80 % der bekannten Angriffe lassen sich mit den Standard-Schutzmaßnahmen des IT-Grundschutzes abwehren. Über technische und organisatorische Maßnahmen (TOMs) müssen sowohl die Sicherheit der für das Unternehmen schützenswerten Assets als auch insbesondere die personenbezogenen Daten abgedeckt werden. Die richtige Auswahl der Sicherheitsmaßnahmen für die hinreichende Absicherung und deren handhabbare Operationalisierung ist erfolgsentscheidend.

Die Sicherheitsmaßnahmen zur Erreichung und Aufrechterhaltung einer störungsfreien Informationsverarbeitung müssen einerseits wirksam (effektiv) sein, um ein erforderliches Schutzniveau zu erreichen. Das Schutzniveau wird maßgeblich von der Kritikalität der zu schützenden Assets, wie z. B. Kundendaten, sowie von geltenden Gesetzen und Regularien bestimmt, die eingehalten werden müssen.

Andererseits müssen die Schutzmaßnahmen auch wirtschaftlich angemessen (effizient) sein und dürfen die Organisation nicht überfordern, d. h., die Möglichkeiten der Aufbau- und Ablauforganisation sowie weiterer Randbedingungen müssen berücksichtigt werden. Ein handhabbares und integriertes Instrumentarium ist notwendig, um sowohl die EU-Datenschutz-Grundverordnung (EU-DSGVO) als auch die Anforderungen der Informationssicherheit (u. a. BSI und ISO 27001) nachhaltig zu erfüllen.

Im Folgenden werden sowohl die Anforderungen der EU-Datenschutz-Grundverordnung als auch des Informationssicherheitsmanagements eingeführt.

1.2 Anforderungen an Informationssicherheit und Datenschutz

Zunehmende Cyber-Angriffe sowie stärkere Regulierung und Compliance-Anforderungen, wie die EU-DSGVO, die NIS-2-Richtlinie oder das Lieferkettengesetz, erfordern eine deutlich höhere Aufmerksamkeit in den Unternehmen für Informationssicherheits- und Datenschutzfragestellungen. Für die Festlegung eines integrierten Managementsystems für Informationssicherheit und Datenschutz müssen die Anforderungen verstanden und im Kontext des Unternehmens bewertet werden.

Die immer weiter zunehmende Durchdringung von Informationstechnik in den Geschäftsprozessen, die steigende Bedrohungslage sowie gesetzliche und Compliance-Anforderungen führen zu Gefahren, wie

- Missbrauch oder Verlust von schützenswerten Daten,
- Verstöße gegen gesetzliche Bestimmungen oder unternehmensspezifische Richtlinien und Regeln mit zum Teil persönlicher Haftung und
- Behinderung oder sogar Unterbrechung der Geschäftstätigkeit durch z. B. nicht verfügbare Systeme.

Diese Bedrohungslage nimmt immer weiter zu. Gründe sind hierfür u. a.:

- KI-gestützte Angriffe: Die Nutzung von KI durch Hacker wächst. So können Phishing-Mails einfacher und überzeugender generiert und andere Sicherheitsmaßen umgangen werden.
- Technologische Entwicklungen: Quanten-Computing wird zur potenziellen Bedrohung für bestehende Verschlüsselungsstandards.
- Steigender Vernetzungsgrad: Menschen und IT-Systeme arbeiten zunehmend vernetzt (horizontal und vertikal siehe [Han24]) auch über Unternehmensgrenzen hinweg. Eine Sicherheitslücke kann nicht isoliert, sondern muss mit ihren Abhängigkeiten betrachtet werden. Gerade auch mit dem neuen Lieferkettengesetz muss die Sicherheit in der gesamten Lieferkette gestärkt werden. Angreifer nutzen gezielt Schwachstellen bei Drittanbietern oder in der Lieferkette aus.
- IT-Verbreitung und Durchdringung: Immer mehr Bereiche werden von der Informationstechnik durchdrungen. Beispiele sind Smart Home oder RFIDs zur Steuerung von Besucher- oder Warenströmen oder IT-gestützte Sensorik in Autos, um automatisch auf veränderte Umgebungsverhältnisse reagieren zu können. Die verschiedenen IT-Komponenten kommunizieren miteinander zunehmend drahtlos und sind über das Internet lokalisierbar und steuerbar.
- Zunehmende und schnellere Ausnutzung von Schwachstellen: Die Zeitspanne zwischen dem Bekanntwerden einer Sicherheitslücke und den ersten gezielten Massenangriffen (z. B. Computerviren, Trojanische Pferde oder andere Angriffe) sinkt immer weiter. So muss zunehmend schneller die Information über Sicherheitslücken und deren Beseitigung, z. B. durch Einspielen von Patches und Updates, bekannt sein. Ein gut aufgestelltes Informationssicherheitsmanagement mit Warnsystem ist extrem wichtig, um schnell die richtigen Maßnahmen zu ergreifen.

Neben den zunehmenden Bedrohungen der Cyber-Security sind die steigenden Anforderungen aus Datenschutz und Informationssicherheit aufgrund der EU-Datenschutz-Grundverordnung (siehe [SDM18] und [Voi24]) und in der Informationssicherheit entsprechend der individuellen Anforderungen oder gesetzlichen Vorgaben sowie der Compliance-Anforderungen zu bewältigen.

1.2.1 Wesentliche Normen und gesetzliche Vorschriften

ISO/IEC 2700X

ISO/IEC 2700X ist die internationale De-facto-Normenreihe für die Informationssicherheit. Sie legt die Anforderungen für den Aufbau, die Implementierung, den Betrieb, die Überwachung, die Wartung und die kontinuierliche Verbesserung eines Informationssicherheitsmanagementsystems (ISMS) fest.

Definition

Ein Informationssicherheitssystem (ISMS) ist ein umfassendes Managementsystem mit definierten Richtlinien, Regeln und Prozessen zur Planung, Durchführung, Steuerung und fortlaufenden Optimierung der Informationssicherheit im Unternehmen. Es ist ein strukturierter Ansatz, um die Vertraulichkeit, Integrität und Verfügbarkeit von Informationen zu gewährleisten.

Ziel ist es, Organisationen darin zu unterstützen, Informationen systematisch zu schützen und Sicherheitsrisiken effektiv zu managen. Die Sicherheitsstandards der ISO/IEC-2700X-Normenreihe zielen darauf ab, das Sicherheitsniveau in Unternehmen zu verbessern. Die ISO/IEC 2700X enthält Anforderungen und Maßnahmen für den Aufbau, Betrieb und die kontinuierliche Verbesserung eines Informationssicherheitsmanagementsystems (ISMS). Die Anforderungen der Norm sind durch die Implementierung von für das Unternehmen passenden Sicherheitsmechanismen zu erfüllen.

Die Zertifizierung nach ISO 27001 bestätigt, dass ein Unternehmen angemessene Prozesse und Maßnahmen implementiert hat, um die Vertraulichkeit, Integrität und Verfügbarkeit von Informationen zu schützen.

Weitere Informationen zur ISO 27001 finden Sie in Abschnitt 1.2.3.

TISAX

TISAX (Trusted Information Security Assessment Exchange) ist eine branchenspezifische Adaption der ISO 27001 für die Automobilindustrie. Es handelt sich um einen branchenspezifischen Standard, der von der ENX Association in Zusammenarbeit mit der deutschen Automobilindustrie entwickelt wurde. TISAX baut auf den Prinzipien der ISO/IEC 27001 auf und fügt spezifische Anforderungen hinzu, die für die Automobilbranche relevant sind, wie etwa den Umgang mit Prototypenschutz und Anforderungen an den Datenschutz gemäß EU-DSGVO. TISAX ist ein Austauschsystem, bei dem Assessment-Ergebnisse über die TISAX-Plattform zwischen teilnehmenden Unternehmen ausgetauscht werden können. TISAX-Audits werden von speziell autorisierten Prüfdienstleistern durchgeführt, die von der ENX (European Network Exchange) Association akkreditiert sind. Die Zertifizierung erfolgt aber über ISO 27001.

Hinweis

ENX ist eine von europäischen Automobilherstellern, Zulieferern und Verbänden gegründete Organisation, um sichere Datenaustauschplattformen und Standards für die Branche zu entwickeln und zu fördern. Aufgaben von ENX im TISAX-Kontext sind:

- **Betrieb und Verwaltung von TISAX**
  Bereitstellung einer Austausch-Plattform für den sicheren Austausch der Ergebnisse von TISAX-Assessments.

- **Akkreditierung von Prüfdienstleistern**
  Autorisierung und Überwachung der unabhängigen Prüfdienstleister für TISAX-Assessments.
- **Etablierung von TISAX als einheitlichen Standard**
  ENX sorgt dafür, dass TISAX als einheitlicher Standard für Informationssicherheit in der Automobilbranche etabliert ist und von allen relevanten teilnehmenden Akteuren anerkannt wird.

Weitere Informationen zur ISO 27001 und TISAX finden Sie in Abschnitt 1.2.3.

IT-Grundschutz (IT-GS)

Der IT-Grundschutz ist ein von der Bundesrepublik Deutschland entwickeltes Konzept für einen praktikablen und aufwandsarmen sowie angemessenen Schutz von Informationen und die strukturierte und umfassende Absicherung von IT-Systemen und Prozessen, um das Informationssicherheitsniveau in Unternehmen zu erhöhen. Er liefert einen De-facto-Standard für IT-Sicherheit und liefert die methodische Grundlage, um ein Informationssicherheitsmanagementsystem (ISMS) aufzubauen und Sicherheitsmaßnahmen in einer Organisation umzusetzen. Er wird vom Bundesamt für Sicherheit in der Informationstechnik (kurz BSI) herausgegeben. Er wird in regelmäßigen Abständen weiterentwickelt und hierbei immer mit den relevanten internationalen Normen wie ISO/IEC 27001 abgeglichen.

Der IT-Grundschutz ist ein universell anwendbares Sicherheitsframework und eignet sich für alle Organisationen, die Informationssicherheit auf eine strukturierte und nachvollziehbare Weise umsetzen wollen. Besonders relevant ist er für öffentliche Einrichtungen und Unternehmen im Bereich KRITIS.

Der IT-Grundschutz basiert auf BSI-Standards, die detaillierte Anforderungen an Informationssicherheit und Vorgehensweisen beschreiben (z. B. BSI-Standard 200-1 bis 200-3). Ein wichtiger Bestandteil war das IT-Grundschutz-Kompendium (siehe [BSI23-1]), das konkrete Maßnahmenkataloge enthält. Dieses wurde jährlich aktualisiert.

Ab 2024 wird es kein neues IT-Grundschutz-Kompendium geben, da das Bundesamt für Sicherheit in der Informationstechnik (BSI) die Strategie für die Weiterentwicklung des IT-Grundschutzes angepasst hat. Statt eines jährlich überarbeiteten Kompendiums legt das BSI verstärkt Wert auf kontinuierliche und gezielte Updates einzelner IT-Grundschutz-Bausteine. Diese Anpassung ermöglicht eine flexiblere Reaktion auf technologische Entwicklungen und Nutzerfeedback, statt die gesamten Inhalte jährlich zu überarbeiten. Siehe hierzu *www.bsi.bund.de*.

Siehe *www.bsi.bund*: Der neue IT-Grundschutz wird vollständig prozessorientiert aufgebaut und basiert auf einem digitalen Regelwerk in Form einer JSON-Datei. Jede Anforderung an die Cybersicherheit wird als Regel in einem standardisierten Format erfasst, sodass diese Regeln auch durch Computerprogramme interpretiert und ausgewertet werden können. Das digitale Regelwerk löst das IT-Grundschutz-Kompendium ab, welches Anforderungen an Cybersicherheit in Textform (u. a. als PDF und als gedruckte Version) für menschliche Adressaten beschreibt. Der Wechsel auf ein digitales Regelwerk ermöglicht eine Automatisierung von Sicherheitsprozessen, sodass Anforderungen an die Cybersicherheit nicht nur von Personen, sondern auch über ein Managementsystem für Informationssicherheit (ISMS) modelliert werden können und die Einhaltung der Anforderungen überwacht werden kann. Um die Anwendbarkeit weiter zu erleichtern, werden die Absicherungsstufen Basis, Standard und erhöhter Schutzbedarf durch flexible Leistungszahlen in Verbindung mit dynamischen Schwellwerten ersetzt.

Weitere Informationen zum IT-Grundschutz finden Sie in Abschnitt 1.2.4.

IT-Sicherheitsgesetz (IT-SIG)

Das IT-SIG zielt darauf ab, die Sicherheit informationstechnischer Systeme zu erhöhen, um den Gefahren beim Ausfall von kritischen Infrastrukturen zu begegnen. Das IT-SIG schafft bereits seit Juli 2015 einen einheitlichen Rechtsrahmen für die Zusammenarbeit von Staat und Unternehmen für mehr Cybersicherheit bei KRITIS. Im Vordergrund stehen Betreiber sogenannter „kritischer Infrastrukturen".

Definition KRITIS

Kritische Infrastrukturen (KRITIS) sind Organisationen oder Einrichtungen mit hoher Bedeutung für das staatliche Gemeinwesen, bei deren Ausfall oder Beeinträchtigung nachhaltig wirkende Versorgungsengpässe, erhebliche Störungen der öffentlichen Sicherheit oder andere dramatische Folgen auftreten würden.

Am 3. Mai 2016 ist der erste Teil der BSI-KRITIS-Verordnung (§ 10 BSI-Gesetz) in Kraft getreten. Hier werden neben dem BSI-Gesetz auch das **Energiewirtschaftsgesetz (EnWG)**, das Telemediengesetz, das Telekommunikationsgesetz und weitere Gesetze geändert und ergänzt.

Die KRITIS-Betreiber müssen sich beim BSI registrieren und ihre IT-Sicherheit nach dem „Stand der Technik" umsetzen. Sie müssen innerhalb von vorgegebenen Fristen (zwei Jahre) Mindeststandards für IT-Sicherheitsmaßnahmen in den kritischen Branchen wie Energie oder Gesundheit entwickeln und nachweislich umsetzen. Zudem bestehen bei Ausfällen oder IT-Sicherheitsvorfällen Meldepflicht gegenüber dem BSI sowie Informationspflichten gegenüber betroffenen Nutzern.

Um die Betreiber kritischer Infrastrukturen noch wirksamer zu unterstützen, hat das BSI das *Mobile Incident Response Teams (MIRT)* eingerichtet. Diese Spezial-Task-Forces bestehen aus Cybersicherheitsexpertinnen und -experten des BSI, die auf Wunsch der KRITIS-Betreiber besonders schwerwiegende Cyberangriffe vor Ort untersuchen und bei deren Bewältigung helfen.

Die NIS-2-Richtlinie erweitert die Befugnisse des BSI und stärkt gleichzeitig die Kooperation von Staat und Wirtschaft. Die NIS-2-Richtlinie ergänzt und erweitert das

IT-Sicherheitsgesetz (IT-SiG) in Deutschland. Das IT-SIG wurde zum IT-SIG 2.0 angepasst, um u. a. die Vorgaben der NIS-2-Richtlinie zu erfüllen. Das IT-SIG 2.0 wurde am 23. April 2021 im Bundestag verabschiedet (siehe *www.bsi.bund.de*).

Hinweis

Auch das Gesetz über das Bundesamt für Sicherheit in der Informationstechnik (BSI-Gesetz – BSIG) musste entsprechend der NIS-2-Richtlinie angepasst werden. Das BSIG wurde zuletzt durch Artikel 12 des Gesetzes vom 23. Juni 2021 geändert.

Im IT-SIG 2.0 wurde neben der Integration der NIS-2-Vorgaben der Anwendungsbereich erweitert. Mittelgroße Unternehmen in bestimmten kritischen Sektoren, die bisher nicht im Fokus des IT-Sicherheitsgesetzes standen, sind jetzt auch mit einbezogen.

Während das IT-Sicherheitsgesetz eine nationale Regelung ist, harmonisiert die NIS-2-Richtlinie die Cybersicherheitsregelungen in der gesamten EU.

NIS-2-Richtlinie (Netz- und Informationssicherheitsrichtlinie 2)

Die NIS-2-Richtlinie ist eine EU-weite Gesetzgebung, die darauf abzielt, die Cybersicherheit innerhalb der Europäischen Union zu verbessern. Sie setzt neue, strengere Standards für die Sicherheit von Netz- und Informationssystemen und erweitert den Geltungsbereich auf mehr Branchen und Unternehmen.

Die NIS-2-Richtlinie ist die EU-Richtlinie 2022/2555 des Europäischen Parlaments und des Rates vom 14. Dezember 2022 über Maßnahmen für ein hohes gemeinsames Cybersicherheitsniveau in der Union. Sie soll das Niveau der Cyberresilienz in der Union stärken.

Die europäische Sicherheitsrichtlinie NIS-2 (Netzwerk- und Informationssicherheit) ersetzt die ursprüngliche Richtlinie NIS aus dem Jahr 2016 und erweitert diese um strengere Sicherheitsanforderungen, zusätzliche Branchen bzw. Sektoren und eine höhere Zahl betroffener Betriebe (siehe wikipedia.com).

Die betroffenen Unternehmen müssen sich nach NIS-2 als Teil internationaler Lieferketten bis Ende 2024 besser gegen IT-Angriffe schützen: Bereits bis zum 17. Oktober 2024 musste die NIS2-Richtlinie von den einzelnen EU-Mitgliedstaaten in nationales Recht umgewandelt werden. Ab dem 18. Oktober 2024 sind betroffene Betriebe sofort verpflichtet, sich bei der zuständigen nationalen Behörde zu registrieren, Vorfälle zu melden und die Einhaltung der Sicherheitsanforderungen zu gewährleisten.

Der Nachweis der Compliance muss regelmäßig erbracht werden. Anderenfalls drohen empfindliche Strafen von bis zu zehn Millionen Euro oder zwei Prozent des weltweiten Umsatzes – je nach Einstufung und Kritikalität der Unternehmen.

Hinweis

Betroffene Branchen bei NIS-1 waren bereits Energie, Finanzmarktinfrastrukturen, Trinkwasser, Digitale Infrastruktur/Netze, Anbieter digitaler Dienste, Gesundheit, Verkehr und Ernährung. Bei NIS-2 kommt noch Forschung, Bankwesen, Weltraum, öffentliche Verwaltung, Abfall, Post- und Kurierdienste, Abwasser, Verwalter von IKT-Diensten, Chemie und die industrielle Produktion hinzu. Dies gilt für Großunternehmen ab 250 Mitarbeiter und mehr als 50 Mio. Euro Umsatz und/oder mehr als 43 Mio. Euro Bilanzsumme. Bei NIS-2 sind auch mittelständische Unternehmen betroffen mit 50–249 Mitarbeiter.

Das NIS2UmsuCG – das deutsche NIS2-Umsetzungsgesetz – ist derzeit allerdings noch in Arbeit. Geplant ist das Inkrafttreten ab März 2025. Neben NIS2 wird das KRITIS-Dachgesetz kritische Betreiber mit Resilienz und BCM regulieren. Das OpenKRITIS-Mapping von NIS2 auf ISO 27001 und KRITIS erleichtert die Umsetzung.

Wichtig ist hier insbesondere, die **Resilienz** des Unternehmens zu stärken und zugleich Kosten zu senken. Geschäftsmodelle, Prozesse, Applikationen und Infrastrukturen müssen widerstandsfähig gegen die unterschiedlichsten externen Einflüsse sein und gleichzeitig schnell auf Entwicklungen reagieren können. Die digitale Resilienz ist zu einem der wichtigsten Leistungsindikatoren (KPI) für die digitale Transformation geworden.

Resilienz ist die Flexibilität von Maschinen, Systemen und Organisationen bei sich verändernden Situationen mithilfe digitaler Technologien optimal zu reagieren. Sie müssen widerstandsfähig gegen die unterschiedlichsten externen Einflüsse sein und gleichzeitig schnell auf Entwicklungen reagieren können. Es gilt, das Gleichgewicht zwischen Innovation und Wirtschaftlichkeit zu finden.

Die NIS-2-Richtlinie stellt hohe Anforderungen in Bezug auf Cybersicherheit. Ziel ist es, die Widerstandsfähigkeit (Resilienz) gegen Cyberangriffe zu stärken. Hier sind die zentralen Sicherheitsmaßnahmen für die Umsetzung von NIS-2:

- **Kontext Organisation und Governance**
  - **Risikomanagement**: Entwicklung und Implementierung eines systematischen Ansatzes zur Bewertung und Minimierung von Cybersicherheitsrisiken. Hinweis: Dies schließt das IT-Risikomanagement mit ein.
  - **Verantwortlichkeiten**: Benennung einer für die Cybersicherheit zuständigen Führungskraft (z. B. Chief Information Security Officer, CISO)
  - **Schulungs- und Awareness-Maßnahmen**: Aufsetzen von vollständigen und wirksamen Schulungs- und Awareness-Maßnahmen sowie regelmäßige Schulungen und Sensibilisierungsmaßnahmen für Mitarbeitende
  - **Policies und Richtlinien**: Informationssicherheitsrichtlinie, Risikomanagement und für alle Prozesse und Themenbereiche, wie hier aufgeführt

> **Hinweis**
>
> Die Policies und Richtlinien sollten regelmäßig überprüft, aktualisiert und getestet werden, um den sich ändernden Bedrohungen und technologischen Entwicklungen gerecht zu werden. Sie bilden die Grundlage für die Einhaltung der NIS-2-Vorgaben und für eine wirksame Cybersicherheitsstrategie.

  - **Informationssicherheitsmanagementsystem (ISMS)**: Einführung, Etablierung und regelmäßiges Audit des ISMS. Implementierung und Überprüfung notwendiger Maßnahmen wie Aufbau und Optimierung des Risikomanagements, der Berichts- und Meldewege, des Vorfallmanagements, des Business Continuity Managements, des Lieferanten- und Kundenmanagements und weiteres
  - **Audits:** regelmäßige interne und externe Sicherheitsprüfungen
  - **Berichterstattung:** Dokumentation der Sicherheitsmaßnahmen und regelmäßige Berichterstattung an Behörden
  - **Zusammenarbeit und Informationsaustausch** mit u. a.
    - CSIRT-Einbindung: Zusammenarbeit mit Computer Security Incident Response Teams (CSIRTs) und Austausch von Bedrohungsinformationen
    - Branchenkooperation: Zusammenarbeit mit anderen Organisationen, um Bedrohungsanalysen und Best Practices zu teilen
- **Kontext Technische Maßnahmen (TOMs)**
  - Angemessene Zugriffs- und Zutrittskontrolle: u. a. Implementierung von Maßnahmen wie Multi-Faktor-Authentifizierung (MFA), um unbefugten Zugriff auf Systeme und Daten zu verhindern
  - Netzwerksicherheit: Schutz der Netzwerkinfrastruktur durch Firewalls, Intrusion-Detection-Systeme und Netzwerkssegmentierung
  - Verschlüsselung: Verwendung von Verschlüsselungstechniken für Daten im Ruhezustand und bei der Übertragung
  - Sicherheitsupdates: regelmäßige Installation von Sicherheitsupdates und Patches für Software und Systeme
- **Kontext Vorfallmanagement**

  Für die Meldung von Sicherheitsvorfällen gibt es strenge Meldepflichten. Innerhalb von 24 Stunden muss ein Vorfall gemeldet werden. Bis 72 Stunden muss ein Bericht „Indicators of Compromise“ und innerhalb eines Monats muss ein Abschlussbericht erstellt werden.
  - Sicherheitsvorfallmanagement inklusive Berichts- und Meldewege: Konzepte, Implementierung und regelmäßige Überprüfung der Wirksamkeit im Rahmen z. B. des ISMS-Audits

  - Meldung von Sicherheitsvorfällen: Einführung eines Prozesses zur Erkennung, Bewertung und Meldung von Sicherheitsvorfällen an die zuständige Behörde (innerhalb von 24 Stunden nach Kenntnisnahme)
  - Notfallpläne: Entwicklung von Plänen für die Bewältigung und Wiederherstellung nach Sicherheitsvorfällen
  - Tests: regelmäßige Tests von Notfallplänen und Backup-Systemen
- **Kontext Business Continuity Management (Resilienz)**
  - Business Continuity, Backup-, Notfall- und Krisenmanagement: Konzepte, Implementierung und regelmäßige Überprüfung der Wirksamkeit im Rahmen z. B. des ISMS-Audits
  - Backup-Strategien: regelmäßige Erstellung und sichere Aufbewahrung von Backups, um Datenverluste zu vermeiden
  - Business Continuity Management (BCM): Sicherstellung der Aufrechterhaltung von kritischen Dienstleistungen auch während eines Angriffs
  - Durchführung von Penetrationstests zur Detektion von akuten technischen Schwachstellen
- **Kontext Lieferkette**
  - Lieferkettenmanagement inkl. Lieferanten- und Kundenmanagement: Konzepte, Implementierung und regelmäßige Überprüfung der Wirksamkeit im Rahmen z. B. des ISMS-Audits
  - Lieferantenmanagement: Bewertung und Überwachung von Cybersicherheitsrisiken in der Lieferkette
  - Verträge mit Partnern: Aufnahme von Sicherheitsanforderungen in Verträge mit Dritten
- **Assetmanagement:** Assetmanagement sowie das Lifecycle-Management für IT-Systeme (u. a. Applikationen und IT-Betriebslösungen)

Daneben gibt es noch spezifische Anforderungen für kritische Sektoren.

EU-DSGVO

Die europäische Datenschutz-Grundverordnung (EU-DSGVO) dient zur Vereinheitlichung des Datenschutzrechts in Europa.

Der Schwerpunkt der EU-DSGVO liegt auf der Stärkung der Rechte der Betroffenen (Auskunftsrecht und Recht auf Vergessen) sowie Rechenschaftspflicht der Verantwortlichen zum Nachweis der Grundsätze für die Rechtmäßigkeit, Zweckbindung, Datenminimierung, Richtigkeit, zeitliche Beschränkung, Integrität und Vertraulichkeit der Datenverarbeitung. Siehe hierzu Abschnitt 1.2.5.

Lieferkettengesetz (Lieferkettensorgfaltspflichtengesetz – LkSG)

Das Lieferkettengesetz trat in Deutschland am 25. 07. 2024 in Kraft. Es verpflichtet Unternehmen mit mindestens 1000 Mitarbeitenden, entlang ihrer gesamten Lieferkette menschenrechtliche und umweltbezogene Sorgfaltspflichten einzuhalten. Ziel ist es, Menschenrechtsverletzungen, Umweltzerstörungen und andere schädliche Praktiken in globalen Lieferketten zu verhindern (siehe *www.bmz.de*).

Die Sorgfaltspflicht der Unternehmen erstreckt sich durch das Lieferkettengesetz grundsätzlich auf die gesamte Lieferkette. Dies fängt bei der Gewinnung der Rohstoffe an und geht bis hin zu der Lieferung an den Endkunden.

Die Einhaltung des Gesetzes wird durch das Bundesamt für Wirtschaft und Ausfuhrkontrolle (BAFA) überprüft. Die Unternehmen müssen regelmäßige Berichte bei der BAFA einreichen. Diese kontrollieren die Unternehmensberichte und gehen eingereichten Beschwerden nach. Bei Versäumnissen oder Verstößen kann das BAFA Bußgelder verhängen oder Unternehmen von der öffentlichen Beschaffung ausschließen.

Die Anforderungen an die Unternehmen sind abgestuft, insbesondere nach dem Einflussvermögen auf den Verursacher der Menschenrechtsverletzung oder der Umweltverschmutzung, der Schwere der (potenziellen) Verletzung sowie nach den unterschiedlichen Stufen in der Lieferkette. Bei klaren Hinweisen auf Verstöße müssen Unternehmen tätig werden.

Für betroffene Unternehmen ist hierzu notwendig:

- **Etabliertes Risikomanagement**, um Risiken in der Lieferkette zu identifizieren und zu bewerten
- **Klare Verantwortlichkeiten** für die Umsetzung
- **Ergreifung von Maßnahmen** zur Prävention und Abhilfe bei festgestellten Risiken oder Verstößen auch bei direkten und indirekten Zulieferern
- **Einrichtung eines Beschwerdeverfahrens** für Betroffene
- **Erstellung von regelmäßigen Berichten** an die BAFA über die Einhaltung der Sorgfaltspflichten und Wirksamkeitsanalyse der Maßnahmen

Das Lieferkettengesetz führt bei den betroffenen Unternehmen zu einem erhöhten Dokumentationsaufwand, da die Unternehmen detaillierte Informationen über Lieferanten und Produktionsbedingungen sammeln und aufbereiten müssen. Zudem sind entsprechende Verträge und stärkere Kontrollen (z. B. Audits) der Lieferanten entlang der Lieferkette erforderlich.

DIN EN ISO 14001, Umweltmanagement für Umweltschutz

Die Bedeutung des Umweltmanagements wächst sowohl im öffentlichen Interesse als auch auf strategischer Ebene im Unternehmen zusehends. Eine Zertifizierung nach DIN EN ISO 14001 erfordert zwar ein Umweltmanagementsystem, hat aber das Potenzial für Ressourceneinsparungen und stärkt die Wettbewerbsfähigkeit des Unternehmens.

Es gibt eine Reihe von Änderungen, insbesondere im Zusammenhang mit der Integration von Klimawandelaspekten und der Bedeutung von Ressourcenschonung, Kreislaufwirtschaft und den Sustainable Development Goals (SDGs) der UN in Umweltmanagementsystemen. Unternehmen müssen nun in ihrer Kontextanalyse prüfen, inwiefern der Klimawandel ihr Geschäft beeinflussen kann und umgekehrt. Diese Anpassungen betreffen auch andere ISO-Managementsystemnormen, wie die ISO 9001 und ISO 45001.

Aktuell läuft eine Revision der ISO 14001, die eine Anpassung an die Strukturen der ISO-Normen zum Ziel hat. Die ISO 14001:2025 wird voraussichtlich als Ergebnis dieser Revision Ende 2025 veröffentlicht. Der Fokus liegt auf klareren verständlicheren Formulierungen und einer besseren Integration relevanter Umweltaspekte, ohne neue Anforderungen einzuführen.

In der DIN EN ISO 14001 gibt es gerade bei Verfahrens- und Arbeitsanweisungen Überlappungen zu einem ISMS. Diese sollten durch ein integriertes Managementsystem eliminiert werden.

ISO 20000 auf Basis der ITIL (siehe [Bei23] und [Her23])

ISO/IEC 20000 (kurz ISO 20000) ist eine internationale Norm, die Anforderungen an ein Service Management System definiert. ISO 20000 wurde zum ersten Mal im Jahre 2005 veröffentlicht und in den Jahren 2011 und 2018/2019 an die neuesten Entwicklungen in der Service-Industrie angepasst. Die aktuelle Version ist ISO/IEC 20000-3:2019. Diese bietet Leitlinien zur Umfangsdefinition, Anwendbarkeit und Konformitätsdemonstration für Dienstanbieter, die die Anforderungen von ISO/IEC 20000-1 erfüllen möchten, oder für Dienstanbieter, die Serviceverbesserungen planen und ISO/IEC 20000 als Geschäftsziel verwenden möchten.

Die ISO 20000 bietet eine strukturierte Vorgehensweise für die Planung, Bereitstellung, Überwachung und Verbesserung von IT-Dienstleistungen, um eine hohe Servicequalität sicherzustellen und die Kundenzufriedenheit zu fördern.

ISO/IEC 20000 lehnt sich an IT Infrastructure Library (ITIL) an. Viele Anforderungen in ISO 20000 stimmen mit den Best Practices des ITIL-Frameworks überein. Während die ISO 20000 primär auf eine Zertifizierung abzielt, liefert ITIL Best Practices und Richtlinien für die Implementierung von IT-Service-Management-Prozessen.

Ein ISO-20000-Zertifikat ist der Beleg dafür, dass eine Organisation zuverlässig Services in hoher Qualität erbringt. Damit ist ISO 20000 ein schlagkräftiges Argument bei der Kundengewinnung, mit dem man sich positiv von Mitbewerbern abheben kann.

> **ITIL (Information Technology Infrastructure Library)** ist ein Best-Practice-Leitfaden und der De-facto-Standard im Bereich IT-Service-Management (siehe *wikipedia.com*). ITIL wurde vom britischen Office of Government Commerce (OGC) entwickelt. Es lieferte eine Ansammlung mehrerer Bücher zum Thema „IT-Service-Management".
>
> Das allgemeine Ziel von ITIL ist die Verbesserung der Qualität von IT-Services, der Kosteneffizienz und ein funktionierender IT-Betrieb. Informationssicherheit wird aus der operativen Perspektive der verschiedenen Services, wie Service Support und Service Delivery, heraus betrachtet. Service Support stellt alle operativen Prozesse bereit, die zur Behandlung von Service-Unterbrechungen und zur Durchführung von Änderungen dienen. Somit wird die Aufrechterhaltung der IT-Services garantiert. Service Delivery stellt sicher, dass verbindliche Rahmenbedingungen für die operativen Prozesse bestehen. Es regelt die planerischen, vertraglichen und finanziellen Themen.
>
> Die aktuelle Version des ITIL-Frameworks ist ITIL 4, die 2019 veröffentlicht wurde. ITIL 4 ist die erste umfangreiche Überarbeitung des ITIL-Frameworks seit 2007. Diese geht vor allem auf die neuesten Trends aus den Bereichen Software-Entwicklung und IT-Betrieb ein.
>
> ITIL 4 bietet eine modernisierte und flexible Herangehensweise an das IT-Service-Management (ITSM), die speziell auf digitale Transformationsprozesse und neue Technologien wie Cloud, Automatisierung und künstliche Intelligenz (KI) abgestimmt ist.

Die ISO/IEC 20000-3:2019 basiert in ihrer Grundstruktur weiterhin auf den Prinzipien von ITIL 3. Dies liegt daran, dass die ISO/IEC 20000-Serie als unabhängiger Standard entwickelt wurde, der sich nicht ausschließlich an ITIL orientiert, sondern auch andere IT-Service-Management-Frameworks berücksichtigt. Der Standard enthält weiterhin prozessorientierte Anforderungen, die eng mit dem Lebenszyklusansatz von ITIL v3 und ähnlichen Frameworks übereinstimmen.

Es ist zu erwarten, dass zukünftige Revisionen der ISO/IEC-20000-Reihe Elemente von ITIL 4 berücksichtigen werden, insbesondere den stärker wert- und ergebnisorientierten Ansatz. Bis dahin bleibt die Struktur jedoch enger mit ITIL v3 und klassischen Service-Management-Ansätzen verknüpft.

Innerhalb der ISO/IEC 20000 werden die folgenden Anforderungen und Prozesse definiert (siehe wikipedia.com):

- Anforderungen an das Management-System
- Planung und Implementierung des Service-Managements
- Planen und Implementieren neuer oder geänderter Services
- Service Level Management
- Service Reporting

- Availability und Service Continuity Management
- Finanzplanung und Kostenrechnung für IT-Services
- Capacity Management
- Information Security Management
- Business Relationship Management
- Supplier Management
- Incident Management
- Problem Management
- Configuration Management
- Change Management
- Release and Deployment Management

Die ISO/IEC 20000 besteht aus fünf Teilen. Die Teile 1 und 2 stellen die Norm dar (IS – Internationaler Standard); die Teile 3 bis 5 sind Ergänzungen (siehe *wikipedia.com*):

- **ISO/IEC 20000 Part 1 – „Service Management System Requirements"**

  Der erste Teil ISO/IEC 20000-1:2011[1] enthält die formelle Spezifikation des Standards. Es sind Vorgaben dokumentiert, die eine Organisation einhalten, sicherstellen und nachweisen muss, um eine Zertifizierung zu erhalten. Die ISO/IEC 20000-1 enthält die „Muss-Kriterien" des Standards. Dieser Teil wurde im Jahr 2011 überarbeitet und mit den Ergänzungen verabschiedet.

- **ISO/IEC 20000 Part 2 – „Code of Practice"**

  Innerhalb des zweiten Teils ISO/IEC 20000-2:2005[2] werden die Anforderungen des ersten Teils um Erläuterungen der best practice ergänzt. Die ISO/IEC 20000-2 bietet Leitlinien und Empfehlungen für IT-Service-Management-Prozesse im Rahmen des formellen Standards.

- **ISO/IEC 20000 Part 3 – „Guidance on Scope Definition and Applicability of ISO/IEC 20000-1"**

  Der dritte Teil ISO/IEC TR 20000-3:2009[3] ist als Technischer Bericht (TR) eine Hilfestellung zur Norm, die die Scope-Festlegung und die Anwendbarkeit betrachtet.

- **ISO/IEC 20000 Part 4 – „Process Reference Model"**

  Der vierte Teil ISO/IEC TR 20000-4:2010[4] ist als Technischer Bericht (TR) eine Hilfestellung zur Norm, die das zugrunde liegende Prozessmodell betrachtet.

- **ISO/IEC 20000 Part 5 – „Exemplar Implementation Plan for ISO/IEC 20000-1"**

  Der fünfte Teil ISO/IEC TR 20000-5:2010[5] ist als Technischer Bericht (TR) eine Hilfestellung zur Norm, die ein Beispiel für die Implementierung der Norm enthält.

ISO 20000 hat einen prozessbasierten Ansatz in Anlehnung an ITIL 3. Die Norm basiert auf der Integration und Koordination von IT-Service-Management-Prozessen; insbesondere:

- Service-Planung und -Bereitstellung: definiert Anforderungen für die Entwicklung und Einführung neuer oder geänderter Services
- Service-Level-Management: stellt sicher, dass vereinbarte Service-Level erreicht werden
- Incident- und Problemmanagement: behandelt die Verwaltung und Behebung von Störungen und Problemen
- Change- und Konfigurationsmanagement: unterstützt die Steuerung von Änderungen und die Verwaltung von Servicekomponenten
- Kontinuierliche Verbesserung: fördert die fortlaufende Optimierung von Prozessen und Services
- Nachweis eines professionellen IT-Service-Managements
- Höhere Effizienz und Konsistenz in Serviceprozessen
- Stärkung des Kundenvertrauens und der Wettbewerbsfähigkeit
- Unterstützung der Erfüllung von vertraglichen und regulatorischen Anforderungen

ISO 20000 ist für Organisationen aller Größen und Branchen relevant, die IT-Dienstleistungen erbringen oder nutzen und diese systematisch und nachhaltig verbessern möchten.

NIST (National Institute of Standards and Technology) (siehe nist.gov)

Die US-amerikanische Bundesbehörde NIST ist u. a. für die Entwicklung von Standards zuständig. Diese Standards sind für US-Behörden verpflichtend. Zudem veröffentlicht das NIST in der Reihe Special Publication 800 („NIST SP 800“-Serie) regelmäßig Dokumente zu Informationssicherheitsthemen, wie Kryptografie oder Cloud-Computing. Die Standards und die Dokumente haben international einen weitreichenden Einfluss auf die Gestaltung der Informationssicherheit. Insbesondere das Dokument „NIST SP 800–53 Security and Privacy Controls for Federal Information Systems and Organizations“ stellt für den Bereich Sicherheitsmanagement eine große Zahl an Kontrollen für den Schutz von Informationsverbünden zusammen. Die Kontrollen sind nach zusammengehörigen Bereichen, wie z. B. Schulung und Sensibilisierung, Berechtigungsmanagement oder Infrastruktursicherheit, gegliedert.

Seit 2018 hat das National Institute of Standards and Technology (NIST) mehrere signifikante Änderungen und Erweiterungen vorgenommen, insbesondere im Bereich der Cybersicherheit. Zu den wichtigsten Entwicklungen gehören:

- **NIST Cybersecurity Framework (CSF) 2.0**

  Diese Version wurde 2024 veröffentlicht. Sie bringt wesentliche Änderungen. Dazu gehören eine stärkere Betonung der Cybersicherheits-Governance und des Risikomanagements in der Lieferkette sowie erweiterte Leitlinien zur Bewertung und Messung von Sicherheitsmaßnahmen. Die Struktur bleibt flexibel, um Unternehmen aller Größen und Branchen anzusprechen, jedoch mit einer stärkeren Einbindung spezifischer Ressourcen und Bedrohungen, die in den letzten Jahren relevanter wurden.

- **AI Risk Management Framework**

  NIST hat 2022 einen neuen Rahmen für den Umgang mit KI-basierten Risiken veröffentlicht, um Unternehmen bei der sicheren Implementierung und Kontrolle von KI-Technologien zu unterstützen. Dies ist eine Antwort auf die zunehmende Verbreitung von KI und den damit verbundenen Risiken.

- **Erweiterung der Richtlinien** im Hinblick auf Datenschutz, Lieferkettenrisiken und Messung der Cybersicherheitsleistung

  NIST hat seine Richtlinien erweitert, um aktuelle Herausforderungen wie Datenschutz, Lieferkettenrisiken und Messung der Cybersicherheitsleistung besser abzudecken. Auch sektorübergreifende Anwendungen und globale Standards werden stärker berücksichtigt.

Die Anwendung von NIST-Standards ist in der Regel freiwillig, wird aber für bestimmte Organisationen und in spezifischen Kontexten verpflichtend. Die Verpflichtung oder Notwendigkeit zur Anwendung hängt von gesetzlichen, vertraglichen oder branchenspezifischen Anforderungen ab.

PCI DSS (Payment Card Industry Data Security Standard) des PCI Security Standards Council (siehe *https://www.pcisecuritystandards.org/*)

PCI DSS formuliert Sicherheitsanforderungen an die Abwicklung von Kreditkartentransaktionen, d. h. wenn eine Zahlungskartennummer, eine PAN (Primary Account Number), gespeichert, verarbeitet oder übermittelt wird. PCI DSS bezieht sich hierbei auf Karteninhaberdaten, die in Verbindung mit der PAN gespeichert werden. Dies sind laut PCI DSS der Name des Karteninhabers, der Servicecode und das Ablaufdatum der Karte.

Vertrauliche Authentisierungsdaten, wie z. B. die Daten des Magnetstreifens einer Debit- oder Kreditkarte, PINs und Kartenprüfwerte wie z. B. der CVC2 (Card Validation Code Version 2), haben einen sehr hohen Schutzbedarf. Diese dürfen nach der Authentisierung nicht in den Händlersystemen gespeichert werden.

Die Anforderungen von PCI DSS müssen von allen Unternehmen umgesetzt werden, die Karteninhaberdaten von Kreditkarten speichern, verarbeiten oder übertragen. Beispiele sind Händler, die Kreditkartenzahlungen akzeptieren, Hosting-Anbieter oder Dienstleister, die diese im Auftrag weiterverarbeiten, sowie alle Dienstanbieter, die auf Karteninhaberdaten zugreifen können.

Die erfolgreiche Umsetzung muss überprüft und das Ergebnis registriert werden. Je nach Art und Größe der Institution, der Anzahl der Transaktionen und der Führung der Karteninhaberdaten, gibt es hierzu verschiedene Möglichkeiten von Zertifizierungen oder Selbstzertifizierungen. Wenn eine Zertifizierung nicht zwingend notwendig ist, kann durch jährlich auszufüllende Selbstbeurteilungsfragebögen die Konformität zum PCI-Regelwerk mitgeteilt werden.

Anforderungen des PCI DSS sind hierbei insbesondere:

- Erstellung und Wartung eines sicheren Netzwerks mit Sicherheitszonen (Firewall) sowie regelmäßige Überwachung und regelmäßiges Testen von Netzwerken inklusive Verfolgung und Überwachung des gesamten Zugriffs auf Netzwerkressourcen und Karteninhaberdaten
- Ändern der vom Anbieter festgelegten Standardeinstellung für Systemkennwörter und andere Sicherheitsparameter
- Schutz von Karteninhaberdaten sowie Verschlüsselung bei der Übertragung von Karteninhaberdaten über offene, öffentliche Netze
- Verwendung und regelmäßige Aktualisierung von Antivirussoftware
- Vorgabe und Einhaltung von Richtlinien für eine sichere Systementwicklung (siehe Abschnitt 2.2)
- Implementierung starker Zugriffsschutz- und Kontrollmaßnahmen mit u. a. Zuweisung einer eindeutigen ID für jede Person mit Zugriff sowie Beschränkung des physischen Zugriffs auf Karteninhaberdaten

Am 31. 03. 2024 wurde PCI DSS v3. 2.1 vollständig abgelöst und v4. 0 ist seitdem die einzig gültige Version des Standards. PCI DSS v4.0 wurde im Jahr 2022 veröffentlicht. Hier sind die wichtigsten Änderungen:

- Verbesserte Multi-Faktor-Authentifizierung (MFA) und verschärfte Passwortanforderungen (z. B. Mindestlänge von sieben auf zwölf Zeichen erhöht)
- Neue Schutzmaßnahmen gegen Phishing und skimming-basierte Angriffe, die sich auf Zahlungssysteme konzentrieren
- Flexibilität und Individualisierung durch z. B. eigene risikobasierte Ansätze für Sicherheitskontrollen
- Forderung nach regelmäßigen Tests zur Validierung von Sicherheitskontrollen und Netzwerksegmentierungen sowie erweiterte Anforderungen an Penetrationstests und Sicherheitsberichte
- Modernisierte Vorgaben für Verschlüsselung und Schutz von Karteninhaberdaten während der Übertragung
- Mehr Schutzmechanismen gegen Skimming-Angriffe und Datenlecks

Weitere Informationen finden Sie auf der Website des PCI Security Standards Council (siehe *https://www.pcisecuritystandards.org/*).

KonTraG, das Gesetz zur Kontrolle und Transparenz im Unternehmen

Wesentlich sind hier insbesondere die Verpflichtung zur Einrichtung eines Kontrollsystems mit verbindlichen Regeln im Unternehmen und ein unternehmensweites Risikomanagement, um für den Fortbestand des Unternehmens gefährdende Entwicklungen früh zu erkennen und gegenzusteuern.

Ab 2021 gab es einige gesetzliche Entwicklungen und Reformen im Bereich der Unternehmensüberwachung und -transparenz, die KonTraG beeinflussen. Hierzu zählen:

- **Gesetz zur Stärkung der Finanzmarktintegrität** (FISG, 2021)

  Als Reaktion auf den Wirecard-Skandal wurde FISG eingeführt. Die Prüfungspflichten in Unternehmen nehmen ebenso zu wie die Aufsichtsbefugnisse der BaFin. Wirtschaftsprüfer werden zu stärkerer Unabhängigkeit verpflichtet. Zudem gibt es Anpassungen in der Organisation des Aufsichtsrats in Bezug auf die Überwachung der Unternehmensführung.

- **Unternehmensstabilisierungs- und -restrukturierungsgesetz** (StaRUG, 2021)

  Das StaRUG ergänzt die Regelungen des KonTraG, indem es präventive Restrukturierungsmaßnahmen erleichtert. Unternehmen sind verpflichtet, ein effektives Frühwarnsystem zu implementieren, um drohende Insolvenzen frühzeitig zu erkennen.

- **Corporate Sustainability Reporting Directive** (CSRD, EU-Richtlinie, 2022)

  Unternehmen werden ab 2024 verpflichtet, detailliertere Nachhaltigkeitsberichte zu erstellen. Die Berichtsanforderungen erweitern die Transparenzpflichten, die auch dem Geist des KonTraG entsprechen.

- Aktualisierung des Deutschen Corporate Governance Kodex (DCGK, zuletzt 2022)

  Der Kodex gibt Empfehlungen zur Good Governance, z. B. in den Bereichen Diversität und Nachhaltigkeit. Diese gehen teilweise über KonTraG hinaus.

Das KonTraG selbst ist unverändert. Diese gesetzliche Entwicklungen haben aber Kernziele weiter gestärkt:

- Verbesserung von Transparenz und Kontrolle
- Erweiterung der Anforderungen an Risikomanagementsysteme
- Förderung einer nachhaltigen Unternehmensführung

MaRisk/BAIT (siehe *bafin.de*)

In den bankaufsichtlichen Anforderungen an die IT (BAIT) werden die in MaRisk enthaltenen Anforderungen an die IT in wesentlichen Punkten – auch im Kontext der

Informationssicherheit – konkretisiert. Dies beinhaltet auch die Forderung nach einem Informationssicherheitsbeauftragten.

Die Anforderungen der BAIT bestehen aus folgenden Kapiteln:

- IT-Strategie: Wesentliche Anforderungen an die Nachhaltigkeit der IT-Strategie in Konsistenz mit der Geschäftsstrategie (Business-Alignment), strategische Entwicklung der IT inkl. der Auslagerungsstrategie, Verankerung der Informationssicherheit in der IT, Entwicklung einer IT-Architektur, Notfallmanagement, Umgang mit individualer, fachbezogener IT (IDV)

  Auf Basis der Informationssicherheitsleitlinie sind konkretisierende, den Stand der Technik berücksichtigende Informationssicherheitsrichtlinien und Informationssicherheitsprozesse mit den Teilprozessen Identifizierung, Schutz, Entdeckung, Reaktion und Wiederherstellung zu definieren.
- IT-Governance: Steuerung und Überwachung des IT-Betriebs und der Weiterentwicklung der Systeme, qualitative und angemessene Personalausstattung der IT, Trennung von Betrieb und Entwicklung
- Informationsrisikomanagement: Einrichtung eines Informationsrisikomanagements und Einbindung aller relevanten Bereiche, Festlegung der Methodik für Schutzbedarfsermittlung
- Informationssicherheitsmanagement: Etablierung eines Informationssicherheitsmanagements analog ISO27001 mit ISB/CISO-Rolle und u. a. Berichterstattung und Incident- und Vorfallmanagement
- Benutzerberechtigungsmanagement: Berechtigungskonzept mit Sicherstellung des Minimalprinzips und Funktionstrennung sowie SoD (Segregation of Duties), Umgang mit technischen Berechtigungen und Accounts, Steuerungs- und Überprüfungsprozesse zu Berechtigungen (Re-Zertifizierung, Attestierung, Reconciliation), Umgang mit und Kontrolle von privilegierten Benutzern sowie technische und organisatorische Maßnahmen zum Schutz des Umgehungstatbestands

Die MaRisk (Mindestanforderungen an das Risikomanagement) und BAIT (Bankaufsichtliche Anforderungen an die IT) wurden mehrfach überarbeitet, um auf aktuelle regulatorische Anforderungen und technologische Entwicklungen zu reagieren. Die wichtigsten Änderungen umfassen (siehe *www.bafin.de*):

- 7. MaRisk-Novelle (2021)

  Integration der EBA-Leitlinien zur Risikotragfähigkeit (RTF) und Stärkung des Notfallmanagements (AT 7.3). Hier wurden Prozesse wie die Krisenvorsorge und Wiederaufnahmepläne konkretisiert, insbesondere im Zusammenhang mit IKT- und Sicherheitsrisiken. Neue Anforderungen zur Identifikation zeitkritischer Prozesse und abgestimmter Notfallkonzepte mit externen Dienstleistern.

- 8. MaRisk-Novelle (2024)

  Einführung des Moduls BTR 5 für Kreditspreadrisiken im Anlagebuch, das erstmals spezifische Anforderungen an das Management solcher Risiken formuliert. Präzisierungen zu Zinsänderungsrisiken (BTR 2.3), die sowohl kurzfristige ertragsorientierte als auch langfristige barwertorientierte Auswirkungen umfassen
- Weitere Änderungen sind z. B.:
  - Fokus auf Stresstests und technologische Infrastruktur (AT 7.2)
  - Neue Anforderungen für kleinere Institute zur Anpassung ihrer Risikomanagementstrategien (Proportionalitätsprinzip)
- In der BAIT wurden seit der Überarbeitung im Jahr 2021 verstärkt IKT-Risiken berücksichtigt. Die Leitlinien fordern eine stärkere Integration von Informationssicherheitsmaßnahmen und klare Verantwortlichkeiten für Cyber-Resilienz. Zudem wurden neue Anforderungen an Datenintegrität hinzugefügt.

Die Anpassungen reflektieren die zunehmende Bedeutung von Cyber-Risiken, Kreditrisikomanagement und der europäischen Harmonisierung durch Vorgaben der EBA[1]. Besonders Institute mit bedeutenden IT-Prozessen und solche, die auf europäischer Ebene reguliert sind, müssen die neuen Anforderungen zeitnah umsetzen.

Geheimschutz

Der staatliche Geheimschutz dient dem Schutz von im öffentlichen Interesse geheimhaltungsbedürftigen Informationen, die durch eine staatliche Stelle im Interesse der Öffentlichkeit als geheimhaltungsbedürftig, kurz Verschlusssache, eingestuft sind. Verschlusssachen können Tatsachen, Gegenstände oder Erkenntnisse sein. Hierbei kommt es nicht auf die Darstellungsform an, sondern nur auf die Inhalte.

Der staatliche Geheimschutz umfasst alle Maßnahmen, die Verschlusssachen vor der Kenntnisnahme durch Unbefugte schützen. Unbefugte sind alle, die Verschlusssachen nicht zur Kenntnis erhalten müssen („Need-to-know-Prinzip“).

Der staatliche Geheimschutz wird ständig in Bezug auf neue Technologien sowie veränderte Anforderungen weiterentwickelt. So wurde aufgrund der gestiegenen Anforderungen an IT-Sicherheit und internationale Zusammenarbeit die Verschlusssachenanweisung (VSA) novelliert und 2018 durch eine neue Fassung ersetzt. Hier werden u. a. die Geheimschutzorganisation, die Einstufung von Verschlusssachen, materielle und technische Schutzmaßnahmen sowie der Einsatz von Informationstechnik im Geheimschutz adressiert. Darüber hinaus wurden die Regelungen bzgl. der Zusammenarbeit mit den ausländischen Stellen um den Schutz sensibler Informationen auch bei internationalen Kooperationen angepasst. Zudem wurde die gesetzliche Grundlage für Sicherheitsüberprüfungen ebenfalls aktualisiert, um neuen Bedro-

---

1 EBA (European Banking Authority) ist eine europäische Aufsichtsbehörde

hungsszenarien gerecht zu werden. Dies umfasst sowohl personelle als auch materielle Maßnahmen.

GoBD

Grundsätze zur ordnungsmäßigen Führung und Aufbewahrung von Büchern, Aufzeichnungen und Unterlagen in elektronischer Form sowie zum Datenzugriff durch die Finanzverwaltungen und Grundsätze ordnungsgemäßer DV-gestützter Buchführungssysteme (GoBS). Die Umsetzung erfolgt über ein internes Kontrollsystem (IKS).

GoBD enthält Vorgaben an die Dokumentationsprozesse sowie Sorgfaltspflichten bei der Verarbeitung, Vorhaltung und Bereitstellung der entsprechenden Informationen. Dazu gehören Nachvollziehbarkeit und -prüfbarkeit, Vollständigkeit, Richtigkeit, Zeitgerechtigkeit, Ordentlichkeit und Unveränderlichkeit. Diese Anforderungen sind auch auf die Verfahren anzuwenden, die durch die IT abgebildet werden. Hierzu ist ein Sicherheitskonzept mit weitreichenden Maßnahmen zur Sicherung der Informationen vor z. B. Veränderung oder Verlust erforderlich. Zusätzlich ist eine Verfahrensdokumentation als Nachweis eines ordnungsgemäßen Systembetriebs vorgeschrieben.

Der Fachausschuss für Informationstechnologie des IDW hat unter der Abkürzung FAIT Konkretisierungen für die Grundsätze ordnungsgemäßer Buchführung bei Einsatz von Informationstechnologie formuliert. Siehe hierzu Abschnitt 1.2.3.

Das Institut der Wirtschaftsprüfer in Deutschland e. V. (IDW) ist ein Zusammenschluss von Wirtschaftsprüfern und Wirtschaftsprüfungsgesellschaften in Deutschland mit dem Ziel, die Facharbeit von Wirtschaftsprüfern zu unterstützen. Hierfür werden unterschiedliche Publikationen bereitgestellt und regelmäßig unter Einbeziehung von Fachgremien aktualisiert (*www.idw.de*):

- Prüfungsstandards (IDW PS)
- Stellungnahmen zur Rechnungslegung (IDW RS)
- IDW-Standards (IDW S)
- Prüfungs- und Rechnungslegungshinweise (IDW PH und IDW RH)

Einige der Publikationen adressieren auch Informationssicherheitsaspekte. Dies sind u. a. Standards im Kontext der Abschlussprüfung bei Einsatz von Informationstechnologien (IDW PS 330 und IDW PH 9.330.1), Vorgaben an das interne Kontrollsystem eines Dienstleistungsunternehmens (IDW PS 951), Erteilung und Verwendung von Softwarebescheinigungen (IDW PS 880) sowie die FAIT-Grundsätze ordnungsgemäßer Buchführung.

Gerade die *FAIT-Grundsätze* finden in vielen Unternehmen Beachtung, um einer Prüfung standzuhalten. Der Fachausschuss für Informationstechnologie des IDW hat Grundsätze ordnungsgemäßer Buchführung bei Einsatz von Informationstechnologie formuliert:

- **IDW RS FAIT 1:** Grundsätze ordnungsgemäßer Buchführung bei Einsatz von Informationstechnologie

  Hier werden die aus den §§ 238, 239 und 257 HGB resultierenden Anforderungen an die Führung der Handelsbücher mittels IT-gestützter Systeme konkretisiert und die beim Einsatz von IT möglichen Risiken für die Einhaltung der GoB verdeutlicht. So wird der Begriff IT-System definiert. Im Gegensatz zu anderen Standards ist „IT-System" hier nicht als Hardware inklusive Betriebssystem, sondern als übergeordneter Begriff zu verstehen. Ein IT-System nach RS FAIT 1 beinhaltet die rechnungslegungsrelevanten IT-gestützten Geschäftsprozesse, IT-Anwendungen, IT-Infrastruktur wie bauliche Einrichtungen, Hardware und den IT-Betrieb. Das Zusammenwirken der Elemente des IT-Systems wird durch das IT-Kontrollsystem definiert. In diesem werden die Risiken des IT-Einsatzes behandelt (siehe [BSI23-1]).

  Es werden Sicherheitsanforderungen (Vertraulichkeit, Integrität, Verfügbarkeit, Autorisierung, Authentizität und Verbindlichkeit) an rechnungslegungsrelevante Daten festgelegt. Darüber hinaus verlangt die Stellungnahme, dass ein Sicherheitskonzept erstellt wird, in dem die Sicherheitsrisiken des IT-Einsatzes bewertet und entsprechende organisatorische oder technische Maßnahmen abgeleitet werden.

  Neben den Sicherheitsanforderungen werden in der RS FAIT 1 die gesetzlichen Anforderungen ordnungsgemäßer Buchführung auf die IT abgebildet. Der Standard legt hier die im HGB verlangten Werte Vollständigkeit, Richtigkeit, Zeitgerechtheit, Ordnung, Nachvollziehbarkeit und Unveränderlichkeit für die IT aus.

- **IDW RS FAIT 2:** Grundsätze ordnungsgemäßer Buchführung bei Einsatz von Electronic Commerce

  Diese Stellungnahme konkretisiert die im IDW RS FAIT 1 dargestellten Ordnungsmäßigkeits- und Sicherheitsanforderungen im Bereich von E-Commerce und stellt ergänzende, über den IDW RS FAIT 1 hinausgehende Anforderungen auf.

- **IDW RS FAIT 3:** Grundsätze ordnungsgemäßer Buchführung beim Einsatz elektronischer Archivierungssysteme

  Diese Stellungnahme konkretisiert die im IDW RS FAIT 1 dargestellten Ordnungsmäßigkeits- und Sicherheitsanforderungen im Bereich elektronischer Archivierungssysteme.

Auch hier schlagen sich u. a. die Digitalisierung und neue Technologien nieder. So wurden mobile Geräte wie Smartphones zur digitalen Erfassung von Belegen auch aus dem Ausland explizit erlaubt. Zudem kann nach elektronischer Archivierung auf die Aufbewahrung von Papierbelegen verzichtet werden, sofern eine entsprechende Verfahrensdokumentation vorliegt. Auch die Cloud-Nutzung für die Ablage von steuerrelevanten Daten wurde erlaubt, wobei die Anforderungen an die Rückverfolgbarkeit und Datensicherheit unverändert hoch bleiben.

Seit 2024 gibt es weitere Änderungen. So dürfen ältere Dateiformate, wie ASCII-Druckdateien, nicht mehr verwendet werden. Zudem wurden Anforderungen an neue Datenaustauschformate eingeführt, um die digitale Zusammenarbeit zu erleichtern. Elektronische Bücher dürfen im europäischen Ausland ohne zusätzliche Genehmigung aufbewahrt werden. Bei Speicherung in Drittländern bleibt die Antragspflicht bestehen.

HGB

Das HGB (Handelsgesetzbuch) beinhaltet Anforderungen an die Ordnungsmäßigkeit und Revisionsfähigkeit der Geschäftstätigkeit. Dies umfasst auch bestimmte Aufbewahrungsfristen (Archivierungspflicht) für Geschäftsdokumente. Für die Archivierung werden zudem gewisse Anforderungen gestellt, wie die unveränderte (originäre) und unveränderbare Speicherung, die Möglichkeit der Anzeige und des Ausdrucks wie im Original, Filtermöglichkeiten zur zeitnahen Suche von Dokumenten (Indizierung, Tagging), Protokollierung aller Aktionen im Archiv zur Nachvollziehbarkeit sowie die Anforderung, dass Migrationen u. a. auf neue Plattformen, Medien ohne inhaltliche Informationsverluste erfolgen müssen.

Das Handelsgesetzbuch (HGB) wurde die letzten Jahre durch mehrere Gesetzesänderungen und Reformen angepasst, um europäische Richtlinien umzusetzen, aktuelle Entwicklungen zu berücksichtigen und Transparenz sowie Unternehmensführung zu stärken. Hierzu zählen die Harmonisierung der Rechnungslegungsstandards in Europa, Einführung neuer Berichtspflichten zur Nachhaltigkeit und Klimarelevanz (EU-Offenlegungsverordnung, Taxonomie-Verordnung, 2020), stärkere Transparenzanforderungen für Kapital- und börsennotierte Unternehmen sowie Verbesserungen des Risikomanagements und der Prüfungsanforderungen.

COBIT 2019

CobiT (siehe [Gau19] und [ISA19]) ist ein IT-Governance-Standard. Er integriert internationale Standards wie z. B. die technischen Standards ISO/IEC 20000, EDIFACT, ISO 9000 und SPICE (siehe [Gau19]). COBIT wurde vom IT Governance Institute (ITGI) bzw. der Information Systems Audit and Control Association (ISACA) veröffentlicht.

IT-Governance liegt in der Verantwortung von Führungskräften wie z. B. dem CIO. Für die unterschiedlichen Kernbereiche einer IT-Governance gibt es durchaus unterschiedliche Verantwortliche. Folgende Kernbereiche haben sich (siehe [itS08]) als wesentlich herauskristallisiert:

- **Business-Alignment** (CobiT: Strategic Alignment)

  Die IT muss an den Geschäftsanforderungen ausgerichtet werden.

- **Sicherstellung der Leistungserbringung** (CobiT: Value Delivery)

  Der operative Geschäftsbetrieb muss ebenso wie eine angemessene und kostengünstige IT-Unterstützung sichergestellt werden. Das Dienstleistungs- und Produktportfolio der IT sollte darüber hinaus einen Wert- und Strategiebeitrag erbringen (siehe Abschnitt 4.3.2.3).

- **Ressourcenmanagement** (CobiT: Resource Management)

  Alle IT-Assets wie z. B. Informationssysteme, Rechner oder aber auch Mitarbeiter und Lieferanten (siehe [Han22]) sind verantwortungsvoll zu managen.

- **Erfolgsmessung** (CobiT: Performance Management)

  Die Umsetzung der strategischen Vorgaben, der Vorgaben aus der Ziellandschaft sowie der technischen Standards sind ebenso zu überwachen wie die Abwicklung von Projekten und Wartungsmaßnahmen sowie die effiziente Leistungserbringung.

- **Risikomanagement** (CobiT: Risk Management)

  Die wachsende Abhängigkeit der Unternehmen von ihrer IT und die höhere Bedrohung der Unternehmensdaten durch z. B. Sicherheitslücken und kriminelle Aktivitäten führen zu einem geschärften Risikobewusstsein. Ein konsequentes Risiko- und Sicherheitsmanagement ist unabdingbar.

  In den letzten Jahren hat sich der Schwerpunkt „Compliance“ verstärkt herausgebildet. Nach Vorfällen skandalöser Betriebsführung in Firmen wie z. B. Worldcom oder Enron wurden neue gesetzliche und aufsichtsrechtliche Vorschriften erlassen. Für die Umsetzung der Vorschriften wie z. B. Sarbanes-Oxley Act (SOX), MaK, Basel II, KonTraG und Solvency II (siehe [Gau19]) im Kontext der Corporate Governance (siehe [Wei04] und [Wei06]) sind aufwendige Aktivitäten notwendig, um die Angemessenheit und Ordnungsmäßigkeit sowohl der Systementwicklung als auch des Systembetriebs nachzuweisen.

Über das COBIT-Reifegradmodell (angelehnt an CMMI) kann der Reifegrad der unterstützenden IT-Prozesse abgeleitet werden. Das Reifegradmodell hat fünf Stufen:

- **0 – „Nicht implementiert“**
- **1 – „Durchgeführt“**

  Dies ist der Ausgangszustand jeder Organisation ohne definierten Prozess. Die Problemlösungsansätze werden bei jeder Umsetzung des Prozesses neu erarbeitet. Sie können daher voneinander abweichen. Kosten, Zeiten und Qualität sind nicht vorhersehbar. Der Prozess ist nicht kontrollierbar.

- **2 – „Wiederholbar“**

  Ein grundlegender Prozess existiert. Sich wiederholende Abläufe sind bei der Umsetzung erkennbar, jedoch ist die erfolgreiche Durchführung stark von individuellen Kompetenzen der Durchführenden abhängig. Zeiten sind einigermaßen kontrollierbar. Kosten und Qualität unterliegen starken Schwankungen.

- **3 – „Definiert“**

  Der Prozess ist standardisiert und dokumentiert und kann jederzeit wiederholt werden. Abweichungen und Fehler bei der Umsetzung werden jedoch nicht erkannt.

- **4 – „Gemanagt“**

  Der Prozess wird gemonitort und somit lassen sich Abweichungen und Fehler bei der Durchführung feststellen, auf die reagiert werden kann.

- **5 – „Optimiert“**

  Durch laufende Verbesserungen und Vergleiche mit anderen Unternehmen sind die Prozesse auf Best-Practice-Niveau. Auf interne oder externe Änderungen kann reagiert werden. Automatisierung findet überall da statt, wo es sinnvoll ist. Werkzeuge zur Qualitätssicherung stehen bereit.

CobiT bietet einen Leitfaden für die Durchführung der Kontroll- und Führungsaufgaben. Die aktuelle fünfte Version von CobiT zielt auf eine ganzheitliche Betrachtung im Kontext einer „Enterprise Governance“ und nicht mehr rein auf eine IT-Governance wie in den Vorgängerversionen ab. Die Prinzipien hinter der aktuellen CobiT-2019-Version sind:

- **Nutzen der Stakeholder steht im Mittelpunkt**

  Den Ausgangspunkt stellt eine Stakeholder-Analyse dar, in der die Bedürfnisse der Stakeholder-Gruppen identifiziert werden. Auf dieser Basis können die Anforderungen für das unternehmensspezifische Governance-Rahmenwerk abgeleitet werden. Die Unternehmens-Governance muss sicherstellen, dass der aus der Stakeholder-Analyse hervorgehende angestrebte Nutzen zu optimalen Kosten und mit steuerbaren Risiken erreichbar ist. Dies heißt aber auch, die Interessen der Stakeholder gegeneinander abzuwägen und die Entscheidungen unter Abwägung von Kosten-Nutzen- und Risikoaspekten ganzheitlich zu treffen.

- **End-to-end-Perspektive**

  Governance und Management werden in CobiT 2019 aus einer unternehmensweiten Sicht betrachtet, in der das IT-Governance-System sich nahtlos in das unternehmensweite Governance-System integrieren lässt. Ziel ist es immer, dass die IT die geschäftlichen Abläufe unterstützt und einen Wertbeitrag leistet. Sie muss ökonomisch und risikobewusst handeln.

- **Bereitstellung eines einzigen integrierten Frameworks**

  CobiT 2019 liefert einen Rahmen und integriert andere Standardwerke und deckt so alle Themenbereiche ab. Integriert werden u. a. COSO, ISO/IEC 9000, ISO/IEC 31000, ISO/IEC 38500, ITIL, ISO/IEC 27000 Series, TOGAF, PMBOK/PRINCE2 oder CMMI.

- **Bereitstellung einer gesamthaften übergreifenden Sicht**

  Das CobiT-5-Rahmenwerk deckt alle Aktivitäten der Steuerung und Führung übergreifend ab. IT-Ziele werden aus Unternehmenszielen abgeleitet und entsprechende Aktivitäten werden für die Umsetzung ermittelt.

- **Unterscheidung zwischen Governance und Management**

  CobiT 2019 macht eine klare Unterscheidung zwischen Governance und Management. Governance stellt sicher, dass die Stakeholder-Bedürfnisse, -Bedingungen und -Optionen bewertet werden und die notwendigen Vorgaben gesetzt und kontrolliert werden. Management ist dafür zuständig, alle dafür notwendigen Aktivitäten zu planen, durchzuführen und zu überwachen. Hierzu gibt es fünf Governance- und 32 Managementprozesse.

Weitere allgemeine Gesetze und Normen

Weitere allgemeine Gesetze und Normen, die auch im Kontext Informationssicherheit und Datenschutz zu berücksichtigen sind:

- Anforderungen für das betriebliche Kontinuitätsmanagement, z. B. aus **ISO/ IEC 22301** *(siehe https://www.iso.org/standard)* legt Anforderungen an ein Business Continuity Management System (BCMS) fest. Die Norm liefert eine systematische Methode zur Vorbereitung auf, Bewältigung und Erholung von Störungen und Notfällen, um die Betriebsfähigkeit sicherzustellen. Ziele sind die Minimierung von Unterbrechungen, der Schutz von berechtigen Interessen z. B. von Kunden, Mitarbeitern oder anderen Stakeholdern sowie die Stärkung der Resilienz.
- **Produkthaftungsgesetz bzw. § 823 BGB (z. B. bei Software-Kauf)**

  Das Produkthaftungsgesetz regelt die verschuldensunabhängige Haftung des Herstellers für Schäden, die durch fehlerhafte Produkte verursacht werden. Der § 823 BGB regelt die verschuldensabhängige Haftung für Schäden, die durch die Verletzung von Rechten und Rechtsgütern entstehen.
- **Telemediengesetz (TMG)**

  Das TMG ist eine der zentralen gesetzlichen Grundlagen für digitale Geschäftsmodelle und regelt wichtige Aspekte des E-Commerce sowie der Bereitstellung von Online-Diensten in Deutschland. Das TMG gilt für Anbieter von Telemedien, wie Websites, Blogs, Online-Shops, soziale Netzwerke, Suchmaschinen, Streaming- und E-Mail-Dienste. Wichtige Regelungen des TMG sind u. a. die Impressumspflicht, Haftung für Inhalte (§§ 7 – 10 TMG), Datenschutzvorschriften, Pflichten bei kommerziellen Angeboten und Jugendschutz.
- **Telekommunikationsgesetz (TKG)**

  Das Telekommunikationsgesetz (TKG) regelt den rechtlichen Rahmen für den Betrieb und die Nutzung von Telekommunikationsnetzen und -diensten in Deutschland. Dieses wurde insbesondere durch die Novelle des TKG im Jahr 2021 weiterentwickelt. Diese Anpassungen dienten vor allem der Umsetzung der EU-Richtlinie über den europäischen Kodex für die elektronische Kommunikation (European Electronic Communications Code, EECC). Hierzu zählen die Stärkung des Verbraucherschutzes mit u. a. kürzeren Vertragslaufzeiten für Telekommunikationsverträge, schnelleren Kündigungsprozessen und dem Anspruch auf Entschädigungen bei Störungen. Zudem werden der Breitbandausbau und die Digitalisierung gefördert, moderne Sicherheits- und Notfallkommunikationssysteme eingeführt und der rechtliche Rahmen an die EU-Vorgaben angepasst.

- **Wassenaar-Abkommen** (oder Wassenaar Arrangement) und zu berücksichtigende länderspezifische Gesetze, die Einschränkungen hinsichtlich der einsetzbaren Verschlüsselungstechnik vorschreiben. Hierdurch sollen Transparenz und Verantwortlichkeit beim Export sensibler Güter gefördert werden und es soll verhindert werden, dass Technologien in die Hände von Regimen oder Akteuren gelangen, die Menschenrechte verletzen oder den internationalen Frieden bedrohen.

  Kryptografie gilt als sensibler Bereich, da sie sowohl für zivile Zwecke (z. B. Datensicherheit) als auch für militärische Anwendungen genutzt werden kann. Das Abkommen legt Grenzwerte für den Export bestimmter kryptografischer Technologien fest, insbesondere solcher, die leistungsstarke Verschlüsselung ermöglichen oder militärischen Zwecken dienen.

  Die EU hat Regelungen, die auf den Vorgaben des Wassenaar-Abkommens basieren, insbesondere in der EU-Dual-Use-Verordnung. Während das Wassenaar-Abkommen Exportkontrollen fokussiert, beeinflusst die Datenschutz-Grundverordnung (DSGVO) und die geplante ePrivacy-Verordnung den Einsatz und die Entwicklung von Kryptografie innerhalb der EU.

- **Urheberrechtsgesetz (UrhG)**

  Das UrhG regelt den Schutz geistigen Eigentums und die Rechte von Urhebern an ihren Werken. Insbesondere 2021 erfolgte die Anpassung des Urheberrechts an die digitale Welt und die Stärkung der Position von Urhebern. Beispiele sind die Uploadfilter inklusive Regelungen für die Bagatellnutzung, Verantwortung der Plattformen und ein fairer Ausgleich für Kreative.

- **EU AI Act** ist die Verordnung (EU) 2024/1689 des Europäischen Parlaments und des Rates vom 13. Juni 2024 zur Festlegung harmonisierter Vorschriften für künstliche Intelligenz. Es zielt darauf ab, den sicheren und verantwortungsvollen Einsatz von KI-Systemen zu fördern. Der EU AI Act fordert hierzu bei Hochrisiko-KI-Systemen ein Höchstmaß an Transparenz, Robustheit und Sicherheitsvorkehrungen. Anbieter und Nutzer müssen strikte Vorgaben erfüllen, um Risiken zu minimieren und die Grundrechte der Menschen zu schützen.

  Die Verordnung reguliert die Nutzung und Entwicklung von künstlicher Intelligenz in der EU. KI-Anwendungen ist hierbei Software, die eines oder mehrere der folgenden nutzt:

  - Konzepte des maschinellen Lernens oder tiefen Lernens (Deep Learning)
  - Logik- und wissensgestützte Konzepte einschließlich Wissensrepräsentation
  - Induktive (logische) Programmierung
  - Inferenz- und Deduktionsmaschinen

- Schlussfolgerungs- und Expertensysteme
- Vorhersage-, Empfehlungs- oder Entscheidungssysteme
- Statistische Ansätze sowie Bayessche Schätz-, Such- und Optimierungsmethoden

KI-Systeme werden als hochriskant eingestuft, wenn sie in sensiblen Bereichen eingesetzt werden, wie z. B. bei kritischen Infrastrukturen (z. B. Energieversorgung, Wasser). KI-Anwendungen werden hierzu in drei Risikokategorien kategorisiert.

- Anwendungen und Systeme, die ein inakzeptables Risiko darstellen, werden verboten, beispielsweise ein staatlich betriebenes Social Scoring, wie es in China eingesetzt wird. Weitere Beispiele sind Systeme, die in Echtzeit eine biometrische Identifizierung von Menschen ermöglichen. Ausnahmen bestehen zur Abwehr von Terrorismus oder um schwere Straftaten aufzuklären.
- KI-Anwendungen mit einem hohem Risiko, wie z. B. ein Tool zum Scannen von Lebensläufen, das eine Rangfolge von Bewerbern erstellt, unterliegen besonderen rechtlichen Anforderungen.
- Die restlichen KI-Anwendungen, die nicht ausdrücklich verboten oder als risikoreich eingestuft sind, bleiben weitgehend unreguliert.

Anwendungen mit hohem Risiko unterliegen strengen Anforderungen, um deren Sicherheit, Transparenz und Zuverlässigkeit zu gewährleisten. Die wichtigsten Pflichten für KI-Anwendungen mit hohem Risiko sind:

- Pflichten der Anbieter:
  - Einrichtung, Dokumentation und Aufrechthaltung eines robusten Risikomanagementsystems
  - KI-Systeme mit hohem Risiko müssen vor der Markteinführung eine Konformitätsbewertung durchlaufen (bei manchen Systemen muss eine externe Prüfung erfolgen)
  - Einrichten und Einhalten von Daten-Governance- und Datenverwaltungsverfahren für die zu verwendenden Trainings-, Validierungs- und Testdatensätze, darunter relevante Datenaufbereitungsvorgänge wie Kommentierung, Kennzeichnung, Bereinigung, Anreicherung und Aggregierung und eine vorherige Bewertung der Verfügbarkeit, Menge und Eignung der benötigten Datensätze
  - Detaillierte technische Dokumentation über die Funktionsweise des Systems müssen bereitgestellt werden.
  - Das System muss während des Betriebs Protokolle führen, um die Nachvollziehbarkeit von Entscheidungen zu gewährleisten (Aufzeichnungspflicht über Vorgänge und Ereignisse).
  - Es muss für Nutzer transparent sein, dass sie mit einem KI-System interagieren. Endnutzer müssen darüber informiert werden.
  - Die Aufsichtsführung durch menschliches Personal muss erfolgen.

    - Das System muss widerstandsfähig gegenüber Manipulationen und Angriffen sein.
    - Nach der Markteinführung müssen Anbieter das KI-System kontinuierlich überwachen und Vorfälle (z. B. Fehlfunktionen, die zu Schaden führen könnten) den zuständigen Behörden melden.
  - Auch die Nutzer (z. B. Unternehmen, die KI-Systeme einsetzen) haben Verantwortung. Sie müssen das System bestimmungsgemäß verwenden, Risiko- und Sicherheitsanforderungen beachten, die Leistung regelmäßig überwachen und dokumentieren.

    Bei Nichteinhaltung der Vorschriften können erhebliche Geldbußen verhängt werden, die bis zu 6 % des weltweiten Jahresumsatzes des Unternehmens betragen können.
- Branchen- und unternehmensabhängig gibt es noch weitere Compliance-Vorgaben, wie Sarbanes-Oxley Act, COSO (Committee of Sponsoring Organizations of the Treadway Commission), Basel III, Solvency II, KWG: Kreditwesengesetz.
- Behörden sind zudem durch das Online-Zugangsgesetz (OGZ) dazu verpflichtet, ein Sicherheitskonzept umzusetzen, das mindestens ISO 27001 bzw. dem IT-Grundschutz entspricht.
- Wesentlichen Input liefert auch das Information Security Forum (ISF). Dies ist eine unabhängige und weltweit tätige Organisation für Informationssicherheit. Das ISF veröffentlicht mit dem Standard of Good Practice (SoGP) einen auf anerkannten Best Practices basierenden Leitfaden zur Informationssicherheit.

Es ist davon auszugehen, dass sich Gesetze im Kontext der Informationssicherheit und auch des Datenschutzes aufgrund der zunehmenden Bedrohungslage weiter verschärfen oder neue hinzukommen.

Die Leitungsebene steht bei den gesetzlichen und Compliance-Anforderungen in der Pflicht, für ausreichende Verfügbarkeit der IT und Daten, Datenschutz, Informationssicherheit und z. B. Einhaltung der Aufbewahrungspflichten zu sorgen. Eine Missachtung der Vorschriften kann zu empfindlichen Bußgeldern oder Strafen bis hin zur Existenzbedrohung führen. Daher muss sich jedes Unternehmen damit beschäftigen und für sich folgende Fragen stellen:

- Welche Anforderungen aus welchen Normen und Gesetzen sind für das Unternehmen relevant? Welche sind verpflichtend?
- Welche Geschäftsprozesse sind betroffen und welche technischen und organisatorischen Maßnahmen sind notwendig, um IT-Compliance sicherzustellen? Welche sind bereits eingeführt? Welche müssen noch eingeführt werden?
- Gibt es bereits ein übergreifendes Risikomanagementsystem? Sind hier die Risiken aus Informationssicherheit und Datenschutz berücksichtigt?

- Ein integriertes und handhabbares Managementsystem für Datenschutz und Informationssicherheit beantwortet alle diese Fragen und sichert die Leitungsebene ab. Siehe hierzu Kapitel 2 und 3.

Um sich vor strafrechtlicher Verfolgung, Image-Verlusten oder wirtschaftlichen Schäden zu schützen, ist ein unternehmensindividuell festzulegendes Maß an Informationssicherheit und Datenschutz erforderlich.

Im Folgenden schauen wir uns sowohl die Cyber-Security als auch die wichtigsten Normen sowie gesetzliche und Compliance-Anforderungen etwas näher an.

Compliance als Bestandteil der Corporate Governance ist die Gesamtheit aller organisatorischen Aufsichts- und Kontrollmaßnahmen einschließlich des Berichts- und Dokumentationswesens der Unternehmensführung, welche einen Verstoß des Unternehmens gegen gesetzliche oder vertragliche Pflichten verhindern sollen. Beispiele für Vorgaben sind KonTraG, UMAG, HBG, Basel II, Arbeitsrecht (BetrVG), Steuerrecht (AO, UStG), Buchhaltung und Rechnungslegung (HGB, GoB, GoBS), GDPdU, IFRS, SOX 404, Datenschutz (EU-DSGVO), Informationssicherheit (u. a. ISO 27001).

Bei Verstößen gegen Compliance-Anforderungen drohen Haft oder Bußgelder wegen Aufsichtspflichtverletzung gegen geschäftsführende Organmitglieder, negatives Rating, nationale oder internationale Sperre (Blacklist), steuerlich negative Folgen wie Abzugsverbot oder Schätzung, Schadensersatzansprüche sowie negative Presseberichterstattung mit enormen Auswirkungen auf den Geschäftserfolg.

1.2.2 Cyber-Security

Cyberangriffe nehmen immer weiter zu. Häufigstes Einfallstor für Hacker sind neben Schwachstellen der Informationsinfrastruktur (auch Cloud) insbesondere auch Angestellte und Geschäftspartner, die aus Unachtsamkeit oder Unwissen z. B. auf Phishing-Mails hereinfallen.

Risiko Social Engineering

Social Engineering im Sicherheitsbereich sind Verfahren, um an sensible Unternehmensdaten (sicherheitskritische Daten) durch das Ausnutzen menschlichen Verhaltens zu gelangen. Die Opfer werden hier manipuliert, beeinflusst oder getäuscht und Stress wird erzeugt, damit sie unüberlegt handeln und persönliche und finanzielle Informationen preisgeben oder dem Angreifer die Kontrolle über ein Computersystem überlassen.

Beim Social Engineering wird das schwächste Glied ausgenutzt. Aus Unwissen oder Unachtsamkeit fällt es vielen Mitarbeitern oder Partnern schwer, Angriffe als solche zu erkenne. Häufig versucht der Angreifer auch bestimmte Emotionen zu wecken, wie z. B. Angst, Neugier, Gier, Hilfsbereitschaft oder das Gefühl der Dringlichkeit, um zu unüberlegten Handlungen zu verleiten.

Durch Manipulation von Mitarbeiter oder Geschäftspartner kommen Hacker an sensible Unternehmensdaten. Ein Beispiel ist hier die „fake president"-Masche. Hacker geben sich als Vorgesetzte oder vertrauenswürdige Personen aus und veranlassen Zahlungen auf eigene Konten.

Es gibt eine Reihe von Präventionsstrategien. So können technische Maßnahmen wie z. B. Multifaktor-Authentifizierung genutzt werden. Wichtig ist insbesondere die Sensibilisierung und Schulung der Mitarbeiter, damit sie verdächtiges Verhalten besser erkennen können.

Angriffe über Social Engineering auf Informationsinfrastrukturen werden in den letzten Jahren immer zahlreicher und professioneller. Beispiele hierfür sind:

- **Phishing-Mails**, in dem Angreifer täuschend echte E-Mails senden, die den Empfänger dazu bringen sollen, auf schädliche Links zu klicken oder Anhänge zu öffnen. Häufig gibt es hier auch zielgerichtete Angriffe (Spear-Pishing) auf Einzelpersonen, hochrangige Personen (Whaling) und Organisationen.
- **Vishing (Voice Phishing)**, in dem der Angreifer versucht, über das Telefon Informationen zu erhalten, z. B. Kreditkartendaten oder Passwörter.
- **Baiting**, das Ködern von Opfern mit etwas Attraktivem, z. B. einem USB-Stick mit der Aufschrift „Vertraulich", der in der Hoffnung platziert wird, dass jemand ihn einsteckt.
- **Pretexting**, in dem der Angreifer sich als jemand ausgibt, der eine legitime Anfrage stellt (z. B. ein IT-Mitarbeiter, der um Login-Daten bittet).
- **Tailgating (Piggybacking)**, das unbefugtes Betreten eines Gebäudes, indem man z. B. mit einer Person durch eine gesicherte Tür geht.
- **Smishing (SMS-Phishing)**, in dem der Angreifer manipulative Textnachrichten sendet, die Links zu bösartigen Websites oder Aufforderungen zur Rückmeldung enthalten.
- **Ransomeware-Angriffe** mit z. B. Doppelerpressung, bei der Daten verschlüsselt werden und zusätzlich mit deren Veröffentlich gedroht wird
- **Supply-Chain-Angriffe**, in der Lieferketten (z. B. SolarWinds 2020) attackiert werden
- **Zielgerichtete Angriffe** auf bestimmte Unternehmen oder Branchen z. B. auf Basis von Advanced Persistent Threats (APTs)

Wegen der hohen Dunkelziffer ist es schwer vorherzusagen, wie hoch das Schadenspotenzial und die Kosten wirklich sind. Die Hochrechnungen und die polizeilichen Fallzahlen lassen die Dimension zwar erahnen, jedoch sind exakte Werte schwer zu erheben. Die Bedrohungslage, gerade im Cyber-Space, nimmt ständig zu. Hier hat sich der Begriff Cyber-Security herausgebildet. Die Herausforderungen im Kontext Cyber-Security nehmen für Unternehmen immer weiter zu.

Cyber-Security beschreibt den Schutz vor technischen, organisatorischen und naturbedingten Bedrohungen, die die Sicherheit des Cyber-Space inklusive Infrastruktur- und Datensicherheit gefährden. Es beinhaltet alle Konzepte und Maßnahmen, um Gefährdungen zu erkennen, zu bewerten und zu verfolgen, vorzubeugen sowie Handlungs- und Funktionsfähigkeit möglichst schnell wiederherzustellen. Zu den Maßnahmen zählen Schwachstellenanalysen, Systemhärtung, Penetrationstests, Datenschutz, Schulung zur Sensibilisierung der Mitarbeiter, verantwortungsbewusste Administratoren und natürlich die Risikoanalyse bestehender Informations- und Kommunikationssysteme. Dazu gehören sowohl der physische Schutz von Gebäuden und Serverräumen als auch Schutzmaßnahmen gegen Malware, Netzwerksicherheit sowie die Sicherung von Cloud-Infrastrukturen, mobilen Szenarien und des Internets der Dinge.

Beispiele für Bedrohungen im Kontext der Cyber-Security sind:

- Cloud-spezifische Bedrohungen nehmen aufgrund der durch COVID-19 verstärkten Nutzung von Cloud-Diensten zu. Fehlkonfigurationen sind hier nach wie vor ein Hauptrisiko.
- Angriffe auf Heimnetzwerke und Remote-Zugriffsprotokolle, um darüber leichter in Firmennetzwerke einzudringen. Der Zugriff von Heimnetzwerken auf Firmennetzwerke hat durch Remote-Arbeitsmodelle gerade während der Pandemie zugenommen.
- Mit der steigenden Verbreitung von IoT-Geräten und der Konvergenz von IT und Betriebstechnik (OT) sind neue Angriffsvektoren entstanden.
- Aktive Inhalte von Webanwendungen, wie JavaScript, VBScript, ActiveX, PHP und PHP-Frameworks über z. B. XSS Cross-Site-Scripting, SQL-Injection oder Google-Hacking
- Diebstahl von Identitäten, um unter fremdem Namen z. B. Geschäfte zu tätigen
- Angriff von DNS-Servern (Domain Name Service) über DNS-Spoofing
- Port 80 (http) und Port 43 (HTTPS)
- Viren, die wie Parasiten eindringen, „umprogrammieren“ und sich vervielfältigen
- Würmer, die sich aktiv selbst über Netzwerke verbreiten

- Trojanische Pferde, die Benutzer selbst z. B. als E-Mail-Anhang oder auf einer Webseite („drive-by-infection" oder per „JavaScript", „Flash" oder Ähnliches) aufrufen, weil sie diese für etwas Harmloses halten
- „Spyware", die z. B. Passwörter, Konto- und Kreditkartennummern ausspioniert. Dies kann bis zur Wirtschafts- oder Staatsspionage reichen.
- „Bot-Armee", die Rechner fernsteuern. Rechner übernehmen im Netz Aufträge des Angreifers, wie z. B. das Versenden von „Spams".
- „Denial-of-Service-Attacken", die zu einer Nichtverfügbarkeit eines Systems oder eines Services führen. Ein typisches Beispiel ist ein konzentrierter Angriff auf Server oder Netzkomponenten, um eine Überlastung zu verursachen.
- „Social Engineering" ist das zwischenmenschliche Beeinflussen mit dem Ziel, bei Personen bestimmte Verhaltensweisen hervorzurufen, um an wichtige Informationen zu gelangen. Ein Beispiel ist die Freigabe von Finanzmitteln. Häufig werden Berechtigungen suggeriert, die gar nicht gegeben sind.

Alle Eindringmethoden setzen eine Verletzlichkeit („Vulnerability") von z. B. der Software voraus. Beispiele hierfür sind neben Social Engineering:

- Schadsoftware („Malware"), wie Viren, Würmer, Trojaner, Ransomware, Spyware, Rootkits

Definitionen

Malware ist eine Software, die absichtlich Schaden anrichtet.

Viren sind selbstreplizierende Programme, die sich an Dateien oder Systeme einnisten.

Würmer sind Schadsoftware, die sich ohne Benutzereingriff über Netzwerke verbreiten.

Trojaner sind Schadsoftware, die sich als legitime Software tarnt, um Zugriff auf Systeme zu erlangen.

Ransomware verschlüsselt Daten mit dem Ziel, Lösegeld für die Entschlüsselung zu verlangen.

Spyware überwacht Benutzerinteraktionen, um unbemerkt an Benutzerdaten zu gelangen.

Rootkits verbergen Schadsoftware und Aktivitäten vor Sicherheitssoftware.

- Netzwerkbasierte Angriffe, wie das Abfangen und Manipulieren von Datenverkehr zwischen zwei Parteien (Man-in-the-Middle, kurz MitM), das Abhören von unverschlüsseltem Netzwerkverkehr (Sniffing), wie Passwörter in Klartext, sowie das Fälschen von Identitäten (Spoofing), wie IP-Spoofing oder E-Mail-Spoofing.
- Passwortbasierte Angriffe, die auf das Erraten oder den Diebstahl von Passwörtern abzielen. Beispiele hier sind:

  - Brute-Force-Angriffe, wo automatisiert Passwörter ausprobiert werden
  - Dictionary-Angriffe, in der eine Liste gängiger Passwörter genutzt wird
  - Credential Stuffing, wo gestohlene Zugangsdaten aus anderen Datenlecks genutzt werden
  - Angriffe auf Passwort-Hashes (Pass-the-Hash), ohne das Passwort selbst zu kennen
  - Standardpasswörter der Hersteller, die als Voreinstellung bei der Installation gesetzt wurden und nicht verändert werden
- Ausnutzen von Programmierfehlern und Schwächen von einzelnen Systemen (Exploits und Schwachstellen), so z. B. durch Pufferüberlauf und anschließendes Überschreiben der Rücksprungadresse mit einer vom Angreifer gewählten Adresse bei C- und teilweise auch C++, die Überläufe nicht prüfen. Ein anderes Beispiel sind Eingabedaten, die als Programm interpretiert werden. So können Angreifer beliebige Operationen ausführen, soweit die Privilegien des angegriffenen Programms reichen. SQL-Injection wird auch häufig angewendet. Hier werden SQL-Befehle in Datenbankabfragen eingeschleust, um Zugriff auf Datenbanken zu erhalten.

  Ein weiteres Beispiel ist Cross-Site-Scripting (XSS). Beim XSS wird schädliches JavaScript in Websites eingeschleust, um Benutzer zu täuschen oder Daten zu stehlen.
- Physische Angriffe auf physische Geräte oder Zugangssysteme, wie Diebstahl von Geräten, Hardware-Manipulation (z. B. Installation von Keyloggern oder anderen Spionagegeräten) und Durchsuchen von weggeworfenen Dokumenten oder Geräten nach sensiblen Informationen (Dumpster Diving).
- Cloud- und API-basierte Angriffe, wie API-Missbrauch bei schlecht gesicherten oder falsch konfigurierten APIs, Nutzung von Cloud-Fehlkonfigurationen oder unsicheren Einstellungen in Cloud-Diensten, die Daten offengelegt lassen sowie Account-Hijacking, wo Cloud-Accounts durch gestohlene Zugangsdaten übernommen werden.

Das Kompromittieren von Systemen erfolgt durch eine Vielzahl von Methoden. Reale Gefährdungen entstehen jedoch erst dann, wenn Systeme oder Prozesse Schwachstellen aufweisen und diese ausgenutzt werden. Um das Risiko so weit wie möglich zu reduzieren, sind technische und präventive Maßnahmen erforderlich. Beispiele sind:

- Asset-Management mit Identifikation und Analyse der Assets inklusive deren Beziehungen und Abhängigkeiten
- Schwachstellen-Management mit Identifikation von möglichen und Eliminierung von relevanten Schwachstellen für die relevanten Assets mit u. a. Schachstellen-Scans

- Einsatz von sicherer Software durch z. B. Patch-Management zur Sicherstellung, dass u. a. alle Sicherheits-Patches eingespielt sind, sowie Umsetzung von Anforderungen im Kontext „sichere Entwicklung“ (siehe Abschnitt 1.2.3)
- Einsatz von Anti-Virus-Programmen, Verschlüsselung und Firewalls
- Einsatz von starken Mechanismen zur Zugangskontrolle, bspw. durch strikte Umsetzung des Need-to-know-Prinzips und zweistufige Authentifizierung und Autorisierung gekoppelt mit einem zentralen Identity-Access-Management-(IAM-)System
- Verschlüsselung von Daten z. B. auf Festplatten oder Datenbanken sowie der Datenübertragung durch z. B. Sicherheitszertifikate, das Verschlüsseln von Verbindungen mit Transport Layer Security (TLS) bzw. früher Secure Sockets Layer (SSL)
- Präventive Maßnahmen, wie regelmäßige Penetrationstests sowie Monitoring und Test der IT-Infrastruktur
- Durchsetzen von Sicherheitsanforderungen bei Lieferanten und anderen Vertragspartnern (Vereinbarungen mit Dritten)
- Sensibilisierung und Schulung von Mitarbeitenden
- Incident-Response-Pläne, um sich gegen die Bedrohungen zu schützen

Für die Informationssicherheit sind sowohl technische als auch organisatorische Maßnahmen (TOMs) erforderlich, um die Vertraulichkeit, Integrität und Verfügbarkeit von Informationen zu gewährleisten. Diese Maßnahmen basieren oft auf rechtlichen Anforderungen (z. B. DSGVO, IT-Sicherheitsgesetz) sowie etablierten Standards wie ISO/IEC 27001 oder dem BSI IT-Grundschutz. Siehe hierzu Abschnitt 2.1.

Diese Aspekte müssen bei der Konzeption eines Instrumentariums für den Datenschutz und die Informationssicherheit berücksichtigt werden.

Leider gibt es sogenannte „Zero-Days“-Schwachstellen, die weder dem jeweiligen Betreiber oder Hersteller noch der Öffentlichkeit bekannt sind. Damit steht kein „Patch“ oder anderer schadensbegrenzender Mechanismus zur Abhilfe oder Behebung der Schwachstelle bereit. Systeme, die eine solche Schwachstelle aufweisen, sind extrem verwundbar. Gerade Nachrichtendienste und Kriminelle nutzen solche „offenen“ Schwachstellen gezielt aus.

Deshalb muss insbesondere das Schwachstellenmanagement eng mit dem Vorfall- und Notfallmanagement verzahnt werden. Eine schnelle und geordnete Reaktion ist erfolgsentscheidend. Dies ist ebenso eine wesentliche Anforderung an das Management von Informationssicherheit und Datenschutz aus dem Kontext Cyber-Security.

1.2.3 ISO/IEC 27001

Die Norm ISO/IEC 27001 hat sich international als der Standard für Informationssicherheit in Unternehmen und Behörden etabliert. Sie bildet die Basis für den Aufbau eines Informationssicherheitsmanagementsystems (ISMS). ISO/IEC 27001 ist Teil der ISO/IEC-2700X-Normenreihe und wurde 2005 von den internationalen Normungsorganisationen ISO und IEC als ISO-Norm veröffentlicht. Sie basiert auf dem britischen Standard BS 7799-2. Die Sicherheitsstandards zielen darauf ab, in anwendenden Unternehmen oder Behörden das Sicherheitsniveau zu verbessern.

Nach neun Jahren hat der Standardgeber die Norm überarbeitet und von ISO/IEC 27001:2013 auf die ISO/IEC 27001:2022 aktualisiert. Zusätzlich wurde im Februar 2024 ein Amendment veröffentlicht, das neue Anforderungen und Klarstellungen, insbesondere im Kontext von Klimaschutzaspekten, enthält.

In ISO/IEC 27001:2022 wurde neben Modernisierungen und Anpassungen an aktuelle Sicherheitsanforderungen Folgendes geändert:

- Vereinfachung des Maßnahmenkatalogs (93 Sicherheitsmaßnahmen) und neue Struktur der Anhang-A-Kontrollen unterteilt in organisatorische, personelle, physische und technologische Maßnahmen.

  Die Struktur wurde vereinheitlicht, um die Integration mit anderen Normen, wie ISO 9001 (Qualitätsmanagement) und ISO 45001 (Arbeitsschutzmanagement) zu vereinfachen.
- 11 neue Kontrollen, u. a. für die Bedrohungsaufklärung, die Nutzung von Cloud-Diensten, den Schutz vor Datenlecks, Cyber-Angriffen, Remote-Arbeit und die sichere Kodierung
- Vereinfachung des Maßnahmenkatalogs: Die 93 Sicherheitsmaßnahmen sind in vier Themenbereiche unterteilt: organisatorisch, technisch, physisch und personenbezogen.
- Die Kennzahlen sowie die Messbarkeit bekommen mehr Bedeutung.

Mit der DIN EN ISO/IEC 27001:2024 ist seit Januar 2024 nun auch die deutsche Übersetzung des internationalen Standards verfügbar. Erst- und Rezertifizierungen erfolgen aber ab Mai 2024 nach ISO/IEC 27001:2022. Unternehmen mit bereits bestehenden Zertifizierungen betrifft das hingegen erst ab Herbst 2025: Ihre Zertifikate müssen bis Ende Oktober 2025 auf die ISO/IEC 27001:2022 umgestellt sein.

Die ISO/IEC-2700X-Normenreihe (siehe Bild 1.3) ist eine Sammlung internationaler Standards, die sich mit Informationssicherheitsmanagementsystemen (ISMS) befassen. Diese Normen unterstützen Organisationen dabei, die Sicherheit ihrer Informationen zu gewährleisten und Risiken systematisch zu verwalten. Sie enthält Anforderungen und Maßnahmen für den Aufbau, Betrieb und die kontinuierliche Verbesserung eines Informationssicherheitsmanagementsystems (ISMS). Sie kann an die Gegebenheiten der jeweiligen Organisation angepasst werden, um individuelle Besonderheiten zu berücksichtigen. Die Anforderungen der Norm sind durch die Implementierung adäquater Sicherheitsmechanismen für das Unternehmen zu erfüllen.

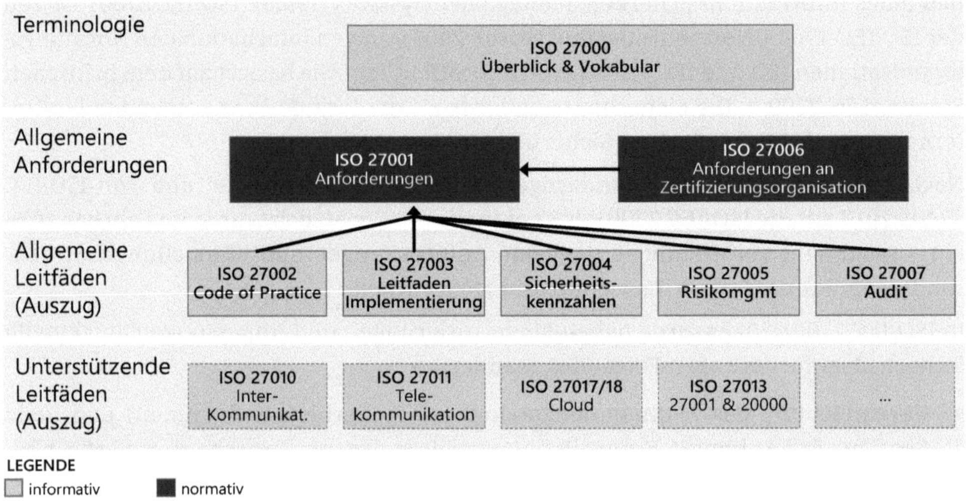

Bild 1.3 ISO/IEC-2700X-Normenreihe

Wesentliche Bestandteile der ISO/IEC-2700X-Normenreihe sind:

- **ISO/IEC 27000** gibt einen allgemeinen Überblick über Managementsysteme für Informationssicherheit (ISMS) und über die Zusammenhänge der verschiedenen Standards der ISO-2700x-Familie. Hier finden Sie außerdem die grundlegenden Prinzipien, Konzepte, Begriffe und Definitionen für ISMS.
- **ISO/IEC 27001** ist der zentrale und einzige zertifizierbare Standard der ISO-27000-Normenreihe. Er besteht aus elf Abschnitten und dem Anhang A. Weitere Informationen hierzu finden Sie in diesem Abschnitt.
- **ISO/IEC 27002 („Code of practice")** enthält Maßnahmen für den Umsetzungsprozess auf der Basis der ISO 27001 und Best Practices zur Umsetzung der in ISO/IEC 27001 genannten Anforderungen.
- **ISO/IEC 27003** enthält praktische Anleitungen zur Einführung und Pflege eines ISMS entsprechend ISO/IEC 27001.
- **ISO/IEC 27004** behandelt Messung und Monitoring der Informationssicherheitsleistung und unterstützt Organisationen bei der Bewertung der Effektivität ihres ISMS. Die Norm beinhaltet Messmethoden und Metriken der Informationssicherheit.

- **ISO/IEC 27005** enthält Rahmenempfehlungen zum Risikomanagement für Informationssicherheit, einschließlich Identifikation, Bewertung und Behandlung von Risiken. Hierbei wird allerdings keine spezifische Methode für das Risikomanagement vorgegeben.
- **ISO/IEC 27006** spezifiziert Anforderungen an die Akkreditierung von Zertifizierungsstellen, die ISMS nach ISO/IEC 27001 auditieren und zertifizieren, und behandelt auch Spezifika der ISMS-Zertifizierungsprozesse.
- **ISO/IEC 27007** liefert Leitlinien für das Audit von ISMS.
- **ISO/IEC 27010** dient als Leitfaden für die intersektionale und interorganisatorische Kommunikation.
- **ISO/IEC 27011** liefert einen Leitfaden für ISMS im Telekommunikationsbereich.
- **ISO/IEC 27013** dient als Leitfaden für die integrierte Implementierung eines ISMS nach ISO/IEC 27001 und eines IT-Servicemanagements nach ISO 20000-1.
- **ISO/IEC 27017** erweitert ISO/IEC 27002 um eine Reihe von „Good Practices" für eine sichere Nutzung bzw. Implementierung von Cloud-Diensten und gibt Anforderungen für das Themenfeld „Cloud-Computing" vor. Die Anforderungen betreffen u. a. den Betrieb von Cloud-Diensten, Zugriffskontrollen in geteilten Umgebungen sowie Netzsicherheitsmanagement, wie Logging und Monitoring.
- **ISO/IEC 27018** beschreibt Umsetzungsempfehlungen für den Datenschutz, die sichere Verarbeitung von personenbezogenen Daten durch Cloud-Dienste.
- **ISO/IEC 27019** liefert Leitfäden zur Netzwerksicherheit.
- **ISO/IEC 27033** liefert einen Leitfaden für ISMS für Energieversorgungsunternehmen.
- **ISO/IEC 27701** ist eine Erweiterung von ISO/IEC 27001 und ISO/IEC 27002 um Datenschutzanforderungen. Dieser wird häufig als Standard für ein Datenschutz-Managementsystem genutzt. Häufig wird hier aber auch das Standard-Datenschutzmodell (siehe [SDM24]) verwendet. SDM ist eine Methode zur Datenschutzberatung und -prüfung auf der Basis einheitlicher Gewährleistungsziele , die auf der 107. Konferenz der unabhängigen Datenschutzaufsichtsbehörden des Bundes und der Länder am 14. Mai 2024 beschlossen wurde.

ISO/IEC 27001 ist der zentrale Standard der ISO-27000-Normenreihe. Er besteht aus elf Kapiteln (Abschnitten) mit allgemeinen Empfehlungen für die Einführung, den Betrieb und die kontinuierliche Verbesserung des Informationssicherheitsmanagementinstrumentariums (ISMS) sowie dem Anhang A.

Folgende Abschnitte gibt es in der ISO/IEC 27001 (siehe Bild 1.4):

- **Abschnitte 0 bis 3:**

  Einführung in den Zweck, Anwendungsbereich (Geltungsbereich der Norm und deren Anwendbarkeit) und normative Anweisungen mit Überblick sowie Terminologie (Begriffe und Definitionen)

- **Abschnitt 4 (obligatorisch): Kontext der Organisation**

  Die Norm fordert, dass alle internen und externen Themen, Erfordernisse und Erwartungen interessierter Parteien festgelegt und berücksichtigt werden, die sich auf die erfolgreiche Umsetzung eines ISMS auswirken. Dies beinhaltet auch vertragliche und rechtliche Verpflichtungen, regulatorische Anforderungen, Umweltbedingungen und die Unternehmenskultur. Zudem muss ein ISMS aufgebaut, aufrechterhalten und kontinuierlich verbessert werden. Zudem muss der Geltungsbereich des ISMS verständlich festgelegt werden.

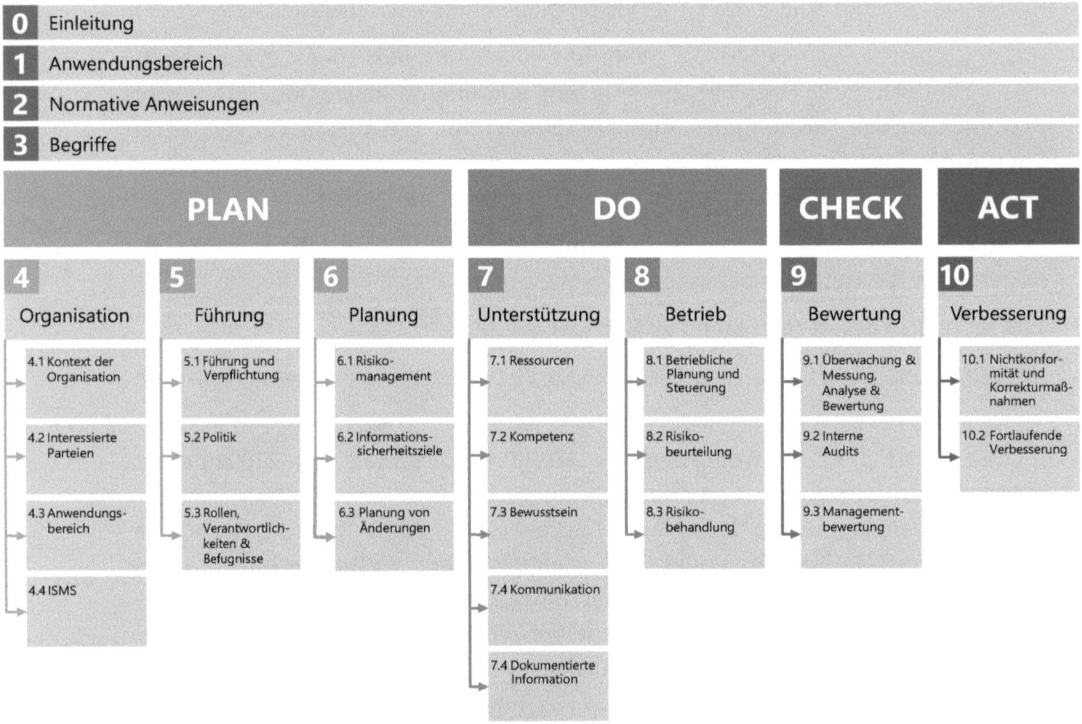

Bild 1.4 Abschnitte der IEC/ISO 27001:2022

- **Abschnitt 5 (obligatorisch): Führung**

  Dies beinhaltet insbesondere das Engagement der obersten Leitung, d. h. die Verantwortungsübernahme und Förderung des ISMS durch die oberste Leitungsebene. Wesentlicher Bestandteil ist hier auch die Informationssicherheitsrichtlinie.

Die oberste Leitungsebene muss die Informationssicherheitspolitik zugeschnitten auf die Organisation festlegen sowie Rollen, Verantwortlichkeiten und Befugnisse zuweisen und bekannt machen sowie die Sicherheitskultur fördern. Zudem muss die Führung sicherstellen, dass das ISMS mit der strategischen Ausrichtung der Organisation übereinstimmt.

- **Abschnitt 6 (obligatorisch): Planung**

  Dies beinhaltet insbesondere die Festlegung der Informationssicherheitsziele im Einklang mit der Sicherheitspolitik und die Planung zu deren Erreichung. Die Informationssicherheitsziele müssen messbar und nachverfolgbar sein. Zudem müssen diese regelmäßig überprüft und ggf. angepasst werden. Hierzu ist eine Operationalisierung für alle relevanten Funktionen und in den relevanten Prozessen erforderlich.

  Ein wesentliches „Instrument" für die Analyse und Dokumentation der erforderlichen Kontrollen und Maßnahmen ist die Erklärung der Anwendbarkeit (Statement of Applicability – kurz SoA). Hier wird erklärt, welche Sicherheitskontrollen von Anhang A für das ISMS (Information Security Management System) Ihrer Organisation zutreffen oder nicht zutreffen.

  Hier werden alle für Ihre Organisation erforderlichen Kontrollen, die Gründe für deren Einbeziehung, ob sie umgesetzt wurden oder nicht, sowie Gründe für die Nichteinbeziehung von Anforderungen aus dem Anhang A beschrieben. Dies ist auch die Grundlage für die GAP-Analyse und Identifikation von benötigten Informationssicherheitsmaßnahmen. Wichtig ist eine Analyse zum Umgang mit allen Risiken und Chancen.

  Wesentlicher Bestandteil ist auch das Risikomanagement mit Festlegung der Risikoakzeptanzkriterien, Bewertung der spezifischen Informationssicherheitsrisiken, Risikoportfolio und Risikobehandlungsplan sowie die Planung für die Umsetzung der benötigten Informationssicherheitsmaßnahmen (was mit welchen Ressourcen unter welcher Verantwortlichkeit bis wann und wie bewertet?) und der fortlaufenden Verbesserung des Instrumentariums. Die Risikoeigentümer müssen die jeweilige Risikobehandlung genehmigen. Der Risikobehandlungsplan muss aufbewahrt werden.

  Die Norm ermöglicht eine flexiblere Auswahl, Gestaltung und Erweiterung der Liste der möglichen Informationssicherheitsmaßnahmen aus Anhang A. Hier können auch organisationsspezifische Informationssicherheitsmaßnahmen hinzugefügt werden, wenn dies für das Unternehmen relevant sind.

  Zudem verlangt die Norm seit 2022, dass Organisationen sicherstellen, dass Änderungen an ihrem Informationssicherheitsmanagementsystem (ISMS) systematisch geplant werden. Der Fokus liegt hierbei auf dem Vermeiden unbeabsichtigter Auswirkungen und Sicherheitslücken. Wichtig ist die Bewertung der Änderungen, die das ISMS betreffen. Diese müssen auf ihre potenziellen Auswirkungen geprüft werden. Hier sind sowohl die gesetzlichen, regulatorischen und vertraglichen Anforderungen als auch die beteiligten Prozesse und Ressourcen zu berücksichtigen. Die Planung soll sicherstellen, dass keine Sicherheitslücken oder unbeabsichtigte Auswirkungen entstehen. Jede Änderung muss dokumentiert und dann kontrolliert werden. Die Planung der Änderungen muss mit den anderen Managementsystemen oder Prozessen der Organisation abgestimmt werden.

- **Abschnitt 7 (obligatorisch): Unterstützung**

  Die Organisation muss die erforderlichen Ressourcen mit den entsprechenden nachweisbaren Kompetenzen und dem Informationssicherheitsbewusstsein bereitstellen, die für den Aufbau, die Aufrechterhaltung und die kontinuierliche Verbesserung des ISMS erforderlich sind. Wesentlicher Bestandteil ist auch ein Kommunikationsplan, in dem für die interne und externe Kommunikation festgelegt wird, wer worüber wann mit wem auf welche Art und Weise kommuniziert. Darüber hinaus muss eine Dokumentenlenkung aufgesetzt werden. Alle Dokumente müssen entsprechend gekennzeichnet werden. Wesentliche Bestandteile sind Titel, Datum, Autor, Version, Revision und Freigabestatus sowie eindeutige Benennung von Dokumenten, festgelegter Verteilerkreis und Dokumentenablage.

> **Dokumentenlenkung** ist ein systematisches, dokumentiertes Verfahren mit Festlegungen, wie Dokumente erstellt, geprüft, genehmigt, gekennzeichnet, verteilt und aktualisiert werden.

- **Abschnitt 8 (obligatorisch): Betrieb**

  Dieses Kapitel adressiert den kontinuierlichen Betrieb des ISMS. Alle ISMS-Prozesse müssen geplant und gesteuert werden. So muss in regelmäßigen Abständen eine Informationssicherheitsrisikobeurteilung nachweisbar stattfinden und ein Risikobehandlungsplan erstellt werden.

- **Abschnitt 9 (obligatorisch): Bewertung der Leistung**

  Die Wirksamkeit des ISMS muss kontinuierlich überprüft werden. Die Überwachung, Messung, Analyse und Bewertung der ISMS-Leistung müssen nach festgelegten Kriterien und Verfahren erfolgen und die Ergebnisse müssen aufbewahrt werden. Es müssen in geplanten Abständen interne Audits durchgeführt werden. Daneben hat eine Managementbewertung zu erfolgen, in der die oberste Leitungsebene das ISMS bezüglich dessen Eignung, Angemessenheit und Wirksamkeit überprüft. Hier fließen die Auditergebnisse und die Ergebnisse der Überwachungen und Messungen sowie die dokumentierten Nichtkonformitäten und Korrekturmaßnahmen mit ein.

- **Abschnitt 10 (obligatorisch): Verbesserung**

  Der Abschnitt 10 ist der Schlüssel zur Sicherstellung der langfristigen Effektivität des ISMS. Er fordert Organisationen dazu auf, Nichtkonformitäten proaktiv zu behandeln und kontinuierlich zu verbessern. Für jede Nichtkonformität müssen deren Ursachen ermittelt und erforderliche angemessene Maßnahmen eingeleitet werden. Für jede Maßnahme ist deren Wirksamkeit zu überprüfen und, falls erforderlich, das ISMS zu verändern. Die Eignung, Angemessenheit und Wirksamkeit des ISMS müssen regelmäßig überprüft und das ISMS muss kontinuierlich verbessert werden.

Anhang A ist der wohl bekannteste Anhang aller ISO-Standards. Er liefert eine Auflistung von Kontrollen im Kontext der Informationssicherheit, die anzuwenden sind, um das Sicherheitsniveau zu erhöhen. Im Gegensatz zu den alten Normen ISO 27001:2013 bzw. DIN ISO 27001:2017, in denen der Anhang A aus 114 Informationssicherheitsmaßnahmen, unterteilt in 14 Abschnitte und 35 Kategorien, bestand, gibt es im neuen Anhang A der ISO 27001:2022 hingegen nur noch 93 Maßnahmen. Die Maßnahmen wurden klarer und verständlicher formuliert. Ähnliche Maßnahmen wurden kombiniert und viele Maßnahmen wurden konsolidiert, um Redundanzen zu vermeiden. Ein Beispiel für die Konsolidierung sind die Maßnahmen zur Kryptografie. Hier wurden die Maßnahmen z. B. für die Schlüsselerzeugung und Schlüsselverwaltung in weniger, aber umfassendere Maßnahmen zusammengeführt.

Hinweis

ISO 27001:2022 fördert die Harmonisierung der Informationssicherheitsrichtlinie mit Richtlinien aus anderen Managementsystemen, beispielsweise ISO 9001 (Qualitätsmanagement) oder ISO 22301 (Business Continuity).

Von den 93 Maßnahmen haben 82 Maßnahmen Bezüge zu den bisherigen 114 Maßnahmen. Darüber hinaus gibt es in der neuen Version ISO 27001:2022 auch elf neue Sicherheitsmaßnahmen:

- IKT-Bereitschaft für Business Continuity (Business Continuity)

  Eine regelmäßige Sicherheitsüberprüfung von IKT-Diensten wird hier adressiert. Diese Maßnahme beinhaltet Anforderungen an Wiederherstellungsmaßnahmen. Dabei liegt der neue Fokus auf technischen Maßnahmen.

- Informationssicherheit für Cloud-Dienste (Cloud Services)

  Diese Schutzmaßnahmen zielen speziell auf Cloud-Umgebungen ab. Mit dieser Maßnahme ist der sichere Prozess für Onboarding, Nutzung, Verwaltung sowie Ausstieg bei Cloud-Anbietern sicherzustellen.

- Physisches Sicherheitsmonitoring (Physical Security Monitoring)

  Hierdurch wird die Überwachung von physischen Standorten adressiert. Zur Abschreckung und zum Schutz vor unbefugtem Zugriff sollen Überwachungsmaßnahmen, Einbruchsalarme etc. eingerichtet werden.

- Bedrohungsintelligenz (Threat Intelligence)

  Es sollen Informationen über Bedrohungen gesammelt und analysiert werden, um Schutzmaßnahmen abzuleiten.

- Verhinderung von Datenverlust (Data Loss Prevention)

  Diese Sicherheitsmaßnahme dient der Überwachung und Erkennung von Datenverlust (Datenlecks).

- Löschung von Daten (Data Deletion)

  Diese Maßnahme zielt auf die sichere Löschung von Daten ab und beinhaltet die Anforderungen zur Datenspeicherung im Hinblick auf DSGVO sowie GDPR.

- Überwachung von Aktivitäten (Monitoring)

  Sicherheitsereignisse werden überwacht, um so abweichende IT-Systemaktivitäten aufzudecken.

- Datenmaskierung (Data Masking)

  Sensible Daten sollen durch Beschränkung, Anonymisierung oder Pseudonymisierung geschützt werden.

- Webfilterung (Web Filtering)

  Durch die Kontrolle des Zugriffs auf Webressourcen sollen gefährliche Webseiten, die Malware verbreiten oder aber unbefugt Daten auslesen, ausgefiltert werden.

- Konfigurationsmanagement (Configuration Management)

  Dies beinhaltet insbesondere die Verwaltung sicherer Systemkonfigurationen.

- IT für sichere Entwicklungsumgebungen (Sichere Kodierung, Secure Coding)

  Durch den Schutz von Entwicklungs-, Test- und weiteren Umgebungen soll eine sichere Software-Entwicklung ohne Schwachstellen oder Anfälligkeit für Angriffe unterstützt werden.

Die 93 Maßnahmen sind zudem auch nur noch in 4 Hauptkategorien nach ihrem Zweck unterteilt. Diese sind in die folgenden Themenbereiche mit einer unterschiedlichen Anzahl an Sicherheitsmaßnahmen gegliedert:

- **Organisatorische Maßnahmen** (37 Maßnahmen)

  Beispiele sind Informationssicherheitsrichtlinien, Risikomanagement und Zugriffskontrolle.

- **Personenbezogene Maßnahmen** (8 Maßnahmen)

  Beispiele sind Schulungen zur Informationssicherheit und Verantwortlichkeiten für Sicherheitsvorfälle.

- **Physische Maßnahmen** (14 Maßnahmen)

  Beispiele sind Schutz von Einrichtungen und physischer Zugriffsschutz.

- **Technische Maßnahmen** (34 Maßnahmen)

  Beispiele sind Netzwerksicherheit, Kryptografie und Endpunkteschutz.

Ein neues Konzept in der ISO/IEC 27001:2022 sind **Attribute**, die jede Maßnahme genauer beschreiben. Diese ermöglichen eine flexiblere Zuordnung und helfen Organisationen, Steuerungsmaßnahmen an spezifische Anforderungen anzupassen, z. B. an Zugriffschutz, Cloud-Sicherheit oder Datenschutz. Zu den Attributen zählen:

- Informationssicherheitsziele (hierzu zählen die CIA-Ziele Vertraulichkeit, Integrität, Verfügbarkeit und ggf. weitere).
- Eigenschaften (Beispiele sind Governance, Technologie und physischer Schutz).
- Cybersicherheitskonzepte (Beispiele sind Identität, Schutz, Erkennung und Wiederherstellung).

Die **Erklärung zur Anwendbarkeit** (Statement of Applicability, kurz SoA) ist ein zentrales Dokument im Rahmen der ISO/IEC 27001. Es dokumentiert, welche Maßnahmen aus Anhang A auf das Informationssicherheitsmanagementsystem (ISMS) einer Organisation angewendet werden, welche nicht, und warum. Die SoA ist ein Pflichtdokument, das im Rahmen von Audits geprüft wird. Eine SoA beinhaltet Folgendes:

- **Liste der Maßnahmen aus Anhang A mit Nachweis**
  - Anwendbarkeit pro Maßnahme jeweils mit Begründung
    Welche Maßnahmen werden aus Anhang A angewendet und warum sind diese relevant?
    Welche Maßnahmen sind für die Organisation nicht relevant (z. B. keine physischen Standorte oder keine Cloud-Dienste)?
  - Status der Implementierung (vollständig implementiert, teilweise implementiert oder geplant)
- **Verbindung zwischen Risikobeurteilung und Risikobehandlung**: Die Maßnahmen in der SoA müssen auf die Risiken abgestimmt sein, die in der Risikobewertung identifiziert wurden.

Folgende Schwerpunkte gibt es in den Themenbereichen der Maßnahmen der ISO/IEC 27001:2022:

- *A.5 Organisatorische Maßnahmen:* 37 Maßnahmen zur organisatorischen Steuerung und Verwaltung der Informationssicherheit. Durch die Einhaltung der Maßnahmen wird sichergestellt, dass die Organisation Rahmenbedingungen, Prozesse und Governance-Strukturen hat, um Informationssicherheit effektiv zu steuern. Die Kontrollen stellen den systematischen und strukturierten Schutz von Informationen sicher. Wesentlich sind insbesondere:
  - *A.5.1 Informationssicherheitsrichtlinien:* Festlegung, Genehmigung, Kommunikation und Aufrechterhaltung von Informationssicherheitsrichtlinien, die auf die Anforderungen und den Kontext der Organisation abgestimmt sind
  - *A.5.2 Rollen und Verantwortlichkeiten:* Festlegung, Zuweisung und Kommunikation von Verantwortlichkeiten für die Informationssicherheit, dass die Maßnahmen effektiv umgesetzt werden können

- *A.5.3 Trennung von Verantwortlichkeiten (Segregation of duties):* Unter Segregation of duties versteht man die organisatorische Anforderung, bestimmte Aufgaben nicht einer einzelnen Person anzuvertrauen, um Interessenskonflikte zu vermeiden und die unabhängige Kontrolle von Geschäftsprozessen sicherzustellen. Durch interne Kontrollen werden unvereinbare Verantwortlichkeiten getrennt, um mögliche Lücken zu schließen und menschliche Fehler zu minimieren.
- *A.5.4 Management-Verantwortlichkeiten:* Dies beinhaltet u. a. die Übernahme der Gesamtverantwortung für Informationssicherheit durch die Leitung, Sensibilisierung und Schulung zur Informationssicherheit, Festlegung von Regelungen für den Einsatz von Fremdpersonal, Einweisung des Personals in den sicheren Umgang mit IT sowie Konzeption eines Sensibilisierungs- und Schulungsprogramms zur Informationssicherheit.
- *A.5.12 Klassifikation von Informationen:* Klassifizierung von Informationen, d. h. Informationswerte werden nach ihrem Informationssicherheitsbedarf sortiert und angemessene Maßnahmen werden entwickelt.
- *A.5.19 Informationssicherheit mit externen Parteien (u. a. Lieferantenbeziehungen):* Sicherheitsanforderungen für externe Parteien, die auf die Informationen der Organisation zugreifen oder sie verarbeiten, sollten definiert und durchgesetzt werden. Anforderungen an Lieferanten und Partner im Hinblick auf Informationssicherheit und deren Überprüfung beinhaltet auch Kontrollen zur Überwachung von Lieferanten entlang der Lieferkette, wie z. B. Anforderungen für Verträge mit Lieferanten.

- *A.6 Personenbezogene Maßnahmen:* Acht Maßnahmen, die darauf abzielen, Risiken zu minimieren, die durch menschliches Verhalten, mangelndes Bewusstsein oder unsachgemäße Handhabung von Informationen entstehen können. Diese Kontrollen stellen sicher, dass Mitarbeiter, Auftragnehmer und andere relevante Parteien die Anforderungen der Informationssicherheit verstehen und einhalten. Beispiele für Maßnahmen sind adäquate Beschäftigungs- und Vertragsbedingungen, das Screening von Mitarbeitern, Sensibilisierungsmaßnamen und Schulungen zur Informationssicherheit und klare Verantwortlichkeiten für Sicherheitsvorfälle sowie ein organisiertes Austrittsmanagement.
- *A.7 Physische Maßnahmen:* 14 Maßnahmen zur Gewährleistung der Sicherheit von Gebäuden, Anlagen und andere physische Ressourcen zur Verarbeitung, Speicherung oder Übertragung von Informationen. Diese Maßnahmen minimieren das Risiko physischer Bedrohungen wie Diebstahl, Vandalismus oder unbefugten Zugriff.

  Beispiele sind die Definition und der Schutz von physischen Sicherheitsbereichen, physische Sicherheitsperimeter, physische Sicherheitskontrollen, der Schutz vor Umweltbedrohungen oder Maßnahmen zur Betriebskontinuität bei physischen Sicherheitsrisiken. Die Maßnahmen im Kontext von aufgeräumte Arbeitsumgebung und Bildschirmsperren sowie Arbeiten in Sicherheitsbereichen gehören ebenso dazu.

- *A.8 Technische Maßnahmen:* 34 Maßnahmen zum Schutz von Informationssystemen, Netzwerken und Daten vor Bedrohungen wie unbefugtem Zugriff, Datenverlust, Malware oder anderen cyberbezogenen Risiken. Sie umfassen eine Vielzahl von Maßnahmen, die auf technischer Ebene implementiert werden, um die Vertraulichkeit, Integrität und Verfügbarkeit von Informationen sowie die anderen definierten Schutzziele zu gewährleisten.

  Beispiele sind die Zugriffskontrolle und die Verhinderung von Datenlecks, Netzwerksicherheit, Kryptografie/Verschlüsselung und Endpunkteschutz sowie die Cyber-Sicherheit.

- *A.8.5 Authentifizierung und Autorisierung:* Implementierung von Maßnahmen wie Passwörter, Multi-Faktor-Authentifizierung (MFA) oder biometrische Verfahren, um sicherzustellen, dass nur autorisierte Benutzer Zugang zu Systemen und Daten erhalten. Least-Privilege-Prinzip: Benutzer erhalten nur die Berechtigungen, die sie zur Erfüllung ihrer Aufgaben benötigen. Wichtig sind auch die Zugriffsprotokollierung, die Überwachung und Protokollierung von Zugriffen auf Systeme und Daten.

- *A.8.12 Data-Leak-Verhinderung:* Ziel dieser Kontrolle ist es, unerlaubten Zugriff, die Übertragung oder Offenlegung von sensiblen Informationen zu verhindern, die einen erheblichen Schaden für das Unternehmen oder seine Kunden verursachen könnten. Data-Leak-Verhinderung umfasst die Erkennung, Überwachung und Kontrolle von Datenbewegungen, um sicherzustellen, dass sensible oder vertrauliche Daten nur autorisiert genutzt oder übertragen werden. Die Kontrolle adressiert sowohl Insider-Bedrohungen oder Angriffe als auch Fehlkonfigurationen oder menschliche Fehler.

Für Details zu den anderen Kontrollen sei auf [BSI23-1-3] verwiesen. In Tabelle 1.1 finden Sie die neuen Kontrollen der ISO/IEC 27001:2022 den der ISO/IEC 27001:2013 gegenübergestellt. Siehe hierzu auch [BSI23-3].

Tabelle 1.1 Anhang A Abbildung zwischen ISO/IEC 27001:2022 und ISO/IEC 27001:2013

ISO/IEC 27001:2022	ISO/IEC 27001:2013
Organisatorische Kontrollen (37 Maßnahmen)	
5.01 Policies for information security	A.5.1.1, A.5.1.2
5.02 Information security roles and responsibilities	A.6.1.1
5.03 Segregation of duties	A.6.1.2
5.04 Management responsibilities	A.7.2.1
5.05 Contact with authorities	A.6.1.3
5.06 Contact with special interest groups	A.6.1.4
5.07 Threat intelligence	NEU

Tabelle 1.1 Anhang A Abbildung zwischen ISO/IEC 27001:2022 und ISO/IEC 27001:2013 *(Fortsetzung)*

ISO/IEC 27001:2022	ISO/IEC 27001:2013
5.08 Information security in project management	A.6.1.5, A 14.1.1
5.09 Inventory of information and other associated assets	A.8.1.1, A.8.1.2
5.10 Acceptable use of information and other associated assets	A.8.1.3, A.8.2.3 A.8.1.4
5.11 Return of assets	A.8.2.1
5.12 Classification of information	A.8.2.2
5.13 Labelling of information	A.8.3.3, A.13.2.1, A.13.2.2, A.13.2.3
5.14 Information transfer	A.9.1.1, A.9.1.2
5.15 Access control	A.9.2.X
5.16 Identity management	A.9.3.1, A.9.2.4, A.9.4.3 A.9.4
5.17 Authentication information	A.9.2.2, A.9.2.5, A.9.2.6, A.9
5.18 Access rights	A.15.1.x
5.19 Information security in supplier relationships	A.15.1.2
5.20 Addressing information security within supplier agreements	A.15.1.3 A.15.2.x
5.21 Managing information security in the information and communication technology (ICT) supply chain	NEU A.16.1.1
5.22 Monitoring, review and change management of supplier services	A.16.1.4
5.23 Information security for use of cloud services	A.16.1.5
5.24 Information security incident management planning and preparation	A.16.1.6 A.16.1.7
5.25 Assessment and decision on information security events	A.17.1.1, 17.1.2, 17.1.3
5.26 Response to information security incidents	NEU
5.27 Learning from information security incidents	A.18.1.1, A.18.1.5
5.28 Collection of evidence	A.18.1.2
5.29 Information security during disruption	A.18.1.3
5.30 ICT readiness for business continuity	A.18.1.4
5.31 Legal, statutory, regulatory and contractual requirements	
5.32 Intellectual property rights	A.18.2.1
5.33 Protection of records	A.18.2.2, A.18.2.3
5.34 Privacy and protection of personal identifiable information (PII)	A.12.1.1
5.35 Independent review of information security	
5.36 Compliance with policies, rules and standards for information security	
5.37 Documented operating procedures	

ISO/IEC 27001:2022	ISO/IEC 27001:2013
Personenbezogene Kontrollen (8 Maßnahmen)	
6.01 Screening	A.7.1.1
6.02 Terms and conditions of employment	A.7.1.2
6.03 Information security awareness, education and training	A.7.2.2
6.04 Disciplinary process	A.7.2.3
6.05 Responsibilities after termination or change of employment	A.7.3.1
6.06 Confidentiality or non-disclosure agreements	A.13.2.4
6.07 Remote working	A.6.2.2
6.08 Information security event reporting	A.16.1.2, A.16.1.3
Physische Kontrollen (14 Maßnahmen)	
7.01 Physical security perimeters	A.11.1.1
7.02 Physical entry	A.11.1.2, A.11.1.6
7.03 Securing offices, rooms and facilities	A.11.1.3
7.04 Physical security monitoring	NEU
7.05 Protecting against physical and environmental threats	A.11.1.4
7.06 Working in secure areas	A.11.1.5
7.07 Clear desk and clear screen	A.11.2.9
7.08 Equipment siting and protection	A.11.2.1
7.09 Security of assets off-premises	A.11.2.6
7.10 Storage media	A.8.3.x, A.11.2.5, A.11.2.7
7.11 Supporting utilities	A.11.2.2
7.12 Cabling security	A.11.2.3
7.13 Equipment maintenance	A.11.2.4
7.14 Secure disposal or re-use of equipment	A.11.2.7
Technische Kontrollen (34 Maßnahmen)	
8.01 User end point devices	A.6.2.1, A.11.2.8
8.02 Privileged access rights	A.9.2.3
8.03 Information access restriction	A.9.1.2, A.9.4.1
8.04 Access to source code	A.9.4.5
8.05 Secure authentication	A.9.4.2
8.06 Capacity management	A.12.1.3
8.07 Protection against malware	A.12.2.1
8.08 Management of technical vulnerabilities	A.12.6.1, A.18.2.3
8.09 Configuration management	NEU
8.10 Information deletion	NEU
8.11 Data masking	NEU
8.12 Data leakage prevention	NEU
8.13 Information backup	A.12.3.1
8.14 Redundancy of information processing facilities	A.17.2.1
8.15 Logging	A.12.4.1, A.12.4.2, A.12.4.3

Tabelle 1.1 Anhang A Abbildung zwischen ISO/IEC 27001:2022 und ISO/IEC 27001:2013 *(Fortsetzung)*

ISO/IEC 27001:2022	ISO/IEC 27001:2013
8.16 Monitoring activities	NEU
8.17 Clock synchronization	A.12.4.4
8.18 Use of privileged utility programs	A.9.4.4
8.19 Installation of software on operational systems	A.12.5.1, A.12.6.2
8.20 Networks security	A.13.1.1
8.21 Security of network services	A.13.1.2
8.22 Segregation of networks	A.13.1.3
8.23 Web filtering	NEU
8.24 Use of cryptography	A.10.1.1, A.10.1.2
8.25 Secure development life cycle	A.14.2.1
8.26 Application security requirements	A.14.1.2, A.14.1.3
8.27 Secure system architecture and engineering principles	A.14.2.5
8.28 Secure coding	NEU
8.29 Security testing in development and acceptance	A.14.2.8, A.14.2.9
8.30 Outsourced development	A.14.2.7
8.31 Separation of development, test and production environments	A.12.1.4, A.14.2.6
8.32 Change management	A.5.1.2, A.7.3.1, A.9.2.6, A.12.1.2, A.14.2.2, A.14.2.3, A.14.2.4, A.15.2.2, A.18.2.1
8.33 Test information	A.14.3.1
8.34 Protection of information systems during audit testing	A.12.7.1

Welche Kontrollen relevant sind und angewendet werden sollen, wird in der Erklärung zur Anwendbarkeit (Statement of Applicability – kurz SoA) festgelegt. Zudem werden hier die Gründe für die Einbeziehung, ob sie umgesetzt wurden oder nicht, sowie Gründe für die Nichteinbeziehung dokumentiert. Zentrale weitere Dokumente der Informationssicherheit sind die Informationssicherheitsleitlinie und der Anwendungsbereich (auch Geltungsbereich genannt).

Diese schauen wir uns ebenso wie die verpflichtenden und empfohlenen Dokumente etwas näher an.

Informationssicherheitsleitlinie

Die **Informationssicherheitsleitlinie** ist das zentrale Strategiedokument für die Informationssicherheit. Sie erklärt, für welche Zwecke, mit welchen Mitteln auf welche Art und Weise und mit welchem angestrebten Sicherheitsniveau Informationssicherheit für das Unternehmen hergestellt werden soll. Sie beinhaltet die angestrebten Schutzziele sowie die verfolgte Sicherheitsstrategie. Zudem beinhaltet sie eine Verpflichtung der Mitarbeitenden zur Einhaltung der Informationssicherheitsleitlinie und das Bekenntnis der Leitung, die Informationssicherheit und den Datenschutz aktiv zu unterstützen. Die Informationssicherheitsleitlinie muss von der Leitungsebene unterschrieben und in deren Namen veröffentlicht werden. Sie muss so allgemein verständlich gestaltet sein, dass alle Mitarbeitenden die Inhalte kennen und nachvollziehen können.

- Nennung der Organisation
- Aufbau der Organisation und interner und externer organisatorischer Kontext
- Geschäftszweck durch z. B. die Beschreibung der Geschäftsprozesse
- Stellenwert der Informationssicherheit und Bedeutung der Informationen, Geschäftsprozesse und IT für die Aufgabenerfüllung sowie Motivation für Informationssicherheit durch z. B. Aufführen der wesentlichen Gefährdungen oder wichtigen Rahmenbedingungen (siehe Abschnitt 3.1)
- Festlegung des Anwendungsbereichs (auch Geltungsbereich oder Scope genannt).

  Der Geltungsbereich ist zumeist die gesamte Organisation, er kann aber z. B. auf bestimmte Standorte oder Bereiche eingeschränkt werden. Wichtig ist jedoch, dass die relevanten Fachaufgaben und Geschäftsprozesse komplett im Geltungsbereich enthalten sind.
- Regulatorische Anforderungen, z. B. Gesetze, Unternehmensvorgaben oder Verträge (Compliance-Ziele)

  Einhaltung von gesetzlichen und vertraglichen Vorgaben (wie z. B. EU-DGSVO oder SLAs)
- Sicherheitsziele (Vertraulichkeit, Integrität und Verfügbarkeit sowie erweiterte, wie z. B. Authentizität), deren Bezug zur Sicherheitsstrategie (siehe Abschnitt 2.2) und Aufgaben des Unternehmens

  Vertraulichkeit, insbesondere in Bezug auf besonders schützenswerte Daten, wie u. a. Kundendaten, personenbezogene Daten, besondere personenbezogene Daten, Mitarbeiterdaten, Know-how und Projektdaten

  Verfügbarkeitsanforderungen beziehen sich in der Regel auf Systeme, Anwendungen und Einrichtungen.
- Angestrebtes Sicherheitsniveau (siehe Bild 1.2)
- Risikomanagement verknüpft mit dem Risikomanagementprozess der Organisation
- Sicherheitsorganisation mit Rollen, Verantwortlichkeiten, Gremien und Verankerung in der Organisation für den kontinuierlichen Informationssicherheitsprozess
- Zentrale Grundsätze und Verfahren der Informationssicherheit, wie die Informationsklassifikation, Ownership-Prinzip für Assets und die Dokumentenlenkung (insbesondere von Aufzeichnungen)

- Verpflichtung der Mitarbeitenden zur Einhaltung
- Gegebenenfalls Ankündigung von Programmen zur Förderung der Informationssicherheit durch Schulungs- und Sensibilisierungsmaßnahmen
- Bekenntnis der Leitung, die Informationssicherheit aktiv zu unterstützen
- Leitaussagen zur Erfolgskontrolle

Die Informationssicherheitsleitlinie wird, soweit bereits vorhanden, vom Verantwortlichen für Informationssicherheit, z. B. dem Informationssicherheitsbeauftragten (ISB, siehe Abschnitt 4.5), zusammen mit einem Informationssicherheitsteam entwickelt, überprüft und überarbeitet. Nach Erstellung wird der Entwurf der Unternehmensleitung zur Genehmigung vorgelegt. Die Leitlinie sollte in regelmäßigen Abständen (siehe PDCA-Zyklus in Abschnitt 2.3) auf ihre Aktualität hin überprüft und gegebenenfalls angepasst werden. Neuen Mitarbeitern sollte die Informationssicherheitsleitlinie vorgelegt und erläutert werden, bevor sie Zugang zur Informationsverarbeitung erhalten.

Das Informationssicherheitsteam sollte wichtige Fachvertreter sowie Vertreter aus dem IT-Betrieb sowie ein Mitglied der Leitungsebene umfassen, das die Bedeutung der Informationssicherheit für das Unternehmen einschätzen kann. Wenn der Verantwortliche für die Informationssicherheit noch nicht benannt ist, muss mindestens ein Vertreter, der in Sachen Informationssicherheit ausreichend vorgebildet ist, im Team sein. Bei der Erstellung der Informationssicherheitsleitlinie sollten alle Fachexperten, wie Fachverantwortliche für Kernanwendungen, IT-Betrieb, IT-Sicherheit, Datenschutzbeauftragter, Einkauf, Marketing, Produktion und Fertigung, Personalabteilung, Personalvertretung, Revision, Finanzbuchhaltung, Compliance und Rechtsabteilung, einbezogen werden.

Anwendungsbereich (Geltungsbereich)

Die IEC/ISO 27001 fordert, dass Sie ein Dokument hierzu erstellen. Über den Anwendungsbereich werden der Umfang und die Grenzen des ISMS festgelegt. Dies ist gleichzeitig der Anwendungsbereich für die Regelungen und Richtlinien des ISMS. Der Anwendungsbereich wird häufig aus Sicht der Zertifizierung gegebenenfalls beschränkt. Bei der Einführung eines ISMS erfolgt dies in der Regel in Stufen. In einer ersten Stufe wird der Geltungsbereich z. B. auf die Firmenzentrale eingeschränkt und im Ausbau auf das gesamte Unternehmen ausgeweitet.

> **!** Der Anwendungsbereich muss so dokumentiert werden, dass der Umfang mit z. B. räumlichen Begrenzungen, Funktionen, Menschen und Technik innerhalb und außerhalb sowie deren Schnittstellen klar festgelegt sind. Er muss zudem eng mit dem organisatorischen Kontext verknüpft sein. So müssen z. B. Unternehmen spezifischer darlegen, welche Standorte, Abteilungen oder Prozesse im Geltungsbereich berücksichtigt werden und warum.

Die Norm fordert, dass die internen und externen Themen, die interessierten Parteien und deren Anforderungen sowie Schnittstellen und Abhängigkeiten berücksichtigt werden müssen. Folgende Fragen sollten bei der Festlegung gestellt werden:

- Welcher Zweck wird mit dem Anwendungsbereich verfolgt? Welchen Mehrwert hat dieser?

  Beispiele:

  - Hebung des Sicherheitsniveaus in einem Bereich, wie z. B. der IT
  - Basis für eine Zertifizierung (der Auditor wird nur die Elemente des ISMS innerhalb des Anwendungsbereichs inklusive deren Schnittstellen und Abhängigkeiten prüfen)

- Welche räumlichen, logischen und organisatorischen Grenzen kennzeichnen den Anwendungsbereich? Wie wirken sich diese aus?

  U. a. welche Standorte, Gebäude oder Räume sollen berücksichtigt werden? Liegen Lage- oder Grundrisspläne vor, um die Eingrenzung beschreiben zu können?

  Beispiel: Standort München und Standort China

- Welche Organisationseinheiten sollen im Anwendungsbereich enthalten sein? Kann dies über z. B. Hervorhebung in Organigrammen gekennzeichnet werden? Gibt es definierte Schnittstellen zu anderen Bereichen oder Organisationen?

- Welche Funktionen (u. a. Geschäftsbereiche, Business Capabilities oder Geschäftsprozesse) sollen adressiert werden? Welche Schnittstellen oder Abhängigkeiten haben diese zu anderen Funktionen?

  Beispiel: IT-Kernprozesse und deren abhängige Prozesse, wie z. B. Einkauf oder Personalwesen

- Welche Informationen sollen geschützt werden? Wer ist verantwortlich für die Informationen? Wo liegen diese Informationen (u. a. in Unternehmensstandorten oder in der Cloud)? Wer hat auf welche Art und Weise Zugriff auf diese Informationen?

  Beispiel: personenbezogene Daten in den Datenbanken und E-Mail-Systemen

- Welche Assets sind neben Informationen zu schützen? Technische Komponenten, Netzwerke und Infrastruktur? Wer sind die Verantwortlichen bzw. Eigentümer der Assets?

- Welche internen und externen Parteien und Stakeholder müssen im ISMS berücksichtigt werden? Wer ist verantwortlich für die Funktionen und die Schnittstellen?

  Beispiele: Unternehmensführung, IT, Einkauf und Personalabteilung sowie externe Behörden und Service-Dienstleister

Zudem ist für alle ausgeschlossenen Aspekte und Bereiche eine nachvollziehbare Begründung erforderlich, warum diese ausgeschlossen wurden.

Wesentliche Quellen, sofern vorhanden, für die Festlegung des Geltungsbereichs sind die Unternehmensorganisation, die Prozesslandkarte, die Business Capability Map sowie eine Dokumentation des Business-Eco-Systems (siehe [Han24]) mit den Partnern, Lieferanten und Behörden, die als Externe zu berücksichtigen sind. Darüber hinaus können Asset-Register, wie z. B. eine Unternehmensarchitektur- oder Configuration Management Database (CMDB), wesentliche Informationen liefern. Siehe hierzu Abschnitt 5.1.

Alle relevanten Assets im Geltungsbereich einer Organisation müssen inventarisiert werden. Wesentliche Aspekte sind hier neben dem Namen die Lage bzw. der Standort, der festgelegte Wert sowie der Asset-Owner. Der Asset-Owner ist der primäre Ansprechpartner für alle Sicherheitsaspekte der zugeordneten Assets. Gleichartige Assets sollten als Eintrag in der Inventarliste zusammengefasst werden, um den Aufwand für das Asset-Management zu beschränken. Beispiele hierfür sind Grundstücke, Gebäude oder Datenkategorien, wie z. B. Bewerberdaten.

Ausgangspunkt für die Inventarisierung bilden vorhandene Listen, wie z. B. Listen der Anlagenbuchhaltung, der Einkaufsabteilung oder aber eine Unternehmensarchitektur-Datenbasis bzw. eine Change-Management-Datenbank (CMDB) für IT-Assets und die Verknüpfungen mit dem Business. Parallel zur Inventarisierung müssen Pflegeprozesse festgelegt und in der Organisation verankert werden, sodass die Inventarliste nicht veraltet. Siehe hierzu Abschnitt 5.1.

Erklärung zur Anwendbarkeit (Statement of Applicability – kurz SoA)

Die Erklärung zur Anwendbarkeit (SoA) ist das zentrale Dokument der Informationssicherheit analog zum Qualitätshandbuch für die ISO 9001. In der SoA wird dokumentiert, wie die Informationssicherheit im Unternehmen umgesetzt wird. Die ISO/IEC 27001:2022 wurde gegenüber der ISO/IEC 27001:2013 überarbeitet, um aktuelle Sicherheitsanforderungen und Technologien besser abzubilden.

Die SoA beschreibt, welche der 93 Sicherheitskontrollen aus Anhang A für eine Organisation gelten, welche nicht, und warum. Sie enthält alle Kontrollen Ihrer Informationssicherheit. Für jede der 93 Kontrollen aus dem ISO/IEC 27001 Anhang A, die nicht angewendet wird, ist eine nachvollziehbare Erklärung erforderlich. Wenn noch weitere Gesetze oder Normen, wie z. B. PCI DSS, Anwendung finden sollen, können diese als ggf. zusätzliche Kontrollen mit in Ihre SoA aufgenommen werden.

Es wird zudem dokumentiert, ob jede anzuwendende Kontrolle bereits durch Sicherheitsmaßnahmen umgesetzt wurde oder nicht. Gute Praxis ist es auch, die Art der Umsetzung jeder anzuwendenden Maßnahme zu beschreiben. Häufig wird hier der Verweis auf Dokumente, wie z. B. Richtlinien, Verfahrens- oder Arbeitsanweisungen, gesetzt. Alternativ kann auch eine Kurzbeschreibung der Sicherheitsmaßnahme dokumentiert werden.

Die SoA verknüpft die Anforderungen mit der Risikoeinschätzung und -behandlung. In der SoA werden die notwendigen und empfohlenen Maßnahmen aus gesetzlichen und vertraglichen Gründen mit dem aus der Risikoeinschätzung resultierenden Risikobehandlungsplan mit ihrem jeweiligen Genehmigungs- und Umsetzungsstatus konsolidiert. Es dürfen keine Kontrollen ausgeschlossen werden, die wesentliche Risiken adressieren (siehe Abschnitt 4.2). Alle wesentlichen Risiken müssen durch Maßnahmen entweder so behandelt werden, dass sie unter der festgelegten Risikoakzeptanz liegen, oder es muss eine Risikoübernahme der obersten Leitung vorliegen.

Im Vergleich zum Bericht der Risikoeinschätzung, der mitunter recht lang werden kann, ist die SoA eher kurz. Sie hat lediglich 93 Zeilen. Damit ist es möglich, diese dem Management vorzulegen, und zudem ist der Aufwand für die kontinuierliche Aktualisierung überschaubar. Sie ist ein guter Einstiegspunkt für die Zertifizierung des ISMS. Bei einer Zertifizierung nach ISO/IEC 27001 wird der Prüfer die SoA als zentrales Dokument verwenden und prüfen, ob Sie die Kontrollen in der in der SoA beschriebenen Art und Weise umgesetzt haben.

Wichtig

Die Zertifizierung nach ISO 27001 bestätigt, dass ein Unternehmen angemessene Prozesse und Maßnahmen implementiert hat, um die Vertraulichkeit, Integrität und Verfügbarkeit von Informationen zu schützen. Die wesentlichen Schritte für die ISO-27001-Zertifizierung sind:

1. **Einrichtung eines ISMS**
   Dies beinhaltet die Einrichtung eines Geltungsbereichs (u. a. welche Prozesse, Standorte und Daten werden durch das ISMS abgedeckt?), eine Identifikation und Bewertung der Informationssicherheitsrisiken sowie eine Implementierung der Kontrollmaßnahmen aus Anhang A der ISO 27001.
2. **Durchführung von internen Audits**
   Initiale und Sicherstellung der regelmäßigen Überprüfung, ob die Sicherheitsrichtlinien und Prozesse den Anforderungen der Norm entsprechen.
3. **Externes Audit durch eine akkreditierte Stelle** (Dokumentenüberprüfung und Vor-Ort-Audit)
   Die Dokumentenüberprüfung erfolgt, um sicherzustellen, dass die ISMS-Dokumentation vollständig und normkonform ist. Im Vor-Ort-Audit wird die praktische Umsetzung des ISMS überprüft.
   Akkreditierte Zertifizierungsstellen sind Organisationen wie TÜV, DEKRA oder BSI.

Nach erfolgreicher Prüfung erhält das Unternehmen das Zertifikat. Die Gültigkeit beträgt in der Regel drei Jahre, wobei jährliche Überwachungsaudits durchgeführt werden.

Die SoA entsteht im Rahmen des ISMS-Aufbaus und wird idealerweise während der kontinuierlichen Weiterentwicklung des ISMS gepflegt. Von daher sollte hier viel Zeit investiert und diese systematisch und vollständig erstellt werden. Dies erspart im Nachhinein viel Aufwand, da alle wesentlichen Aspekte darüber festgelegt werden.

In Bild 1.5 finden Sie eine Beispielstruktur für eine erweiterte SoA für eine Zertifizierung nach ISO/IEC 27001 basierend auf IT-Grundschutz. Durch die Zuordnung der ISO/IEC-Kontrollen zu den IT-Grundschutz-Bausteinen (siehe Abschnitt 1.2.4) können die konkreten Anforderungen und Umsetzungshinweise des IT-Grundschutzes für die Auswahl der Maßnahmen verwendet und damit der Aufwand erheblich vereinfacht werden.

DIN ISO/IEC 27001:2013 Annex A	Beschreibung (ISO 27001)	Anwendbarkeit		Funktion	Gründe für die Auswahl				Bemerkung Auswahl	Empfehlungen
		Ja / Nein	Beweggründe für Ausschlüsse		LR	CO	BRP/ BP	RRA		

Zuordnung IT-Grundschutz Bezeichnung gem. BSI Zuordnungstabelle von 2018	Umsetzung über					Status Umsetzung (einzeln)	Status Umsetzung Legende (für	Findings	Bemerkungen
	Dokumente		Maßnahme	Beschreibung	Verantwortlich				
	verpflichtend	empfohlen							

Legende (für ausgewählte Maßnahmen und Gründe für die Auswahl von Maßnahmen)
LR: **gesetzliche Anforderungen,** CO: **vertragliche Verpflichtungen,**BR/BP: **Geschäftsanforderungen/angewandte Best Practices,**
RRA: Ergebnisse der Risikobeurtei

Bild 1.5 Beispielstruktur für eine erweiterte SoA mit integrierter GAP-Analyse

Checkliste SoA

- Ist die SoA erstellt, geprüft, genehmigt, gekennzeichnet und verteilt entsprechend der Vorgaben der Dokumentenlenkung?
- Beinhaltet die SoA alle Kontrollen des ISO 27001 Anhang A sowie ggf. weitere Kontrollen für gesetzliche oder vertragliche Anforderungen?
- Ist der Ausschluss von Kontrollen nachvollziehbar begründet?
- Berücksichtigt die SoA die Ergebnisse des Risikomanagements?
- Sind keine Kontrollen ausgeschlossen, die wesentliche Risiken adressieren?
- Werden alle wesentlichen Risiken durch Maßnahmen behandelt oder werden die Risiken bewusst akzeptiert? Liegt eine dokumentierte Risikoübernahme der obersten Leitungsebene für akzeptierte Risiken vor?
- Gibt es für alle angewendeten und anzuwendenden Maßnahmen eine Verknüpfung zu relevanten Dokumenten und Aufzeichnungen?

Optional können, wie in Bild 1.5 dargestellt, den Kontrollen direkt die IT-Grundschutz-Bausteine (siehe Abschnitt 1.2.4) zugeordnet werden. So können die detaillierteren Anforderungen und Sicherheitsmaßnahmen des IT-Grundschutzes verwendet werden. Siehe hierzu [BSI23-1-4].

In Tabelle 1.2 finden Sie einen Auszug aus einem Beispiel aus dem Herzstück einer SoA, der Anwendbarkeit der Sicherheitsmaßnahmen.

Tabelle 1.2 Bestandteil der SoA: Anwendbarkeit der Sicherheitsmaßnahmen

Kontrolle	Bezeichnung	Anwendbarkeit (ja/nein)	Begründung	Status	Referenz / Verweis
A.5.1	Richtlinien für Informationssicherheit	Ja	Erforderlich laut interner Richtlinien	Implementiert	Richtlinie IS-001
A.5.2	Rollen und Verantwortlichkeiten	Ja	Verantwortlichkeiten müssen definiert sein	Implementiert	Rollen in Prozessbeschreibung
A.5.3	Umgang mit externen Parteien	Ja	Zugriffe von Drittparteien erfordern Steuerung	Teilweise implementiert	Vertragspartnerrichtlinie
A.6.1	Schulung und Sensibilisierung	Ja	Wichtig für Sicherheitsbewusstsein	Implementiert	Schulungsplan IS-2024
A.7.1	Schutz physischer Bereiche	Ja	Zutrittskontrolle erforderlich	Implementiert	Zutrittsrichtlinie
A.8.1	Schutz vor Malware	Ja	Gesetzliche und geschäftliche Anforderungen	Implementiert	IT-Sicherheitsrichtlinie
A.8.2	Verschlüsselung	Nein	Nicht relevant für den Geltungsbereich	Nicht implementiert	N/A
...	...	...	...	...	...

Wichtig ist insbesondere die Begründung für ausgeschlossene Maßnahmen, die als nicht anwendbar eingestuft wurden. Zum Beispiel könnte die Begründung für den Ausschluss bei der Kontrolle A.8.2 (Verschlüsselung) so aussehen: Da keine als sensibel eingestuften Daten im Geltungsbereich gespeichert oder übertragen werden, ist die Implementierung der Verschlüsselung nicht unbedingt erforderlich.

Verpflichtende und empfohlene Dokumente für eine Zertifizierung nach ISO/IEC 27001:2022

Für eine Zertifizierung nach ISO/IEC 27001 sind folgende Dokumente neben der Informationssicherheitsleitlinie und der SoA verpflichtend:

- **Anwendungsbereich des ISMS** (Abschnitt 4.3) beschreibt den Anwendungsbereichs des ISMS, einschließlich Standorte, Prozesse und Dienstleistungen.

- **IT-Sicherheitspolitik und -ziele** (Abschnitte 5.2 und 6.2), dokumentiert in der Informationssicherheitsleitlinie messbare Ziele.
- **Risikomanagement-Methodik sowie Risikobehandlungsplan und Bericht zur Risikoeinschätzung** (Abschnitte 6.1., 8.2 und 8.3)

  Die Methodik umfasst die Identifizierung, Analyse und Bewertung von Informationssicherheitsrisiken. Sowohl die Risikobewertung als auch die Risikobehandlung müssen dokumentiert werden. Der Risikobehandlungsplan enthält eine Liste von Maßnahmen zur Behandlung identifizierter Risiken.
- **Erklärung zur Anwendbarkeit**, kurz SoA (Abschnitt 6.1.3)

  Festlegung der umzusetzenden Maßnahmen aus ISO/IEC 27001 Anhang A

  Prüfen, dass keine erforderliche Maßnahme ausgelassen wurde. Begründung für die (Nicht-)Einbeziehung jeder Maßnahme aus Anhang A.
- **Definition der Sicherheitsrollen und Verantwortlichkeiten** (Abschnitt A.5.3)

  Hier werden die Rollen, Verantwortlichkeiten und Befugnisse in der Organisation (ISMS) festgelegt. Diese unterschiedlichen Aspekte müssen auf die verschiedenen Teilnehmer verteilt und bekannt gemacht werden. Neben dieser Verteilung ist ein Berichtswesen wichtig und dementsprechend ist eine feste Struktur im Bereich von Berichterstattungen und Abläufen sinnvoll.
- **Inventar der Werte und zulässige Nutzung der Werte** entlang deren Lebenszyklus mit Wichtigkeit und akzeptabler Nutzung der Werte (Abschnitt A.5.9).

  Der Lebenszyklus von Werten sollte Erstellung, Verarbeitung, Speicherung, Übermittlung, Löschung und Zerstörung umfassen. Insbesondere ist hier auch die Rückgabe von Werten, wie z. B. bei Beendigung eines Beschäftigungsverhältnisses die Rückgabe von Notebook und Arbeitsmaterialien enthalten.

  Das Asset-Management sollte genau, aktuell und konsistent sowie mit anderen Inventaren abgestimmt sein. Für alle festgestellten Werte sollten ein Zuständiger benannt (siehe Abschnitt 8.1.2) und die Klassifizierung festgestellt werden.
- **Richtlinie für Zugriffs- und Zugangskontrolle**

  Für die Nutzung von IT-Systemen muss die Zugriffs- bzw. Zugangskontrolle entsprechend des Schutzbedarfs sowohl für normale Nutzung als auch privilegierten Zugriff geregelt werden. Durch eine übergreifende Richtlinie hierzu müssen die Grundsatzfragen, wie z. B. „Need-to-Know" oder Passwortrichtlinie, festgelegt werden. Eine Zugangssteuerungsrichtlinie sollte auf Grundlage der geschäftlichen und sicherheitsrelevanten Anforderungen erstellt, dokumentiert und regelmäßig überprüft werden.

Über ein übergreifendes Konzept zum **Identity- und Accessmanagement** (kurz IAM) kann erreicht werden, dass den richtigen Identitäten zum richtigen Zeitpunkt, solange wie nötig, auf eine effiziente und nachvollziehbare Art und Weise berechtigter Zugang verschafft wird. Siehe hierzu Abschnitte A.9.1.1, A.9.1.2 und A.9.2.

Das **Identity Management** schafft eine stets aktuelle und gültige Datenbasis über die in einer Organisation existierenden Identitäten, deren Eigenschaften und Zuordnung zur Organisation sowie deren Businessrollen zur Ableitung der notwendigen Berechtigungsobjekte über den ganzen Identitäten-Lebenszyklus.

Das **Access Management** beschäftigt sich mit allen Maßnahmen zur Legitimation und Beschränkung von Zugriffen auf IT-Ressourcen und Informationen.

Unter **Provisioning** wird die operative Durchführung der Einrichtung, Änderung oder Löschung von Berechtigungen verstanden. Das Provisioning kann je nach Implementierung vollständig automatisiert, halbautomatisiert oder ganz manuell erfolgen. Die Unterscheidung erfolgt in der Praxis je nach Zielsystem unterschiedlich.

- **Richtlinie für sichere Systementwicklung**

  Durch einheitliche, fundierte Vorgaben für die sichere Entwicklung in Kombination mit einer strukturierten Vorgehensweise für das Testen und die Abnahme der Software wird das Sicherheitsniveau deutlich gesteigert. Beispiele sind hier auch Regelungen bzgl. des Schutzes von Testdaten, der Trennung von Entwicklungs-, Test- und Produktivumgebungen sowie Test- und Abnahmeverfahren für neue Hard- und Software.

- **Verfahren für das Management der Betriebsprozesse**

  Alle Verfahren für betriebliche Aktivitäten im Zusammenhang mit informationsverarbeitenden und Telekommunikationseinrichtungen, wie z. B. Backup, müssen dokumentiert werden. Alle Betriebsprozesse müssen dokumentiert und allen Nutzern zur Verfügung gestellt werden.

- **Sicherheitspolitik für Zulieferer bzw. Richtlinie zur Lieferantensicherheit**

  Beinhaltet Vorschriften für Beziehungen zu Lieferanten und Partnern. Die Informationssicherheitsanforderungen zur Verringerung von Risiken im Zusammenhang mit dem Zugriff von Lieferanten auf Werte der Organisation sollten mit dem Zulieferer vereinbart und dokumentiert werden. Dies gilt insbesondere für alle Lieferanten, die Zugang zu Informationen der Organisation haben könnten, diese verarbeiten, speichern, weitergeben könnten oder IT-Infrastrukturkomponenten dafür bereitstellen.

- **Incident- und Vorfallmanagement**

  Um die Informationssicherheit im laufenden Betrieb aufrechtzuerhalten, ist es notwendig, die Behandlung von Sicherheitsvorfällen zu konzipieren und einzuüben.

- **Betriebliches Kontinuitätsmanagement**

  Betriebliche Kontinuität bedeutet die Aufrechterhaltung des kontinuierlichen Geschäftsbetriebs. Wesentlich für das betriebliche Kontinuitätsmanagement ist das Notfallmanagement. Ziel des Notfallmanagements ist es, sicherzustellen, dass wichtige Geschäftsprozesse selbst in kritischen Situationen nicht oder nur temporär unterbrochen werden und die wirtschaftliche Existenz der Institution auch bei einem größeren Schadensereignis gesichert bleibt. Für geschäftskritische Prozesse und deren IT-Unterstützung wird im Rahmen des Notfallmanagements eine Vorgehensweise zur Aufrechterhaltung oder Wiederherstellung der Verfügbarkeit festgelegt. Notfallmanagement umfasst Notfallvorsorge und Notfallbewältigung.

- **Gesetzliche, regulatorische und vertragliche Anforderungen**

  Bestimmung der anzuwendenden Gesetzgebung und der vertraglichen Anforderungen.

Zusätzlich sind nachvollziehbare Aufzeichnungen als Nachweis für ein funktionierendes Managementsystem sowie zum Nachweis der Umsetzung der festgelegten Maßnahmen erforderlich. Die verpflichtenden Nachweise sind:

- **Nachweis der Kompetenzen durch Aufzeichnungen zu Schulungen, Fähigkeiten, Erfahrung und Qualifikationen**

  Dokumentation der Fähigkeiten und Schulungen, die für die relevanten Rollen erforderlich sind. Hiermit soll nachgewiesen werden, dass alle Personen durch angemessene Ausbildung, Schulung oder Erfahrung über die erforderlichen Kompetenzen verfügen und für alle relevanten beruflichen Arbeitsgebiete auf dem aktuellen Stand der Richtlinien und Verfahren der Organisation sind.

- **Ergebnisse der Überwachung, Messung, Analyse und Bewertung des ISMS**

  Durch diese Aufzeichnungen soll ein Nachweis über Kontrolle und Leistungsmessung sowie Risikoanalyse und -bewertung des ISMS erbracht werden. Die Dokumentation der Ableitung und Bewertung der Risiken aus festgestellten Abweichungen erfolgt einerseits in der GAP-Analyse und andererseits im Risikoportfolio und Risikobehandlungsplan.

- **Internes Audit-Programm und interne Audit-Ergebnisse**

  Sicherstellung, dass das ISMS im Geltungsbereich mindestens einmal in drei Jahren hinsichtlich der Konformität zu den angewendeten ISO-27001-Anforderungen (Konformitätskontrolle) überprüft wird, und Kontrolle der Umsetzung und der Wirksamkeit der ergriffenen Maßnahmen (Umsetzungs- und Wirksamkeitskontrolle). Hierzu ist ein Nachweis zu erbringen, der Leitungsebene zu reporten und die Resultate sind zu dokumentieren.

  Hierzu wird ein Auditprogramm aufgelegt, das Aspekte wie Häufigkeit, Verfahren, Zuständigkeiten und Verantwortlichkeiten, Planungsanforderungen, Nachverfolgung und Berichterstattung regelt. Die Prozesse für die Durchführung von Audits müssen etabliert werden.

- **Ergebnisse der Managementbewertungen**

  Nachweis des Managementreviews und Dokumentation der Überprüfung des ISMS durch die Leitungsebene, einschließlich der Entscheidungen hinsichtlich Veränderungen und Verbesserungen des ISMS. Diese können als Maßnahmen in das Maßnahmenmanagement eingesteuert werden.

- **Ergebnisse der Korrekturmaßnahmen**

  Definition eines Prozesses zur Messung inklusive der Messpunkte, Berechnungsmethode und der Norm- und Toleranzbereiche für die Leistungsindikatoren (KPIs), die eine Leistungsmessung erlauben. Behandlung der Auswirkungen festgestellter Fehler und Definition von Korrekturmaßnahmen (Symptom- versus Ursachenbehandlung). Einstellen der Korrekturmaßnahmen ins Maßnahmenmanagement. Erstellen von Sicherheitsberichten mit den KPIs für die Leitungsebene.

- **Protokolle über Anwenderaktivitäten, Ausnahmen und Sicherheitsereignisse**

  Ereignisprotokolle müssen die Benutzertätigkeiten, Ausnahmen, Störungen und Informationssicherheitsvorfälle aufzeichnen. Sie sollten erzeugt, aufbewahrt und regelmäßig überprüft werden.

  Auch die Tätigkeiten von Privilegierten (wie z. B. Systemadministratoren) sollten aufgezeichnet und die Protokolle sollten geschützt und regelmäßig überprüft werden. Alle diese Dokumente müssen entsprechend der gesetzlichen Norm oder den unternehmensspezifischen Regeln aufbewahrt werden.

Empfohlene Konzepte, Richtlinien und/oder Verfahrensanweisungen, die üblicherweise erstellt werden, sind:

- **Informationsklassifizierung**

  Jede Information muss entsprechend des Werts für das Unternehmen klassifiziert und gekennzeichnet werden. Typische Ausprägungen sind: „streng vertraulich", „vertraulich", „dienstlich" und „öffentlich". Hier sind insbesondere auch die gesetzlichen Anforderungen sowie die Beeinträchtigung des informationellen Selbstbestimmungsrechts (siehe EU-DSGVO in Abschnitt 1.2.5) mit heranzuziehen.

- **Dokumentenlenkung und Verfahren für die Verwaltung von Aufzeichnungen**

  Die Dokumentenlenkung ist ein systematisches, dokumentiertes Verfahren mit Festlegungen, wie Dokumente erstellt, geprüft, genehmigt, gekennzeichnet, verteilt und aktualisiert werden.

- **Verfahren für interne Audits**

  Ein systematisches Verfahren für interne Audits stellt die Wiederholbarkeit und Nachvollziehbarkeit sicher. Wesentlich sind hier u. a. Checklisten als Hilfsmittel, in denen zu jedem Abschnitt oder zur Kontrolle der ISO 27001 eine oder mehrere Fragen enthalten sind, die während des Audits gestellt werden sollten, um dadurch die Umsetzung zu verifizieren.

- **Strategie für betriebliche Kontinuität**

  Informationsverarbeitende Einrichtungen sollten mit ausreichender Redundanz, wie z. B. zwei Internet-Kanäle oder Backup-Power-Generatoren, für die Einhaltung der Verfügbarkeitsanforderungen realisiert werden. Um schnell auf Unterbrechungen reagieren zu können, ist ein Kontinuitätsplan zu erstellen, der im Bedarfsfall angewendet werden muss.

- **Verfahren für Korrekturmaßnahmen**

  Wenn eine Nichtkonformität auftritt, muss die Organisation darauf reagieren. Hierzu müssen Verfahren festgelegt werden. Diese müssen berücksichtigen:

  - Maßnahmen zur Überwachung und Korrektur müssen getroffen werden.
  - Zudem muss über die Notwendigkeit von Maßnahmen zur Beseitigung der Ursachen von Nichtkonformitäten entschieden werden, damit diese nicht erneut oder an anderer Stelle auftreten.
  - Die Wirksamkeit jeglicher ergriffener Korrekturmaßnahmen ist zu überprüfen.

- **„Bring Your Own Device“ (BYOD)**

  Das Thema BYOD resultiert aus der „Consumerisation“. Organisationen müssen Strategien für die dienstliche Nutzung von privaten technischen Geräten festlegen, um auch in diesem Fall ein ausreichendes Sicherheitsniveau zu erreichen. Beispielsweise befinden sich mobile Endgeräte häufig außerhalb der geschützten IT-Umgebung der Organisation und es werden schützenswerte Daten, wie z. B. Kontaktdaten, auf Geräten verarbeitet, die nicht so gut abgesichert werden können wie Arbeitsplatzrechner.

> ✓ **Consumerisation** beschreibt die Entwicklung, dass immer mehr IT-Systeme oder Dienste, die ursprünglich für die Nutzung im privaten Umfeld vorgesehen waren, auch im beruflichen Kontext zum Einsatz kommen. Die Grenze zwischen privater und beruflicher Nutzung löst sich immer weiter auf.

- **Mobile Endgeräte und Telearbeit**

  Mobile Endgeräte sind z. B. Smartphones, Tablet-Computer oder Notebooks. Diese können in der Organisation sowie im In- und Ausland sowohl dienstlich als auch, wenn erlaubt, privat genutzt werden. Um die auf den mobilen Endgeräten befindlichen Daten vor unberechtigtem Zugriff zu schützen, sind angemessene Sicherheitsmaßnahmen zu ergreifen.

- **Entsorgung und Vernichtung**

  Nicht mehr benötigte Datenträger sollten sicher und unter Anwendung formaler Verfahren entsorgt werden. Zudem sollten alle Arten von Geräten und Betriebsmitteln, die Speichermedien enthalten, überprüft werden, um sicherzustellen, dass jegliche sensiblen Daten und lizenzierte Software vor ihrer Entsorgung oder Wiederverwendung entfernt oder sicher überschrieben worden sind.

- **Umgang mit Passwörtern und Passwort-Richtlinie**

  Durch z. B. eine Passwort-Richtlinie wird ein Standard für die Erstellung und Benutzung von Passwörtern sowie deren Schutz und die Häufigkeit der Wechsel festgelegt.

- **Arbeiten in Sicherheitsbereichen**

  Verfahren für das Arbeiten in Sicherheitsbereichen sollten konzipiert und angewendet werden. Dies schließt die Dokumentation der Sicherheitsbereiche, Errichtung von Zutrittskontrollen sowie Unterrichtung der Beschäftigten über die Existenz eines Sicherheitsbereichs bzw. dort stattfindender Aktivitäten mit ein. Unbeaufsichtigte Tätigkeiten sollten in Sicherheitsbereichen unterbunden werden, das Mitführen von Foto-, Video-, Audio- und sonstigen Aufzeichnungsgeräten wie Mobiltelefonen mit Kameras sollte untersagt und nur nach ausdrücklicher Genehmigung gestattet werden. Sicherheitsbereiche sollten durch eine angemessene Zutrittssteuerung geschützt werden, um sicherzustellen, dass nur berechtigtes Personal Zutritt hat.

- **Regelungen für Auslandsreisen**

  Wegen der erhöhten Risiken bei Auslandsreisen aufgrund z. B. regulatorischer oder gesetzlicher Anforderungen des Ziellands müssen häufig gesonderte Maßnahmen festgelegt werden. Beispiele sind Reise-Laptops mit z. B. Einschränkungen bei Kryptoverfahren.

- **Clear Desk und Clear Screen-Richtlinie**

  Durch eine aufgeräumte Arbeitsumgebung, Bildschirmsperren, eine angemessene Sicherstellung des Blickschutzes und die Sicherung von Geräten sollen die Risiken eines unbefugten Zugangs zu Informationen und Geräten sowie deren Verlust oder ihre Beschädigung, während und außerhalb der Arbeitszeiten, minimiert werden.

- **Zonenkonzept, Systemhärtung und Netzwerksegmentierung**

  Ein Zonenkonzept unterscheidet verschiedene physische und logische Sicherheitsbereiche mit unterschiedlichen Sicherheitseigenschaften. Die Abgrenzung der Zonen basiert auf der Feststellung des unterschiedlichen Schutzbedarfs für vorgehaltene Daten. Dies erfolgt häufig durch Netzwerksegmentierung mithilfe von Netzkomponenten.

  Die Systemhärtung sollte einerseits präventiv und andererseits nach Vorfällen entsprechend der Ergebnisse der forensischen Untersuchungen erfolgen.

- **Backup und Datensicherung**

  Durch technisches Versagen, versehentliches Löschen oder durch Manipulation können gespeicherte Daten unbrauchbar werden bzw. verloren gehen. Eine Datensicherung soll gewährleisten, dass durch einen redundanten Datenbestand der IT-Betrieb kurzfristig wiederaufgenommen werden kann, wenn Teile des operativen Datenbestands verloren gehen. Ein Datensicherungskonzept ist zu erstellen. Sicherheitskopien von Information, Software und Systemabbildern sollten entsprechend einer vereinbarten Sicherungsrichtlinie angefertigt und regelmäßig getestet werden.

- **Änderungsmanagement (Change Management) bzw. Patch- und Änderungsmanagement**

  Änderungen der Organisation, der Geschäftsprozesse, an den informationsverarbeitenden Einrichtungen und an den Systemen sollten gesteuert werden.

- **Einschränkung von Softwareinstallation**

  Regeln für die Softwareinstallation durch Benutzer sollten festgelegt und umgesetzt werden. Durch ein Enterprise Architektur Management (siehe Abschnitt 5.1.1) sollte u. a. eine Freigabeliste der erlaubten Anwendungen/Dienste und IT-Systeme, u. a. Messenger-Dienste, erstellt werden.

- **Informationstransfer**

  Die Sicherheit von Informationen oder Kommunikationsmedien beim Austausch innerhalb oder außerhalb der Organisation muss gewährleistet werden. Formale Übertragungsrichtlinien, -verfahren und -maßnahmen sollten vorhanden sein, um die Übertragung von Information für alle Arten von Kommunikationseinrichtungen zu schützen. Beispiel für Maßnahmen ist die verschlüsselte Kommunikation.

- **Geschäftsauswirkungsanalyse** (englisch Business Impact Analysis, kurz BIA)

  Bei der Geschäftsauswirkungsanalyse werden die kritischen Geschäftsprozesse, Informationen und Ressourcen sowie Kenngrößen für den Wiederanlauf der unterstützenden Systeme nach Unterbrechungen ermittelt. Dies erfolgt in der Regel im Kontext der Schutzbedarfsfeststellung.

- **Übungs- und Testplan**

  Die Organisation sollte in regelmäßigen Abständen die festgelegten und umgesetzten Maßnahmen zur Aufrechterhaltung der Informationssicherheit überprüfen, um sicherzustellen, dass diese gültig und in widrigen Situationen wirksam sind.

- **Wartungs- und Überprüfungsplan**

  Der Wartungs- und Überprüfungsplan schreibt die Häufigkeit der Überprüfung und Wartung aller Elemente des betrieblichen Kontinuitätsmanagementsystems vor.

- **Kryptografische Verfahren, Verschlüsselung und Schlüsselverwaltung**

  Kryptografische Verfahren dienen dem Schutz der lokal gespeicherten Daten als auch der zu übertragenden Daten gegen unbefugte Kenntnisnahme oder Manipulation. Im Rahmen des Kryptokonzepts werden die im Unternehmen zu verwendenden kryptografischen Verfahren festgelegt. Dies beinhaltet u. a. auch das Schlüsselmanagement.

- **Datenschutzkonzept mit u. a. Löschkonzept**

  Im Datenschutz wird das informationelle Selbstbestimmungsrecht sichergestellt. Die Privatsphäre und der Schutz von personenbezogenen Informationen sollten, soweit anwendbar, entsprechend den Anforderungen der relevanten Gesetze und Vorschriften sichergestellt werden. Datenschutz und Informationssicherheit sind hierbei eng verflochten. Die für die Informationssicherheit relevanten Aspekte des Datenschutzes (siehe Abschnitt 1.2.4 und Abschnitt 1.2.5) sind zu regeln. Idealerweise sollten der Datenschutz und die Informationssicherheit die gleichen technischen und organisatorischen Sicherheitsmaßnahmen vorgeben.

  Im Datenschutzkonzept wird in der Regel auch das Löschkonzept vorgegeben. Dies muss auch im Kontext z. B. der Datensicherung und -archivierung Anwendung finden.

Das **Löschkonzept** beschreibt einen definierten, strukturierten Prozess zur dauerhaften Löschung von Informationen auf Medien aller Art unter Einhaltung der normativen, gesetzlichen und betrieblichen Aufbewahrungsfristen und Löschregeln. Es ist eines der zentralen Konzepte des Datenschutzrechts, welches sich aus u. a. dem Grundsatz „Verbot mit Ausnahmen" ergibt. Hieraus leitet sich ab, dass sofern keine Rechtfertigung für die Verarbeitung personenbezogenen Daten und Informationen (mehr) besteht, diese Daten zu löschen sind. Ist kein expliziter gesetzlicher Grund zur Verarbeitung von personenbezogenen Daten (vgl. Artikel 6 DSGVO) gegeben, so sind diese Daten unabhängig von Aufbewahrungsfristen unmittelbar zu löschen bzw. für die betrachtete Verarbeitung zu sperren.

In der ISO 27001:2022 gibt es gegenüber der ISO 27001:2013 zusätzliche empfohlene Dokumente, um die neuen Anforderungen besser zu erfüllen. Hierzu zählen:

- Cloud-Sicherheitsrichtlinien: Dokumentation der Sicherheitsanforderungen an Cloud-Dienste
- Bedrohungsanalyse und -management: Nachweis über die Berücksichtigung aktueller Bedrohungen und Angriffsvektoren
- Konfigurationsmanagement-Dokumentation: Verfahren und Richtlinien zur sicheren Konfiguration von Systemen
- Protokolle zur Überwachung von Sicherheitsmaßnahmen: Dokumentation von Überwachungsaktivitäten, z. B. physische Sicherheitsüberwachung oder Netzwerküberwachung

Natürlich kann ein Unternehmen weitere sicherheitsrelevante Dokumente hinzufügen, falls dies als notwendig erachtet wird. Häufig werden z. B. Cloud-Richtlinien auf der Basis der „Good Practices“ von ISO/IEC 27017 erstellt und ein Informationssicherheits-Dashboard aufgebaut.

Erfolgsfaktoren für die erfolgreiche Einführung eines ISMS

Erfolgsfaktoren für die erfolgreiche Einführung eines Informationssicherheitsmanagementsystems auf der Basis von ISO/IEC 27001 sind in dieser Reihenfolge:

- **Top-Management-Unterstützung** gewinnen und dieses verpflichten (Verantwortungsübernahme und Förderung durch die oberste Leitungsebene)

  Die Leitungsebene hat die Verantwortung, dass gesetzliche Regelungen und Verträge mit Dritten eingehalten werden und der Geschäftsbetrieb sichergestellt ist. In ISO/IEC 27001 wird vom obersten Management erwartet, dass dieses eine Informationssicherheitspolitik festlegt und die Verantwortlichkeiten und Befugnisse bezüglich der Umsetzung zuweist sowie das Bewusstsein für Informationssicherheit im gesamten Unternehmen aktiv fördert.

  Bei der Einführung eines ISMS muss Awareness beim Top-Management für Informationssicherheit und deren Verantwortlichkeit geschaffen werden. Wichtig sind zudem Sponsoren mit Einfluss aus dem Top-Management, um z. B. erforderliche Ressourcen und finanzielle Mittel zu erhalten.

- **ISMS-Aufbau als Projekt aufsetzen**

  Über eine Projektorganisation können alle erforderlichen Entscheider (im Steuerungskreis) und Ressourcen für den ISMS-Aufbau gesichert werden.

- **ISEC & Datenschutz-Strategie als Orientierung definieren**

  Legen Sie die Sicherheitsstrategie und weitere Sicherheitsrahmenvorgaben fest und stimmen Sie diese mit dem Top-Management ab. Dies kann bereits in Form der Informationssicherheitsleitlinie (wie oben beschrieben) erfolgen. Diese gibt eine Orientierung für die Ausgestaltung und kontinuierliche Verbesserung des ISMS.

- **Geltungsbereich als inhaltliche Festlegung und Abgrenzung definieren**

  Über den Geltungsbereich werden die Bereiche definiert, in denen das ISMS Anwendung finden soll. Bestimmte organisatorische Bereiche, Standorte oder einzelne Geschäftsprozesse können berücksichtigt oder abgegrenzt werden. Zu betrachten sind hier auch die Themen und Anforderungen z. B. der ISO/IEC 27001 sowie die internen und externen interessierten Parteien, deren Anforderungen, Schnittstellen und Abhängigkeiten. Hiermit grenzen Sie Bereiche ab, die Sie im ISMS (zumindest aktuell) nicht adressieren möchten oder müssen.

- **Schützenswerte Assets systematisch und handhabbar aufnehmen**

  Ein ISMS hat die Aufgabe, Unternehmenswerte und insbesondere Informationen zu schützen. Informationen können z. B. in den Köpfen der Mitarbeiter vorhanden, auf Papier geschrieben oder auf Magnetbändern archiviert sein. Information wird auf die unterschiedlichste Art und Weise innerhalb und außerhalb von IT-Systemen genutzt, erhoben oder verarbeitet. So kann Information gespeichert, verändert, übermittelt, gesperrt oder gelöscht werden.

Ein Verzeichnis der Unternehmenswerte beinhaltet daher sowohl IT- als auch Nicht-IT-Anteile, wie z. B. Akten oder Gebäude. Für die IT-Anteile kann entsprechend IT-Grundschutz (siehe Abschnitt 1.2.4) eine IT-Strukturanalyse durchgeführt werden.

- **Schutzbedarfsfeststellung für die Identifikation von Assets mit erhöhtem Schutzbedarf**

  Zweck der Schutzbedarfsfeststellung ist es, zu ermitteln, welcher Schutz für die Geschäftsprozesse, die dabei verarbeiteten Informationen und die eingesetzte Informationstechnik, wie z. B. Anwendungen und deren technische Plattform und Infrastruktur, ausreichend und angemessen ist. Hierzu werden für jedes Asset die erwartbaren Schäden betrachtet, die bei einer Beeinträchtigung von u. a. Vertraulichkeit, Integrität oder Verfügbarkeit entstehen können. Wichtig ist es auch, die möglichen Folgeschäden realistisch einzuschätzen.

- **Systematische und unternehmensweit einheitliche Risikomanagement-Methode festlegen**

  Risikomanagement ist ein übergreifender Prozess und umfasst die Identifikation, Analyse, Bewertung, Behandlung, Überwachung und Überprüfung von Risiken im Unternehmen. Die Risikomanagement-Methode sollte im Unternehmen einheitlich sowohl für Sicherheitsrisiken als auch für andere Risiken gehandhabt werden. Im Kontext der Informationssicherheit geht es insbesondere um die Gewährleistung eines akzeptablen bzw. eine nachhaltige Verbesserung des bestehenden Sicherheitsniveaus im Geltungsbereich des ISMS. Es geht darum, mit einer potenziellen Gefährdung der Vertraulichkeit, Integrität und Verfügbarkeit von Systemen und Informationen und der davon abhängigen Geschäftsprozesse umzugehen.

  Wesentlich ist neben dem Vorgehen insbesondere die Risikomanagement-Organisation, da Sicherheitsrisiken in der Regel vom Fachbereich bzgl. deren Auswirkungen bewertet werden müssen.

- **Risikomanagement bei Assets mit erhöhtem Schutzbedarf durchführen**

  Im Risikomanagement geht es darum, ein umfassendes Bild der Gefahren für die Informationen Ihrer Organisation zu erhalten. Durch Nutzung der Standardsicherheitsmaßnahmen des IT-Grundschutzes ist der überwiegende Anteil der Assets mit normalem Schutzbedarf nach Stand der Technik abgesichert (siehe Abschnitt 1.2.4). Für die Assets mit erhöhtem Schutzbedarf sind die Risiken dediziert zu analysieren und zu behandeln. Nicht akzeptierbare Risiken sind durch adäquate erweiterte Sicherheitsmaßnahmen zu reduzieren. Hier ist u. a. ein Risikobewertungsbericht zu erstellen, der alle im Risikobewertungs- und Risikobehandlungsprozess vorgenommenen Schritte dokumentiert. Außerdem muss eine Genehmigung für die Restrisiken und den Risikobehandlungsplan (inklusive erforderliche finanzielle und Ressourcenanforderungen) eingeholt werden – entweder als ein separates Dokument oder als Teil der Anwendbarkeitserklärung.

- **Mit der Erklärung zur Anwendbarkeit (SoA) den Umfang Ihres ISMS festlegen**

  In der SoA wird dokumentiert, wie die Informationssicherheit im Unternehmen umgesetzt wird. Sie enthält alle Kontrollen Ihrer Informationssicherheit. Für jede der 93 Kontrollen aus dem ISO/IEC 27001 Anhang A, die nicht angewendet wird, ist eine nachvollziehbare Erklärung erforderlich. Wenn noch weitere Gesetze oder Normen, wie z. B. PCI DSS, Anwendung finden sollen, können diese als ggf. zusätzliche Kontrollen mit in Ihre SoA aufgenommen werden. Die Anwendbarkeitserklärung ist auch das geeignetste Dokument, um die Genehmigung des Managements für die Implementierung des ISMS zu erhalten.

- **Verankerung in der Organisation mit Schulungs- und Awareness-Programmen begleitend zur Umsetzung aller organisatorischen, personellen, baulichen und technischen Sicherheitsmaßnahmen**

  Die Umsetzung des ISMS führt zum Teil zu tiefgreifenden Veränderungen für jeden Mitarbeiter und z. T. auch für das Business-Eco-System des Unternehmens. Prozesse und Richtlinien ändern sich. Hier gibt es Widerstände, die über ein gelebtes Change-Management und eine Bewusstseinsänderung umgesetzt werden müssen. Gleichzeitig muss das Management z. B. durch Verpflichtungen von Mitarbeitern oder vertragliche Absicherung mit Geschäftspartner abgesichert werden, da das Management persönlich zumindest bei grob fahrlässigen Verstößen haftet.

- **Vorfallmanagement institutionalisieren**

  Im Fall einer Sicherheitspanne muss schnell gehandelt werden. Diese muss erkannt, bewertet und dann eine Entscheidung in Abhängigkeit vom Schadensausmaß getroffen werden. Hier sind sowohl die IT als auch Fachbereiche und das Management involviert. Daher muss das Vorfallmanagement, bestehend aus Prozessen und Organisation, nicht nur auf dem Papier aufgestellt, sondern auch verprobt und etabliert werden. Siehe hierzu Abschnitt 4.3.

- **ISMS Dashboard einführen und institutionalisieren, um Wirksamkeit und Effektivität der Kontrollen kontinuierlich zu messen**

  Hier ist sowohl eine operative als auch eine Managementbewertung wichtig, sodass einerseits für das Management deren Absicherung transparent wird und insbesondere andererseits daraus Korrektur- und Verbesserungsmaßnahmen abgeleitet werden können. Beispiele für Kennzahlen finden Sie in Abschnitt 4.4.

- **Über regelmäßige interne und externe Audits die Wirksamkeit des ISMS überwachen und evaluieren**
  Interne und externe Audits sind ein wesentliches Instrument, um erforderliche Korrektive und Verbesserungen zu identifizieren. Zugleich werden hierüber die erforderlichen Nachweise erstellt.

Sowohl die Anforderungen der ISO/IEC-2700X-Norm als auch die organisatorischen, personellen, baulichen und technischen Sicherheitsmaßnahmen zur Umsetzung überschneiden sich z. T. in erheblichem Umfang mit anderen Normen, wie z. B. Sarbanes-Oxley Act (SOX), ISO 9001 oder ITIL/ISO 20000 und vor allen der EU-DSGVO (siehe Abschnitt 1.2.4). Durch ein integriertes Managementsystem können Synergien gehoben werden. Siehe hierzu Abschnitt 2.3.

Eine Zertifizierung nach ISO/IEC 27001 wird gerade für Dienstleister und Produkthersteller aus diesen Gründen immer wichtiger:

- **Einhaltung gesetzlicher Vorschriften und deren Nachweis**
  In der Informationssicherheit gibt es immer mehr Gesetze und vertragliche Erfordernisse, denen durch die Umsetzung von ISO/IEC 27001 im Hinblick auf die Schutzziele Vertraulichkeit, Verfügbarkeit und Integrität entsprochen werden kann.
- **Wettbewerbsvorteil und Kundenvertrauen stärken**
  Wenn ein Unternehmen zertifiziert ist und ein Wettbewerber nicht, dann hat dieses sicherlich allein dadurch einen Wettbewerbsvorteil, dass es den Nachweis für die Einhaltung gesetzlicher Vorschriften über die Zertifizierung bereits erbracht hat.
- **Vermeidung oder Reduktion von Imageverlusten und Haftungsansprüchen**
  Ein implementiertes ISMS reduziert die Häufigkeit bzw. die Auswirkungen von Sicherheitsvorfällen und somit auch die betrieblichen Verluste.
- **Höhere Betriebskontinuität**
  Durch ein ISMS werden alle entsprechend des Schutzbedarfs wesentlichen Werte des Unternehmens und insbesondere auch die Betriebsabläufe durch organisatorische, personelle, bauliche und technische Maßnahmen abgesichert.

TISAX

TISAX ist ein einheitlicher Standard für externe Zulieferer und Dienstleister, er erweitert die ISO/IEC 27001 um branchenspezifische Anforderungen der Automobilindustrie. Die Basis für ein TISAX-Assessment ist der Prüfkatalog VDA Information Security Assessment, der seinerseits auf den Anforderungen von ISO/IEC 27001 beruht, diese aber um branchenbezogene Themen wie Prototypenschutz, Auftragsverarbeitung oder Verbindungen zu externen Unternehmen erweitert. Allerdings ist ein Unternehmen, das das TISAX-Verfahren durchlaufen hat, nicht automatisch nach ISO/IEC 27001 zertifiziert.

TISAX und ISO 27001 unterscheiden sich nicht in den grundlegenden Sicherheitsmaßnahmen und Methoden, sondern im Prüfprozess. Die Umsetzung der Informationssicherheit wird in beiden Fällen zu einem vergleichbaren Sicherheitsniveau führen. Einzige Ausnahme ist das Thema „Prototypenschutz", dessen Maßnahmen sich jedoch nicht so sehr auf die Informationen selbst, sondern eher auch den „Prototypen" als Fahrzeug beziehen. Aufgrund der fehlenden jährlichen Überwachungsaudits im TISAX-Prüfprozess sind das „Leben" und das kontinuierliche Verbessern des ISMS nicht sichergestellt.

Ist ein Unternehmen in dem Automotivumfeld tätig und greift es auf vertrauliche Informationen zu, muss es eine TISAX-Zertifizierung vorweisen. Hat dieses Unternehmen den Prüfprozess erfolgreich abgeschlossen und ein TISAX-Label erhalten, wird dieses von allen anderen Automobilherstellern akzeptiert. Andere Branchen hingegen werden ein TISAX-Label nicht akzeptieren und ggf. eine ISO-27001-Zertifizierung fordern. Unternehmen, die nicht in der Automobilbranche tätig sind, sollten daher der nativen ISO 27001 den Vorzug geben.

Den Scope/Anwendungsbereich bei einer Zertifizierung gemäß ISO 27001 kann man weitestgehend selbst bestimmen. Bei einer TISAX-Zertifizierung wird der Standard-Scope bereits vorgegeben. Dieser muss auch so gewählt werden, dass die Zertifizierung von allen TISAX-Mitgliedern akzeptiert wird.

Der Prüfprozess beinhaltet mehrere Schritte und startet mit einer Selbsteinschätzung, die auf der Basis des VDA-ISA-Fragenkatalogs (siehe [VDA18]) erfolgt. Mithilfe dieser Grundeinschätzung erstellt der Prüfer ein Angebot. Der gesamte Prüfprozess startet mit der Erstprüfung und beinhaltet mehrere Durchläufe, bis das konforme Prüfergebnis erreicht wurde. Im Gegensatz zu dem ISO/IEC-27001-Prüfprozess müssen sämtlich Nebenabweichungen innerhalb des TISAX-Prüfprozesses behoben werden, um die TISAX-Zertifizierung zu erhalten. Ein hoher Reifegrad einer Maßnahme kann keinen niedrigeren Reifegrad einer anderen Maßnahme ausgleichen.

Mit Beginn der Erstprüfung hat man neun Monate Zeit, um alle TISAX-Anforderungen umzusetzen. Innerhalb dieser neun Monate muss der Prüfprozess abgeschlossen sein. Nach dem erfolgreichen Abschluss gilt das TISAX-Label für drei Jahre.

Der Fragenkatalog VDA ISA bedient sich der Maßnahmen aus dem Annex A der ISO/IEC 27001. In Frageform können die Selbsteinschätzung und Bewertung mit einem Reifegrad von „1" bis „5" vom Unternehmen selbst bewertet werden. Die Auswertung der Ergebnisse erfolgt mathematisch, wobei hier immer gegen den mittleren Zielreifegrad von „3" geprüft wird.

Zudem gibt es feste Grenzen bei der Auswertung. Wenn die Abweichungen des Reifegrads vom Zielreifegrad über 25 Prozent liegen, ist das Gesamtprüfergebnis automatisch „hauptabweichend". In diesem Fall wird kein TISAX-Label ausgegeben.

Die Aktualisierung von Anhang A der ISO/IEC 27001:2022 spiegelt sich in der Umsetzung der TISAX-Anforderungen wider. Dies gilt insbesondere für Organisationen, die Sicherheitsbewertungen gemäß VDA ISA durchführen. Einige der neuen Maßnahmen der ISO/IEC 27001:2022 haben direkten Einfluss auf die Erfüllung von TISAX-Kriterien. Hierzu zählen:

- **Bedrohungsanalyse** (Threat Intelligence)

  Bedrohungen müssen proaktiv erkannt und bewertet werden. Dies schließt ein globales Lieferantennetzwerk mit ein. Die neuen Anforderungen stärken diesen Bereich.

- **Cloud-Sicherheit**

  Die meisten Unternehmen der Automobilbranche nutzen Cloud-basierte Lösungen. Hier müssen die neuen Maßnahmen der ISO 27001:2022 zur Cloud-Security berücksichtigt werden. Diese ergänzen die TISAX-Anforderungen, insbesondere in Bezug auf die Datensicherheit in der Cloud. Unternehmen, die Cloud-Dienste nutzen, müssen diese Sicherheitsmaßnahmen sowohl für die ISO 27001:2022 als auch für TISAX nachweisen können.

- **Konfigurationsmanagement**

  Laut ISO 27001:2022 hat ein strukturiertes Konfigurationsmanagement eine hohe Bedeutung. Dies gilt analog auch für die TISAX-Kriterien zur IT-Betriebsführung.

- **Sicheres Löschen von Daten**

  Die neuen Anforderungen zur Datenlöschung in der ISO 27001:2022 verschmelzen mit den TISAX-Kriterien zur Entsorgung von Informationsträgern.

- **Monitoring der physischen Sicherheit**

  Die neue ISO-Maßnahme zur Überwachung physischer Sicherheit stärkt die TISAX-Kriterien im Bereich Zugang zu physischen Standorten.

Für die Umstellung auf ISO/IEC 27001:2022 sollten die Unternehmen eine Lückenanalyse durchführen und überprüfen, welche Maßnahmen der ISO/IEC 27001:2022 bereits durch TISAX-Anforderungen abgedeckt sind und wo Anpassungen notwendig sind. Dies gilt auch für Maßnahmen der Schulung und Sensibilisierung. Hier sind Mitarbeiter auf neue Themen wie Bedrohungsanalyse und Cloud-Sicherheit vorzubereiten. Auch die Nachweisdokumentation muss insbesondere im Bereich Cloud-Security und Monitoring erweitert werden.

1.2.4 IT-Grundschutz

Der IT-Grundschutz ist das vom Bundesamt für Sicherheit in der Informationstechnik (BSI) entwickelte systematische Vorgehen, notwendige Sicherheitsmaßnahmen zu identifizieren und umzusetzen. Er liefert einen De-facto-Standard für IT-Sicherheit. Er wird vom BSI (weiter-)entwickelt und in regelmäßigen Abständen mit den internationalen Normen wie ISO/IEC 27001 abgeglichen. Der IT-Grundschutz bietet Werkzeuge und Methoden, um technische, organisatorische und personelle Sicherheitsmaßnahmen zu implementieren.

Vorteile

Der IT-Grundschutz bietet eine ganze Reihe Vorteile und insbesondere eine strukturierte und skalierbare Methodik für Organisationen jeder Größe. Zudem ist der IT-Grundschatz sehr anpassungsfähig an spezifische Anforderungen und Risiken. Durch die Integration mit anderen Normen unterstützt er auch bei der Einhaltung gesetzlicher Vorgaben, wie z. B. der EU-DSGVO.

Der IT-Grundschutz ist besonders relevant für öffentliche Verwaltungen, kann jedoch auch von Unternehmen und anderen Organisationen angewendet werden, die eine robuste Informationssicherheit gewährleisten möchten.

2017/2018 wurde die erhebliche Überarbeitung des IT-Grundschutzes zum „modernisierten IT-Grundschutz“ abgeschlossen. Die IT-Grundschutz-Kataloge wurden besser strukturiert und verschlankt. Der modernisierte IT-Grundschutz ist zudem kompatibel zur ISO/IEC 27001 (siehe Abschnitt 1.2.3). Im Folgenden wird, wenn vom IT-Grundschutz gesprochen wird, immer der modernisierte IT-Grundschutz zugrunde gelegt. Siehe hierzu *https://www.bsi.bund.de/DE/Themen/ITGrundschutz/itgrundschutz_node.html*.

Der IT-Grundschutz wurde zudem seit 2018 mehrfach überarbeitet, um ihn an moderne Anforderungen der Informationssicherheit anzupassen. Die Änderungen betreffen insbesondere die Methodik, die Strukturen und Inhalte der IT-Grundschutz-Bausteine sowie den modularen Aufbau. Im Folgenden finden Sie die wichtigsten Änderungen:

- **Methodik**

  Seit 2018 basiert der IT-Grundschutz auf einem modularen Ansatz und ist stärker an die individuellen Anforderungen von Organisationen anpassbar.

- **Integration in ein ISMS (nach ISO/IEC 27001)**

  Der IT-Grundschutz unterstützt weiterhin die Zertifizierung nach ISO/IEC 27001, wurde jedoch flexibler gestaltet, um besser mit anderen Standards harmonieren zu können.

- **Einführung von BSI-Standards 200-1 bis 200-3**

  BSI-Standard 200-1: Managementsystem für Informationssicherheit (ISMS)

  BSI-Standard 200-2: IT-Grundschutz-Methodik

  BSI-Standard 200-3: Risikoanalyse auf der Basis von IT-Grundschutz

  Diese Standards ersetzen die älteren BSI-Standards 100-1 bis 100-3.

- **IT-Grundschutz-Kompendium (ab 2018)**

  Das Kompendium ersetzt die bisherigen IT-Grundschutz-Kataloge und wurde bis 2023 jährlich aktualisiert. Ab 2024 werden nur noch die verschiedenen Module, falls geändert, aktualisiert.

Die Bausteine sind modular aufgebaut und neue Technologien (z. B. Cloud, IoT) und Bedrohungen (z. B. Ransomware) werden berücksichtigt. Sie sind thematisch in Kategorien unterteilt, z. B.:

- INF: Infrastruktur
- SYS: IT-Systeme
- NET: Netzwerke und Kommunikation
- APP: Anwendungen
- OPS: Betrieb
- DER: Detektion und Reaktion

Es gibt eine ganze Reihe neuer Bausteine seit 2018. Wichtige Beispiele sind:

- Cloud-Nutzung (SYS.3.1)
- Sicherheitsanforderungen für Cloud-Dienste
- Industrial Control Systems (ICS) (IND.1)
- Schutz von industriellen Steuerungssystemen
- Cyberangriffe erkennen und reagieren (DER.1)
- Einführung von Sicherheitsüberwachungsmaßnahmen
- Mobile Geräte (SYS.1.2)
- Sicherheitsanforderungen für Smartphones und Tablets
- Künstliche Intelligenz (KI) (APP.4.5)
- Sicherheitsaspekte bei der Nutzung von KI-Systemen

Viele bestehende Bausteine wurden inhaltlich überarbeitet, um neue Bedrohungen und Technologien abzudecken. Dazu zählen:

- Netzwerksicherheit (NET.1)
- Stärkere Berücksichtigung moderner Bedrohungen wie DDoS-Angriffe
- Datenschutz (CON.1)
- Anpassung an die Datenschutz-Grundverordnung (DSGVO)
- Webanwendungen (APP.3.1)
- Aktualisierung zur Absicherung moderner Webtechnologien

- **Harmonisierung mit anderen Standards** insbesondere dem ISO/IEC 27001, dem Risikomanagement und Cyber-Sicherheitsanforderungen.

  Viele der Maßnahmen aus dem IT-Grundschutz sind direkt auf die Anforderungen der ISO/IEC 27001 in einer Übersetzungstabelle korreliert.

  Die neue Risikomanagement-Methodik im BSI-Standard 200-3 berücksichtigt gängige Ansätze aus internationalen Standards.

  Maßnahmen zu Cyber-Sicherheitsanforderungen sind mit den Anforderungen des BSI-Gesetzes und branchenspezifischen Sicherheitsstandards (B3S) kompatibel.

- **Ergänzungen für Kritische Infrastrukturen (KRITIS)**

  Für Betreiber Kritischer Infrastrukturen wurden spezifische Anforderungen integriert:

  - Branchenspezifische Sicherheitsstandards (B3S): Anpassung der Grundschutzmaßnahmen für KRITIS-Sektoren (z. B. Energie, Gesundheit, Wasser)
  - KRITIS-Anforderungen im IT-Grundschutz-Kompendium: stärkere Berücksichtigung von Themen wie Angriffserkennung und Reaktion

- **Fokus auf aktuelle Bedrohungen und Technologien**

  Der modernisierte IT-Grundschutz adressiert neue Technologien und Bedrohungen:

  - Cloud-Computing und Multi-Cloud-Ansätze: neue Bausteine und Maßnahmen für die sichere Cloud-Nutzung
  - Cyberangriffe und Ransomware: Einführung von Maßnahmen zur Erkennung und Abwehr von Cyberangriffen
  - IoT-Sicherheit: Sicherheitsanforderungen für vernetzte Geräte

Tipps:

- **Jährliche Überprüfung des ISMS,** um bestehende Maßnahmen auf die Anforderungen des modernisierten IT-Grundschutzes abstimmen. Hier können dann die jährlichen Aktualisierungen am IT-Grundschutz-Kompendium bzw. dessen Bausteine genutzt werden. Hier sollten moderne Technologien integriert werden. Hierzu muss z. B. Cloud-Sicherheit und IoT-Sicherheit berücksichtigt und eingeführt werden.
- **Ergänzende Risikoanalyse,** insbesondere für Bereiche, die nicht vollständig durch die Grundschutz-Bausteine abgedeckt sind.
- **Fokus auf Schulung und Sensibilisierung,** um Mitarbeiter auf neue Bedrohungen und Anforderungen vorzubereiten. Diese müssen regelmäßig wiederholt werden, um die neuen Bausteine zu berücksichtigen und die Sensibilisierung kontinuierlich zu erhöhen.
- **Zertifizierung**

  Organisationen können ein ISMS nach IT-Grundschutz durch das BSI zertifizieren lassen. Dies ist ein Nachweis für ein hohes Niveau der Informationssicherheit.

Die BSI-Standards (siehe [BSI19-3-6]) liefern eine bewährte systematische Vorgehensweise und das IT-Grundschutz-Kompendium konkrete Anforderungen (siehe [BSI23-1]). Das Kompendium ist modular aufgebaut. Es enthält Prozess- und Systembausteine für typische Geschäftsprozesse, Anwendungen, IT-Systeme, Kommunikationsverbindungen und Räume für die Bereiche Organisation und Personal, IT-Betrieb, Produktion und Fertigung mit Industrial Control Systems (ICS) ebenso wie Komponenten aus dem Bereich Internet of Things (IoT).

Zusätzlich gibt es Umsetzungshinweise zu vielen Bausteinen des IT-Grundschutz-Kompendiums. Diese beschreiben, wie die Anforderungen der Bausteine in der Praxis erfüllt werden können, und enthalten dafür passende Sicherheitsmaßnahmen mit detaillierten Informationen, die auf dem Erfahrungsschatz und den Best Practices des BSI und weiteren IT-Grundschutz-Anwendern basieren. Siehe [BSI23-2].

> IT-Grundschutz liefert eine systematische Methode und Bausteine für einen praktikablen und aufwandsarmen angemessenen Schutz von Informationen. Unternehmen können die für sie zutreffenden Bausteine auswählen und anpassen.

Die für die Organisation zutreffenden Bausteine und Sicherheitsmaßnahmen können einfach ausgewählt und an die individuellen Einsatzumgebungen angepasst werden. So wird ein praktikabler und aufwandsarmer angemessener Schutz von Informationen erreicht und das Informationssicherheitsniveau in der Organisation sicherlich bereits durch die systematische Vorgehensweise erhöht.

Durch den IT-Grundschutz werden folgende zentrale Fragen im Kontext der Informationssicherheit adressiert:

- Wie kann der Sicherheitsprozess von der Leitungsebene gesteuert und überwacht werden?
- Welche Schutzziele sind wie gut erreicht?
- Wie sorgfältig und sicher wird mit geschäftsrelevanten Informationen umgegangen?

  Wird Business-Kontinuität für die geschäftskritischen Bereiche sichergestellt?
- Gibt es bekannte Gefährdungen? Wie sicher ist die Informationstechnik des Unternehmens?
- Welche Sicherheitsmaßnahmen sind ergriffen worden und welche sollten noch ergriffen werden?
- Wie müssen diese Maßnahmen konkret umgesetzt werden?
- Wie kann ein einmal erreichtes Sicherheitsniveau dauerhaft erhalten und verbessert werden?
- Werden die organisatorischen, personellen, technischen und baulichen Aspekte der Informationssicherheit angemessen berücksichtigt?
- Wie hoch ist das Sicherheitsniveau anderer Unternehmen, mit denen kooperiert wird?
- Sind Notfallvorkehrungen getroffen, um im Gefährdungsfall schnell reagieren zu können?

- Wie wird mit den typischen IT-Risiken umgegangen, wie z. B. Infrastruktur- oder Systemausfall, korrupte Daten, Datenverlust, Ausspähen von Daten, Performance-Probleme, Schwachstellen aufgrund von veralteter Software (z. B. Systeme ohne Wartung mit alten Patch-Ständen), Softwarefehlern oder veralteter Hardware, fehlende Sicherung/Backup, fehlendes Zonenkonzept und Systemhärtung?

Der IT-Grundschutz liefert hierfür einen Baukasten. Ziel des IT-Grundschutzes ist es, die Mindestanforderungen für den normalen Schutzbedarf vorzugeben und Standardsicherheitsmaßnahmen zu deren Umsetzung zu liefern. Für Assets mit einem erhöhten Schutzbedarf sind eine erweiterte Analyse und ein Einbezug von ggf. weiteren organisatorischen, personellen, baulichen und/oder technischen Sicherheitsmaßnahmen im Sicherheitskonzept vorzusehen. Hierdurch kann ein praktikabler und aufwandsarmer angemessener Schutz von Informationen erreicht werden.

1.2.4.1 Bestandteile des IT-Grundschutzes

Die wesentlichen Bestandteile des IT-Grundschutzes sind:

- **BSI-Standards und Vorgehensweisen** mit detaillierten Anforderungen an Informationssicherheit und Vorgehensweisen beschreiben
- **Methoden und Hilfestellungen für die Schutzbedarfsermittlung** zur Identifikation und Bewertung der Schutzbedarfe von Informationen und IT-Systemen (z. B. in den Kategorien Vertraulichkeit, Integrität und Verfügbarkeit)
- **Schichtenmodell**

  Der IT-Grundschutz nutzt ein Schichtenmodell, das Sicherheitsmaßnahmen in Basismaßnahmen, Standardmaßnahmen und erweiterte Maßnahmen unterteilt. Dies hilft, Sicherheitsanforderungen systematisch und abgestuft umzusetzen.

BSI-Standards und Vorgehensweisen

Der IT-Grundschutz basiert auf BSI-Standards, die detaillierte Anforderungen an Informationssicherheit und Vorgehensweisen beschreiben (z. B. BSI-Standard 200-1 bis 200-3). Ein wichtiger Bestandteil ist das IT-Grundschutz-Kompendium (siehe [BSI23-1]), das konkrete Maßnahmenkataloge enthält.

Folgende BSI-Standards zum IT-Grundschutz mit Empfehlungen für den organisatorischen Rahmen und das systematische Vorgehen zur Gewährleistung von Informationssicherheit sind vorhanden:

- BSI-Standard 200-1: Managementsysteme für Informationssicherheit (ISMS)

  Er ist weiterhin kompatibel zum ISO-Standard 27001 und berücksichtigt die Empfehlungen der anderen ISO-Standards wie beispielsweise ISO 27002. Siehe [BSI19-3].

- BSI-Standard 200-2: IT-Grundschutz-Vorgehensweise (siehe [BSI19-4])

  Basis-Absicherung (vereinfachte Umsetzung für kleinere Organisationen)

  Standard-Absicherung (modularer Ansatz für die meisten Organisationen)

  Kern-Absicherung (für spezifische kritische Bereiche oder Systeme).
- BSI-Standard 200-3: Risikoanalyse auf der Basis von IT-Grundschutz (siehe [BSI19-5])
- BSI-Standard 200-4: Notfallmanagement (siehe [BSI19-6] und [BSI23])

IT-Grundschutz-Kompendium

IT-Grundschutz-Kompendium enthält konkrete Sicherheitsanforderungen und Umsetzungshinweise zum sicheren Umgang mit Informationen für unterschiedliche Einsatzumgebungen. Das IT-Grundschutz-Kompendium ist modular aufgebaut und enthält Prozess- und Systembausteine für typische Geschäftsprozesse, Anwendungen, Systeme, Kommunikationsverbindungen und Räume. Die auf die Rahmenbedingungen der eigenen Organisation zutreffenden Bausteine können nach Bedarf eingesetzt werden.

IT-Grundschutz-Bausteine

Das Baukastenprinzip erleichtert durch den einheitlichen Aufbau das Identifizieren und Auswählen der geeigneten Anforderungen, Gefährdungen und Maßnahmenempfehlungen. Die Bausteine aus den IT-Grundschutz-Katalogen spiegeln typische Bereiche und Aspekte der Informationssicherheit in einem Unternehmen oder übergeordnete Themen, wie dem Management der Informationssicherheit, der Notfallvorsorge oder der Datensicherungskonzeption bis hin zu speziellen Komponenten einer IT-Umgebung wider. Hierbei wird zwischen prozess- und systemorientierten Bausteinen unterschieden.

Das IT-Grundschutz-Kompendium des Bundesamts für Sicherheit in der Informationstechnik (BSI) enthält Bausteine, die systematisch die Sicherheitsanforderungen für verschiedene Bereiche einer Organisation darstellen. Diese Bausteine sind modular aufgebaut und decken die wesentlichen Aspekte der Informationssicherheit ab.

Kategorien der IT-Grundschutz-Bausteine:

Die Bausteine sind in folgende Schichten und Themenbereiche unterteilt:

1. Prozessübergreifende Aspekte

   Organisation und Personal: z. B. Informationssicherheitsmanagement, Schulungen und Sensibilisierung, Patch- und Änderungsmanagement

   Betriebs- und Notfallmanagement: z. B. Backup-Strategien, Notfallmanagement, Outsourcing

2. Infrastruktur

   Gebäude und Räumlichkeiten: z. B. Sicherheitsmaßnahmen für Serverräume, Schutz von Arbeitsplätzen

   Versorgungsdienste: z. B. Stromversorgung, Klimatisierung, Kommunikationsinfrastruktur

3. IT-Systeme

   Server und Clients: z. B. Windows- oder Linux-Server, mobile Endgeräte, Arbeitsstationen

   Netzkomponenten: z. B. Router, Firewalls, WLAN

4. Netzwerke und Kommunikation

   Netzwerkbetrieb: z. B. LAN, WAN, VPN

   Kommunikationsdienste: z. B. E-Mail, Telefonie, Instant Messaging

5. Anwendungen

   Standardanwendungen: z. B. Datenbanken, Webanwendungen, ERP-Systeme

   Spezielle Anwendungen: z. B. CAD-Systeme, medizinische IT-Systeme

6. Industrielle IT

   Steuerungssysteme: z. B. SCADA-Systeme, Produktionssteuerungen

   IoT-Komponenten: Sicherheitsanforderungen für vernetzte Geräte

7. Aktuelle Entwicklungen

   Das Kompendium wird jährlich aktualisiert (bis 2023) und ergänzt. Neue Bausteine und Anpassungen berücksichtigen technologische Entwicklungen, wie z. B. Cloud-Dienste, KI-Systeme oder moderne Betriebssysteme. Beispiele für neue Bausteine aus den letzten Jahren sind:

   Active Directory (sichere Verwaltung von Benutzerkonten)

   Fernwartung (sichere Remote-Verbindungen)

   Sicherer Einsatz von Videokonferenzsystemen

8. Prozessorientierte Bausteine

   Diese Bausteine fokussieren sich auf die organisatorischen und prozessualen Aspekte der Informationssicherheit. Sie beinhalten Maßnahmen, die vor allem die Managementprozesse und die strategische Ausrichtung der Sicherheitsmaßnahmen betreffen. Hierzu gehören unter anderem:

      Informationssicherheitsmanagement: Festlegung der Sicherheitsstrategie, Erstellung von Sicherheitsrichtlinien

      Notfallmanagement: Planung und Durchführung von Notfallmaßnahmen

Schulungen und Sensibilisierung: Schulungsmaßnahmen für Mitarbeiter zur Informationssicherheit

Diese Bausteine zielen darauf ab, die Prozesse und Verantwortlichkeiten in einer Organisation zu gestalten, zu steuern und kontinuierlich zu verbessern.

9. Systemorientierte Bausteine

   Im Gegensatz dazu beschäftigen sich die systemorientierten Bausteine mit den technischen und betrieblichen Aspekten der Informationssicherheit. Sie konzentrieren sich darauf, wie IT-Systeme, Netzwerke und Anwendungen abgesichert werden sollen. Beispiele für systemorientierte Bausteine:

   Sicherung von Servern und Clients: Maßnahmen zur Absicherung der IT-Infrastruktur, z. B. Firewalls, Zugangskontrollen

   Netzwerksicherheit: Sicherheitsmaßnahmen für Netzwerke, wie VPNs, Verschlüsselung, Zugriffskontrollen

   Anwendungsabsicherung: Sicherheitsanforderungen für Software, etwa Schutz vor Schwachstellen in Webanwendungen

10. Ziel der Unterscheidung

   Die Unterscheidung zwischen prozessorientierten und systemorientierten Bausteinen ermöglicht es, sowohl die organisatorischen als auch die technischen Aspekte der Sicherheitsstrategie zu betrachten und zu implementieren. Dadurch wird eine umfassende Absicherung der gesamten IT-Landschaft einer Organisation gewährleistet.

Diese Struktur hilft Unternehmen, gezielt Maßnahmen zu ergreifen, die ihre Informationssicherheit ganzheitlich verbessern, sowohl auf organisatorischer und personeller als auch auf technischer Ebene.

Prozessorientierte Bausteine sind:

- ISMS (Managementsysteme für Informationssicherheit)
- ORP (Organisation und Personal)
- CON (Konzepte und Vorgehensweisen)
- OPS (Betrieb)
- DER (Detektion und Reaktion)

Systemorientierte Bausteine sind entsprechend den Schichten organisiert:

- APP (Anwendungen)
- SYS (IT-Systeme)
- IND (Industrielle IT)
- NET (Netze und Kommunikation)
- INF (Infrastruktur)

Der Grundaufbau jedes Bausteins ist einheitlich, um die Anwendung zu vereinfachen. Der Grundaufbau sieht wie folgt aus:

- Kurze Beschreibung des Prozess- oder Systembereichs (kurz Themengebiet)
- Ziele, die mit der Umsetzung des Bausteins erreichbar sind
- Abgrenzung zu anderen Bausteinen
- Überblick über die Gefährdungen des Themengebiets, unterteilt in die Dimensionen höhere Gewalt, organisatorische Mängel, menschliche Fehlhandlungen, technisches Versagen und vorsätzliche Handlungen
- Konkrete Sicherheitsanforderungen für die Basis- sowie Standardanforderungen sowie Anforderungen mit erhöhtem Schutzbedarf
- Umsetzungshinweise, wie die Anforderungen der Bausteine in der Praxis erfüllt werden können, mit passenden Sicherheitsmaßnahmen mit detaillierten Beschreibungen

> Die im IT-Grundschutz-Kompendium beschriebenen Basis- und Standardanforderungen stellen zusammengenommen den Stand der Technik dar. Diese müssen für die Zertifizierung nach ISO 27001 auf der Basis des IT-Grundschutzes erfüllt werden. Die IT-Grundschutz-Anforderungen sind konkreter ausgestaltet als die korrespondierenden Anforderungen der ISO 27001.
>
> In den Anforderungen im IT-Grundschutz-Kompendium werden die Modalverben „SOLLTE", „MUSS" und „KANN" in ihren jeweiligen Formen und zugehörigen Verneinungen für die Verdeutlichung der Anforderung genutzt. Hierdurch soll der Interpretationsspielraum eingeschränkt werden.
>
> - „MUSS" oder „DARF NUR": uneingeschränkte Anforderung, die unbedingt erfüllt werden muss
> - „DARF NICHT" oder „DARF KEIN": uneingeschränktes Verbot (darf in keinem Fall getan werden)
> - „SOLLTE": eingeschränkte Anforderung, die normalerweise erfüllt werden muss. Abweichungen müssen sorgfältig erwogen und stichhaltig begründet werden.
> - „SOLLTE NICHT" oder „SOLLTE KEIN": eingeschränktes Verbot (sollte normalerweise nicht getan werden). Abweichungen müssen sorgfältig erwogen und stichhaltig begründet werden.
> - „KANN": fakultativ. Dies ist ein Best-Practice, das angewendet werden kann.

Das BSI überarbeitet, aktualisiert und erweitert regelmäßig das Kompendium, um die Empfehlungen auf dem Stand der Technik zu halten.

1.2.4.2 Die IT-Grundschutz-Methodik

Die IT-Grundschutz-Methodik sieht drei Varianten vor (siehe Bild 1.6):

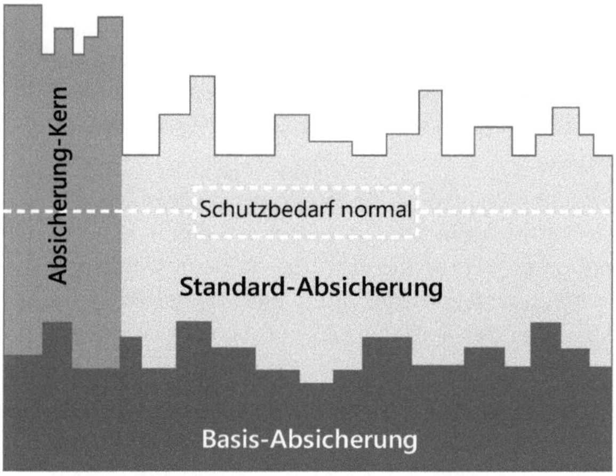

Bild 1.6
Basis-, Standard- und Kern-Absicherung (siehe [BSI23-1])

Standard-Absicherung

Die Standard-Absicherung entspricht der empfohlenen IT-Grundschutz-Vorgehensweise. Sie hat eine angemessene und ausreichende Absicherung für alle Prozesse und Bereiche des Unternehmens mit **normalem Schutzbedarf** als Ziel. Durch eine geeignete Umsetzung der im Kompendium festgelegten organisatorischen, personellen, infrastrukturellen und technischen Sicherheitsanforderungen nach dem Stand der Technik wird ein Sicherheitsniveau erreicht, das für normalen Schutzbedarf angemessen und ausreichend ist, um geschäftsrelevante Informationen zu schützen. Diese werden auch für die Zertifizierung nach ISO 27001 auf der Basis von IT-Grundschutz gefordert.

Basis-Absicherung

Die Basis-Absicherung bietet einen Einstieg in den IT-Grundschutz für Unternehmen, die schnellstmöglich die größten Risiken absichern möchten. Sie beinhaltet ein Minimum an Sicherheitsvorkehrungen. Das erzielte Sicherheitsniveau liegt zwar deutlich unter dem der Standard-Absicherung, bietet aber für Einsteiger eine erste gute Grundlage. Aufbauend darauf können die tatsächlichen Sicherheitsanforderungen im Detail analysiert und adressiert werden.

Kern-Absicherung

Die Kern-Absicherung als weitere Einstiegsvariante fokussiert die Sicherheitsmaßnahmen auf die „Kronjuwelen" eines Unternehmens, also geschäftskritische Prozesse und Werte. Dies ist auch eine Einstiegsvariante.

Bei der Basis- und Standard-Absicherung umfasst der Geltungsbereich häufig die gesamte Institution. Bei der Kern-Absicherung konzentriert man sich auf einige herausragende, besonders geschäftskritische Assets (sogenannte „**Kronjuwelen**").

Die Basis- und/oder Kern-Absicherung sind mögliche erste Ausbaustufen („Keimzellen"), um schnellstmöglich die größten Risiken abzusichern. Die Basis- und Kern-Absicherung sind mögliche **Einstiegsvarianten**. Ziel muss es jedoch sein, mittelfristig ein vollständiges Sicherheitskonzept gemäß der Standard-Absicherung zu erstellen und umzusetzen.

Eine ISO-27001-Zertifizierung auf der Basis von IT-Grundschutz ist sowohl für die Standard-Absicherung als auch für die Kern-Absicherung durch einen vom BSI zertifizierten ISO-27001-Grundschutz-Auditor möglich. Der Auditor sichtet die vom Unternehmen erstellten Referenzdokumente, führt eine Vor-Ort-Prüfung durch und erstellt einen Auditbericht, der dem BSI zur Prüfung vorgelegt wird. Das BSI entscheidet dann über die Ausstellung eines Zertifikats.

Die Standard-Absicherung ist häufig die präferierte Vorgehensweise, da diese eine pragmatische und effektive Vorgehensweise für die Erzielung eines normalen Sicherheitsniveaus liefert, das für erhöhte Schutzbedarfe ausgebaut werden kann.

1.2.4.3 Der Sicherheitsprozess entsprechend IT-Grundschutz

Der Sicherheitsprozess entsprechend IT-Grundschutz hat folgende Phasen (siehe [BSI23-1]):

1. Initiierung des Sicherheitsprozesses durch die Leitungsebene

Die Leitungsebene muss die Verantwortung für Informationssicherheit übernehmen und den Sicherheitsprozess initiieren, steuern und kontrollieren. Zu Beginn muss sie die Informationssicherheitsstrategie vorgeben und organisatorische Rahmenbedingungen schaffen. Wesentlich ist hierbei auch die Entscheidung über die Vorgehensweise mit u. a. Basis-, Kern- oder Standardabsicherung sowie Eckwerte des Geltungsbereichs. Ein Sicherheitsteam ist einzuberufen, das den Aufbau des ISMS treibt. Dieses detailliert und dokumentiert auch die Entscheidungen in der Informationssicherheitsleitlinie.

2. Erstellung der Informationssicherheitsleitlinie

Die Sicherheitsleitlinie beschreibt die Sicherheitsziele und das angestrebte Sicherheitsniveau des Unternehmens und wie diese erreicht werden sollen. Die Inhalte der Leitlinie sollten alle Mitarbeiter kennen und nachvollziehen können. Wesentlicher Bestandteil ist neben den Eckwerten die Informationsklassifizierung (siehe Abschnitt 4.1.1). Weitere Informationen zur Informationssicherheitsleitlinie finden Sie in Abschnitt 1.2.3.

3. Organisation des Sicherheitsprozesses

Für das Informationssicherheitsmanagement muss eine für Größe und Art des Unternehmens geeignete Sicherheitsorganisation aufgebaut und in der Organisation verankert werden. Die Aufgaben, Verantwortungen und Kompetenzen in der ISEC-Organisation müssen passend zu den Zielen und Anforderungen festgelegt werden. Hierzu zählen u. a. der Informationssicherheitsbeauftragte (ISB), das ISEC-Management-Team, Bereichs- und Projekt-Sicherheitsbeauftragte, Beauftragte für IT-Sicherheit, der ICS-Informationssicherheitsbeauftragte (ICS-ISB), der ISEC-Koordinierungsausschuss, der Datenschutzbeauftragte (DSB) sowie das Zusammenspiel mit anderen Organisationseinheiten und Managementdisziplinen. Gegebenenfalls sind auch externe Sicherheitsexperten einzubinden.

Wesentlich ist auch die Festlegung des Kommunikationsplans mit u. a. Berichten an die Leitungsebene sowie Informationsfluss und Meldewegen. Siehe hierzu Abschnitt 4.3.

4. Erstellung einer Sicherheitskonzeption

Die Vorgehensweise bei der Sicherheitskonzeption unterscheidet sich etwas in Abhängigkeit von der gewählten Variante (Basis-, Standard- oder Kern-Absicherung). Grundlage für die Sicherheitskonzeption sind aber in jedem Fall die Bausteine des IT-Grundschutz-Kompendiums mit entsprechenden Sicherheitsanforderungen nach dem Stand der Technik. Es wird eine GAP-Analyse zwischen den Sicherheitsanforderungen aus den relevanten Bausteinen des IT-Grundschutz-Kompendiums und den im Unternehmen bereits realisierten Sicherheitsmaßnahmen durchgeführt. Dabei festgestellte fehlende oder nur unzureichend erfüllte Anforderungen sind die Sicherheitsdefizite, die es durch die Umsetzung von aus den Anforderungen abgeleiteten Maßnahmen zu beheben gilt.

Risikoanalyse

Nur bei einem signifikant höheren Schutzbedarf muss zusätzlich eine Risikoanalyse unter Beachtung von Kosten- und Wirksamkeitsaspekten durchgeführt werden. In der Regel reicht es hierbei aus, die Sicherheitsanforderungen des IT-Grundschutz-Kompendiums durch entsprechende individuelle, qualitativ höherwertige Maßnahmen zu ergänzen. Im Rahmen der Sicherheitskonzeption können Umsetzungshinweise des IT-Grundschutz-Kompendiums genutzt werden.

Wesentliche Schritte bei der Sicherheitskonzeption sind:

- Falls Kern-Absicherung: Festlegung des Geltungsbereichs sowie Identifikation und Festlegung der kritischen Assets (Kronjuwelen)
- Strukturanalyse

- Schutzbedarfsfeststellung
- Modellierung des Informationsverbunds mit Auswahl und Anpassung von Anforderungen
- IT-Grundschutz-Check
- Risikoanalyse und Festlegung weiterer Sicherheitsmaßnahmen
- Umsetzungsplanung mit u. a. Kosten- und Aufwandsabschätzung, Festlegung der Umsetzungsreihenfolge der Maßnahmen sowie Festlegen der Aufgaben und der Verantwortung

5. Umsetzung der Sicherheitskonzeption

Das angestrebte Sicherheitsniveau lässt sich nur erreichen, wenn die im Sicherheitskonzept festgelegten Maßnahmen auch wirklich konsequent und handhabbar umgesetzt werden.

Darüber hinaus muss spätestens bei der Umsetzung ein Steuerungsinstrumentarium operationalisiert werden, um die Überprüfung des Informationssicherheitsprozesses auf allen Ebenen zu ermöglichen. Hierzu sind einerseits Kennzahlen und ein Reifegradmodell notwendig. Andererseits ist ein Maßnahmenmanagement erfolgsentscheidend, mit dem die Umsetzung der Sicherheitsmaßnahmen überprüft wird.

Falls eine Zertifizierung angestrebt wird, ist diese entsprechend vorzubereiten.

6. Aufrechterhaltung und kontinuierliche Verbesserung der Informationssicherheit

Ziel des Sicherheitsmanagements ist es, das angestrebte Sicherheitsniveau zu erreichen und dieses auch dauerhaft aufrechtzuerhalten und zu verbessern. Daher müssen der Sicherheitsprozess und die Organisationsstrukturen für Informationssicherheit regelmäßig darauf überprüft werden, ob sie angemessen, wirksam und effizient sind. Ebenso ist zu analysieren, ob die Maßnahmen des Sicherheitskonzepts noch zum Informationsverbund passen, ob sie praxisnah sind und ob sie korrekt umgesetzt wurden.

Interne oder externe Audits oder Assessments sind hier ebenso wichtig wie Prävention über z. B. regelmäßige Penetrationstests.

Die darüber aufgedeckten Lücken müssen dann wieder in das ISMS geordnet eingesteuert werden.

Hinweis zur ISO-27001-Zertifizierung

Häufig erfolgt die ISO-27001-Zertifizierung auf der Basis des IT-Grundschutzes. So kann von beiden Vorteilen profitiert werden. Die in der ISO 27001 allgemein gehaltenen Anforderungen werden durch konkrete Anforderungen und Umsetzungshinweise angereichert. Eine ISO-27001-Zertifizierung auf der Basis von IT-Grundschutz ist fundierter als die generische ISO 27001, weil die praktische Umsetzung der geforderten Konzepte mit im Fokus der Überprüfung steht. Eine ISO-27001-Zertifizierung auf der Basis von IT-Grundschutz ist sowohl für die Standard-Absicherung als auch für die Kern-Absicherung möglich.

Der „neue" anforderungsorientierte IT-Grundschutz liefert gerade im Kontext einer Zertifizierung nach ISO 27001 auf der Basis des IT-Grundschutzes eine Standard-Absicherung auf dem Stand der Technik und erleichtert die Einführung eines ISMS. Im „neuen" IT-Grundschutz ist der prozessorientierte Ansatz der ISO deutlich wiederzuerkennen. Die Maßnahmenziele und Maßnahmen der ISO finden sich in den Anforderungen der IT-GS-Bausteine praktisch vollständig wieder. Der „neue" IT-Grundschutz geht insbesondere im Bereich der Systembausteine deutlich darüber hinaus. So finden sich in der ISO 27001 keine Vorgaben zur industriellen IT und Absicherung einzelner Anwendungen.

Entscheidend ist wie bei der ISO/IEC 27001, dass die Informationssicherheit „lebt". Die Verankerung in der Organisation erfolgt über Schulungen und Awareness-Aktivitäten. Häufig werden u. a. die wesentlichen Regeln für die Informationssicherheit als die goldenen Regeln der Informationssicherheit plakativ und auf wesentliche Kernaussagen fokussiert im gesamten Unternehmen verteilt. Dies ist eine von vielen Maßnahmen, um Awareness zu schaffen.

Beispiele für goldene Regeln

- Immer aktuellen Virenscanner verwenden
- Alle Software auf dem aktuellen Stand halten
- Sichere Passwörter einmalig verwenden
- Nicht mit Administrationsrechten arbeiten
- Daten regelmäßig sichern
- Verschlüsselung von allen schützenswerten Daten
- Vorsicht vor unbekannten E-Mail-Anhängen
- Sensible Informationen nicht leichtfertig preisgeben
- Aufgeräumter Arbeitsplatz und Bildschirm sperren
- Sicherheitsvorfälle unverzüglich melden

1.2.5 EU-DSGVO

Der Schutz personenbezogener Daten wird mit der europäischen Datenschutz-Grundverordnung (EU-DSGVO) adressiert. Diese zielt darauf ab, das informationelle Selbstbestimmungsrecht zu verbessern. Die Verbraucherrechte werden gestärkt und die Privatsphäre wird gerade in Zeiten von „Big Data", neuer technischer Möglichkeiten der Datenverarbeitung, Profilbildung oder Webtracking besser geschützt. Ziel der EU-DSGVO ist aber auch ein europaweit einheitliches Datenschutzniveau. Die DSGVO gilt aber auch für Unternehmen außerhalb der EU, wenn diese Daten von Personen aus der EU zu Werbe- oder Marktforschungszwecken verarbeiten.

Die neue europäische Datenschutzgrundverordnung trat bereits am 24. Mai 2016 in Kraft. Seit dem 25. Mai 2018 sind die hierin enthaltenen Maßgaben zum Datenschutz verbindlich anzuwenden. Ein Verstoß wird mit bis zu 20 Millionen Euro Geldbuße oder bis zu 4 % der global erzielten Umsätze geahndet.

Für die nationalen Gesetzgeber wurden durch zahlreiche Spezifizierungsklauseln ergänzende Regelungsbefugnisse geschaffen. Jedoch besteht für die DS-GVO ein grundsätzlicher Anwendungsvorrang vor nationalem Recht.

Seit dem Inkrafttreten der EU-Datenschutz-Grundverordnung (EU-DSGVO) am 25. Mai 2018 gab es keine grundlegenden Änderungen des Regelwerks. Es gab lediglich kleinere Anpassungen und Entwicklungen in der praktischen Umsetzung sowie in der Durchsetzung. Wesentliche Neuerungen in der EU-DSGVO sind:

- **Veränderung in der räumlichen Geltung zum Verbraucherschutz**

  Nicht mehr der Sitz eines Unternehmens ist relevant, sondern ob ein Anbieter von entgeltlichen oder unentgeltlichen Waren oder Dienstleistungen personenbezogene Daten von in der EU befindlichen Personen verarbeitet. Daneben ist die DSGVO auch dann anzuwenden, wenn die Datenverarbeitung der Beobachtung des Verhaltens von Personen in der EU dient. Unter Letzteres fällt die Analyse des Surfverhaltens im Internet und auch die Speicherung von Cookies, egal zu welchem Zweck (Art. 3 Abs. 2 DSGVO).

- **Neue Standardvertragsklauseln**

  2021 wurden zur Erleichterung internationaler Datenübertragungen aktualisierte Standardvertragsklauseln eingeführt. Diese bieten rechtliche Sicherheit bei der Übermittlung personenbezogener Daten in Länder außerhalb der EU und stärken den Schutz von Betroffenen.

- **Harmonisierung der Zusammenarbeit**

  Die Harmonisierung der Zusammenarbeit durch eine einheitliche Anwendung der Verordnung wird über den Europäischen Datenschutzausschuss (EDSA) insbesondere bei grenzüberschreitenden Fällen sichergestellt. Darüber hinaus gibt es Planungen, die Zusammenarbeit der Datenschutzbehörden weiter zu harmonisieren und deren Ressourcen aufzustocken.

Wesentliche Merkmale des europäischen Datenschutzrechts sind neben dem Verbotsprinzip mit Erlaubnisvorbehalt vor allem die Auskunftsrechte und Transparenzanforderungen gegenüber den Betroffenen. Wesentliche Schwerpunkte der EU-DSGVO im Detail sind:

Stärkung der Rechte Betroffener

Stärkung der Rechte Betroffener (Auskunftsrechte, Informationspflichten, Recht auf Vergessen, Recht auf Übertragbarkeit und zur Berichtigung).

Die DSGVO findet Anwendung auf alle Daten, die sich auf eine identifizierbare natürliche Person beziehen. Dazu gehören auch „pseudonymisierte Daten" wie z. B. IP-Adressen oder Cookies.

Der Betroffene hat u. a. das **„Recht auf Vergessen"**. Personenbezogene Daten müssen unverzüglich gelöscht werden, sobald diese für den ursprünglichen Verarbeitungszweck nicht mehr notwendig sind oder aber die betroffene Person ihre Einwilligung widerrufen hat und keine weitere Rechtsgrundlage besteht.

Das „**Recht auf Datenübertragbarkeit** (Datenportabilität)" wurde zudem eingefügt. Der Betroffene ist befugt, seine Daten „mitzunehmen". Dieses Recht soll es Betroffenen erleichtern, z. B. Anbieter zu wechseln, ohne Daten zu verlieren. Die Daten müssen dann in einem strukturierten und maschinenlesbaren Format übermittelt werden.

Zudem haben Betroffene das **„Recht zur Berichtigung"**. Danach können Betroffene verlangen, dass unrichtige personenbezogene Daten berichtigt werden.

Strenge Vorgaben für die Einwilligungshandlung: Das stillschweigende Einverständnis genügt nicht mehr. Die DSGVO fordert eine „eindeutige bestätigende Handlung", also ein explizites „Opt-In" der Betroffenen. Sind unterschiedliche Datenverarbeitungsvorgänge geplant, muss in jeden einzelnen gesondert eingewilligt werden. Die erteilte Einwilligung kann jederzeit und unbegründet widerrufen werden. Jeder kann aktiv gegen einzelne Zwecke der Datenverarbeitung, z. B. für Direktmarketing, widersprechen.

Erweiterte Auskunftsrechte Betroffener

Es gibt erweiterte Auskunftsrechte Betroffener. Jeder Betroffener hat das Recht zu erfahren, welche Daten über ihn gesammelt werden und wer welche Daten mit welcher Herkunft zu welchem Zweck wie und wo verarbeitet. Wenn als Rechtsgrundlage die Interessensabwägung herangezogen wird, müssen auch die „berechtigten Interessen" sowie die Rechtsgrundlage aufgezählt werden.

Umfangreiche Informationspflichten

Es gibt umfangreiche Informationspflichten sowohl online (z. B. in der Datenschutzerklärung) als auch im direkten Kontakt. Wenn Daten direkt vom Betroffenen erhoben werden, müssen der Name und die Kontaktdaten des Verantwortlichen, die Kontaktdaten des Datenschutzbeauftragten (DSB), der Zweck und die Rechtsgrundlage oder die Darstellung des berechtigten Interesses[2)] der Datenverarbeitung, die Emp-

---

[2] Wenn die Datenverarbeitung auf dem Tatbestand der Interessensabwägung beruht.

fänger(kategorien), die Dauer der Datenspeicherung bzw. Kriterien für die Festlegung der Dauer sowie Informationen zur Datenübermittlung in Drittländer und die Belehrung über Betroffenenrechte dem Betroffenen zum Zeitpunkt der Erhebung der personenbezogenen Daten mitgeteilt bzw. zur Verfügung gestellt werden. Hierbei ist auf eine präzise, transparente, verständliche und leicht zugängliche Form sowie eine klare und einfache Sprache zu achten.

Werden Daten von Dritten bezogen (z. B. durch Übermittlung) und nicht direkt beim Betroffenen erhoben, müssen im Wesentlichen die gleichen Informationen mitgeteilt werden. Weil der Betroffene aber keine Kenntnis von der weiteren Verarbeitung hat, muss ihm zusätzlich mitgeteilt werden, welche Kategorien von personenbezogenen Daten verarbeitet werden. Der Betroffene muss nachträglich mit einigen Ausnahmen innerhalb einer angemessenen Frist (maximal ein Monat) nach Erlangung der Daten informiert werden. So hat der Betroffene etwa keinen Informationsanspruch, wenn er bereits über diese Informationen verfügt. Der Anspruch ist auch dann ausgeschlossen, wenn die Informationserteilung einen unverhältnismäßig hohen Aufwand darstellt oder gar unmöglich ist. In diesem Fall ist allerdings eine öffentliche Bekanntmachung dieser Information, z. B. auf einer Webseite, erforderlich.

Hierzu muss ggf. die Datenschutzerklärung entsprechend der DSGVO angepasst werden, damit für die Besucher (Betroffene) bei der Datenerhebung deutlich wird, welche Daten wie und zu welchem Zweck erhoben werden. Für die Datenschutzerklärung gilt das voran Ausgeführte. Sie muss zudem leicht zugänglich sein, sodass Betroffene sie mit nur einem Klick erreichen können.

Verzeichnis der Verarbeitungstätigkeiten

Alle Verarbeitungstätigkeiten, bei denen personenbezogene Daten verarbeitet werden, müssen in einem Verzeichnis dokumentiert werden (siehe Bild 1.7). In dem Verzeichnis von Verarbeitungstätigkeiten müssen wesentliche Angaben zur Datenverarbeitung aufgeführt werden, wie u. a. die Datenkategorien, der Kreis der betroffenen Personen, der Zweck der Verarbeitung und die Datenempfänger. Auf Anfrage ist es der Aufsichtsbehörde vollständig zur Verfügung zu stellen.

Verarbeitungsverzeichnis & TOMs

Vorblatt	▪ Unternehmen ▪ Verantwortlicher, ggf. Vertreter ▪ Kontaktdaten des DSB
Verarbeitung	**Für jede Verarbeitung:** ▪ Bezeichnung Verarbeitung ▪ Datum Einführung / letzte Änderung ▪ Verantwortliche mit Kontaktdaten ▪ Zweck der Verarbeitung ▪ Rechtmäßigkeit der Verarbeitung (u.a. Vertragserfüllung / Vertragsanbahnung, rechtl. Verpflichtung, berechtigtes Interesse, öffentlichesInteresse, Einwilligung) ▪ Betroffene (u.a. Beschäftigte, Kunden, Lieferanten) ▪ Datenkategorien (u.a. Geschäftsbrief) ▪ Empfänger(-kategorien) ▪ Fristen Löschung ▪ Geplante Übermittlung in Drittstatten ▪ Angaben zu Datenminimierung, Informationspflichten und Datenportabilität ▪ Datenschutzfolgenabschätzung mit Risikoanalyse (durchgeführt „ja, am …"/ „nein, da nicht erforderlich") ▪ Zuordnung Anwendungen oder andere Assets sowie Zugriffsberechtigungen für alle Anwendungen (User-Rollen und Berechtigungen) ▪ Zuordnung TOMs
Technische und organisatorische Maßnahmen	**Übergreifende TOMs / Sicherheitskonzept** ▪ Vertraulichkeit – Zutrittskontrolle – Zugangskontrolle – Zugriffskontrolle – Trennungskontrolle – Pseudonymisierung ▪ Integrität – Weitergabekontrolle – Eingabekontrolle – Übertragungs- und Transportkontrolle – Datenträgerkontrolle – Datenintegrität ▪ Verfügbarkeit – Verfügbarkeitskontrolle – Zuverlässigkeitskontrolle – Wiederherstellung ▪ Verfahren zur regelmäßigen Überprüfung, Bewertung und Evaluierung – Datenschutz-Management – Incident-Response-Management – Privacy by Design / Default Datenschutzfreundliche Voreinstellungen – Auftragskontrolle (Auftragsverarbeiter)

Bild 1.7 Verarbeitungsverzeichnis und TOMs

Meldesystem für aktive und unverzügliche Meldung von Datenschutzverstößen (Art. 33 und 34 DSGVO)

Alle Datenschutzverstöße müssen innerhalb von 72 Stunden nach Kenntnis bei der Aufsichtsbehörde gemeldet werden, sofern eine Verletzung des Schutzes personenbezogener Daten voraussichtlich zu einem Risiko für die Rechte und Freiheiten von natürlichen Personen besteht. Auch die Betroffenen sind „ohne unangemessene Verzögerung" zu benachrichtigen, wenn ein hohes Risiko für die Rechte und Freiheiten der betroffenen Person besteht.

Die Benachrichtigungspflicht entfällt, wenn der Verantwortliche Vorkehrungen getroffen hat, die Daten Unbefugten durch z. B. Verschlüsselung unzugänglich zu machen, nachträgliche Maßnahmen ergriffen hat, durch die das hohe Risiko für Rechte und Freiheiten der Betroffenen aller Wahrscheinlichkeit nicht mehr bestehen, oder ein unverhältnismäßig hoher Aufwand erforderlich wäre. Im letzten Fall muss jedoch eine öffentliche Bekanntmachung oder eine ähnliche Maßnahme ergriffen werden.

Um eine schnelle Reaktion sicherzustellen, muss hierzu ein separater Prozess eingeführt werden, in den auch Auftragsverarbeiter eingebunden werden. Idealerweise wird zur Bearbeitung solcher Vorfälle ein Kompetenzteam z. B. aus Datenschutzbeauftragtem, der Informationssicherheit und der Rechtsabteilung versuchen, den Sachverhalt aufzuklären, um der Unternehmensführung die Grundlage für die letztendliche Entscheidung zur Meldung vorzubereiten.

Eine Meldung beinhaltet zumindest folgende Informationen:

- Beschreibung der Datenpanne mit Angabe der Datenkategorie, Anzahl der Betroffenen und betroffene Datensätze
- Name und Kontaktdaten des Datenschutzbeauftragten (oder eines anderen informierten Ansprechpartners)
- Beschreibung der Folgen der Datenschutzverletzung
- Beschreibung der ergriffenen oder vorgeschlagenen Maßnahmen zur Behebung oder Abmilderung der Verletzung

Benennung des Datenschutzbeauftragten (DSB)

Ein Datenschutzbeauftragter hat als Aufgaben (entsprechend Art. 39 DSGVO) die Information und Beratung der Unternehmensführung bzw. des Auftragsverarbeiters sowie allen Mitarbeitenden in Datenschutzfragestellungen, die Überwachung der Einhaltung der Datenschutzvorgaben des Unternehmens, die Sensibilisierung und Schulung der betroffenen Mitarbeitenden, die Beratung im Zusammenhang mit der Datenschutzfolgenabschätzung und Zusammenarbeit und Anlaufstelle für die Aufsichtsbehörde.

Nahezu jedes Unternehmen muss entsprechend Art. 37 und 38 DSGVO einen internen oder externen Datenschutzbeauftragten (kurz DSB) ernennen, der direkt an die Leitungsebene berichtet. So ist ein Datenschutzbeauftragter notwendig, wenn eine der folgenden Bedingungen erfüllt ist:

- Die Kerntätigkeit des Unternehmens oder des Auftragsverarbeiters erfordert nach Art, Umfang und/oder Zweck eine systematische Überwachung oder die Verarbeitung betrifft besondere sensible Daten nach Art. 8 und 9 DSGVO, wie z. B. Gesundheitsdaten.
- In der Regel sind mindestens zehn Personen ständig mit der Datenverarbeitung beschäftigt. Hierunter fällt auch, wenn z. B. mindestens zehn Personen lediglich ein eigenes E-Mail-Postfach haben, worüber personenbezogene Daten verarbeitet werden.
- Es werden Verarbeitungen durchgeführt, die der Datenschutzfolgenabschätzung unterliegen. Personenbezogene Daten werden geschäftsmäßig zum Zweck der Übermittlung (ggf. auch anonymisiert) oder für Zwecke der Markt- und Meinungsforschung verarbeitet.

Risikofolgenabschätzung

Die bisherige Vorabkontrolle wurde zu einer Risiko- und Folgenabschätzung ausgebaut. Die Pflicht zu regelmäßigen Audits soll das Risiko von Datenschutzverstößen minimieren. Sie erfolgt in drei Stufen und ist schriftlich zu dokumentieren.

- **Systematische Risikobewertung für alle Verarbeitungstätigkeiten**, um zu prüfen, ob eine Datenschutzfolgenabschätzung notwendig ist. Beispiele, in denen in der Regel eine Datenschutzfolgenabschätzung notwendig ist, sind die Verarbeitung von besonderen personenbezogenen Daten, wie z. B. Gesundheitsdaten oder Religionszugehörigkeit, oder die Verwendung neuer Technologien, die automatisiert, systematisch und umfassend Daten erfassen, verarbeiten und bewerten. Es gibt eine von der Aufsichtsbehörde veröffentlichte Blacklist von Verarbeitungstätigkeiten, für die eine Datenschutzfolgenabschätzung verbindlich durchzuführen ist.
- **Bewertung der geplanten Abhilfemaßnahmen und Sicherheitsvorkehrungen** (technische und organisatorische Maßnahmen), ob diese für den Datenschutz ausreichen und die Anforderungen der DSGVO eingehalten sind.
- Falls die technischen und organisatorischen Maßnahmen nicht ausreichen, muss die Aufsichtsbehörde konsultiert werden.

Nachweis- und Rechenschaftspflicht jedes Unternehmens

Jedes Unternehmen muss nachweisen können, dass es ein Gesamtkonzept zur Einhaltung des Datenschutzes besitzt („Rechenschaftspflicht“). Die Unternehmen müssen nicht nur sicherstellen, dass sie die Vorgaben der DSGVO erfüllen, sondern dies zudem auch gegenüber den Aufsichtsbehörden jederzeit nachweisen können (Art. 5 Abs. 2 DSGVO).

Unternehmen müssen belegen können, dass sie geeignete technische und organisatorische Maßnahmen für den präventiven Datenschutz ergriffen haben und kontinuierlich kontrollieren und weiterentwickeln (Beweislastumkehr). So besteht die Pflicht, elektronische Geräte und Anwendungen datenschutzfreundlich voreinzustellen.

Im Datenschutzkonzept müssen die Grundsätze der Datenverarbeitung, wie Rechtmäßigkeit der Verarbeitung, Transparenz der Verarbeitung, Zweckbindung, Datenminimierung, Richtigkeit der Datenverarbeitung, Speicherbegrenzung sowie Sicherheit der Daten (Integrität und Vertraulichkeit) eingehalten werden.

Auftragsverarbeitung

Die Auftragsverarbeitung ist auch zukünftig erlaubt, wenn der Auftragsverarbeiter hinreichende Garantien für eine ordnungsgemäße Datenverarbeitung bietet. Zudem muss der Auftragsverarbeiter auch ein Verarbeitungsverzeichnis führen.

Unter Auftragsverarbeitung versteht man die Erhebung, Verarbeitung oder Nutzung von personenbezogenen Daten durch einen Auftragsverarbeiter gemäß den Weisungen des für die Verarbeitung Verantwortlichen auf Grundlage eines schriftlichen Vertrags. Darunter fallen z. B. Unternehmen, die ihre Daten bei einem externen Rechenzentrum speichern oder die eine externe Stelle mit der Erstellung von Geschäftsbriefen, wie z. B. Rechnungen, beauftragen.

Datenverarbeitung und auch Auftragsverarbeitung ist in Drittstaaten zulässig, wenn dort ein angemessenes Datenschutzniveau gewährleistet ist.

> Zur Sicherstellung einer datenschutzkonformen Auftragsverarbeitung ist häufig eine Überarbeitung der bestehenden Verträge erforderlich. Hier empfehlen sich Standardverträge oder Anhänge für diesen Zweck.

1.2.5.1 DSGVO-Grundsätze als Teil des Datenschutzkonzepts

In der DSGVO werden die geltenden Grundsätze für jede Datenverarbeitung im Unternehmen aufgeführt. Diese müssen Teil des Datenschutzkonzepts sein. Die wesentlichen Grundsätze sind:

Rechtmäßigkeit der Verarbeitung

Die Verarbeitung von Daten ist nur zulässig, wenn eine gesetzliche Grundlage oder eine wirksame Einwilligung vorliegt. Die Verarbeitung muss nach dem Grundsatz von „Treu und Glauben" und in einer für die Betroffenen nachvollziehbaren Weise verarbeitet werden. Wesentliche Erlaubnistatbestände sind:

- Einwilligung des Betroffenen (Mindestalter in Deutschland liegt bei 16 Jahren)
- Die Verarbeitung ist für die Erfüllung eines Vertrags oder aber zur Durchführung vorvertraglicher Maßnahmen erforderlich.
- Die Verarbeitung ist zur Erfüllung einer rechtlichen Verpflichtung erforderlich.
- Die Verarbeitung ist aufgrund berechtigter Interessen erforderlich, wobei die berechtigten Interessen die Interessen der Betroffenen überwiegen.
- Spätere Verarbeitung (z. B. Nutzung zu statistischen und Archivzwecken) oder Profiling ist mit dem ursprünglichen Erhebungszweck kompatibel. Betroffene müssen aber darüber informiert werden.

  Beim Profiling, z. B. zu Werbezwecken, werden umfassende Nutzungsprofile erstellt oder sogenannte Scorewerte durch Verknüpfen, Speichern, Auswerten und Zusammenlegen von verschiedenen Daten zu einer Person erstellt. Hier können Daten zur Analyse oder Prognose für Persönlichkeitsmerkmale verwendet werden, wie etwa die Arbeitsleistung, die wirtschaftliche Lage, die Gesundheit, persönliche Vorlieben oder Interessen, die Zuverlässigkeit oder das Verhalten.

  Hinweis: Es gilt zwar nach wie vor ein grundsätzliches Verbot (mit einigen Ausnahmen) für automatisierte Einzelfallentscheidungen (Entscheidungen von Maschinen), die dem Betroffenen gegenüber rechtliche Wirkung entfalten oder Betroffene in erheblicher Weise beeinträchtigen. Das Profiling selbst ist jedoch nicht verboten. Es sind Entscheidungen auf Basis des Profils mit einigen Ausnahmen verboten.
- Die Verarbeitung liegt im öffentlichen Interesse, wie z. B. für statistische, wissenschaftliche oder historische Zwecke.

- Die Verarbeitung von besonderen personenbezogenen Daten mit Ausnahmetatbestand, wie Daten über die rassische und ethnische Herkunft, Religionszugehörigkeit, Gewerkschaftszugehörigkeit, Daten über die sexuelle Orientierung, genetische Daten und Gesundheitsdaten sowie biometrische Daten, wie Fingerprint oder Stimmerkennung. Der Ausnahmetatbestand liegt dann vor, wenn die betroffene Person einwilligt oder die Verarbeitung zur Geltendmachung oder Abwehr von Rechten und Ansprüchen erforderlich ist.

Datentransparenz als Grundlage für das Auskunftsrecht von Betroffenen

Transparenz über personenbezogene Datenkategorien sowie Herkunft, Zweck, Ort und Art der Verarbeitung und Übermittlung der Daten

Zweckbindung der Datenverarbeitung

Der Zweck muss für jede Verarbeitung von personenbezogenen Daten im Verarbeitungsverzeichnis festgelegt werden.

Datenminimierung

Daten müssen auf das für den Zweck der Verarbeitung notwendige Maß beschränkt werden. Ein Beispiel ist, dass für die Anmeldung zu einem Newsletter der Name und die E-Mail-Adresse ausreichend sind.

Richtigkeit der Datenverarbeitung (vgl. Art. 16, 17 DSGVO)

Es sind alle angemessenen Maßnahmen bei der Verwendung von personenbezogenen Daten zu treffen, um zu gewährleisten, dass diese sachlich richtig und auf dem neuesten Stand sind. „Unrichtige" personenbezogene Daten müssen unverzüglich gelöscht oder berichtigt werden.

Speicherbegrenzung über festgelegte Löschfristen (Löschkonzept)

Dies bedeutet die zeitliche Befristung der Verwendung und Aufbewahrung: Personenbezogene Daten müssen unverzüglich gelöscht werden, sobald die Daten zum ursprünglichen Verarbeitungszweck nicht mehr notwendig sind bzw. der Betroffene seine Einwilligung widerrufen hat und kein sonstiger Erlaubnistatbestand besteht.

Integrität und Vertraulichkeit (vgl. Art. 32 DSGVO)

Eine angemessene Sicherheit der personenbezogenen Daten muss in deren Verarbeitung gewährleistet werden. Dies schließt den Schutz vor unbefugter oder unrechtmäßiger Verarbeitung und vor unbeabsichtigtem Verlust, unbeabsichtigter Zerstörung oder unbeabsichtigter Schädigung durch geeignete technische und organisatorische Maßnahmen mit ein.

Privacy by design und by default

Datenschutz ist schon beim Planen neuer Techniken und neuer Verarbeitungen sowie durch datenschutzfreundliche Grundeinstellungen zu berücksichtigen.

1.2.5.2 Umsetzung der Anforderungen

Für die Umsetzung der Anforderungen aus der EU-DSGVO sind eine Reihe von Dokumentationspflichten einzuhalten. Verpflichtende Dokumentationen sind u. a. das Verzeichnis der Verarbeitungstätigkeiten und Auftragsverarbeitungen, die Datenschutz-Folgenabschätzung und die Dokumentation der relevanten TOMs (technische und organisatorische Maßnahmen) für die rechtliche Absicherung.

Das Verzeichnis von Verarbeitungstätigkeiten (siehe Bild 1.7) fungiert als wesentliche Grundlage für eine strukturierte Datenschutzdokumentation und hilft dem Verantwortlichen dabei, nachzuweisen, dass die Vorgaben aus der EU-DSGVO eingehalten werden (Rechenschaftspflicht).

Eine Datenschutz-Folgenabschätzung muss durchgeführt werden, wenn die vorgesehene Verarbeitung, insbesondere durch neue Technologien oder aufgrund der Art, des Umfangs, der Umstände und der Zwecke der Verarbeitung voraussichtlich ein hohes Risiko für die Rechte und Freiheiten natürlicher Personen zur Folge hat. Der Verantwortliche für die Verarbeitung schätzt vorab die Folgen der vorgesehenen Verarbeitung für den Schutz personenbezogener Daten mit Unterstützung des Datenschutzbeauftragten ab. Die Ergebnisse der Datenschutz-Folgenabschätzung werden häufig auch im Verarbeitungsverzeichnis dokumentiert.

In der Datenschutz-Folgenabschätzung müssen minimal enthalten sein (siehe EU-DSGVO Art. 35 Abs. 7):

- Systematische Beschreibung der geplanten Verarbeitungsvorgänge und der Zwecke der Verarbeitung, gegebenenfalls einschließlich der von dem für die Verarbeitung Verantwortlichen verfolgten berechtigten Interessen
- Bewertung der Notwendigkeit und Verhältnismäßigkeit der Verarbeitungsvorgänge in Bezug auf den Zweck
- Bewertung der Risiken der Rechte und Freiheiten der betroffenen Personen
- Die zur Bewältigung der Risiken geplanten Abhilfemaßnahmen, einschließlich Garantien, Sicherheitsvorkehrungen und Verfahren, durch die der Schutz personenbezogener Daten sichergestellt und der Nachweis dafür erbracht werden soll, dass die Bestimmungen dieser Verordnung eingehalten werden, wobei den Rechten und berechtigten Interessen der betroffenen Personen und sonstiger Betroffener Rechnung getragen werden soll

Maßnahmen für eine wirksame Datensicherheit

Um die Sicherheit der Verarbeitung zu gewährleisten, sind geeignete technische und organisatorische Maßnahmen (TOM) zu identifizieren, in einem Datenschutzkonzept (siehe [SMD18]) zu dokumentieren und umzusetzen. Dieses Datenschutzkonzept, idealerweise integriert in einem übergreifenden Informationssicherheits- und Datenschutzkonzept, kann einerseits zum Nachweis gegenüber der Aufsichtsbehörde bei gerichtlichen Kontrollverfahren und andererseits für alle Mitarbeitenden als verbindlicher Leitfaden genutzt werden. Hier müssen neben Kunden- und Geschäftspartnerdaten insbesondere auch Mitarbeiterdaten z. B. im Kontext von E-Mail- oder Internetnutzung oder aber „BYOD" betrachtet werden.

Welche Maßnahmen konkret ausgewählt werden, hängt u. a. vom Stand der Technik, der Eintrittswahrscheinlichkeit und der Schwere der mit der Verarbeitung verbundenen Risiken für die persönlichen Rechte und Freiheiten sowie den jeweiligen Implementierungskosten ab. Die Maßnahmen müssen in einem wirtschaftlich angemessenen Verhältnis zum Schutzbedarf der verarbeiteten personenbezogenen Daten stehen.

Wesentliche Maßnahmen für eine wirksame Datensicherheit sind:

- Archivierungs-, Aufbewahrungs- und Löschkonzept (sowohl für produktive als auch Testdaten)
- TOMs zum Schutz von personenbezogenen Daten, wie:
  - Pseudonymisierung und Anonymisierung personenbezogener Daten auf der Basis des Archivierungs-, Aufbewahrungs- und Löschkonzepts
  - Verschlüsselung personenbezogener Daten
- TOMs zur Gewährleistung der Vertraulichkeit, Integrität und Verfügbarkeit der personenbezogenen Daten und Verarbeitungssysteme, wie:
  - Wirksame Zutritts-, Zugangs- und Zugriffskontrolle
  - Kontrolle der Weitergabe von Daten insbesondere auch an Drittstaaten
  - Virenschutz und Backup
  - Trennungskontrolle zur Gewährleistung der getrennten Verarbeitung von Daten, die zu unterschiedlichen Zwecken erhoben wurden, über z. B. Mandantenfähigkeit oder Sandboxing
  - Fehlertoleranz und Widerstandsfähigkeit gegenüber Störungen
  - Fähigkeit zur Wiederherstellung der Daten und Systeme in der erforderlichen Zeit
- Notfallkonzept und -organisation für z. B. Datenpannen („Data Breach")
- Prozesse und Anweisungen für Auskunfts- oder Löschbegehren von Betroffenen

- Verpflichtung der Mitarbeiter auf Beachtung der datenschutzrechtlichen Grundsätze sowie Leitfaden für Mitarbeiter z. B. für die E-Mail- und Internetnutzung oder „BYOD“ sowie Sensibilisierung und Schulung von Mitarbeitern inkl. Anpassung von Betriebsvereinbarungen entsprechend der jeweils gültigen Rechtsprechung
- Sicherstellung der Datenschutzkonformität der Webseite (u. a. Datenschutzerklärung, Pflichtfelder in Formularen und Verschlüsselung)
- Verpflichtung der Dienstleister zur Einhaltung des Datensicherheitskonzepts
- Weisung von Auftragsverarbeitern durch den für die Verarbeitung Verantwortlichen auf Grundlage eines schriftlichen Vertrags (wie z. B. Rechenzentrumsleistungen)
- Regelmäßiger Prozess zur Aktualisierung des Verarbeitungsverzeichnis sowie Überprüfung der ergriffenen Sicherheitsmaßnahmen

Um ein dem Risiko für die Verletzung der Rechte und Freiheiten natürlicher Personen angemessenes Schutzniveau zu gewährleisten, muss der Verantwortliche für eine Verarbeitung geeignete technische und organisatorische Maßnahmen auswählen. Dies ist abhängig von Stand der Technik, Implementierungskosten, Art, Umfang und Zweck der Verarbeitung sowie der Eintrittswahrscheinlichkeit und Schwere des Risikos.

Die Umsetzung dieser Anforderungen, insbesondere die Umsetzung des Rechts auf Löschung, stellt die betroffenen Unternehmen vor Herausforderungen. Personenbezogene Daten befinden sich in den unterschiedlichsten Anwendungen und Schnittstellen sowie im Archiv, Backup oder in Protokolldaten. Hier fehlt häufig eine ausreichende Datentransparenz.

Als Methodik zur effektiven und vollständigen Aufgabenerfüllung empfehlen die deutschen Aufsichtsbehörden die Anwendung des Standard-Datenschutzmodells (siehe [SDM24]).

Das Standard-Datenschutzmodell (SDM) bietet geeignete Mechanismen, um diese rechtlichen Anforderungen der DS-GVO in technische und organisatorische Maßnahmen zu überführen. Zu diesem Zweck erfasst das SDM zunächst die rechtlichen Anforderungen der DS-GVO und ordnet sie anschließend den Gewährleistungszielen Datenminimierung, Verfügbarkeit, Integrität, Vertraulichkeit, Transparenz, Nichtverkettung und Intervenierbarkeit zu. Das SDM überführt damit die rechtlichen Anforderungen der DS-GVO über die Gewährleistungsziele in von der Verordnung geforderten technischen und organisatorischen Maßnahmen, die im Referenzmaßnahmen-Katalog des SDM detailliert beschrieben werden. Es unterstützt somit die Transformation abstrakter rechtlicher Anforderungen in konkrete technische und organisatorische Maßnahmen.

Der zum SDM gehörende Referenzmaßnahmen-Katalog kann herangezogen werden, um bei jeder einzelnen Verarbeitung zu prüfen, ob das rechtlich geforderte „Soll" von Maßnahmen mit dem vor Ort vorhandenen „Ist" von Maßnahmen übereinstimmt. Das SDM und der Referenzmaßnahmen-Katalog bieten zudem eine Grundlage für die Planung und Durchführung der von der DS-GVO geförderten datenschutzspezifischen Zertifizierungen (Art. 42 DS-GVO) und der in bestimmten Fällen erforderlichen Datenschutz-Folgenabschätzung (Art. 35 DS-GVO).

Eine derartige Standardisierung unterstützt auch die in der Verordnung normierte Zusammenarbeit der Aufsichtsbehörden. Denn diese bedingt, dass auf nationaler Ebene die deutschen Datenschutzaufsichtsbehörden in zunehmendem Maße zusammenarbeiten und mit ihren Beratungs- und Prüfmethoden zu gleichen datenschutzrechtlichen Beurteilungen gelangen müssen. Das SDM wird mit dem Ziel erstellt, ein abgestimmtes, transparentes und nachvollziehbares System der datenschutzrechtlichen Beurteilung zu bieten.

Das SDM kann darüber hinaus auch dazu beitragen, die vom IT-Planungsrat verabschiedete Nationale E-Government-Strategie (NEGS) datenschutzkonform umzusetzen. Die NEGS fordert technische und organisatorische Maßnahmen zur Gewährleistung des Datenschutzes, die den Grundsatz der Datenminimierung wahren und die sich auf die Schutzziele Verfügbarkeit, Vertraulichkeit, Integrität, Transparenz, Nichtverkettung und Intervenierbarkeit beziehen sollen.

Durch das SDM werden alle Aspekte der EU-DSGVO adressiert:

- Stärkung der Rechte Betroffener (u. a. „Recht auf Vergessen", „Recht auf Datenübertragbarkeit" und „Recht auf Berichtigung"), erweiterte Auskunftsrechte Betroffener, umfangreiche Informationspflichten sowie strenge Vorgaben für die Einwilligungshandlung. Die Auftragsverarbeitung ist auch zukünftig erlaubt, wenn der Auftragsverarbeiter hinreichende Garantien für eine ordnungsgemäße Datenverarbeitung bietet. Zudem muss der Auftragsverarbeiter auch ein Verarbeitungsverzeichnis führen.
- Darüber hinaus ist explizit ein Datenschutzbeauftragter (DSB) zu benennen, ein Managementsystem mit u. a. Verzeichnis der Verarbeitungstätigkeiten, Meldesystem für Datenpannen, Nachweise im Kontext der Nachweis- und Rechenschaftspflicht sowie Risikomanagement mit Risikofolgenabschätzung ist aufzubauen. Ein Datenschutzkonzept adressiert genau die Nachweis- und Rechenschaftspflicht.

Anforderungen an die Informationssicherheit und den Datenschutz

In diesem Kapitel finden Sie die Anforderungen der Informationssicherheit aus Normen und Gesetzen mit Erläuterungen. Zu diesen Anforderungen kommen in der Regel noch organisationsspezifische, z. B. vertragliche, Regelungen.

Stellen Sie sicher, dass Sie alle Anforderungen adressiert haben. Nur so wird Ihr Datenschutzmanagementsystem und Informationssicherheitssystem (ISMS) ausreichend sicher!

Für die Bewältigung der vielfältigen Anforderungen und Herausforderungen im Datenschutz und in der Informationssicherheit ist ein handhabbares und mit allen Planungs- und Steuerungsfunktionen integriertes Managementinstrumentarium unabdingbar. Insbesondere die Verknüpfung von Informationssicherheit, Datenschutz, IT-Servicemanagement (ITIL®) und Enterprise Architecture Management stellt eine ideale Symbiose dar. Nur so wird z. B. eine ausreichende Datentransparenz hergestellt.

Ein handhabbares und integriertes Instrumentarium ist notwendig, um sowohl die EU-Datenschutz-Grundverordnung als auch die Anforderungen der Informationssicherheit (u. a. BSI und ISO 27001) nachhaltig zu erfüllen. Wesentlich sind sowohl organisatorische als auch technische Aspekte sowie insbesondere der Faktor Mensch, die ganzheitlich adressiert und kontinuierlich optimiert werden müssen. Die Inhalte und die Vorgehensweise für die Einführung schauen wir uns im nächsten Kapitel an.

2 Integriertes Managementsystem für Datenschutz und Informationssicherheit

Wer die Freiheit aufgibt, um Sicherheit zu gewinnen, wird am Ende beides verlieren.

Benjamin Franklin

Ein handhabbares Instrumentarium für Datenschutz und Informationssicherheit ist in Anbetracht der kontinuierlich zunehmenden Herausforderungen nötig, um ein ausreichendes Sicherheits- und Datenschutzniveau nachhaltig zu erreichen. Das Instrumentarium muss systematisch und zielorientiert aufgebaut und dann kontinuierlich synergieorientiert optimiert und an die veränderten Rahmenbedingungen angepasst werden.

Wichtig ist dabei die Handhabbarkeit. Das Managementsystem darf, wie das Zitat von Benjamin Franklin am Kapitelstart schön ausdrückt, die Freiheiten zur Innovation und zum operativen Handeln nicht einschränken. Es muss umgekehrt einen Handlungsrahmen und Hilfestellungen liefern, um den Geschäftsbetrieb und auch die Geschäftsmodellentwicklung hinreichend sicher zu ermöglichen. **Hinreichend** ist hierbei, wie bereits in Kapitel 1 ausgeführt, das Schlüsselwort. Denn eine hundertprozentige Sicherheit ist auch mit noch so hohem Aufwand nicht zu erreichen. Eine extrem hohe Absicherung ist unsinnig teuer oder geschäftsverhindernd.

Wie sieht nun ein Managementsystem für Informationssicherheit und Datenschutz aus? Dieser Frage stellen wir uns in diesem Kapitel.

Die Inhalte, Organisation und Prozesse eines Managementsystems für Informationssicherheit und Datenschutz leiten sich aus der Strategie und den ermittelten Anforderungen an Datenschutz und Informationssicherheit (siehe Kapitel 1) ab, wie der Umgang mit Cyber-Security, und die Erfüllung von gesetzlichen und Compliance-Anforderungen, wie die EU-DSGVO. In Bild 2.1 finden Sie die Dokumentenpyramide eines Managementsystems für Informationssicherheit & Datenschutz mit der strategischen, taktischen und operativen Ebene. Auf der strategischen Ebene werden Vorgaben und Leitplanken, der Rahmen, gesetzt. Ziele, Leitgedanken und Strategien, wie z. B. die Cloud- oder Notfallstrategie, sind hier Beispiele.

Diese Vorgaben und Leitplanken werden anhand von festgelegten Kontrollen, z. B. entsprechend ISO 27001 (siehe Abschnitt 1.2.3), in Richtlinien, Konzepte und Verfahrensanweisungen – idealerweise systematisch und angemessen (siehe Leitfaden in Kapitel 3) – heruntergebrochen. Wichtig sind insbesondere Aussagen zur Verbindlichkeit, wie z. B. über die Schlüsselworte, wie z. B. „MUSS“ oder „SOLLTE“.

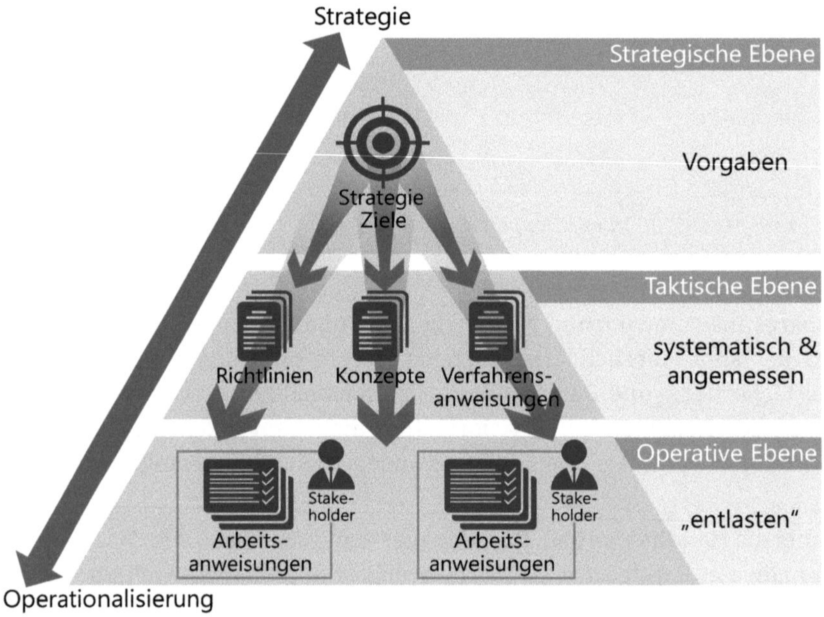

Bild 2.1 Dokumentenpyramide

Hinweis

Verwenden Sie Verbindlichkeiten entsprechend BSI (siehe [BSI23-2]).

MUSS/DARF NUR: Dieser Ausdruck bedeutet, dass es sich um eine Anforderung handelt, die unbedingt erfüllt werden muss (uneingeschränkte Anforderung).

DARF NICHT/DARF KEIN: Dieser Ausdruck bedeutet, dass etwas in keinem Fall getan werden darf (uneingeschränktes Verbot).

SOLLTE: Dieser Ausdruck bedeutet, dass eine Anforderung normalerweise erfüllt werden muss, es aber Gründe geben kann, dies doch nicht zu tun. Dies muss aber sorgfältig abgewogen und stichhaltig begründet werden.

SOLLTE NICHT/SOLLTE KEIN: Dieser Ausdruck bedeutet, dass etwas normalerweise nicht getan werden sollte, es aber Gründe gibt, dies doch zu tun. Dies muss aber sorgfältig abgewogen und stichhaltig begründet werden. Begriffsdefinition: „MUSS“ kennzeichnet eine Aussage mit dem Charakter einer verbindlichen Festlegung.

Für die Stakeholder, wie z. B. IT-Administratoren, auf der operativen Ebene müssen maßgeschneiderte – idealerweise entlastende – Arbeitsanweisungen erstellt werden. Beispiele sind einfache, leicht verständliche und auf den Aufgabenbereich des Stakeholders zugeschnittene Checklisten. Die Umsetzungsvorgaben müssen hierbei möglichst konkret sein. Beispiele sind das Kryptokonzept, das Notfallkonzept oder Passwortvorgaben.

In diesem Kapitel führen wir Managementsysteme für Datenschutz und Informationssicherheit ein und erläutern im Detail deren Bestandteile. Ein wesentlicher Aspekt ist auch die Beantwortung der Frage „Warum ein integriertes Managementsystem für Informationssicherheit und Datenschutz?“. Dies adressieren wir direkt im nächsten Abschnitt.

In Kapitel 3 finden Sie dann einen Schritt-für-Schritt-Leitfaden für den Aufbau Ihres integrierten Managementsystems für Datenschutz und Informationssicherheit.

Es muss ein Augenmerk auf eine angemessene Dokumentation gelegt werden. Dokumentation ist hierbei kein Selbstzweck. Eine gute und unmittelbar nutzbare Dokumentation trägt aber dazu bei, dass Prozesse reproduzierbar und gelebt werden. Missverständnisse werden vermieden.

Die Dokumentation kann sowohl in Papierform als auch elektronisch vorliegen. Die elektronische Form hat den Vorteil, dass diese leichter aktualisierbar und schneller zugreifbar ist.

Durch die Informationsklassifikation und die Klassifikation der Dokumente entsprechend deren Vertraulichkeit kann jeder Mitarbeiter unmittelbar erkennen, wie er mit den eingestuften Informationen umzugehen hat.

In diesem Kapitel finden Sie die Antworten auf folgende Fragen

- Was ist ein Managementsystem für Datenschutz und Informationssicherheit?
- Warum ein integriertes Managementsystem?
- Welche Bestandteile hat ein integriertes Managementsystem für Datenschutz und Informationssicherheit?
- Was sind die Erfolgsfaktoren für eine wirksame Informationssicherheit und einen ausreichenden Datenschutz?
- Wie kann dauerhaft ein angemessenes Sicherheits- und Datenschutzniveau erreicht werden?

2.1 Was ist ein Managementsystem für Datenschutz und Informationssicherheit?

Ein integriertes Managementsystem für Datenschutz und Informationssicherheit (DS & ISMS) ist ein handhabbares Instrumentarium, um Datenschutz und Informationssicherheit dauerhaft zu definieren, zu steuern, zu kontrollieren, aufrechtzuerhalten und fortlaufend zu verbessern. Es bietet:

- Absicherung aller Verfahren und Prozesse im Kontext Informationssicherheit und Datenschutz,
- fristgerechte Erfüllung der Gesetzesanforderungen und Normen sowie aller zum Teil individuellen Vorgaben im Kontext Informationssicherheit und Datenschutz.

Das Zielbild für hinreichenden Datenschutz und Informationssicherheit ist in Bild 1.1 dargestellt. Es geht letztendlich darum, das individuelle System für Informationssicherheit und Datenschutz so aufzusetzen, dass ein angemessenes Sicherheits- und Datenschutzniveau erreicht wird. Dies ist eine wesentliche Voraussetzung für den nachhaltigen Erfolg des Unternehmens. Wesentlich sind hierbei:

- **Business Continuity:** Gewährleistung eines zuverlässigen und sicheren Geschäftsbetriebs
- **Absicherung von Haftungsrisiken:** Schutz vor persönlicher Haftung aus Risiken (u. a. EU-DSGVO und GRC)
- **Vermeidung von Datenpannen:** Vermeidung von Datenverlust und den resultierenden Imageschäden und Folgekosten
- **Sichere Digitalisierung:** Absicherung der Digitalisierung durch u. a. Sicherheitsplattform mit vielen Automatismen als integraler Bestandteil der Sicherheitsarchitektur
- **Mehrwert aus Daten heben:** Big Data und Business-Analytics rechtssicher und berechtigt nutzen

Um diese Ziele zu erreichen, müssen die individuellen Anforderungen an Datenschutz und Informationssicherheit ermittelt und deren Umsetzung sichergestellt werden. Viele Anforderungen an Datenschutz und Informationssicherheit, siehe Kapitel 1, werden bereits durch Gesetze oder Normen vorgegeben. So muss das Managementsystem für Datenschutz den Anforderungen der EU-DSGVO (siehe Abschnitt 1.2.5) genügen. Die Norm ISO/IEC 27001 (siehe Abschnitt 1.2.3) gibt den internationalen Standard für Unternehmen und Behörden vor. Hierzu kommen sicherlich noch branchenspezifische oder individuelle Anforderungen, wie z. B. TISAX für Automobilzulieferer (siehe Abschnitt 1.2.3), Anforderungen aus vertraglichen Verpflichtungen oder aus dem Geheimschutz.

Anforderungen an Informationssicherheit und Datenschutz

Unterschiedliche externe Regelwerke müssen u. a. berücksichtigt werden. Allen diesen Regelwerken kann und sollte jedoch nicht buchstabengetreu Rechnung getragen werden, da der Aufwand immer im Verhältnis zum Nutzen stehen sollte. Dies ist insbesondere der Fall, wenn unterschiedliche Regelwerke mit häufig ähnlichen Zwecken einzuhalten sind. Bei einer 1:1-Umsetzung entstehen eine Menge Redundanzen von Richtlinien, Verfahrens- oder Arbeitsanweisungen mit jeweils Aufwand für die Verantwortlichen. Hier geht es also mehr darum, die Ziele und Schutzzwecke möglichst redundanzfrei umzusetzen. Zudem muss sicherlich über die Entbehrlichkeit von einzelnen Elementen entschieden werden. Diese Entscheidungen müssen dokumentiert werden.

Diese Anforderungen müssen verstanden, im Kontext des Unternehmens bewertet und eine angemessene Sicherheitsarchitektur muss abgeleitet werden. Mit diesen allgemeinen und unternehmensspezifischen Rahmenvorgaben muss dann ein wirksames Instrumentarium aufgebaut werden.

Integriertes Managementsystem für Datenschutz und Informationssicherheit

Ein integriertes, schlankes, handhabbares und soweit möglich technisch umgesetztes Instrumentarium ist erfolgskritisch. Vor allem sollten Redundanzen vermieden werden. **Redundanzen** gibt es zwischen dem Datenmanagement- und Informationssicherheitsmanagementsystem insbesondere bei den technischen und organisatorischen Maßnahmen (TOM). Diese Redundanzen sollten durch ein integriertes Managementsystem so weit wie möglich reduziert werden.

Schauen wir dies etwas näher an. Beim Datenschutz geht es bei den TOMs darum, das Recht auf informationelle Selbstbestimmung zu gewährleisten und Datenpannen bei personenbezogenen Daten zu vermeiden. Hierzu müssen geeignete, für den Organisationskontext passende Sicherheitsmaßnahmen aufgesetzt werden für:

- **Zutrittskontrolle:** verhindern, dass Unbefugte (räumlichen) Zutritt zu Informationsverarbeitungsanlagen, die personenbezogene Daten verarbeiten, erhalten

  Beispiele für Maßnahmen sind Pförtner, Videoüberwachung, Sicherung der Räume, Alarmanlagen, Gebäudesicherung, Zäune, Zutrittskarten (Chipkartenleser) oder Codeschlösser.

- **Zugangskontrolle:** Gewährleistung, dass keine Unbefugten Informationsverarbeitungssysteme nutzen können

  Beispiele für Maßnahmen sind die Authentifizierung mit z. B. Benutzerkennung und Passwort oder eine biometrische Benutzeridentifikation.

- **Zugriffskontrolle:** Sicherstellung, dass nur Berechtigte Zugriff auf Informationen erhalten und dass personenbezogene Daten bei der Verarbeitung, Nutzung nach Speicherung nicht unbefugt gelesen, kopiert, verändert oder gelöscht werden können.

Beispiele für Maßnahmen sind ein Berechtigungskonzept mit Rollen und die Autorisierung über der Identität zugeordnete Rollen.

- **Weitergabekontrolle:** Verhinderung, dass personenbezogene Daten bei der elektronischen Übertragung oder während ihres Transports oder ihrer Speicherung auf Datenträger von Unbefugten gelesen, kopiert, verändert oder gelöscht werden. Zudem muss überprüft und festgestellt werden können, an welchen Stellen in den Informationsverarbeitungssystemen eine Übermittlung personenbezogener Daten vorgesehen ist.

  Beispiele für Maßnahmen sind Verschlüsselung sowohl der Datenhaltung als auch bei der Übertragung, VPN oder verschlossene Transportbehälter bei Dokumenten sowie Protokollierung.

- **Eingabekontrolle:** Gewährleistung, dass nachträglich überprüft und festgestellt werden kann, ob und von wem personenbezogene Daten in Datenverarbeitungssystemen eingegeben, verändert oder gelöscht worden sind.

  Beispiele für Maßnahmen sind Protokollierung und Benutzeridentifikation.

- **Auftragskontrolle:** Sicherstellung, dass personenbezogene Daten, die im Auftrag verarbeitet werden, gemäß den Weisungen des Auftragsgebers verarbeitet werden.

  Beispiele für Maßnahmen sind die Festlegung von Weisungsbefugnissen und Kontrollrechten, Vor-Ort-Kontrollen, Stichprobenkontrollen und Verträge gemäß den EU-DSGVO-Vorgaben (siehe Abschnitt 1.2.5).

- **Verfügbarkeitskontrolle:** Gewährleistung, dass personenbezogene Daten gegen zufällige Zerstörung oder Verlust geschützt sind.

  Beispiele für Maßnahmen sind Brandschutzmaßnahmen, Überspannungsschutz, unterbrechungsfreie Stromversorgung, Klimaanlage, Festplattenspiegelung, Sicherungskonzept (Backup), Virenschutzkonzept und Schutz vor Diebstahl.

- **Trennungsgebot:** Sicherstellung, dass zu unterschiedlichen Zwecken erhobene Daten getrennt verarbeitet werden.

  Beispiele für Maßnahmen sind Trennung der Umgebungen (z. B. Entwicklung, Test, Produktion), getrennte Ordnerstrukturen im Filesystem, getrennte Datenbanken oder Tabellen kombiniert mit z. B. Verschlüsselungsverfahren.

Diese Schutzmaßnahmen können organisatorischer oder technischer Natur sein. Beispiele für technische Maßnahmen sind Erzwingung der Einhaltung der Sicherheitsvorgaben durch physische oder IT-Systeme, wie z. B. Alarmanlage, eine Firewall, die Sicherung von Türen und Fenstern oder die Umzäunung des Geländes, biometrische Benutzeridentifikation, Passworterzwingung, Single Sign On (SSO), automatisches Logging (Protokolldaten), verschlüsselte Übertragung, automatisierte Freigabe-Workflows, automatische Provisionierung, API-Management, eine Sicherheitsplattform als Teil der digitalen Plattform oder eine BI-Plattform mit Sichten und Analysewerkzeugen, die bereits die Lösch- und Archivierungsfristen sowie individuelle Berechtigungen vorbereitet.

Bei organisatorischen Maßnahmen werden in der Regel Verfahrensanweisungen und Arbeitsanweisungen angelegt, die z. B. eine Laufkarte beim „Onboarding" von neuen Mitarbeitern oder Besucheranmeldung umfassen. Die Umsetzung dieser Maßnahmen muss durch den jeweils Verantwortlichen, wie z. B. Vorgesetzte, entsprechend des festgelegten Kontrollverfahrens überprüft werden.

Informationssicherheit und Datenschutz werden immer durch ein Zusammenspiel von technischen und organisatorischen Maßnahmen erreicht. Sie müssen im Rahmen einer ganzheitlichen Datenschutz- und Sicherheitskonzeption kosten-/nutzenorientiert ausgewählt werden.

Technische Maßnahmen erfordern in der Regel Budgets, z. B. für Sicherheitsprodukte. Die Sicherheitsprodukte müssen so eingesetzt werden, dass diese einen optimalen Nutzen liefern und damit die Kosten rechtfertigen. Sicherlich müssen für wirksame technische Maßnahmen Mitarbeiter in der Nutzung der Sicherheitsprodukte geschult und organisatorische Maßnahmen, wie z. B. einfach anwendbare Arbeitsanweisungen, erstellt werden.

Technische Maßnahmen können sicherlich auch durch organisatorische Maßnahmen ersetzt werden. Jedoch sind organisatorische Maßnahmen erfahrungsgemäß schwieriger konsequent umzusetzen und zu kontrollieren als technische Maßnahmen. Außerdem ist für organisatorische Maßnahmen in der Regel der personelle Aufwand höher und damit die Ressourcenbelastung.

Die Redundanzen zu den Kontrollen eines Informationssicherheitsmanagementsystems entsprechend ISO 27001 auf der Basis von IT-Grundschutz (siehe Abschnitte 1.2.3 und 1.2.4) sind offensichtlich. Die Informationssicherheit adressiert nicht nur personenbezogene Daten, sondern auch u. a. alle Schutzziele (siehe Abschnitt 4.1.1), insbesondere die Vertraulichkeit, Verfügbarkeit und Integrität.

Ein **übergreifendes, zusammenwirkendes Schutzsystem** ist notwendig, um neben dem rechtlich erforderlichen Datenschutz auch die persönliche Unversehrtheit und ordnungsgemäße Aufgabenerfüllung ohne Verstoß gegen Gesetze, Vorschriften und Verträge sowie negative Innen- und Außenwirkung und finanzielle Auswirkungen zu gewährleisten. Bei den Managementsystemen für Datenschutz und Informationssicherheit sollten daher, soweit möglich, Redundanzen vermieden werden. Daher empfehlen wir ein integriertes Managementsystem.

Ein integriertes, schlankes, handhabbares und, soweit möglich, technisch umgesetztes Instrumentarium ist erfolgskritisch. Auch, wenn so viel wie möglich „automatisiert" wird, umfasst ein Managementsystem für Datenschutz und Informationssicherheit noch viele Richtlinien, Konzepte, Verfahrensanweisungen und Arbeitsanweisungen. Diese sollten aber auf ein sinnvolles Maß beschränkt werden. Die Vorgaben sollten idealerweise so gestaltet werden, dass sie auch ein Stück weit entlasten. Ein Beispiel sind Checklisten als eine Orientierungshilfe und Arbeitserleichterung. Ein intelligentes, integriertes Managementsystem kann so die Aufwände für die Einhaltung der Sicherheitsanforderungen auf das erforderliche MUSS reduzieren.

Nun schauen wir uns die Bestandteile eines integrierten Informationssicherheits- und Datenschutzmanagementsystems etwas näher an.

2.2 Bestandteile eines integrierten Managementsystems

Ein integriertes Managementsystem für Informationssicherheit und Datenschutz (DS & ISMS) ist ein umfassendes, ganzheitliches, systematisches Managementsystem mit definierten Vorgaben, Regeln und Prozessen zur Planung, Durchführung, Steuerung und fortlaufenden Optimierung der Informationssicherheit und des Datenschutzes im Unternehmen.

Wir verwenden als Ausgangspunkt für ein integriertes Managementsystem für Datenschutz und Informationssicherheit die ISO 27001 (siehe Abschnitt 1.2.3) auf der Basis des IT-Grundschutzes. Diese sind relativ gut aufeinander abgestimmt und zudem international einsetzbar. Das ISMS erweitern wir um Datenschutzaspekte entsprechend EU-DSGVO (siehe Abschnitt 1.2.5). In das integrierte Managementsystem müssen sicherlich noch weitere relevante Kontrollen z. B. im Kontext PCI DSS (siehe Abschnitt 1.2 und [Ker19]) einbezogen werden. Das im Folgenden beschriebene Framework kann individuell entsprechend erweitert werden.

In Bild 2.2 finden Sie die wesentlichen Ebenen eines integrierten Datenschutz- und Informationssicherheitsinstrumentariums (kurz DS & ISMS):

Bild 2.2
Ebenen eines integrierten Datenschutz- und Informationssicherheitsmanagementsystems

2.2.1 Warum? – Strategie: Datenschutzpolitik und Informationssicherheitsstrategie

Die Strategie steht an der Spitze der Pyramide. Durch die Strategie werden Vision und Leitplanken sowohl für die Umsetzung als auch für die kontinuierliche Optimierung des DS & ISMS vorgegeben.

In der **Datenschutzpolitik** wird der Stellenwert des Datenschutzes im Unternehmen festgelegt. Wesentlich sind u. a. die Prinzipien des Datenschutzes, die „Rechtmäßigkeit", „Verarbeitung nach Treu und Glauben", „Transparenz", „Zweckbindung", „Datenminimierung", „Richtigkeit", „Speicherbegrenzung", „Integrität und Vertraulichkeit" sowie „Rechenschaftspflicht" (siehe Abschnitt 1.2.5).

Die **Informationssicherheitsstrategie** enthält grundlegende Aussagen und Eckwerte, wie die gesetzten Sicherheitsziele erreicht werden sollen. Dabei werden die relevanten gesetzlichen Anforderungen und Vorschriften, Anforderungen aus bestehenden Verträgen sowie von externen Parteien, interne Rahmenbedingungen, die wesentlichen Geschäftsprozesse und Fachaufgaben sowie die wesentlichen Bedrohungen der Organisation durch Sicherheitsrisiken, wie z. B. Imageschäden, adressiert. Darüber hinaus werden Rahmenbedingungen, Eckwerte für die Informationssicherheitsorganisation und der Geltungsbereich vorgegeben. Interne Rahmenbedingung ist z. B. häufig eine organisationsweite Risikomanagementmethode.

Die Informationssicherheitsstrategie wird in der Informationssicherheitsleitlinie dokumentiert (siehe Abschnitt 1.2.3).

Für ein integriertes DS & ISMS sollten Sie die Informationssicherheitsleitlinie um die Datenschutzaspekte ergänzen. Ergebnis ist dann die Datenschutz- & Informationssicherheitsleitlinie. Bei der Erarbeitung sollten Sie alle Fachverantwortlichen für Anwendungen, IT-Betrieb, Sicherheit (Informations-, IT- und Infrastruktur-Sicherheit), Datenschutzbeauftragter, Produktion und Fertigung, Personalabteilung, Personalvertretung, Revision, Vertreter für Finanzfragen und Rechtsabteilung einbeziehen.

Wesentlich sind neben den Zielen insbesondere auch die Festlegung, welche Normen oder Gesetze, wie z. B. ISO/IEC 27001, IT-Grundschutz und EU-DSGVO, einzuhalten sind und ob eine Zertifizierung angestrebt wird.

Die Dokumentenanteile werden häufig auch als „Dokumentenpyramide" bezeichnet und dargestellt. Die Dokumentenpyramide beinhaltet Regeln und Anweisungen zur nachvollziehbaren und reproduzierbaren Umsetzung der Informationssicherheitsanforderungen. Bestandteile sind u. a. auf der taktischen Ebene Richtlinien, Konzepte und Verfahrensanweisungen und idealerweise „entlastende" Arbeitsanweisungen auf der operativen Ebene, z. B. in Checklistenform, zugeschnitten auf die verschiedenen Ausführenden, wie z. B. Administratoren.

2.2.2 Was? – Anforderungen: Festlegung der umzusetzenden Kontrollen

Für die Festlegung eines integrierten Managementsystems für Informationssicherheit und Datenschutz müssen die Anforderungen verstanden und im Kontext des Unternehmens bewertet werden.

Die Anforderungen an Datenschutz und Informationssicherheit müssen entsprechend der zu berücksichtigenden Gesetze, Verträge oder anzuwendenden Normen festgelegt werden. Im Kontext der Informationssicherheit entsprechend ISO 27001 sind dies u. a., neben den allgemeinen Anforderungen an das ISMS, Leitlinie und dem Management von Werten, Anforderungen aus dem Kontext Kryptografie, Personalsicherheit, physische Sicherheit, Zugriffskontrolle, Lieferantensicherheit, Kommunikationssicherheit, Betriebssicherheit, Compliance und sichere Entwicklung.

Die Anforderungen aus dem Kontext der Informationssicherheit können über ein SoA-Template (siehe Bild 1.5) ausgewählt und kontinuierlich vervollständigt oder angepasst werden. Das SoA-Template wird im Rahmen der Sicherheitskonzeption fertiggestellt (siehe Abschnitt 1.2.3).

Alle Sicherheitsanforderungen sollten mithilfe von z. B. den Best-Practices aus der ISO 27002 (siehe Abschnitt 1.2.2) sowie den ausführlicheren, der ISO 27001 zugeordneten Anforderungen aus dem IT-Grundschutz ausgearbeitet und den Funktionen, wie z. B. Personal oder IT-Betrieb, zugeordnet werden. Über einen Soll-Ist-Abgleich anhand von Pflicht- und empfohlenen Dokumenten für die ISO-27001-Zertifizierung können Lücken aufgedeckt werden, die durch Sicherheitsmaßnahmen zu schließen sind. Weitere Sicherheitsmaßnahmen und gegebenenfalls auch eine Konkretisierung einzelner Anforderungen kommen i. d. R. noch im Rahmen der Schutzbedarfsfeststellung und der anschließenden Risikobewertung hinzu.

Für den Datenschutz gibt es ebenso Anforderungen (siehe hierzu Abschnitt 1.2.5 und [SDM24]). Diese Datenschutzanforderungen sollten mit den Informationssicherheitsanforderungen konsolidiert werden. So können, wie in Abschnitt 2.1 ausgeführt, Redundanzen vermieden werden.

2.2.3 Wie? – Sicherheitsorganisation und Sicherheitskonzept

Festlegung und Verankerung einer adäquaten Sicherheits- und Datenschutzorganisation und Prozesse sowie Richtlinien und Konzepte, Handlungsanweisungen und technische Maßnahmen entsprechend des angestrebten Sicherheitsniveaus zur Umsetzung der vorgegebenen Anforderungen.

Die Sicherheits- und Datenschutzorganisation umfassst Rollen, Verantwortlichkeiten, Gremien und deren Verankerung in der Organisation für den kontinuierlichen Informationssicherheits- und Datenschutzprozess (siehe Abschnitt 3.1). Wesentliche Rollen sind der Beauftragte für Informationssicherheit (kurz ISB) und der Datenschutzbeauftragte (kurz DSB).

Die folgenden Informationssicherheits- und Datenschutzprozesse sollten verzahnt mit den Planungs-, Entscheidungs- und Durchführungsprozessen der Organisation festgelegt und etabliert werden:

- Management von Kontrollen (für z. B. ISO 27001, EU-DSGVO oder weitere Normen und Anforderungen)
- Asset-Management (Inventarisierung aller Unternehmenswerte)
- Schutzbedarfsfeststellung entsprechend der Schutzziele, insbesondere Vertraulichkeit, Verfügbarkeit und Integrität
- Risikomanagement mit Risikoportfolio und Risikobehandlungsplan
- Maßnahmenmanagement für Informationssicherheitsmaßnahmen
- Vorfallmanagement inklusive Notfallmanagement zum systematischen Behandeln von Informationssicherheitsvorfällen
- Prävention durch z. B. Penetrationstests und Schwachstellenmanagement zum Identifizieren, Analysieren und Managen von Schwachstellen
- Interne und externe Audits/Assessments
- ISMS Monitoring & Reporting
- Awareness und Schulungen
- Datenschutzprozesse, wie z. B. Prozess Betroffenenrechte und Prozess Datenpannen (integriert in das übergreifende Notfallmanagement, siehe Abschnitt 4.3)

> **!** Die gewählten Methoden zum Risikomanagement und Auditvorgehen müssen geeignet sein, um den festgelegten Anforderungen des Datenschutzes und der Informationssicherheit sowie den gesetzlichen Ansprüchen zu genügen. Daraufhin müssen Kriterien für die Risikoakzeptanz erstellt werden. Es ist verbindlich festzulegen, welche Risiken aus Sicht des Unternehmens vertretbar sind. Die Nichterfüllung von Datenschutz- oder Sicherheitszielen resultiert in direkten Gefahren, wie z. B. Verlust der Vertraulichkeit von Kundendaten, die zu bewerten sind.

In der Sicherheitskonzeption müssen alle aus dem Risikomanagement resultierenden Sicherheitsmaßnahmen zur Aufrechterhaltung der Informationssicherheit im Betrieb, Überwachung und Erfolgskontrolle sowie Notfallvorsorge enthalten sein. Wesentliches Ergebnis sind hier insbesondere:

Richtlinien und Konzepte

- **Richtlinien** als verbindliche Anweisungen. Sie schaffen Orientierung bei IT-Entscheidungen. Abweichungen von Richtlinien sind explizit zu begründen. Richtlinien unterstützen die Einhaltung und die Durchsetzung von Vorgaben. Richtlinien decken in der Regel eine taktische Ebene ab und müssen von der Leitungsebene freigegeben werden. Richtlinien sind in der Regel eher allgemein gehalten. Beispiel ist die Festlegung einer Mindestpasswortlänge. Das Erzwingen dieser Richtlinie wird über eine Handlungsanweisung oder aber technisch sichergestellt.

  So wird die Änderungsrate mit dem oft aufwendigen (und häufig anstrengenden) Freigabeprozess reduziert.

- **Grundlegende Konzepte und Vorgehensweisen** für die Informationssicherheit einer Organisation sind in der Regel bereichsübergreifend anzuwenden.

  Beispiele für typische Konzepte sind Kryptokonzept, Datenschutz, Datensicherungskonzept, Auswahl und Einsatz von Standardsoftware, Entwicklung und Einsatz von allgemeinen Anwendungen, Löschen und Vernichten und Informationssicherheit auf Auslandsreisen (siehe IT-Grundschutz-Bausteine in Abschnitt 1.2.4).

Handlungsanweisungen in Form von Verfahrensanweisungen und Arbeitsanweisungen

- **Verfahrensanweisungen** beschreiben komplexe Verfahren bzw. Prozesse zur Umsetzung von normativen Anforderungen. Sie sind teilweise bereichsübergreifend relevant. Beispiele sind die Verfahrensanweisungen zur Dokumentenlenkung und Informationsklassifizierung.

  Durch Verfahrensanweisungen werden die z. T. komplexen Zusammenhänge zusammengefasst, wie z. B. bei der Dokumentenlenkung die Vorgaben für die Kennzeichnung, Freigabe und Verteilung von Dokumenten und Informationen.

  Arbeitsanweisungen beinhalten im Gegensatz dazu konkrete Arbeitsschritte, zugeschnitten auf eine Zielgruppe wie z. B. IT-Administratoren.

- **Technische Maßnahmen**

  Die technische Umsetzung über eine adäquate Infrastruktur und Sicherheitsarchitektur, ohne Ballast und inklusive möglichst weitreichender Automatisierung oder technischem „Erzwingen" von z. B. Kennwortschutz, erleichtern die Umsetzung.

Sicherheitskonzeption ist der übergreifende Prozess der Informationssicherheit (siehe Abschnitt 3.1). Jede Sicherheitsmaßnahme muss nachvollziehbar aus den Anforderungen abgeleitet werden.

Wesentlich ist das Risikomanagement, in dem, aufbauend auf den Ergebnissen von Strukturanalyse und Schutzbedarfsfeststellung, die erforderlichen Sicherheitsmaßnahmen identifiziert und festgelegt werden.

2.2.4 Nachweis – Überwachung der Maßnahmendurchführung sowie regelmäßige interne oder externe Audits, um Konformität und Wirksamkeit zu gewährleisten

ISO 27001 erfordert nachvollziehbare Aufzeichnungen als Nachweis für ein funktionierendes Managementsystem sowie zum Nachweis der Umsetzung der festgelegten Maßnahmen. Dies beinhaltet u. a. (siehe Abschnitt 1.2.3):

- Aufzeichnungen zu Schulungen, Fähigkeiten, Erfahrung und Qualifikationen
- Ergebnisse der Überwachung, Messung, Analyse und Bewertung des ISMS
- Internes Audit-Programm und interne Audit-Ergebnisse
- Ergebnisse der Managementbewertungen
- Ergebnisse der Korrekturmaßnahmen
- Protokolle über Anwenderaktivitäten und Ausnahmen und Sicherheitsereignisse

Darüber hinaus gibt es durchaus noch unterschiedliche Nachweise aus gegebenenfalls anderen Gesetzen oder Normen. Beispiele:

- *GoBD:* internes Kontrollsystem (IKS) und eine Verfahrensdokumentation als Nachweis eines ordnungsgemäßen Systembetriebs
- *IT-Sicherheitsgesetz:* Nachweis der Grundsätze für die Rechtmäßigkeit, Zweckbindung, Datenminimierung, Richtigkeit, zeitliche Beschränkung, Integrität und Vertraulichkeit der Datenverarbeitung. Diese müssen innerhalb von zwei Jahren Mindeststandards für IT-Sicherheitsmaßnahmen in den kritischen Branchen wie Energie oder Gesundheit entwickeln und nachweislich umsetzen. Zudem bestehen bei Ausfällen oder IT-Sicherheitsvorfällen Meldepflicht gegenüber dem BSI sowie Informationspflichten gegenüber betroffenen Nutzern.

In Bild 2.3 sind die typischen Anforderungen aus Informationssicherheit und Datenschutz „aufgeklappt“. Hier finden Sie einerseits die Kontrollen von ISO/IEC 27001 (siehe Abschnitt 1.2.3) sowie die Anforderungen, Pflichtdokumente und -prozesse aus der EU-DSGVO (siehe Abschnitt 1.2.5).

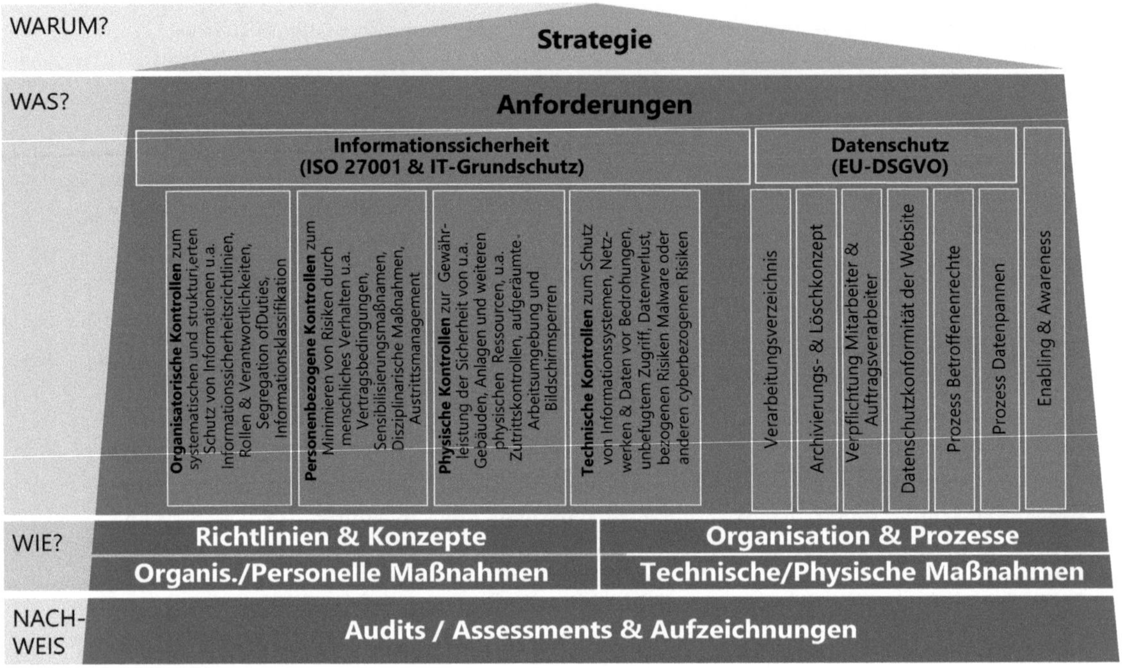

Bild 2.3 Anforderungen Informationssicherheit und Datenschutz

In Bild 2.4 sind als „Deckel" die zu schützenden Assets, die Werte des Unternehmens, anhand eines Unternehmensarchitektur-Meta-Modells (siehe Abschnitt 5.1.1) skizziert. Für die Assets, wie insbesondere Informationen und Informationssysteme (synonym Anwendungen), muss der Schutzbedarf festgestellt werden (siehe Abschnitt 4.1.1).

Zudem werden die Aufgabenbereiche von Informationssicherheit und Datenschutz aufgeklappt. Hierzu sind jeweils Richtlinien und/oder Konzepte, Organisation und Prozesse als auch Handlungsanweisungen und technische Maßnahmen erforderlich. Wesentlich sind hierbei insbesondere:

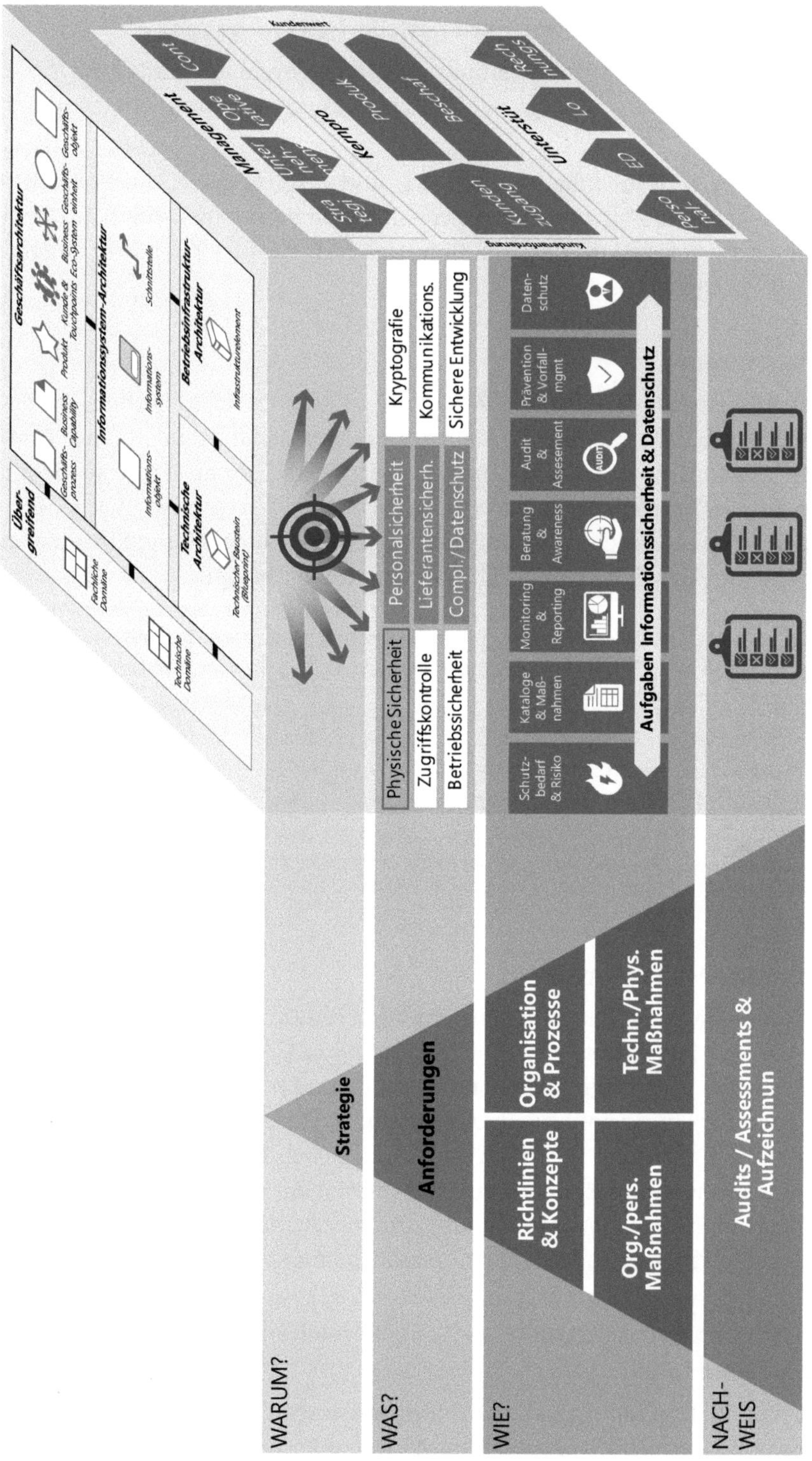

Bild 2.4 Informationssicherheits- und Datenschutz-Würfel

Strategische Datenschutz- und Informationssicherheitsvorgaben

Strategische Datenschutz- und Informationssicherheitsvorgaben sind z. B. Ziele, Grundsätze, Geltungsbereich und Organisation von Datenschutz und Informationssicherheit.

Wesentliche Artefakte sind hier die Datenschutz- und Informationssicherheitsleitlinie, Anwendungsbereichsdokumentation sowie allgemeine Vorgaben für z. B. Dokumentenlenkung und Informationsklassifikation (siehe Abschnitt 1.2.3) sowie Organisation des DS & ISMS (siehe Abschnitt 4.5).

Übergreifende Konzepte

Beispiele für übergreifende Konzepte sind Kryptokonzept, Cloud-Sicherheit, Datenschutzkonzept, Datensicherungskonzept, Identity und Access Management (kurz IAM) zur wirksamen Zugangs- und Zugriffskontrolle, Lösch- und Archivierungskonzept, Systemüberwachungs- bzw. Monitoringkonzept oder Zonenkonzept sowie Vorgehensweisen für z. B. Informationssicherheit auf Auslandsreisen, Auswahl und Einsatz von Standardsoftware und Einwicklung und Einsatz von Anwendungen.

Das **Kryptokonzept** beinhaltet alle kryptografischen Verfahren, Techniken und Produkte, die in der Organisation eingesetzt werden. U. a. ist hier beschrieben:

- Kryptografische Verfahren zum Schutz von lokal gespeicherten und über Kommunikationsverbindungen übertragenen Daten
- Organisatorische oder prozessuale Anforderungen zur Gewährleistung von Vertraulichkeit, Integrität und Authentizität
- Beschreibung von Kryptomodulen, d. h. Produkte (Hardware, Software, Firmware oder Kombination) mit Sicherheitsfunktionalität

Business Continuity Management

Business Continuity Management adressiert vor allen die Fortführung des Geschäftsbetriebs nach einem Sicherheitsvorfall (bis hin zu Notfall, Katastrophe oder Krise) mit den erforderlichen organisatorischen, technischen und personellen Maßnahmen. Insbesondere auch für länger anhaltende Ausfälle oder Störungen müssen geeignete Maßnahmen definiert werden. Dies ist in der Regel Bestandteil des Notfallmanagements. In Notsituationen sind Zugriffe auf Informationen und Wiederherstellung/ Wiederanlauf von IT-Systemen Voraussetzung für die Fachaufgaben, um die Schadensauswirkungen weitestgehend zu reduzieren (siehe hierzu Abschnitt 4.3).

Sicherheitsmaßnahmen in den Unterstützungsbereichen Einkauf, Organisation und Personal

Beispiele sind hier Richtlinien und Verfahrensanweisungen für die Personalsicherheit, die organisatorische Ausführung des Identitäts- und Berechtigungsmanagements, das Zusammenspiel mit dem Compliance-Management sowie die Ausgestaltung und operative Steuerung der Durchführung von Datenschutz- und Informationssicherheitsschulungen und Awareness-Maßnahmen sowie Regelungen für die Zusammenarbeit mit Externen, wie Vorgaben, Verpflichtung und Weisung in Lieferantenbeziehungen und von Auftragsverarbeitern.

IT-Sicherheit

IT-Sicherheit ist enthalten in u. a. IT-Nutzerrichtlinie, sichere Systementwicklung inklusive Systemerwerb (mit u. a. Testdaten und Trennung der Umgebungen sowie Softwaretests und Freigaben, Inbetriebnahme, Qualitätssicherung, Zugangssteuerung für Quellcode, ausgegliederte Entwicklung) sowie Wartung inklusive Architekturmanagement und Change Management sowie Betriebs- & Kommunikationssicherheit mit ordnungsgemäßer IT-Administration, sicherem IT-Support für Anwendungen, IT-Systeme, Netze und Kommunikationsinfrastruktur sowie industrielle IT. Beispiele hierfür sind:

- Sicherheitsvorgaben für Anwendungen mit Client-Anwendungen (Office-Produkte, Web-Browser, Mobile-Anwendungen, Apps), Verzeichnisdienste (auch Active Directory und LDAP), netzbasierte Dienste (Webanwendungen, Webserver, Fileserver, Samba, DNS-Server), Business-Anwendungen (relationale Datenbanksysteme, SAP ABAP-Programmierung), Mail/Groupware-Kommunikation (allgemeine Groupware, Microsoft Exchange und Outlook)
- IT-Systeme mit Server (inkl. Virtualisierung und Speicherlösungen), Desktop-Systemen, mobilen Geräten und sonstigen Systemen (Drucker, Kopierer, Multifunktionsgeräte, eingebettete Systeme, IoT-Geräte)
- Netze und Kommunikationsinfrastruktur mit Netzarchitektur und -management, Telekommunikation (TK-Anlagen, VoIP, Faxgeräte und -server), Netzkomponenten (Router und Switches, Firewall, VPN), Funknetze (WLAN)
- Industrielle IT mit Betriebs- und Steuerungstechnik, ICS-Komponenten (Sensoren und Aktoren, Maschinen usw.)

Physische und Umgebungssicherheit

Physische und Umgebungssicherheit beinhaltet insbesondere auch Gebäude, das Rechenzentrum, elektrotechnische Verkabelung und das Datenträgerarchiv sowie u. a. Büro-, Heim- und mobiler Arbeitsplatz, Besprechungs-, Veranstaltungs- und Schulungsräume.

Management von Datenschutz und Informationssicherheit als Planungs-, Überwachungs- und Steuerungsaufgabe

mit u. a.:

- Schutzbedarfsfeststellung und DS & ISMS Risikomanagement
- Management der Kataloge mit Anforderungen (Kontrollen) und deren Querbeziehungen sowie Zuordnung zu Sicherheitsmaßnahmen und Maßnahmenmanagement
- Prävention und Sicherheitsvorfallmanagement, verzahnt mit dem Business Continuity Management und Notfallmanagement
- Überwachung, Messung, Analyse und Bewertung sowie Reporting
- Audits und Assessments zur Überprüfung der Konformität und Wirksamkeit
- Organisation und ggf. Unterstützung bei der Durchführung von Schulungs- und Awareness-Maßnahmen
- Kontinuierliche Verbesserung des DS & ISMS über einen PDCA-Zyklus

> Das Management-Reporting bildet eine wichtige Entscheidungsgrundlage für die oberste Leitungsebene. Hierzu sind übersichtlich und aussagekräftig aufbereitete Informationen zur aktuellen Lage der Informationssicherheit der Organisation bereitzustellen (siehe Abschnitt 4.5).

Von besonderer Bedeutung aufgrund der Vielzahl der IT-Nutzer ist häufig die IT-Nutzerrichtlinie. In der IT-Nutzerrichtlinie sind in der Regel Richtlinien für u. a. aufgeräumten Arbeitsplatz, mobiles Computing und Telearbeit, Informationssicherheit auf Auslandsreisen sowie Informations- und Datenträgeraustausch und Regelungen für die Verschrottung und Entsorgung enthalten. Diese können auch als eigenständige Richtlinien, Verfahrensanweisungen oder Arbeitsanweisungen verfasst werden, was aber u. a. aufgrund vieler Querbeziehungen die Anwendung verkompliziert.

Da eine Vielzahl der Geschäftsprozesse IT-unterstützt ablaufen, liegt ein weiterer Fokus auf IT-Betriebs- und IT-Support-Themenstellungen wie:

- Ordnungsgemäße IT-Administration mit u. a. Systemmanagement, Protokollierung, Monitoring, Überwachung, Informations- und Datenträgeraustausch, Fernwartung, Kryptografie, Datensicherung, Backup, Betriebshandbuch, Netzwerksicherheit, SW-Installation und Einhaltung von Standards
- Sicherer IT-Support mit u. a. Schutz vor Schadprogrammen, Softwareverteilung, Help Desk, Kryptografie, SW-Installation, Wartung und Austausch von IT-Systemen und Software, Informations- und Datenträgeraustausch, Nutzung von Messengerdiensten, Einhaltung von Standards
- Architektur- und Change-Management mit u. a. Patch- und Änderungsmanagement inkl. Lifecycle-Management und Mandantenkonzept

Seitlich im Würfel finden Sie in Bild 2.4 die Geschäftsprozesse der Organisation, in die sich das integrierte Instrumentarium verzahnen muss, um wirklich zu leben. Hierzu zählen insbesondere das Risiko-, das Compliance- und das Business Continuity Management. Das DS & ISMS Risikomanagement muss sich ebenso mit dessen Risikoportfolio, Risikobehandlungsplan und Sicherheitsmaßnahmen in das unternehmensübergreifende Risikomanagement verzahnen wie das Vorfall- und Notfallmanagement in das Incident- bzw. übergreifende Business Continuity Management.

Um das angestrebte Sicherheitsniveau zu erreichen, ist eine adäquate DS & ISMS-Organisation erforderlich, die von der Größe, Art und Struktur des Unternehmens abhängt. Unternehmensindividuell müssen Rollen mit klaren Verantwortlichkeiten und Kompetenzen sowie Gremien festgelegt und in der Organisation verankert werden. Diese Rollen müssen dann qualifizierten Mitarbeitern übertragen werden. Hierbei können verschiedene Rollen auch von den gleichen Personen wahrgenommen werden. Die personelle Ausgestaltung richtet sich nach der Größe, Art und Struktur der Organisation sowie den vorhandenen Ressourcen und dem angestrebten Sicherheitsniveau.

Die Gesamtverantwortung für die ordnungsgemäße und sichere Aufgabenerfüllung im Kontext Datenschutz und Informationssicherheit verbleibt bei der Leitungsebene. Die Aufgaben können jedoch delegiert werden.

Grundregeln für eine wirksame DS & ISMS-Organisation

- Die Gesamtverantwortung für die Informationssicherheit verbleibt bei der Leitungsebene.
- Es ist mindestens eine Person (typischerweise der Informationssicherheitsbeauftragte) als Kümmerer für den Informationssicherheitsprozess zu benennen.
- Jeder Mitarbeiter ist gleichermaßen für seine originäre Aufgabe wie für die Aufrechterhaltung der Informationssicherheit an seinem Arbeitsplatz und in seiner Umgebung verantwortlich (siehe BSI-Standard 200.2).

Wesentliche Rollen in der DS & ISMS-Organisation sind der Informationssicherheitsbeauftragte (ISB) und der Datenschutzbeauftragte (DSB). Der ISB ist der zentrale Ansprechpartner für Förderung, Koordination, Verwaltung und Kommunikation des Informationssicherheitsprozesses. Der DSB ist der zentrale Ansprechpartner für Datenschutzfragen im Unternehmen und sorgt für eine angemessene Umsetzung und eine ausreichende Kontrolle des Datenschutzes.

Weitere Informationen zur DS & ISMS-Organisation finden Sie in Abschnitt 4.5.

Für die Operationalisierung des DS & ISMS sind die aufgeführten Bestandteile sowie ein funktionierendes in die Organisation eingebettetes Vorfall- und Notfallmanagement sowie Präventions- und begleitende Awareness- und Schulungsmaßnahmen essenziell. Im Folgenden schauen wir uns die Erfolgsfaktoren für ein wirksames Managementsystem für Datenschutz und Informationssicherheit etwas näher an.

2.3 Erfolgsfaktoren für ein wirksames integriertes Instrumentarium

Das systematische Management von Datenschutz und Informationssicherheit soll einen effektiven Schutz von allen wesentlichen Werten des Unternehmens, wie Informationen und IT-Systeme, in Bezug auf die Schutzziele (siehe Abschnitt 4.1.1), wie z. B. Vertraulichkeit, Integrität und Verfügbarkeit, gewährleisten. Dieser Schutz ist kein Selbstzweck, sondern die Basis für die Erreichung von Unternehmenszielen und den Erhalt von Unternehmenswerten durch eine zuverlässige, sichere und idealerweise störungsfreie Bereitstellung und Verarbeitung von Informationen im kontinuierlichen Geschäftsbetrieb.

Ein eingeführtes DS & ISMS sichert die Umsetzung der gesetzlichen und vertraglichen Anforderungen aus u. a. ISO/IEC 27001, EU-DSGVO sowie den unternehmensspezifischen Sicherheitsanforderungen ab. Durch geeignete organisatorische, personelle, infrastrukturelle und technische Standardsicherheitsmaßnahmen aus dem IT-Grundschutz wird ein Standardsicherheitsniveau aufgebaut, das für sensiblere Bereiche mit erhöhtem Schutzbedarf ausbaufähig ist.

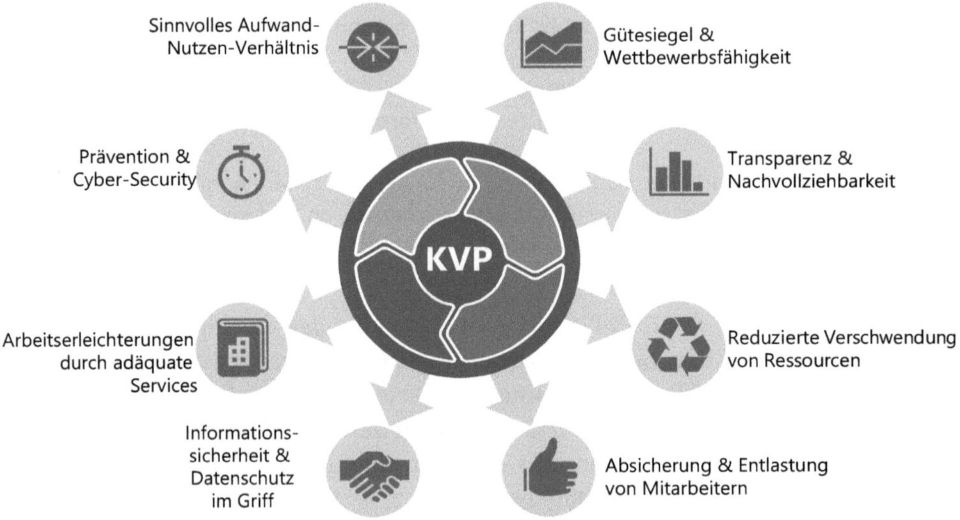

Bild 2.5 Erfolgsfaktoren für ein wirksames integriertes Instrumentarium

In Bild 2.5 finden Sie wesentliche Erfolgsfaktoren für einen ausreichenden Datenschutz und eine wirksame Informationssicherheit. Dies sind insbesondere:

- **Sinnvolles Aufwand-Nutzen-Verhältnis** für ein angemessenes Sicherheitsniveau. Hier lautet die Kernfrage: „Steht der Aufwand zur Erreichung der Sicherheitsziele, also Kosten für Ressourcen oder Tools, in einem sinnvollen Verhältnis zu den Geschäftszielen des Unternehmens?“

  Hierzu ist der tatsächliche Schutzbedarf (insbesondere Verfügbarkeit, Integrität und Vertraulichkeit) zu identifizieren, da ein zu hoch angesetztes Schutzniveau in der Regel mit hohen Implementierungsaufwänden verbunden ist.

- **Gütesiegel und Wettbewerbsfähigkeit** durch einfacheren Nachweis eines wirksamen Informationssicherheitsmanagementsystems durch z. B. ISO-27001-Zertifizierung, was auch als Verkaufsvorteil gegenüber Wettbewerbern wirkt.

- **Transparenz und Nachvollziehbarkeit** durch insbesondere übersichtliches und aussagekräftig aufbereitetes Reporting für das Management sowie alle Anspruchsgruppen.

- **Reduzierte Verschwendung von Ressourcen** durch „lean“ & „agile“, da nur handhabbare, angemessene Instrumentarien „funktionieren“ und „unsichere“ Randbedingungen und veränderte Anforderungen aktiv gemanagt werden müssen. Handhabbarkeit reduziert aber auch die Aufwände im Managementprozess für Informationssicherheit und Datenschutz.

- **Absicherung und Entlastung von Mitarbeitern** durch klare Vorgaben und damit Sicherheit, „was eingehalten werden muss“, und, soweit möglich, einfache verständliche und entlastende Sicherheitsmaßnahmen. So kann durch technische Maßnahmen und Checklisten die tägliche Arbeit von z. B. HR-Mitarbeitern oder aber IT-Administratoren erheblich vereinfacht werden. Durch Awareness- und Schulungsmaßnahmen müssen alle Mitarbeiter und auch die Leitungsebene „enabled“ werden.

- **Informationssicherheit und Datenschutz im Griff** mit insbesondere systematischen und reproduzierbaren Prozessen sowie klaren Verantwortlichkeiten

- **Arbeitserleichterungen durch adäquate Services**, z. B. Ausfüllen von Informationssicherheitsfragebögen von Kunden und Behörden oder aber unmittelbar verwendbare Checklisten oder „fertige“ Templates

- **Prävention und Cyber-Security** für die Vorsorge und schnelle Reaktion auf Sicherheitsvorfälle inklusive explizitem Schwachstellenmanagement

Ein funktionierendes Datenschutz- und Sicherheitsmanagement muss in die existierenden Managementstrukturen des Unternehmens eingebettet werden. Nach der Umsetzung und Verankerung des DS & ISMS muss dieses nachhaltig betrieben und kontinuierlich verbessert werden. Dies erfolgt über einen PDCA-Zyklus. Die kontinuierliche Verbesserung des DS & ISMS erfolgt einerseits durch die Identifikation von Abweichungen von den Anforderungen sowie durch daraus abgeleitete Korrekturmaßnahmen. Andererseits können Verbesserungsvorschläge aus der Nachbereitung von Sicherheitsvorfällen, Ergebnissen von Audits, Managementbewertung, aus dem betrieblichen Vorschlagswesen oder den regelmäßig durchzuführenden Risikoanalysen erwachsen. Alle resultierenden Maßnahmen sollten in einen übergreifenden Umsetzungs- bzw. Risikobehandlungsplan aufgenommen werden, der die Basis für das Maßnahmenmanagement bildet.

> Informationssicherheit und Datenschutz sind kein Zustand, der einmal erreicht wird und dann fortbesteht. Es ist ein Managementsystem, das kontinuierlich an Veränderungen angepasst und auf seine Konformität und Wirksamkeit hin überprüft und verbessert werden muss.

Die kontinuierliche Verbesserung und das nachhaltige Betreiben des integrierten Managementsystems für Datenschutz und Informationssicherheit erfolgt über den PDCA-Zyklus (Plan, Do, Check, Act). In Bild 2.6 finden Sie den PDCA-Zyklus.

In der **Planungsphase** (PLAN) des kontinuierlichen Sicherheitsprozesses werden die Rahmenbedingungen über eine Anforderungs- und Umfeldanalyse identifiziert und analysiert sowie die Sicherheitsziele, Sicherheitsstrategie und Datenschutzpolitik ausgearbeitet. Ergebnisse sind die Datenschutz- und ISEC-Strategie (mit u. a. Informationssicherheitsleitlinie) und Eckwerte mit grundlegenden Aussagen darüber, wie die gesetzten Ziele letztlich erreicht werden sollen. Umgesetzt werden die Datenschutzpolitik und die Sicherheitsstrategie mithilfe des Datenschutz- bzw. Sicherheitskonzepts sowie einer geeigneten Sicherheits- und Datenschutzorganisation. Im Rahmen der Planungsphase werden auch bereits die Eckwerte für die Konformitäts- und Wirksamkeitskontrolle festgelegt sowie in der Regel das Dokumentationsrahmenwerk (siehe Abschnitt 1.2.3) initiiert.

Im kontinuierlichen Prozess wird in der Planungsphase regelmäßig überprüft, ob sich Anforderungen und Rahmenbedingungen, wie z. B. Gesetze oder Ziele, gegebenenfalls geändert haben oder aber, ob sich die Sicherheitsmaßnahmen und die Sicherheitsorganisation als wirksam und effizient erwiesen haben.

In der **DO-Phase** werden, solange das integrierte Instrumentarium im Aufbau ist, die Kontrollen festgelegt, die Dokumentenpyramide erstellt und die Prozesse für Datenschutz und Informationssicherheit aufgesetzt, wie z. B. das Asset-Management, Schutzbedarfsfeststellung und das Risikomanagement.

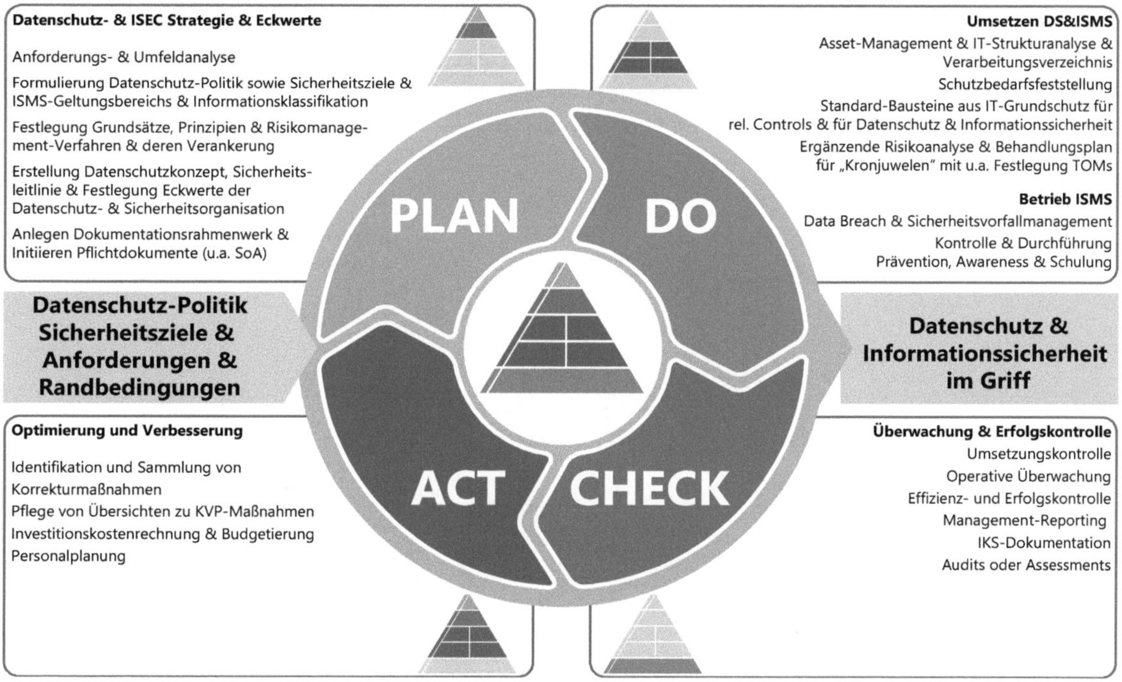

Bild 2.6 PDCA-Zyklus

Für die initiale Festlegung der Anforderungen und Sicherheitsmaßnahmen kann insbesondere auf die Bausteine aus dem IT-Grundschutz (siehe Abschnitt 1.2.3) zurückgegriffen werden. Nach der Schutzbedarfsfeststellung und der ergänzenden Risikoanalyse können ein Risikoportfolio und ein Risikobehandlungsplan für die Kronjuwelen erstellt werden. Hieraus resultieren gegebenenfalls ergänzende Sicherheitsmaßnahmen für Assets mit erhöhtem Schutzbedarf.

Alle Datenschutz- und ISMS-Prozesse müssen im laufenden Betrieb des integrierten Managementsystems durchgeführt werden. Insbesondere sind hier auch der „Data Breach"[1] und der Sicherheitsvorfallmanagement-Prozess zu nennen. Begleitend mit Präventions-, Awareness- und Schulungsmaßnahmen wird das Sicherheits- und Datenschutzniveau gesteigert.

Nur über die **Überwachung und Erfolgskontrolle (Check)** können Konformität und Wirksamkeit der organisatorischen und technischen Schutzmaßnahmen auf Dauer sichergestellt werden. Bei der Erfolgskontrolle muss sowohl eine Umsetzungskontrolle als auch eine operative Überwachung erfolgen. Über das Management-Reporting wird nachvollziehbar das Sicherheits- und Datenschutzniveau transparent gemacht und Entscheidungsbedarf aufgezeigt. Interne und externe Audits und Assessments sind wesentlich für eine umfassende Überwachung und Erfolgskontrolle.

---

[1] Datenpanne

Die identifizierten Korrektur- und Verbesserungsmaßnahmen müssen geordnet in die Umsetzung eingesteuert und überwacht werden **(ACT)**. Dies beinhaltet auch die Investitionskostenrechnung, Budgetierung und Personalplanung.

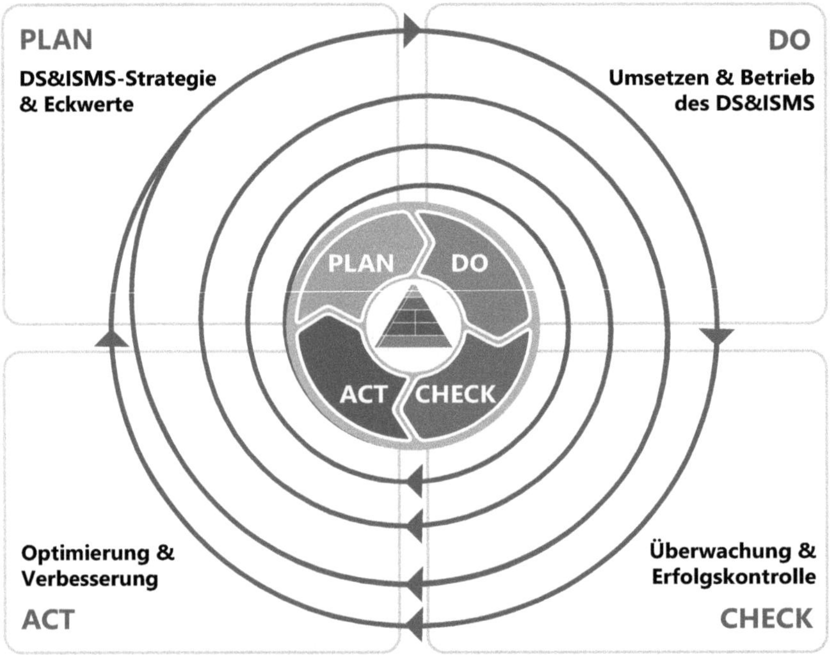

Bild 2.7 Iterative kontinuierliche Verbesserung des Sicherheits- und Datenschutzniveaus

Durch die ständige Verbesserung wird ein für das Unternehmen optimales Sicherheits- und Datenschutzniveau erreicht. Dies ist ein iterativer Prozess (siehe Bild 2.7), in dem die jeweiligen Anforderungen angemessen umgesetzt werden.

Managementsystem für Informationssicherheit und Datenschutz

In diesem Kapitel werden die wesentlichen Erfolgsfaktoren für die Herstellung und Aufrechterhaltung eines ausreichenden Sicherheits- und Datenschutzniveaus erläutert sowie die Bestandteile eines integrierten Managementsystems für Datenschutz und Informationssicherheit beschrieben.

Die kontinuierliche Verbesserung nach dem PDCA-Zyklus ist für die nachhaltige Verbesserung des Sicherheits- und Datenschutzniveaus erfolgsentscheidend. Wesentlich ist hier insbesondere die Erfolgskontrolle. Ohne regelmäßige Überprüfung ist die Wirksamkeit der organisatorischen und technischen Schutzmaßnahmen auf Dauer nicht sichergestellt.

3 Schritt-für-Schritt-Leitfaden

Es ist nicht genug zu wissen, man muss auch anwenden,
es ist nicht genug zu wollen, man muss auch tun.

Johann Wolfgang von Goethe (1749 – 1832)

Mit dem integrierten Managementsystem für Informationssicherheit und Datenschutz (kurz DS & ISMS) soll das angestrebte Sicherheits- und Datenschutzniveau erreicht und kontinuierlich verbessert werden. Durch ein systematisches Schritt-für-Schritt-Vorgehen (siehe Bild 3.1) werden der Aufbau und die kontinuierliche Optimierung entsprechend des PDCA-Zyklus (siehe Abschnitt 2.3) vereinfacht, reproduzierbar und nachvollziehbar.

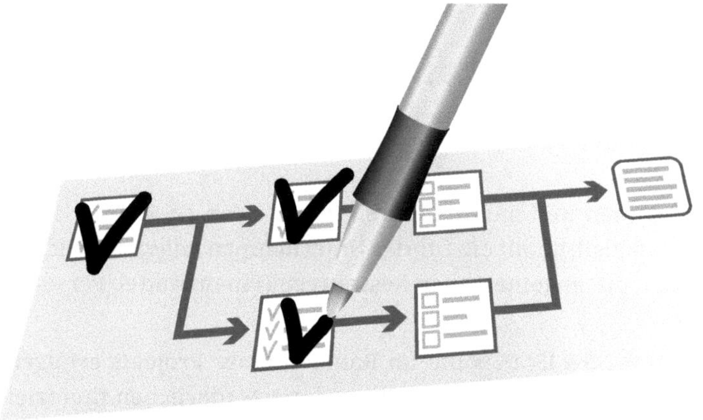

Bild 3.1 Systematisches Vorgehen bei Einführung und Ausbau

Mithilfe des Schritt-für-Schritt-Leitfadens wird kein Schritt vergessen. Checklisten unterstützen zudem durch wesentliche Fragen, wie z. B.:

- Wird ein ausreichender Schutz aller Werte (Assets) entsprechend deren Schutzbedarf erreicht? Ist der Schutzbedarf realistisch eingeschätzt? Welche technischen und organisatorischen Sicherheitsmaßnahmen sind notwendig und sinnvoll? Ist der Aufwand für die Implementierung ein Aspekt in der Risikobewertung? Ist der aktuelle Stand der Technik berücksichtigt?
- Welche technischen und organisatorischen Sicherheitsmaßnahmen Ihres Sicherheitskonzepts sind bereits implementiert? Gibt es z. B. umfassende personelle Konzepte, u. a. auch für Social Engineering und Berechtigungsvergabe? Wie werden die Konformität und Wirksamkeit der Maßnahmen sichergestellt?
- Wie wird Awareness für Informationssicherheit und Datenschutz geschaffen? Wie wird geschult? Wie wird dies nachgewiesen?

Hilfestellungen für die verschiedenen Aktivitäten des Schritt-für-Schritt-Leitfadens finden Sie in den Kapiteln 4 und 5. Nun schauen wir uns das Vorgehen beim Aufbau des integrierten DS & ISMS näher an.

In diesem Kapitel finden Sie die Antworten auf folgende Fragen

- In welchen Schritten kann ein integriertes Instrumentarium für Informationssicherheit & Datenschutz aufgebaut werden?
- Was muss bei jedem Schritt beachtet werden?
- Was muss bei der Inbetriebnahme des Instrumentariums und der kontinuierlichen Verbesserung beachtet werden?

3.1 Vorgehensweise zum Aufbau eines integrierten DS & ISMS

Für den Aufbau eines wirksamen und handhabbaren integrierten DS & ISMS ist ein systematisches Vorgehen essenziell, damit ein für das Unternehmen adäquates Sicherheits- und Datenschutzniveau mit angemessenen Ressourcen (Finanzmittel, Personal, Zeit) erreicht werden kann.

Der Aufbau eines integrierten DS & ISMS sollte im Rahmen eines Projekts erfolgen. Nur so ist in der Regel eine ausreichende Bereitstellung der erforderlichen finanziellen, personellen und zeitlichen Ressourcen sichergestellt. Wesentliche Projektbeteiligte sind der Informationssicherheitsbeauftragte[1] (ISB), häufig als Projektleiter, der Datenschutzbeauftragte (DSB) und alle entsprechend des Geltungsbereichs erforder-

[1] Oder anders benannt (siehe Abschnitt 4.5)

lichen Stakeholder, wie z. B. aus IT-Betrieb oder der Personalabteilung. Wenn noch kein ISB festgelegt ist, muss zumindest ein Verantwortlicher für Informationssicherheit für die Konzeption und Planung des Einstiegs in die Informationssicherheit benannt werden. Ein DSB ist in der Regel bereits benannt, da die Anforderungen der EU-DSGVO seit April 2018 zu erfüllen sind. Ebenso ist dann ein Datenschutzinstrumentarium (siehe Abschnitt 1.2.5) bereits aufgesetzt, das mit dem ISMS verzahnt werden muss.

Die Leitungsebene muss den Aufbau des integrierten DS & ISMS initiieren und die strategischen Eckwerte setzen. Zudem muss sie die organisatorischen Rahmenbedingungen schaffen, das Projekt aufsetzen und die notwendigen Finanzmittel und Ressourcen zur Verfügung stellen.

Übernahme der Gesamtverantwortung für Datenschutz und Informationssicherheit durch die oberste Leitungsebene

Die oberste Leitungsebene eines Unternehmens ist dafür verantwortlich, dass der Geschäftsbetrieb zielgerichtet und ordnungsgemäß abläuft sowie alle gesetzlichen und vertraglichen Anforderungen, wie z. B. GoBS, EU-DSGVO, Basel II oder PCI-DSS, eingehalten werden. Bei Verstößen gegen Compliance-Anforderungen drohen Haft oder Bußgelder wegen Aufsichtspflichtverletzungen gegen geschäftsführende Organmitglieder, negatives Rating, nationale oder internationale Sperre (Blacklist), steuerlich negative Folgen wie Abzugsverbot oder Schätzung, Schadensersatzansprüche sowie negative Presseberichterstattung mit enormen Auswirkungen auf den Geschäftserfolg. Die Umsetzung für eine hinreichende Informationssicherheit und Erfüllung der Datenschutzanforderungen ist unabdingbar. Risiken müssen frühzeitig erkannt, behandelt und minimiert werden.

Daher muss die oberste Leitungsebene aufgrund der weitreichenden Konsequenzen der zu treffenden Entscheidungen in vollem Umfang hinter der Informationssicherheits- & Datenschutz-Initiative (Projekt und kontinuierlicher Betrieb) stehen. Nach außen sichtbar ist dies durch die Leitlinie zu Informationssicherheit und Datenschutz. Diese muss von der Leitungsebene unterschrieben und in deren Namen veröffentlicht werden. Die Gesamtverantwortung für Informationssicherheit und Datenschutz verbleibt in der Leitungsebene unabhängig davon, ob die Aufgaben an z. B. den Informationssicherheitsbeauftragten (ISB) delegiert werden.

Wenn diese Randbedingung nicht gegeben ist, muss die Leitungsebene kontinuierlich für die Belange der Informationssicherheit sensibilisiert werden, sodass diese zukünftig ihre Verantwortung übernimmt. Parallel kann zunächst versucht werden, die fehlenden Sicherheitsmaßnahmen auf Arbeitsebene umzusetzen. Hierdurch kann zwar eine punktuelle Verbesserung des Sicherheitsniveaus erreicht werden, die Übernahme der Verantwortung durch die Leitungsebene ist jedoch Voraussetzung für ein dauerhaftes Weiterentwickeln des Sicherheitsniveaus.

Nach dem Aufbau des DS & ISMS muss die Leitungsebene den kontinuierlichen Datenschutz- und Informationssicherheitsprozess etablieren, steuern und kontrollieren. Im kontinuierlichen DS & ISMS-Prozess nach Inbetriebnahme informiert sich die Leitungsebene über mögliche Risiken und Konsequenzen aufgrund fehlender Informationssicherheit.

Die **strategischen Eckwerte** (siehe Strategie Informationssicherheit & Datenschutz in Bild 3.2) leiten sich aus der Unternehmensstrategie und den Anforderungen an Informationssicherheit und Datenschutz (siehe Kapitel 1) ab. Dokumentiert werden die strategischen Eckwerte in der Informationssicherheitsleitlinie (siehe Abschnitt 1.2.3) und der Datenschutzpolitik.

Neben dem Bekenntnis der Leitung, Informationssicherheit und Datenschutz aktiv zu unterstützen, und der Verpflichtung der Mitarbeiter zur Einhaltung werden in der Informationssicherheitsleitlinie insbesondere allgemeine Grundsätze festgelegt. Beispiele für Grundsätze sind „Gewährleistung des guten Rufs des Unternehmens in der Öffentlichkeit" und „Erhaltung der in Geschäftsprozessen und Technik investierten Werte". Daneben wird in der Informationssicherheitsleitlinie die Bedeutung der Informationssicherheit und des Datenschutzes für das Unternehmen neben weiteren Eckwerten dokumentiert.

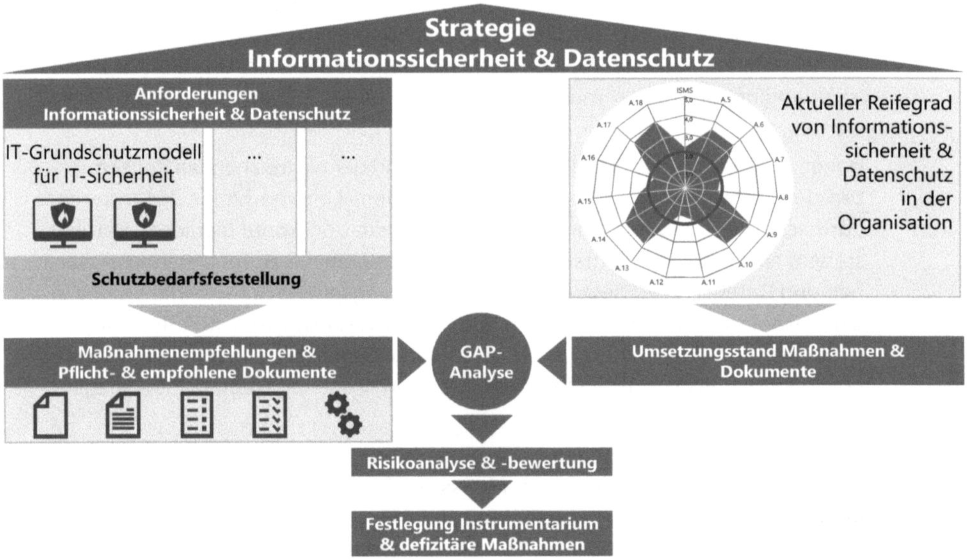

Bild 3.2 Skizze Vorgehen Aufbau DS&ISMS

Darüber hinaus werden hier bereits die Schutzziele (siehe Abschnitt 4.1.1), wie Vertraulichkeit, Verfügbarkeit und Integrität, und Strategien zur Erreichung dieser Ziele benannt und priorisiert. Dies gibt eine Orientierung für die Schutzbedarfsfeststellung im Rahmen der Sicherheitskonzeption. An dieser Stelle ist noch keine detaillierte Analyse des Informationsverbunds und der möglichen Kosten für Sicherheitsmaßnahmen erforderlich.

Für die Festlegung der strategischen Eckwerte sowie der notwendigen Finanzmittel und Ressourcen wird häufig ein Grobkonzept vor dem Aufsetzen des eigentlichen DS & ISMS-Projekts erstellt. Wichtig ist die Identifikation der wesentlichen Anforderungen und Rahmenbedingungen, wie:

- Organisationsstruktur des Unternehmens sowie Reifegrad des Risiko- und Qualitätsmanagements
- Einzuhaltende nationale und internationale Gesetze und Bestimmungen, branchenspezifische Sicherheitsstandards, Compliance-Anforderungen und Verträge (siehe Kapitel 1)
- Festlegung der Vorgehensweise im Projekt, d. h. ob eine Zertifizierung z. B. nach ISO 27001 erfolgen soll oder ob, wenn nach IT-Grundschutz vorgegangen wird, eine Basis-, Standard- oder Kern-Absicherung (siehe Abschnitt 1.2.4) erfolgen soll
- Identifikation der relevanten internen und externen Parteien, wie z. B. interne oder externe Kunden, Dienstleister, Zulieferer, Partner oder Verbände, und die Informationssicherheitsanforderungen an die bzw. von der Organisation durch eine Stakeholder-Analyse
- Aufnahme der wesentlichen Assets des Unternehmens, wie z. B. der wichtigsten Geschäftsprozesse, Fachaufgaben und der dort verarbeiteten Informationen und der eingesetzten Informationstechnik, sowie deren Bedarf an Informationssicherheit (siehe Schutzbedarf in Abschnitt 4.1.1 und Asset-Management in Kapitel 5)
- Definition des Geltungsbereichs mit allen infrastrukturellen, organisatorischen, personellen und technischen Komponenten, die der Aufgabenerfüllung in einem bestimmten Anwendungsbereich dienen. Dies kann das ganze Unternehmen oder aber auch einzelne Bereiche umfassen.
- Definition des angestrebten Sicherheitsniveaus, des „Risikoappetits", durch z. B. Kriterien im Kontext der Risikobewertung (siehe Abschnitt 4.2). Das angestrebte Sicherheits- und Datenschutzniveau muss erreichbar sein.

> Der Geltungsbereich sollte möglichst alle Bereiche, Aspekte und Komponenten des Unternehmens umfassen, die für die Geschäftstätigkeit des Unternehmens erforderlich sind. Wenn betrachtete Fachaufgaben oder Geschäftsprozesse von Partnern, wie z. B. nach dem Outsourcing, durchgeführt werden, müssen die Schnittstellen klar im Rahmen der Sicherheitskonzeption definiert werden.

Die im Grobkonzept beschriebenen strategischen Eckwerte und ermittelten Rahmenbedingungen bilden die Grundlage für eine Abschätzung und Projektplanung für die

Sicherheits- und Datenschutzkonzeption. Die Inhalte werden bei der Erstellung des Sicherheits- und Datenschutzkonzepts detailliert. Wenn auf ein Grobkonzept verzichtet wird, kann auf Basis von Erfahrungswerten aus der Branche für die Festlegung von erforderlichen Budgets für die Konzeption des DS & ISMS zurückgegriffen werden.

Die Strategie für Informationssicherheit und Datenschutz gibt die strategischen Eckwerte und den Rahmen für die Ausgestaltung des integrierten Managementsystems vor. Die Detaillierung und auch die Dokumentation und Kommunikation der Informationssicherheits- und Datenschutzleitlinie ebenso wie die Sicherheitskonzeption erfolgen in der Regel im Rahmen des Aufbauprojekts.

Die **Informationssicherheitsleitlinie**, idealerweise integriert mit der Datenschutzpolitik, ist ein Grundsatzdokument der obersten Leitungsebene. Es gibt den Stellenwert, die verbindlichen Prinzipien, das angestrebte Sicherheitsniveau und die Strategien zur Operationalisierung vor.

Die Leitlinie und deren kontinuierliche Aktualisierung müssen allen Mitarbeitern bekanntgegeben werden. Hierzu muss sie für alle Mitarbeiter verständlich und einfach gehalten sein.

Wesentliche Bestandteile der Informationssicherheitsleitlinie sind:

- Bedeutung der Informationssicherheit für die Organisation („Welche Auswirkungen hat die Verletzung der Vertraulichkeit und/oder Integrität oder der Ausfall von IT-Systemen für das Unternehmen?")
- Konkretisierung des Geltungsbereichs durch u. a. Benennung der prozessualen, räumlichen und organisatorischen Anwendungsbereiche sowie deren Abgrenzung (Synonym Informationsverbund in der IT-Grundschutz-Methodik siehe Abschnitt 1.2.4)
- Verantwortungsübernahme durch die Leitungsebene
- Einzuhaltende Gesetze und Auflagen sowie die Verpflichtung der Mitarbeiter, diese zu beachten
- Verantwortlichkeiten in der Informationssicherheit

Erster Schritt für die Operationalisierung der Strategie ist die **Sammlung und Bewertung der Anforderungen an Informationssicherheit und Datenschutz** (siehe Bild 3.2). Ausgangsbasis ist hier der internationale Standard ISO/IEC 27001 für Informationssicherheit in Unternehmen und Behörden (siehe Abschnitt 1.2.3). Die weiteren einzuhaltenden nationalen und internationalen Gesetze und Bestimmungen, branchenspezifischen Sicherheitsstandards, Compliance-Anforderungen und Verträge führen gegebenenfalls zu weiteren Anforderungen.

Die Dokumentation der Anforderungen kann sehr gut mit einem erweiterten SoA-Template (siehe Abschnitt 1.2.3) erfolgen. Hier sind alle festgelegten Kontrollen aus allen anzuwendenden Normen, Gesetzen und Verträgen neben den Verantwortlichkeiten und der Zuordnung zu den relevanten IT-Grundschutz-Bausteinen und empfohlenen Standard-Sicherheitsmaßnahmen aus dem IT-Grundschutz und dem Standard-Datenschutzmodell (SDM in [SDM24]) enthalten. Die Grundstruktur gibt die ISO/IEC 27001 vor.

Als Basis für die **Schutzbedarfsfeststellung** erfolgt neben der Identifikation der Anforderungen die Erstaufnahme des Informationsverbunds, sofern dieser nicht ohnehin durch z. B. ein etabliertes Enterprise Architecture Management (siehe Kapitel 5) vorliegt. Besonderer Fokus liegt bei der Erstaufnahme auf besonders wichtigen Geschäftsprozessen sowie deren IT-Unterstützung durch Anwendungen, (physische und virtuelle) IT-Systeme und ICS-Komponenten sowie wichtige Räume wie Rechenzentren und Serverräume im Geltungsbereich.

Alle Elemente des Informationsverbunds (sogenannte Assets) sollten den IT-Grundschutz-Bausteinen zugeordnet werden. So können die etwas detaillierten Anforderungen und empfohlenen Maßnahmen aus dem IT-Grundschutz für die Gestaltung der konkreten Sicherheitsmaßnahmen einfacher herangezogen werden. Im IT-Grundschutz wird zwischen Basis-, Standard- und Anforderungen für den erhöhten Schutzbedarf unterschieden:

- **Basis-Anforderungen** sind vorrangig zu erfüllen.
- **Standard-Anforderungen** sind für eine vollständige Umsetzung des IT-Grundschutzes und eine dem Stand der Technik gemäße Sicherheit zu erfüllen.
- **Anforderungen für den erhöhten Schutzbedarf**

Bei der Schutzbedarfsfeststellung werden die Assets bezüglich Schadenszenarien, wie z. B. Beeinträchtigung der Funktionserfüllung (siehe Abschnitt 4.1.1), für die Grundwerte Vertraulichkeit, Integrität oder Verfügbarkeit analysiert und der Schutzbedarf sowie mögliche Schadensauswirkungen (z. B. Schadenhöhen) für alle Grundwerte und insgesamt der resultierende Schutzbedarf werden ermittelt.

Eine Vorabeinschätzung des Schutzbedarfs sollte unter der Leitung des (zukünftigen) ISB erstellt werden. Hierzu sollte für alle Kerngeschäftsprozesse ein maximal halbtägiges Brainstorming mit den auskunftsfähigen Fachverantwortlichen für den Geschäftsprozess sowie den entsprechenden IT-Verantwortlichen durchgeführt werden. Ausgehend von den Kerngeschäftsprozessen können dann die relevanten unterstützenden Prozesse und die Informationen ermittelt werden.

Wichtig ist es, besonders kritische Assets in Business und IT in Bezug auf die Schutzziele Vertraulichkeit, Integrität und Verfügbarkeit zu identifizieren. Beispielfragen sind u. a.:

- Welche Geschäftsprozesse, Informationen oder IT-Systeme (die Assets) sind in Bezug auf Vertraulichkeit, Integrität und Verfügbarkeit besonders kritisch für das Unternehmen?

  Hinweis: Häufig reichen hier Gruppierungen, wie z. B. mobile Endgeräte oder Büroarbeitsplatz, völlig aus. Assets mit hohem Schutzbedarf, wie z. B. Serverräume, sind jedoch einzeln aufzuführen.

- Welche der kritischen Assets (siehe Abschnitt 4.1.2) erfordern ein höheres Sicherheitsniveau als „normal“?
- In welchen Prozessen und IT-Systemen werden personenbezogene Informationen verarbeitet, deren Vertraulichkeit besonders zu schützen sind?
- Welche kritischen Aufgaben des Unternehmens können ohne IT-Unterstützung nicht, nur unzureichend oder nur mit erheblichem Mehraufwand ausgeführt werden?
- Welche Auswirkungen haben Sicherheitsvorfälle (siehe Gefährdungen in Abschnitt 4.2)?
- Welche gesetzlichen oder vertraglichen Anforderungen (z. B. Datenschutz) erfordern besondere Maßnahmen in welchen Prozessen und IT-Systemen?

Beim Brainstorming ist die Leitungsebene nicht zwingend erforderlich. Die Ergebnisse der Analyse sollten aber nach einem vorher festgelegten Schema dokumentiert und an die Leitungsebene berichtet werden.

Aus dem Ergebnis der Schutzbedarfsfeststellung können dann Maßnahmenempfehlungen abgeleitet werden. Für Assets mit erhöhtem Schutzbedarf können die Anforderungen für den erhöhten Schutzbedarf aus dem IT-Grundschutz Anwendung finden und somit gegebenenfalls erweiterte Sicherheitsmaßnahmen mit in das Instrumentarium einbezogen werden. Natürlich können auch andere Sicherheitsmaßnahmen gewählt werden, um die Schutzanforderungen zu befriedigen.

Die Assets inklusive ihres Schutzbedarfs können in der SoA als separate Spalte zugeordnet zu den IT-Grundschutz-Bausteinen aufgenommen werden. So sind alle wesentlichen Informationen an einer Stelle.

Aus der SoA inklusive dem ermittelten Schutzbedarf der Assets können die Empfehlungen für geeignete technische und organisatorische Maßnahmen abgeleitet werden, die notwendig sind, um die Sicherheitsziele zu erfüllen. Beispiele für Standardanforderungen sind:

- Zugangssteuerung durch ein geeignetes Identitäts- und Berechtigungsmanagement
- Zutrittssteuerung zur physischen Absicherung von Gebäuden und Räumlichkeiten
- Sichere Kommunikation durch technische Vorkehrungen und Anwendung kryptografischer Maßnahmen zur Absicherung der Übertragung von Informationen
- Verfahren zur Erkennung und Abwehr von Schadsoftware
- Regelungen zum Umgang mit klassifizierten Informationen
- Ausreichende Datensicherungsverfahren

Für Assets mit erhöhtem Schutzbedarf, wie z. B. Personalakten, müssen gegebenenfalls erweiterte Sicherheitsmaßnahmen, wie z. B. separate räumliche und Netzwerk-Sicherheitszonen oder spezielle Zutrittsberechtigungen, festgelegt werden, wenn keine Risikoübernahme durch die Leitungsebene erfolgt.

Wie in Bild 3.2 links unten dargestellt, ergeben sich Maßnahmenempfehlungen inklusive der Pflicht- und empfohlenen Dokumente aus z. B. ISO 27001. Diese Maßnahmenempfehlungen müssen dann mit dem Umsetzungsstand der Maßnahmen über eine GAP-Analyse abgeglichen werden. Lücken stellen Risiken dar, die bewertet werden müssen. Wenn das Risiko nicht übernommen wird, dann sind die entsprechenden Maßnahmenempfehlungen Teil des integrierten Datenschutz- und Informationssicherheitsinstrumentariums. Die defizitären Maßnahmen müssen umgesetzt und das integrierte Instrumentarium in Betrieb genommen werden.

Nun schauen wir uns das Vorgehen im Detail an.

3.2 Detaillierter Leitfaden für den Aufbau

In Bild 3.3 finden Sie das Best-Practice-Vorgehen für den Aufbau eines integrierten Instrumentariums für Informationssicherheit und Datenschutz. Den Ausgangspunkt bilden die Anforderungen aus dem De-facto-Standard für Informationssicherheit ISO 27001 und der EU-DSGVO für den Datenschutz sowie gegebenenfalls weitere Anforderungen aus einzuhaltenden Gesetzen und Auflagen (siehe Kapitel 1).

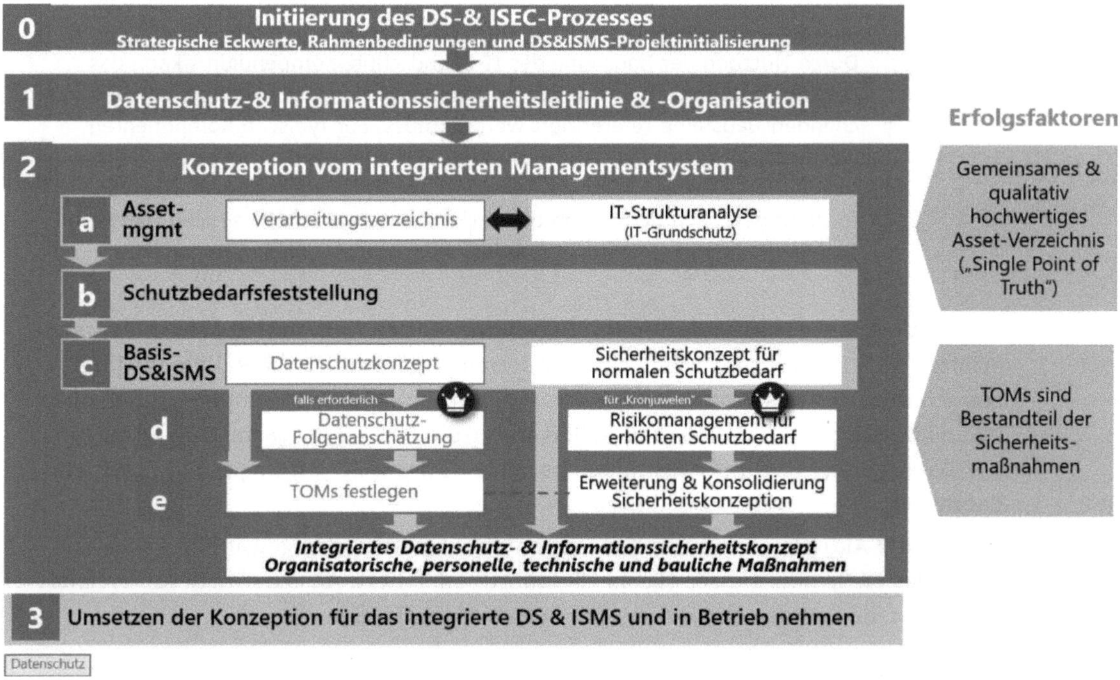

Bild 3.3 Schritte bei der Einführung des integrierten Instrumentariums

Wir empfehlen, als Basis für das integrierte Managementsystem für Informationssicherheit und Datenschutz die ISO/IEC 27001 auf der Basis von IT-Grundschutz zu verwenden.

Gründe:

- ISO/IEC 27001 ist der De-facto-Standard für Informationssicherheit und liefert die Grundstruktur für das umzusetzende ISMS sowie die anzuwendenden Kontrollen.
- Vereinfachung und Beschleunigung des Aufbaus des Instrumentariums durch Kombination von ISO/IEC 27001 mit dem IT-Grundschutz (siehe Abschnitt 1.2.4) sowie Verschlankung des Instrumentariums
- Der modernisierte IT-Grundschutz ist kompatibel mit ISO/IEC 27001. Über vom BSI bereitgestellte Kreuztabellen können die IT-Grundschutz-Bausteine mit ihren Anforderungen und Maßnahmen den Kontrollen der ISO/IEC 27001 zugeordnet werden.
- Durch den IT-Grundschutz werden die ISO/IEC-27001-Anforderungen und Maßnahmenempfehlungen konkretisiert.
- Für Assets mit normalem Schutzbedarf wird durch die Umsetzung der Anforderungen und Maßnahmen aus dem IT-Grundschutz, falls vorhanden, eine Absicherung auf dem Stand der Technik erreicht. Nur bei erhöhtem Schutzbedarf und wenn keine Anforderungen bzw. Maßnahmen definiert sind, muss zusätzlich eine Risikoanalyse unter Beachtung von Kosten- und Wirksamkeitsaspekten durchgeführt werden. In der Regel reicht es hier aus, entweder Sicherheitsmaßnahmen für den erhöhten Schutzbedarf aus dem IT-Grundschutz auszuwählen und an die individuellen Bedürfnisse anzupassen oder aber entsprechende individuelle, qualitativ höherwertige Maßnahmen zu ergänzen.
- Durch Nutzung der Bausteine des IT-Grundschutz-Kompendiums kann das resultierende Konzept erheblich verschlankt werden, da nur auf die entsprechenden Bausteine referenziert werden muss. Für typische Komponenten von Geschäftsprozessen, Anwendungen, IT-Systemen und weiteren Objekten werden im IT-Grundschutz-Kompendium entsprechende Sicherheitsanforderungen nach dem Stand der Technik beschrieben. Diese sind thematisch in Bausteinen strukturiert, sodass sie modular aufeinander aufsetzen.

Die Leitungsebene muss, wie bereits ausgeführt, für den Aufbau und Betrieb des integrierten DS & ISMS strategische Eckwerte setzen, organisatorische Rahmenbedingungen schaffen und das Projekt zum Aufbau initiieren und die notwendigen Finanzmittel und Ressourcen zur Verfügung stellen. Dies ist in Bild 3.3 mit „Schritt 0 – Festlegung der Datenschutz- und Informationssicherheits- (kurz ISEC) Strategie und Eckwerte“ dargestellt.

Da sich die Aktivitäten bei der Konzeption abhängig von der gewählten Vorgehensweise des IT-Grundschutzes (Basis-, Standard- oder Kern-Absicherung)[2)] unterscheiden, muss die Leitungsebene hier eine Entscheidung treffen.

---

2 Aufgeführte Aktivitäten entsprechen denen der Standard-Absicherung.

Nun schauen wir uns die weiteren Schritte im Detail für die IT-Grundschutz-Vorgehensweise Standardabsicherung (siehe Abschnitt 1.2.4) an.

3.2.1 Datenschutz- und Informationssicherheitsleitlinie und -organisation

Wesentliche Ergebnisse: Leitlinie zu Informationssicherheit und Datenschutz sowie Sicherheits- und Datenschutzorganisation (zumindest für das Aufbau-Projekt)

Die Leitlinie zu Informationssicherheit und Datenschutz dokumentiert insbesondere die von der Leitungsebene festgelegten Eckwerte und Rahmenbedingungen. Dies beinhaltet die Sicherheitsziele, den Anwendungsbereich, das angestrebte Sicherheitsniveau, die Datenschutzpolitik, die Sicherheits- und Datenschutzorganisation sowie zentrale Grundsätze und Verfahren der Informationssicherheit und des Datenschutzes, mit welchen die Ziele erreicht werden sollen. Zudem beinhaltet diese eine Verpflichtung der Mitarbeitenden zur Einhaltung und das Bekenntnis der Leitung, die Informationssicherheit und den Datenschutz aktiv zu unterstützen. Siehe hierzu Abschnitt 1.2.3.

> **!** Alle Mitarbeiter und Geschäftspartner des Unternehmens müssen die Inhalte der Sicherheits- und Datenschutzleitlinie kennen und nachvollziehen können.

Um das angestrebte Sicherheitsniveau zu erreichen, ist eine adäquate **DS & ISMS-Organisation** erforderlich, die von der Größe, Art und Struktur des Unternehmens abhängt. Unternehmensindividuell müssen Rollen mit klaren Verantwortlichkeiten und Kompetenzen sowie Gremien festgelegt und in der Organisation verankert werden. Diese Rollen müssen dann qualifizierten Mitarbeitern übertragen werden. Hierbei können verschiedene Rollen auch von den gleichen Personen wahrgenommen werden. Die personelle Ausgestaltung richtet sich nach der Größe, Art und Struktur der Organisation sowie den vorhandenen Ressourcen und dem angestrebten Sicherheitsniveau. Die Gesamtverantwortung für die ordnungsgemäße und sichere Aufgabenerfüllung im Kontext Datenschutz und Informationssicherheit verbleibt bei der Leitungsebene. Die Aufgaben können jedoch delegiert werden.

Für die Projektdurchführung ist insbesondere der **Beauftragte für Informationssicherheit (ISB)** von der Leitungsebene zu ernennen, falls dieser noch nicht festgelegt ist. Er fungiert in der Regel auch als Projektleiter für den Aufbau des integrierten Instrumentariums. Beim Aufbau hat er insbesondere folgende Aufgaben:

- Unterstützung der Leitung bei der Erstellung der Leitlinie
- Status- und Fortschritts-Reporting an die Leitungsebene
- Koordination aller Projektaktivitäten

- Treiben und Koordinieren der Erstellung des Sicherheitskonzepts, der erforderlichen Richtlinien, Verfahrensanweisungen und Arbeitsanweisungen
- Planung und Steuerung der Umsetzung der festgelegten Sicherheitsmaßnahmen
- Initiierung und Koordination von Maßnahmen zur Sensibilisierung und Schulung
- Untersuchung und Management von sicherheitsrelevanten Vorfällen (keine Projekt-, sondern Linienaufgabe)

Für den Aufbau des ISMS und die Integration mit dem Datenschutzmanagementsystem sollte ein Team, im Folgenden **ISEC-Projektteam** genannt, aus den Zuständigen, Fachverantwortlichen und Experten für Informationssicherheit und Datenschutz gebildet werden, um den Informationssicherheitsbeauftragten zu unterstützen. Hier sollten neben dem ISB insbesondere der Datenschutzbeauftragte (DSB) und der Verantwortliche für die IT-Sicherheit sowie Vertreter der Fachverfahren und Geschäftsprozesse vertreten sein. Details hierzu finden Sie in Abschnitt 4.5.

Die Leitungsebene muss die erforderlichen Ressourcen und Budgets bereitstellen und das Projekt initiieren. Im Projekt wird dann das übergreifende Instrumentarium konzipiert, umgesetzt und in Betrieb genommen.

3.2.2 Konzeption des integrierten Managementsystems

Die von der Leitungsebene freigegebene Datenschutz- und Informationssicherheitsleitlinie und Organisation gibt die Orientierung und die Leitplanken für die Konzeption des integrierten Managementsystems vor.

In der Konzeption entstehen eine Vielzahl verschiedener Dokumente, wie Konzepte, Richtlinien, Handlungsanweisungen (Verfahrensanweisungen und Arbeitsanweisungen) sowie Nachweise. Die Zielgruppen sind durchaus unterschiedlich. Beispiele sind:

- **Datenschutz- und Sicherheitsmanagement:** Datenschutz- und Sicherheitskonzept, Risikoportfolio und Behandlungsplan sowie Audit- oder Revisionsberichte
- **Für technische Experten** technische Konzepte und Handlungsanweisungen: IAM-Konzept, Anleitungen für den Wiederanlauf nach einem Sicherheitsvorfall, Test- und Freigabeverfahren oder Installations- und Konfigurationsanleitungen
- **Nutzerleitlinie für die Mitarbeitenden:** grundlegende Aussagen zum Umgang mit Datenschutz und Informationssicherheit im Unternehmen sowie von den Mitarbeitenden umzusetzende Sicherheitsmaßnahmen, wie z. B. Internetnutzungsrichtlinie, Richtlinien für mobiles Arbeiten oder aufgeräumter Arbeitsplatz
- **Nachweise für die Leitungsebene:** Aufzeichnungen von Managemententscheidungen, Anforderungen aus Gesetzen und Verträgen mit Nachweis für deren Umsetzung (wie z. B. SoA)

- **Zertifizierungsrelevante Dokumente** entsprechend der angestrebten Zertifizierung: Beispiele sind hier Dokumente zu Risikomanagement, Dokumentenlenkung, Auditplan oder Aufzeichnungen zur Auditierung.

Die Dokumente sollten dem Ziel und Zweck angemessen sein. Sie sollten möglichst schlank, aber gleichzeitig aussagekräftig gestaltet werden, um „lesbar" zu bleiben. So reichen für bestimmte Bereiche häufig einfache Checklisten oder es können, wenn das IT-Grundschutz-Kompendium genutzt wird, Referenzen auf die Bausteine oder deren Bestandteile anstelle von Textkopien genutzt werden. Dadurch bleibt der Aufwand für die Erstellung in einem angemessenen Rahmen. Wichtig ist bei der Dokumentation auch, dass nachvollzogen werden kann, was warum entschieden und umgesetzt wurde. Eine hinreichende Dokumentation muss getroffene Entscheidungen nachvollziehbar und DS & ISMS-Prozesse wiederholbar und standardisierbar machen (Erhöhung des Reifegrads). Schwächen und Fehler können so frühzeitig aufgedeckt und dann zukünftig vermieden werden.

Für eine Zertifizierung nach ISO 27001 müssen alle Pflichtdokumente (siehe Abschnitt 1.2.3) im Rahmen der Konzeption erstellt werden, eigenständige Dokumente für jeden inhaltlichen Aspekt sind nicht erforderlich. Es reicht aus, die notwendigen Informationen an einer geeigneten Stelle in vorhandenen Texten oder einem Wiki zu dokumentieren.

> Aktivitäten bei der Konzeption unterscheiden sich abhängig von der gewählten Vorgehensweise des IT-Grundschutzes (Basis-, Standard- oder Kern-Absicherung).* Im Leitfaden wird die Vorgehensweise Standard-Absicherung verwendet.
>
> * Aufgeführte Aktivitäten entsprechen denen der Standard-Absicherung.

Ausgangspunkt bei der Konzeption stellt in der Regel ein **initiales SoA** parallel zur initialen Aufnahme der Assets und der Schutzbedarfsfeststellung dar. In der Erklärung der Anwendbarkeit (Statement of Applicability – kurz SoA) werden alle erforderlichen Kontrollen, die Gründe für deren Einbeziehung, ob sie umgesetzt wurden oder nicht, sowie Gründe für die Nichteinbeziehung von Anforderungen aus dem Anhang A beschrieben. Hier sollten, wie bereits in Abschnitt 1.2.3 ausgeführt, die IT-Grundschutz-Bausteine zugeordnet werden. Aus dem initialen SoA kann bereits eine Menge Input für die Interviews der Schutzbedarfsfeststellung gewonnen werden, da hier die Anforderungen und Maßnahmen für alle Funktionen dokumentiert sind. Das SoA ist, mit Anreicherungen, auch die Grundlage für die GAP-Analyse und Identifikation und Verfolgung des Umsetzungsstatus von benötigten Schutzmaßnahmen.

3.2.2.1 Teilschritte bei der Konzeption des Instrumentariums

Asset-Management als Basis für die Schutzbedarfsfeststellung

Asset-Management ist die Verwaltung der Werte des Unternehmens (Assets), wie z. B. Informationen, IT-Systeme und Infrastruktur sowie Personen mit deren Wissen und Fähigkeiten, entlang deren Lebenszyklus.

Entsprechend ISO/IEC 27001 muss ein Verzeichnis der Werte einer Organisation erstellt werden. Für jedes Asset muss der Eigentümer klar und eindeutig benannt werden. Dieser hat die Verantwortung für die Festlegung der Schutzbedarfseinschätzung (siehe Abschnitt 4.1.2) für das Asset sowie die Festlegung der erforderlichen Maßnahmen. Beispiele sind Richtlinien über den Einsatz von Fremdpersonal oder Datenaustausch mit Dritten sowie Verfahrensweisen beim Ausscheiden von Mitarbeitern.

- **Asset-Management kann über Enterprise Architecture Management und eine CMDB (siehe Kapitel 5) vereinfacht werden.**

  Alle Assets sollten direkt den Systembausteinen des IT-Grundschutz-Kompendiums zugeordnet werden. Auf dieser Basis können dann auch die Auswahl und Priorisierung relevanter Bausteine für die SoA erfolgen. Durch die Zuordnung erhält man letztendlich, wenn dies entsprechend mit EAM- oder/und CMDB-Werkzeugen gut unterstützt wird, das IT-Grundschutzmodell des Informationsverbunds frei Haus. Durch die Zuordnung der Assets zu den IT-Grundschutz-Bausteinen können zudem die den Bausteinen zugeordneten Gefährdungen sowie impliziten qualitativen Risikobewertungen aus dem IT-Grundschutz-Kompendium genutzt werden. So kann für einen Großteil der Assets mit normalem Schutzbedarf auf die Risikoanalyse verzichtet werden (siehe Abschnitt 1.2.4).

- **Das Asset-Management im Kontext Datenschutz** erfolgt entsprechend EU-DS-GVO in Form des Verarbeitungsverzeichnisses (siehe Abschnitt 1.2.5). Jede Verarbeitung beinhaltet Verweise zu Assets, wie z. B. Anwendungen, Geschäftsprozesse oder Personengruppen, idealerweise aus dem zentral bereitgestellten und gepflegten Asset-Verzeichnis. Der „Single Point of Truth" sollte aber auch hier ein EAM- oder CMDB-Tool sein.

> **!**
> - Für die Schutzbedarfsfeststellung reichen häufig auch Assets auf Typ-Ebene, wie z. B. Notebooks oder Oracle 12 g Datenbankserver.
> - Als Vorbereitung sollte zu einem frühen Zeitpunkt das angestrebte Sicherheitsniveau für jedes relevante Asset als Input für die Schutzbedarfsfeststellungs-Interviews abgeschätzt werden.

Schutzbedarfsfeststellung (siehe Abschnitt 4.1.2)

Bei der Schutzbedarfsfeststellung wird ermittelt, welcher Schutz für die Geschäftsprozesse und die verarbeiteten Informationen und damit für die unterstützenden Assets, wie z. B. Anwendungen oder IT-Systeme, ausreichend und angemessen ist. Auf dieser Basis kann die Auswahl angemessener Sicherheitsmaßnahmen erfolgen. Wesentlich ist die Unterscheidung, ob normaler Schutzbedarf oder erhöhter Schutzbedarf (hoch oder sehr hoch, siehe Abschnitt 4.1.1) besteht. In Bild 3.3 ist dieser als Krone dargestellt, sogenannte Kronjuwelen (siehe Abschnitt 4.1.1).

Bei normalem Schutzbedarf können die Standard-Sicherheitsmaßnahmen aus dem IT-Grundschutz-Kompendium verwendet werden, um eine Standard-Absicherung auf dem Stand der Technik zu erhalten. Hierbei müssen lediglich die für das Unternehmen relevanten Bausteine entsprechend der zu schützenden Assets betrachtet werden. Wenn zu schützende Assets nicht über IT-Grundschutz-Bausteine abgedeckt werden, muss eine dedizierte Risikoanalyse (siehe Abschnitt 4.2) durchgeführt werden.

Bei der Schutzbedarfsfeststellung werden für die Assets mit erhöhtem Schutzbedarf auch die Schadensauswirkungen vom Verantwortlichen erfragt.

Datenschutz- und Sicherheitskonzeption für normalen Schutzbedarf

Für alle festzulegenden Kontrollen in der SoA muss eine GAP-Analyse durchgeführt werden. Mittels Interviews mit den Verantwortlichen und Experten sowie Stichproben werden die Art und Weise und der Status der Umsetzung in einem Soll-Ist-Vergleich erhoben und in der SoA dokumentiert. Es wird überprüft, ob die festgelegten Anforderungen aus der ISO 27001 auf der Basis von IT-Grundschutz und der Datenschutzanforderungen sowie der weiteren Anforderungen (siehe Kapitel 1) bereits ganz oder teilweise umgesetzt sind und welche Sicherheitsmaßnahmen noch fehlen (Defizite).

Für die bisher nicht erfüllten Anforderungen müssen geeignete Sicherheitsmaßnahmen festgelegt werden. Auch hier kann u. a. auf die Umsetzungshinweise des IT-Grundschutz-Kompendiums zurückgegriffen werden. Folgende Schritte sind hierfür notwendig:

- **Konsolidierung der Anforderungen:** In der Datenschutz- und Sicherheitskonzeption werden die Anforderungen aus z. B. ISO 27001, EU-DSGVO und weiteren gesetzlichen oder vertraglichen Anforderungen für die Informationssicherheit und den Datenschutz des Unternehmens konsolidiert und diesen die erforderlichen Standard-Sicherheitsmaßnahmen (für normalen Schutzbedarf) zugeordnet.

> **Hinweis**
>
> Nutzen Sie idealerweise Best-Practices, die bereits für ISO 27001 auf der Basis von IT-Grundschutz die Anforderungen und auch die Standardmaßnahmen zugeordnet haben. So wird der Aufwand erheblich reduziert.

Dies kann sehr gut mit einem erweiterten SoA-Template (siehe Abschnitt 1.2.3) mit allen festgelegten Kontrollen, Verantwortlichkeiten und der Zuordnung zu den relevanten IT-Grundschutz-Bausteinen und empfohlenen Standard-Sicherheitsmaßnahmen aus dem IT-Grundschutz und dem SDM erfolgen. Das Standard-Datenschutzmodell (siehe [SDM24]) bietet eine gute Grundlage für die Datenschutzaspekte mit u. a. generischen Maßnahmen zur Umsetzung der Gewährleistungsziele sowie einen Maßnahmenkatalog.

- **Vorabanalyse:** Sichten aller Dokumente und sicherheitsrelevanten Abläufe im Unternehmen und Zuordnung dieser zu den Kontrollen sowie Bilden einer ersten Einschätzung bzgl. Umsetzungsgrad der Anforderung
- **Interview-Planung:** Für jede Kontrolle und für jeden Baustein müssen die Verantwortlichen und ggf. Expertenansprechpartner festgelegt werden. In gewissem Umfang müssen auch externe Stellen beteiligt werden, wenn z. B. Teile von Geschäftsprozessen oder des IT-Betriebs outgesourct sind.

  Nach der Festlegung der Interview-Partner muss ein Terminplan (idealerweise direkt mit Ausweichterminen) erstellt und alle Termine müssen mit den Interview-Partner abgestimmt werden.

  Hinweis: Für die Kontrollen gibt es in Best-Practice-Templates „typische“ Verantwortlichkeiten, wie z. B. HR. Verantwortlichkeiten für Bausteine können aus dem Asset-Management abgeleitet werden.
- **Interviews und Dokumentation:** Durchführung der Interviews und Durchführung von Stichproben sowie Dokumentation des Umsetzungsgrads, der Verantwortlichen für die Umsetzung, der Maßnahmen und des Zieltermins für die Umsetzung. Außerdem Risiko- und Aufwandseinschätzung und Bemerkungen für jede Kontrolle und IT-Grundschutz-Baustein im GAP-Analyse/SoA-Excel.

  Beim Umsetzungsgrad sollte zwischen vollständig („ja“), teilweise („teilweise“) oder nicht erfüllt („nein“) sowie „entbehrlich“ unterschieden werden.

  „Entbehrlich“: Die Erfüllung der Anforderung in der vorgeschlagenen Art und Weise ist nicht notwendig, weil es z. B. keine entsprechenden Systeme oder Dienste gibt.

  „Ja“: Geeignete Maßnahmen wurden für die Anforderung vollständig, wirksam und angemessen umgesetzt.

  „Teilweise“: Die Anforderung wurde nur teilweise umgesetzt.

  „Nein“: Die Anforderung wurde noch nicht erfüllt. Geeignete Maßnahmen sind größtenteils noch nicht umgesetzt.

  In den Bemerkungen werden getroffene Entscheidungen nachvollziehbar dokumentiert. Bei Anforderungen, deren Umsetzung entbehrlich erscheint, ist eine Begründung anzugeben. Bei Anforderungen, die noch nicht oder nur teilweise umgesetzt sind, sollte dokumentiert werden, welche Maßnahmen noch umzusetzen sind. Diese sollten idealerweise in einer separaten Spalte referenziert werden, um die Pflege und das kontinuierliche Nachhalten zu vereinfachen.[3]

Für Anforderungen, die nicht oder nur teilweise erfüllt werden, ist das damit verbundene Risiko in geeigneter Form zusammen mit den finanziellen und personellen Aufwänden zur Beseitigung des Defizits zu ermitteln und zu dokumentieren.

Bei den Interviews sollten nicht nur die Kontrollen und Bausteintexte aus dem IT-Grundschutz, sondern insbesondere auch Umsetzungshinweise oder ergänzende Materialien genutzt werden. Versuchen Sie so anschaulich wie möglich zu sein.

Erläutern Sie bei den Interviews zu Beginn die Ziele und das Vorgehen. Fahren Sie dann mit den Anforderungsüberschriften fort und erläutern Sie die Anforderung möglichst anschaulich im konkreten Unternehmenskontext. Der Interviewte kann dann auf die bereits umgesetzten Anforderungen und die Maßnahmen eingehen. Lassen Sie sich hier vorhandene Dokumente oder Systeme idealerweise auch zeigen. Am Ende sollten Sie die noch offenen Punkte und das weitere Vorgehen besprechen.

Die Einschätzung des Umsetzungsstatus („entbehrlich", „ja", „nein" und „teilweise") kann ggf. direkt am Ende des Interviews mit Begründung mitgeteilt werden. Wenn z. B. noch Stichproben notwendig sind, kann dies auch im Nachgang idealerweise wieder persönlich erfolgen.

Risikomanagement für Assets mit erhöhtem Schutzbedarf (siehe Risikomanagement in Abschnitt 4.2)

Für alle Assets aus dem Asset-Register mit erhöhtem Schutzbedarf oder Assets, die nicht über Bausteine aus dem IT-Grundschutz hinreichend abgedeckt sind, müssen eine Risikoanalyse und Risikobewertung durchgeführt werden. Hierzu werden mögliche Risiken über die Analyse der bei der Schutzbedarfsfeststellung mit dem Fachverantwortlichen diskutierten Schadensszenarien identifiziert, eingeschätzt und Risikobehandlungsoptionen entschieden.

Ergebnis sind ein Risikoportfolio (siehe Abschnitt 4.2) und ein Risikobehandlungsplan, der idealerweise integriert in das übergreifende Risikomanagement des Unternehmens durch die Leitungsebene freigegeben wird. In dem Risikobehandlungsplan sind erweiterte Sicherheitsmaßnahmen inklusive Aufwände und einer Umsetzungsplanung enthalten.

[3] ISMS-Werkzeuge unterstützen normalerweise das Referenzieren.

Erweiterung und Konsolidierung der Sicherheitskonzeption

Integration der zusätzlichen Maßnahmen aus dem Risikobehandlungsplan in das Sicherheitskonzept und Konsolidierung mit allen technischen und organisatorischen Maßnahmen aus dem Datenschutzkonzept zum integrierten Datenschutz- und Informationssicherheitskonzept mit allen technischen, organisatorischen, personellen und baulichen Maßnahmen.

Die zusätzlichen oder konsolidierten Maßnahmen müssen in dem erweiterten SoA-Excel inklusive des Umsetzungsstatus und der anderen Informationen gepflegt werden. Überaus wichtig ist es, notwendige realisierungsbegleitende Maßnahmen, wie beispielsweise Schulungen, rechtzeitig zu konzipieren und für die Umsetzung sowie die Inbetriebnahme mit einzuplanen.

3.2.2.2 Umsetzen der Konzeption für das integrierte DS & ISMS und Inbetriebnahme

Alle defizitären Sicherheitsmaßnahmen der konsolidierten Datenschutz- und Informationssicherheitskonzeption (Basis erweitertes SoA-Excel) sind von den jeweils Verantwortlichen umzusetzen. Der Beauftragte für Informationssicherheit (bzw. der Projektleiter für das Aufbauprojekt) überwacht dies und berichtet kontinuierlich den Status quo an die Leitungsebene bzw. den Steuerkreis des Aufbauprojekts.

Nach dem Aufbau des DS & ISMS muss dies in die Linie überführt werden. Hierzu muss gegebenenfalls die Organisation des DS & ISMS nochmals angepasst werden. Für alle Prozesse des integrierten Datenschutz- und Informationssicherheitsmanagementsystems (siehe Abschnitt 2.2) müssen klare Rollen und Verantwortlichkeiten sowie Gremien definiert und etabliert werden. Wichtig ist insbesondere auch das geordnete Einsteuern von Sicherheitsvorfällen bis hin zum Notfallmanagement (siehe Abschnitt 4.3).

Alle Prozesse des integrierten Managementsystems müssen, wenn nicht ohnehin schon geschehen, initiiert werden, um die Aufrechterhaltung der Informationssicherheit und des Datenschutzes im Betrieb inklusive der Überwachung und Erfolgskontrolle zu gewährleisten.

Die Leitungsebene verantwortet dies und muss dies aktiv treiben.

Die Festlegung der Organisation für den kontinuierlichen Betrieb des DS & ISMS ist wesentlicher Bestandteil des Aufbauprojekts. Begleitend und auch schon während des Aufbaus, muss über Sensibilisierungs- und Schulungsmaßnahmen die Verankerung in der Organisation immer weiter vorangetrieben werden.

Ziel der Inbetriebnahme ist es, einen kontinuierlichen Datenschutz- und Sicherheitsprozess zur Aufrechterhaltung und Verbesserung des einmal erreichten Datenschutz- und Sicherheitsniveaus einzurichten.

3.3 Fazit

Informationssicherheit und Datenschutz müssen gelebt werden. Um das Sicherheitsniveau aufrechtzuerhalten und kontinuierlich verbessern zu können, müssen nicht nur die erforderlichen Sicherheitsmaßnahmen umgesetzt und fortlaufend aktualisiert werden, sondern auch der gesamte Datenschutz- und Informationssicherheitsprozess muss regelmäßig auf seine Wirksamkeit und Effizienz hin überprüft werden. Hierzu sind geeignete KPIs festzulegen (siehe Abschnitt 4.4).

In die kontinuierliche Verbesserung muss die jeweils aktuelle Sicherheitslage mit den Fragen zum Stand der Technik, zu aktuell ausnutzbaren Schwachstellen, dem aktuellen und angestrebten Sicherheitsniveau richtig eingeschätzt werden, Anomalien müssen identifiziert und richtig darauf reagiert werden. Wesentlich sind die Erfolgsfaktoren im kontinuierlichen Verbesserungsprozess (siehe Abschnitt 2.3).

Bei der Erfolgskontrolle des übergeordneten Sicherheitsprozesses wird dann regelmäßig überprüft, ob sich Rahmenbedingungen (zum Beispiel Gesetze oder Unternehmensziele) geändert haben und ob das Sicherheitskonzept und die Informationssicherheits- und Datenschutzorganisation sich als wirksam und effizient erwiesen haben.

Auch die Datenschutzpolitik und Sicherheitsstrategie müssen regelmäßig überprüft und die Zielerreichung muss überwacht werden. Erkannte Schwachpunkte und Fehler müssen korrigiert werden. Maßnahmen müssen aktiv, transparent und nachvollziehbar gemanagt werden. Auf Sicherheitsvorfälle muss schnell und geordnet reagiert werden, sodass die Schadensauswirkungen im Griff gehalten werden können.

Wichtig sind aber auch ein „innovationsfreudiges“ Arbeitsklima und der Wille zur ständigen Verbesserung, die innerhalb der Institution durch die Verantwortlichen für Informationssicherheit und Datenschutz gelebt und demonstriert werden müssen.

Der erfolgreiche Aufbau und Betrieb eines ISMS ist keine einfache Aufgabe. Für den Nachweis nach innen und außen, dass dies erfolgreich gelungen ist, wird häufig eine Zertifizierung angestrebt. Dies kann sowohl gegenüber Kunden als auch gegenüber Geschäftspartnern als Qualitätsmerkmal dienen und somit durchaus auch zu einem Wettbewerbsvorteil führen.

Grundlage für die Vergabe eines ISO-27001-Zertifikats auf der Basis des IT-Grundschutzes ist die Durchführung eines Audits durch einen externen, beim BSI zertifizierten Auditor. Das Ergebnis des Audits ist ein Auditbericht, der der Zertifizierungsstelle vorgelegt wird, die dann wiederum über die Vergabe des ISO-27001-Zertifikats auf der Basis des IT-Grundschutzes entscheidet.

Auch, wenn keine Zertifizierung angestrebt wird, sollte zumindest ein internes Audit regelmäßig durchgeführt werden, um systematisch Verbesserungspotenzial aufzudecken. Über das Audit wird erkannt, ob die Anforderungen überhaupt umgesetzt wurden und wie wirksam die Maßnahmen sind. Die Erfolgskontrolle erfordert die regelmäßige Überprüfung der Wirksamkeit der organisatorischen und technischen Schutzmaßnahmen. Das Audit liefert zudem Verbesserungsvorschläge, die essenziell für den kontinuierlichen Verbesserungsprozess sind.

Systematischer Aufbau und Etablierung des integrierten Managementsystems für Datenschutz und Informationssicherheit

- Die Anforderungen aus Datenschutz und Informationssicherheit müssen konsolidiert werden.
- Der konkrete Schutzbedarf ist ausschlaggebend für die Auswahl adäquater Schutzmaßnahmen.
- Durch die Kombination von ISO 27001 und IT-Grundschutz kann der Aufwand für den Aufbau eines ISMS erheblich reduziert und dieses verschlankt werden.
- Ein externes und internes Audit ist für die nachhaltige Verbesserung des Sicherheits- und Datenschutzniveaus erfolgsentscheidend.

4 Best-Practices

Die Erfahrung ist zweifellos die beste Lehrmeisterin, aber das Lehrgeld ist sehr hoch.

Françoise Sagan (* 1935)

Informationssicherheit hat das Ziel, Informationen jeglicher Art und Herkunft, unabhängig davon, ob diese auf Papier, in IT-Systemen oder in den Köpfen vorhanden sind, zu schützen. Datenschutz adressiert die Teilmenge der personenbezogenen Daten und IT-Sicherheit konzentriert sich auf den Schutz elektronisch gespeicherter Informationen und deren Verarbeitung.

Durch den Aufbau, Betrieb und die Weiterentwicklung eines Information Security Management Systems (ISMS) sowie die Benennung von Verantwortlichkeiten erfolgen eine systematische Steuerung und Kontrolle der Informationssicherheit innerhalb des festgelegten Anwendungsbereichs. Das ISMS definiert Prozesse und Verfahren, damit die Informationssicherheitsziele insbesondere in Bezug auf eine angemessene Vertraulichkeit, Verfügbarkeit und Integrität der Unternehmenswerte auf Basis der Sicherheitspolitik erreicht werden.

Der Aufbau, der Betrieb und die kontinuierliche Verbesserung eines integrierten Instrumentariums für Informationssicherheit und Datenschutz sind sehr komplexe Aufgaben. Im Folgenden finden Sie Best-Practices mit Nutzungshinweisen, die Sie schnell und sicher zum Erfolg führen. Die Bausteine und Anleitungen wurden aus den Erfahrungen vieler Projekte und dem intensiven Austausch mit einer großen Zahl von Experten sowohl aus Anwenderunternehmen und Beratungshäusern als auch aus der Wissenschaft konsolidiert.

Wie in Bild 4.1 dargestellt, gibt es viele Best-Practices, die entsprechend der individuellen Ziele und Randbedingungen nutzenorientiert angewendet werden müssen, um einen individuellen Mehrwert, ein wirksames integriertes Instrumentarium, zu erzielen. In den Bausteinen erhalten Sie daher immer Hilfestellungen für die Anwendung. In diesem Kapitel finden Sie Best-Practices zu folgenden Themenfeldern:

- **Schutzbedarfsfeststellung** zur Bestimmung des Schutzbedarfs der Geschäftsprozesse, der verarbeiteten Informationen und der IT-Komponenten (siehe Abschnitt 4.1) insbesondere im Hinblick auf die „CIA"-Schutzziele:
  - Vertraulichkeit (**C**onfidentiality): Nur berechtigte Personen haben Zugriff auf betriebliche Informationen und personenbezogene Daten.
  - Integrität (**I**ntegrity): Sicherstellung der Korrektheit und Vollständigkeit (Unversehrtheit) von Daten und der korrekten Funktionsweise von Systemen
  - Verfügbarkeit (**A**vailability): Informationen können von den Anwendern stets wie vorgesehen genutzt werden.

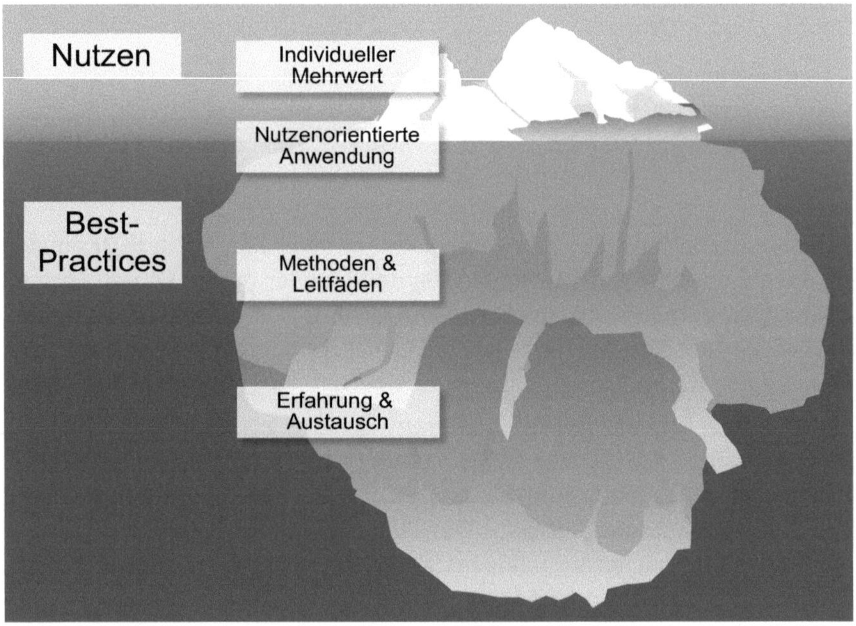

Bild 4.1 Nutzenorientierte Einführung und Ausbau

- **Risikomanagement** als systematischer Prozess innerhalb eines Managementsystems zur Identifizierung, Analyse, Bewertung, Behandlung sowie Überwachung und Überprüfung von Informationssicherheits- und Datenschutzrisiken (siehe Abschnitt 4.2)
- **Notfallmanagement** mit Notfallvorsorge und Notfallbewältigung (siehe Abschnitt 4.3)
- **ISMS-Reporting** zur Unterstützung der obersten Leitungsebene bei der Wahrnehmung ihrer Gesamtverantwortung für Informationssicherheit und Datenschutz (siehe Abschnitt 4.4)
- **Adäquate Sicherheits- und Datenschutzorganisation** (siehe Abschnitt 4.5)

In den letzten Jahren gab es eine ganze Reihe Erweiterungen, die insbesondere den neuen Stand der Normen (siehe Kapitel 1) und den Stand der Technik abdecken. So sind die Themen IoT, Cloud und KI, wie bereits ausgeführt, von zentraler Bedeutung. Auch bei Prinzipien hat sich eine Menge getan. So ist das Prinzip von „Zero Trust“ inzwischen State-of-the-Art. Durch das Prinzip „Zero Trust“ wird sichergestellt, dass kein Benutzer oder Gerät automatisch als vertrauenswürdig eingestuft wird. Für die Erkennung von Anomalien und Bedrohungen wird ebenfalls verstärkt KI eingesetzt. Aber auch Angreifer verwenden KI, um Angriffe zu optimieren.

Bezüglich der Fragestellungen im Kontext „Asset-Management“ sei auf Kapitel 5 verwiesen.

In diesem Kapitel finden Sie die Antworten auf folgende Fragen

- Welche Schutzziele gibt es?
- Wie kann der Schutzbedarf in Bezug auf Vertraulichkeit, Integrität und Verfügbarkeit bestimmt werden?
- Wie können die Schadensauswirkungen bestimmt werden?
- Wie können systematisch Risiken identifiziert, bewertet und behandelt werden?
- Wie kann für Notfälle und Katastrophen vorgesorgt werden? Wie können Notfälle bewältigt werden?
- Wie kann durch ein angemessenes Reporting die Leitungsebene bei der Wahrnehmung ihrer Gesamtverantwortung für Informationssicherheit und Datenschutz unterstützt werden?

4.1 Schutzziele und Schutzbedarfsfeststellung

Wer sich die richtigen Ziele setzt, kann nur gewinnen.

Marc M. Galal

Die Sicherheit von Informationen wird nicht nur durch vorsätzliche Handlungen bedroht, wie z. B. Abhören der Kommunikation, Diebstahl von Rechnern oder Schadsoftware. So können IT-Systeme auch durch höhere Gewalt, z. B. infolge von Naturkatastrophen, in Mitleidenschaft gezogen werden. Aber auch banalere Dinge, die wahrscheinlich beinahe jeder schon einmal erlebt hat, wie ein missglücktes Software-Update, führen dazu, dass IT-Services nicht mehr wie gewünscht zur Verfügung stehen oder vertrauliche Informationen versehentlich von einem Mitarbeiter an Unbefugte weitergegeben werden, weil Dokumente oder Dateien nicht als „vertraulich“ gekennzeichnet waren. Auch Krankheit oder Ausfall von Schlüsselressourcen (wesentliche Personen) können zur Beeinträchtigung des Geschäftsbetriebs führen.

Um die richtigen Schutzmaßnahmen festzulegen, ist es wichtig, den Schutzbedarf zu bestimmen. Dies erfolgt bei der Schutzbedarfsfeststellung. Hier werden die schützenswerten Assets (Werte, z. B. Informationen, Geschäftsprozesse oder IT-Systeme) bezüglich Schadensszenarien für die Grundwerte Vertraulichkeit, Integrität oder Verfügbarkeit analysiert und der Schutzbedarf sowie mögliche Schadensauswirkungen für alle Grundwerte und gesamthaft ermittelt. Geschäftskritische Assets mit erhöhtem Schutzbedarf, die „Kronjuwelen", benötigen gegebenenfalls erweiterte Sicherheitsmaßnahmen.

Das ISMS definiert Prozesse und Verfahren, damit eine angemessene Vertraulichkeit (**C**onfidentiality), Integrität (**I**ntegrity) und Verfügbarkeit (**A**vailability) der Unternehmenswerte auf Basis der Sicherheitspolitik erreicht werden können.

- **Vertraulichkeit:** Vertrauliche Informationen dürfen nur Befugten zugänglich sein.

  Beispielhafte Maßnahmen: Verschlüsselung, Zugriffskontrolle, sicheres Löschen/Entsorgen
- **Integrität:** Unverfälschtheit von Informationen und Schutz vor unautorisierten Änderungen

  Beispielhafte Maßnahmen: Digitale Signaturen, Protokollieren
- **Verfügbarkeit:** Grad der unterbrechungsfeien Funktionserfüllung der IT-Systeme

  Beispielhafte Maßnahmen: Backups und Redundanz

Neben den Kernschutzzielen werden zum Teil auch erweiterte Grundwerte verfolgt, wie die Authentizität und Nichtabstreitbarkeit als Spezialfälle der Integrität.

Im Bereich **Datenschutz** werden Grundwerte im Kontext der Beeinträchtigung des informationellen Selbstbestimmungsrechts herangezogen. Beispiele hierfür sind die im Rahmen des Standard-Datenschutzmodells (siehe [SDM24]) definierte Datenminimierung, Intervenierbarkeit (als technische Gestaltung von Verfahren zur Ausübung der Betroffenenrechte), Transparenz und Nichtverkettung (als Sicherung der Zweckbindung).

Die Feststellung der zu schützenden Werte (Assets) und deren Schutzbedarf ist fundamental für ein wirksames ISMS. Für jedes zu schützende Asset muss festgelegt werden, welche Auswirkungen der Verlust von Vertraulichkeit, Integrität und Verfügbarkeit hat.

Über ein geeignetes Asset-Management (siehe Kapitel 5) müssen alle für das Unternehmen unter Schutzbedarfsgesichtspunkten relevanten Assets, wie z. B. Geschäftsprozesse, Fachaufgaben (Business Capabilities), Informationen, IT-Systeme, Netzkomponenten, Gebäude und Räume sowie Kommunikationsanbindungen, vollständig aufgenommen werden. Alle Assets, die für die Durchführung der Geschäftsprozesse im Anwendungsbereich wesentlich sind, müssen betrachtet werden. Neben direkten Abhängigkeiten sind auch transitive Abhängigkeiten zu berücksichtigen.

Die Schutzziele müssen von den Asset-Verantwortlichen bezüglich ihres Schutzbedarfs eingeschätzt werden. Vertraulichkeit und Integrität beziehen sich auf Daten und die Verfügbarkeit auf Systemen.

Welche Schutzziele angestrebt werden und was angemessen ist, gilt es unternehmensindividuell festzulegen. In diesem Abschnitt finden Sie die Best-Practices zu Schutzzielen und der Schutzbedarfsfeststellung.

4.1.1 Schutzziele

Nun schauen wir uns die typischen Schutzziele Vertraulichkeit, Integrität und Verfügbarkeit sowie die erweiterten Schutzziele etwas detaillierter an.

> Ein **Schutzziel** ist eine Anforderung an ein Asset, das zum Schutz des Assets erfüllt werden muss. Die typischen Schutzziele sind dabei Vertraulichkeit, Integrität und Verfügbarkeit. Je nach Anwendungsfall kann es hilfreich sein, weitere Grundwerte, wie die Authentizität und Nichtabstreitbarkeit oder Intervenierbarkeit, in die Betrachtungen einzubeziehen.

Für alle Assets wird der Schutzbedarf für alle Schutzziele analysiert. Für die potenziellen Schäden werden Schutzbedarfskategorien, auch Schutzklassen genannt, definiert.

- **Normal:** Die Schadenauswirkungen sind gering oder überschaubar, begrenzt und kurzfristiger Natur.
- **Hoch:** Die Schadenauswirkungen sind beträchtlich oder nicht kurzfristiger Natur oder z. B. nicht auf ein einzelnes Unternehmen begrenzt.
- **Sehr hoch:** Die Schadensauswirkungen sind existenzbedrohend oder können ein katastrophales Ausmaß erreichen und sind langfristiger Natur.

Häufig findet man auch eine Klassifikation in „niedrig", „mittel", „hoch" und „sehr hoch" oder „unkritisch" anstelle von „niedrig". Dies muss unternehmensindividuell festgelegt werden.

Nun schauen wir uns die Schutzziele im Detail an.

4.1.1.1 Vertraulichkeit

Vertraulichkeit ist der Schutz vor unbefugter Preisgabe von Informationen. Informationen sollen nur wirklich den Personenkreis erreichen, für den sie bestimmt sind. Informationen dürfen lediglich von autorisierten Personen, Organisationen und Prozessen gelesen oder verändert werden. Dies gilt sowohl für den Zugriff auf gespeicherte Daten und Dokumente wie auch während der Datenübertragung. Hierzu muss der Zugriff auf die Informationen klar über z. B. ein Identity- und Berechtigungsmanagement geregelt werden und z. B. über Verschlüsselung muss die Übertragung abgesichert werden. Bei einer wirksamen Verschlüsselung können die Informationen, wenn sie von Unberechtigten abgegriffen wurden, ohne den verwendeten Schlüssel nicht interpretiert und damit nicht genutzt werden.

Alle Informationen des Unternehmens sollten entsprechend ihrer Vertraulichkeit klassifiziert werden. Dies erfolgt auch in der **Informationsklassifizierung**. Die Klassifizierung von Informationen in Bezug auf ihre Vertraulichkeit ist die Grundlage eines angemessenen Schutzes. Die möglichen Auswirkungen einer unbefugten Offenlegung von Informationen mit ihren potenziellen Schäden für das Unternehmen werden im Rahmen der Risikobewertung bezüglich ihrer Schadenshöhe und Eintrittswahrscheinlichkeit bewertet (siehe Abschnitt 4.2).

> Von besonderer Bedeutung ist die Informationsklassifizierung, da hierdurch der Wert der unterschiedlichen Arten von Informationen für das Unternehmen verdeutlicht wird. Die Klassifizierung von Informationen ist die Grundlage, um diese Informationen angemessen zu schützen.

Die Informationsklassifikation ist gleichzeitig eine wesentliche Anforderung der Norm ISO/IEC 27001: „Informationen sind anhand der gesetzlichen Anforderungen, ihres Werts, ihrer Kritikalität und ihrer Empfindlichkeit gegenüber unbefugter Offenlegung oder Veränderung zu klassifizieren. (...) Ein angemessener Satz von Verfahren zur Kennzeichnung von Information ist entsprechend dem von der Organisation eingesetzten Informationsklassifizierungsschema entwickelt und umgesetzt." (ISO/IEC 27001:2013 siehe [Bre24]).

Jede Information muss entsprechend des Werts für das Unternehmen klassifiziert und gekennzeichnet werden. Typische Ausprägungen sind: „streng vertraulich", „vertraulich", „dienstlich" und „öffentlich". In Tabelle 4.1 finden Sie ein Beispiel für eine Informationsklassifizierung. Bei der Informationsklassifizierung werden die möglichen Auswirkungen (potenzielle Schäden) für das Unternehmen für den Fall bewertet, dass Informationen einem unberechtigten Empfängerkreis offengelegt werden. Den Vertraulichkeitsklassen werden die Schutzbedarfskategorien, auch Schutzklassen genannt, zugeordnet.

Eine ordnungsgemäße Kennzeichnung ist eine Voraussetzung dafür, dass Informationen richtig behandelt werden. Dies gilt ebenso für Daten in einem IT-System wie für Dokumente. Neben dem Ersteller müssen sowohl Empfänger als auch Verarbeiter von Informationen die Klassifizierungsstufen und die damit verbundenen Anforderungen zum Umgang mit diesen Informationen kennen, verstehen und anwenden. Insbesondere bei der Weitergabe von vertraulichen und streng vertraulichen Informationen über Unternehmensgrenzen hinweg (z. B. an Lieferanten) ist eine Kennzeichnung zwingend erforderlich. Idealerweise wird mit einem farblichen Hinweis (z. B. rot, gelb und grün) ein einheitliches Verständnis der Klassifizierungsstufe, unabhängig von länder- und sprachspezifischen Unterschieden, geschaffen.

Ein Beispiel ist die elektronische oder physische Dokumentenablage. Hier muss jeweils die Vertraulichkeit entsprechend der Vertraulichkeitsstufe sichergestellt werden. So kann z. B. im Personalwesen die Vertraulichkeit der Personalakte durch „Verschluss“ von Räumen und/oder Schränken umgesetzt werden.

Tabelle 4.1 Beispiel Informationsklassifikation

Klassifikation/ Schutzklasse	Gefahrenpotenzial	Erläuterung	Beispiel
Öffentlich (Public) Schutzklasse: –	Informationen, deren Bekanntwerden kein oder ein nur sehr geringes Risiko darstellt	Diese Informationen sind ohnehin der Öffentlichkeit bekannt.	Informationen auf einer öffentlichen Webseite, wie z. B. Pressemitteilungen
Dienstlich (Internal) Schutzklasse: normal	Informationen, deren Bekanntwerden dem Unternehmen Schaden in geringem Umfang zufügen kann	Diese Informationen sind allen Mitarbeitern des Unternehmens bekannt.	Organigramme und Telefonbuch
Vertraulich (Confidential) Schutzklasse: hoch	Informationen, deren Bekanntwerden dem Unternehmen größeren Schaden zufügen kann	Diese Informationen sind auf z. B. ein Projektteam, eine Abteilung oder einen Bereich begrenzt.	Vertrauliche Projektinformationen oder unveröffentlichte Geschäftszahlen
Streng vertraulich (Strictly confidential) Schutzklasse: Sehr hoch	Informationen, deren Bekanntwerden dem Unternehmen sehr großen Schaden zufügen kann	Über diese Informationen verfügt in der Regel ein nur sehr kleiner Personenkreis, wie z. B. die Geschäftsführung.	Produkt-neuentwicklung oder Geschäftsstrategie oder Planung bzgl. Fusion

Ein weiteres Beispiel sind E-Mails mit Informationen, die vertraulich zu behandeln sind. Wichtig ist hier die Verschlüsselung bei der Übertragung. Es ist erstrebenswert, alle Informationen entlang ihres gesamten Lebenszyklus entsprechend ihrer Vertraulichkeit zu kennzeichnen, um diese angemessen schützen zu können.

Auch Dokumente beinhalten Informationen unabhängig von ihrer elektronischen, physischen oder sonstigen Speicherungsform. Beispiele für Dokumente sind Verträge oder Protokolle. Diese können in Papierform oder elektronisch als pdf-, Word-, Excel-Dokument, E-Mails oder in einem anderen Format vorliegen. Auch Dokumente sollten unternehmenseinheitlich entsprechend ihrer Vertraulichkeit gekennzeichnet werden. Dies erfolgt über die Dokumentenlenkung. Die Dokumentenlenkung regelt die Erstellung, Pflege und den Freigabeprozess von Dokumenten sowie deren zentrale Steuerung. Damit soll sichergestellt werden, dass alle Unterlagen versioniert auf dem gültigen Stand und an den Stellen verfügbar sind, wo sie gebraucht werden. Wesentliche Festlegungen im Kontext einer Dokumentenlenkung sind:

- Eindeutige Bezeichnung des Dokuments mit u. a. einem aussagekräftigen Titel
- Einheitlich festgelegter Änderungsmanagement- und Freigabeprozess und Kennzeichnung des Dokuments mit dem klar definierten Status (wie z. B. Entwurf und Freigegeben)
- Einheitliches Schema für die Kennzeichnung der Vertraulichkeit und des Status sowie Version und Revision
- Nachvollziehbare Änderungshistorie entsprechend Festlegungen im Änderungsmanagement inklusive Ersteller, Autor und Status und ggf. Versions- oder Revisionsangabe, wenn dies Teil der Benennung und Kennzeichnung von Dokumenten ist
- Freigabeinformation mit „am“ und „durch“
- Angabe Dokumenten-Owner
- Klare Verantwortlichkeiten für die Erstellung und die Freigabe eines Dokuments
- Berechtigte Rollen (Verteilerkreis)
- Nächste geplante Überarbeitung sowie Aufbewahrungszeitraum und Löschfristen

Der Zugriff auf Dokumente muss auf die berechtigten Personen beschränkt werden, die die enthaltenen Informationen für ihre Aufgabenerfüllung benötigen. Maßgabe für die Festlegung sollte das „Need-to-know-Prinzip“ sein. Häufig ist daher auch eine Modularisierung von Dokumenten empfehlenswert, wenn ein Personenkreis lediglich Teilausschnitte für seine Aufgabenerfüllung benötigt.

> Jedes Unternehmen sollte über ein Dokumentenregister verfügen, in dem die Dokumente mit deren Zweck, Kennzeichnung und Art (z. B. Papier oder elektronisch) sowie Aufbewahrungszeiträumen und Löschfristen einschließlich der vertraglichen oder gesetzlichen Grundlagen transparent werden. Die Löschfristen können zu Löschklassen für ein vereinfachtes Management zusammengefasst werden. Hier können dann technische oder organisatorische Maßnahmen für die korrekte und vollständige Vernichtung oder Rücknahme ansetzen.

Durch die Klassifizierung von Informationen und insbesondere durch die Kennzeichnung von Dokumenten wird der Datenmüll reduziert, da z. B. aktuelle Dokumentversionen schnell identifiziert werden können.

Eine dem Unternehmenswert angemessene Klassifikation ist wichtig, da durch den daraus resultierenden Umgang mit Informationen Risiken oder Mehraufwände entstehen können. Bei einer zu niedrigen Einstufung steigt das Risiko eines Informationsverlusts. Bei einer zu hohen Einstufung können wirtschaftliche Mehraufwände entstehen, da ein größeres Maß von Absicherungsmaßnahmen notwendig ist.

Typische Fragestellungen, um die Vertraulichkeit von Informationen zu ermitteln, sind:

- Handelt es sich um **personenbezogene** Daten? Welche Schäden können für Betroffene durch den Verlust der Vertraulichkeit entstehen? Werden personenbezogene Daten für unzulässige Zwecke verarbeitet?

  Ist es im Zuge einer zulässigen Verarbeitung personenbezogener Daten möglich, aus diesen Daten z. B. auf Religionszugehörigkeit, Gesundheitszustand oder die wirtschaftliche Situation einer Person zu schließen?

  Welche Schäden können durch den Missbrauch der gespeicherten personenbezogenen Daten entstehen?
- Erfordern **gesetzliche Auflagen oder Verträge** die Vertraulichkeit von Informationen? Ist im Falle des Verlusts der Vertraulichkeit mit Strafverfolgung oder Regressforderungen zu rechnen?
- Gibt es Informationen, deren Vertraulichkeit die Grundlage für die **Aufgabenerfüllung** ist (z. B. Forschungsergebnisse)?
- Welche **negative Innen- oder Außenwirkung oder welcher finanzielle Schaden** kann durch die unerlaubte Veröffentlichung von schutzbedürftigen Informationen entstehen?

  Welche Konsequenzen hat dies für das Unternehmen? Führt dies zu einer Schwächung der Wettbewerbsposition? Können Konkurrenzunternehmen daraus einen Vorteil ziehen? Schadet dies der Vertrauenswürdigkeit des Unternehmens?

  Handelt es sich bei den Informationen um Forschungs- oder Entwicklungsdaten, die einen erheblichen Wert darstellen? Was passiert, wenn diese unerlaubt kopiert oder weitergegeben werden?

4.1.1.2 Integrität

Integrität stellt die Unverfälschtheit einer Information und den Schutz vor unautorisierten Änderungen sicher. Daten dürfen nicht unbemerkt verändert werden und alle Änderungen müssen einschließlich des Zeitpunkts der Änderung nachvollziehbar sein. Der Schwerpunkt liegt hier auf der Nachvollziehbarkeit von Änderungen und der Korrektheit der Informationen. Gefälschte oder verfälschte Daten können zu falschen Lieferungen, Produktionsstillständen oder fehlerhaften Produkten führen.

Die Integrität umfasst sowohl die Korrektheit der Daten (Datenintegrität) als auch die korrekte Funktionsweise des Systems (Systemintegrität). Man kann hier zwischen einer starken und einer schwachen Integrität unterscheiden. Bei einer starken Integrität besteht keine Möglichkeit der unbefugten Datenmanipulation, d. h. Anlegen, Verändern oder Löschen von Daten. Bei einer schwachen Integrität darf keine Datenmanipulation unbemerkt erfolgen. Mittel zur Realisierung von Integrität sind beispielsweise Message Authentication Codes (MAC).

Ein Beispiel für Integritätsverletzungen sind geteilte Benutzerkonten, wenn mehrere Benutzer die gleichen Benutzerkonten z. B. aus Lizenzgründen verwenden. Da jedes Mal die gleiche digitale Identität genutzt wird, ist nicht erkennbar, wer welche Änderungen vorgenommen hat.

Ein anderes Beispiel sind Analysedaten und Marktforschungsdaten. Wenn die Integrität der Daten verletzt wird, kann man sämtlichen Daten nicht mehr trauen. Die Daten sind dann in der Folge in den meisten Fällen wertlos.

Typische Ausprägungen für den Schutzbedarf in Bezug auf Integrität sind „sehr hoch“, „hoch“, „mittel“ und „gering“. Beispielausprägungen sind:

- **gering:** Da unbefugte bzw. fehlerhafte Datenänderungen kein nennenswertes Risiko darstellen, sind zum Schutz der Datenintegrität in der Anwendung keine besonderen Maßnahmen erforderlich.
- **mittel:** Es sind Maßnahmen zum Schutz der Datenintegrität notwendig (z. B. Lese- und Schreibrechte müssen durch die Anwendung unabhängig voneinander vergeben werden können).
- **hoch:** Es sind zusätzlich erweiterte technische Maßnahmen (z. B. Prüfsummen) oder eine manuelle Kontrolle von kritischen Prozessschritten mittels Vier-Augen-Prinzip (z. B. Revisionsliste) für den Schutz der Datenintegrität durchzuführen.
- **sehr hoch:** Es sind über die Sicherheitsmaßnahmen der Einstufung „hoch“ hinaus noch weitere Maßnahmen zum Schutz der Datenintegrität zu ergreifen.

4.1.1.3 Verfügbarkeit

Verfügbarkeit beschreibt den Grad der unterbrechungsfreien Funktionserfüllung von IT-Systemen (Betriebskontinuität). Wesentliche Geschäftsprozesse und Informationen müssen entsprechend der Anforderungen an die Verfügbarkeit bereitstehen. Verfügbarkeit ist das Verhältnis der Zeit, in der das System tatsächlich zur Verfügung stand, und der vereinbarten Zeit (Service Level Agreement – kurz SLA), in der das System zur Verfügung stehen sollte. Angestrebt werden 100 %, was aber, wenn überhaupt, nur mit sehr hohen Kosten zugesichert werden kann. In der Regel enthalten SLAs auch Festlegungen über z. B. Strafzahlungen, falls die vereinbarte Verfügbarkeit nicht erreicht wird.

Bei hohen Verfügbarkeitsanforderungen gilt es Systemausfälle durch zuverlässige Systeme trotz z. B. Denial-of-Service-Angriffen zu verhindern, da ansonsten der Zugriff auf Daten nicht mehr gewährleistet ist und die Systemfunktionen nicht genutzt werden können. So können z. B. bei einem Online-Versandhandel keine Bestellungen mehr getätigt werden. In Abhängigkeit von der Ausfallzeit kann dies zu einem erheblichen Schaden führen.

Typische Ausprägungen für den Schutzbedarf in Bezug auf Verfügbarkeit sind „sehr hoch“, „hoch“, „mittel“ und „gering“. Diesen werden in der Regel mindestens zu erreichende Verfügbarkeiten zugeordnet, wie z. B. „99,9 %“ bei sehr hoch.

Beispiel Verfügbarkeitsstufen:

- **sehr hoch:** Verfügbarkeit von 99,9 % oder mehr
- **hoch:** Verfügbarkeit von 99 % oder mehr
- **mittel:** Verfügbarkeit von 95 % oder mehr
- **gering:** Verfügbarkeit von weniger als 90 %

Die Verfügbarkeitsstufen sind individuell festzulegen.

Die Wiederherstellung und der Wiederanlauf eines Systems müssen möglichst schnell erfolgen und alle Daten müssen auf dem aktuellsten Stand zugreifbar sein. Dies wird häufig als Recovery oder Notfallwiederherstellung bezeichnet. Hier rücken im Kontext von möglichst unterbrechungsfreien Geschäftsabläufen Parameter wie die Wiederanlaufzeit (Englisch: Recovery Time Objective – kurz RTO) und der Wiederanlaufpunkt (Recovery Point Objective – kurz RPO) in den Fokus.

Die **Wiederherstellzeit** (RTO) gibt an, wie viel Zeit vom Zeitpunkt des Vorfalls bis zur vollständigen Wiederherstellung der Daten und Funktionalitäten/Services vergehen darf. Die Wiederherstellung kann die Datenwiederherstellung inklusive gegebenenfalls der Nacharbeitung von Daten, das Ersetzen nicht mehr benutzbarer Hardware, die Installation und Konfiguration von Software sowie die Wiederaufnahme des Produktivbetriebs eines oder mehrerer Systeme umfassen.

Der **Wiederanlaufpunkt** (RPO), auch Wiederanlaufzeit genannt, ist der maximal tolerierbare Zeitraum, in dem Daten verloren gehen können. Nach dieser Zeit ist es z. B. nicht mehr möglich, einen konsistenten Datenbestand sicherzustellen. Dies hängt z. B. vom Datenvolumen, das während des Ausfalls aufläuft, und Abhängigkeiten zu Umsystemen ab. Letztendlich ist der RPO die Zeitspanne der letzten Datensicherung bis zum Vorfall bzw. Wiederanlaufzeitpunkt. Die Häufigkeit von Backups ist hier entscheidend.

Beispielausprägungen für Wiederherstellzeit und Wiederanlaufpunkt:

- **Wiederherstellzeit (RTO):** festgesetzte Sollzeit für die Wiederaufnahme eines Produkts, Services oder Leistungserbringung nach einem Vorfall;

  „> 24 Stunden“, „< 24 Stunden“, „< 4 Stunden“, „< 30 Minuten“, „< 5 Minuten“

- **Wiederanlaufpunkt (RPO):** maximal tolerierbarer Zeitraum, in dem Daten verloren gehen können;

  „max. 1 Woche“, „< 24 Stunden“, „< 8 Stunden“, „< 1 Stunde“, „< 5 Minuten“

In einer Geschäftsauswirkungsanalyse (englisch: Business Impact Analysis – BIA) werden Auswirkungen von Unterbrechungen von Geschäftsaktivitäten analysiert und Geschäftskontinuitäts- und Wiederaufnahmeprioritäten, d. h. RTO und RPO, festgelegt. Siehe hierzu Abschnitt 4.3.

Folgende Fragen sind u. a. zu stellen:

- **RTO:** Wie lange darf ein Geschäftsprozess/System ausfallen?
- **RPO:** Wie viel Datenverlust kann in Kauf genommen werden?

4.1.1.4 Weitere Schutzziele

Neben den CIA-Schutzzielen Vertraulichkeit, Integrität und Verfügbarkeit (C – Confidentiality, I – Integrity, A – Availability) gibt es noch eine ganze Reihe von weiteren möglichen Schutzzielen, wie z. B. die Authentizität, (Nicht-)Abstreitbarkeit oder Zurechenbarkeit und Privatsphäre.

- **Authentizität:** Echtheit und Glaubwürdigkeit einer Person oder eines Dienstes müssen überprüfbar sein. Unter Authentizität versteht man sowohl einen Identitätsnachweis (der Kommunikationspartner ist der, für den er sich ausgibt) als auch die Authentizität der eigentlichen Daten (erhaltene Daten stammen auch tatsächlich von der authentisierten Instanz).
- **Nichtabstreitbarkeit** (auch Verbindlichkeit genannt; englisch: Non-Repudiation): Hier geht es darum, dass eine Kommunikation im Nachhinein nicht von einer der beteiligten Instanzen gegenüber Dritten abgestritten werden kann.
- **Zurechenbarkeit:** Die Zuordenbarkeit zu einem Nutzer muss gegeben sein. Hier ergibt sich insbesondere ein enges Zusammenspiel zwischen Zurechenbarkeit und Nichtabstreitbarkeit.
- **Privatsphäre:** Der Begriff Privatsphäre ist im IT-Kontext eng verwandt mit dem Datenschutz. Es geht darum, dass Teile oder sämtliche Kommunikationsvorgänge eines Nutzers geheim gehalten werden. Erreicht werden kann dies unter anderem durch die Gewährleistung der Anonymität, bei der die Identität des Nutzers nicht offengelegt wird. Bei der Pseudonymität bleibt der Nutzer zwar weiterhin identifizierbar, allerdings nicht unter seiner wahren Identität.

Gerade die Authentizität gewinnt in den letzten Jahren mit zunehmender Digitalisierung an Bedeutung. Ungesicherte digitale Willenserklärungen können falschen Personen zugeordnet werden, die „digitale Identität" wird gefälscht.

Datenschutz ist der Schutz personenbezogener Daten vor etwaigem Missbrauch durch Dritte. Datenschutz soll den Einzelnen davor schützen, dass er durch den Umgang mit seinen personenbezogenen Daten in seinem Persönlichkeitsrecht beeinträchtigt wird. Folgende Aspekte sowie Schutz- bzw. Gewährleistungsziele aus dem Kontext „Datenschutz" (siehe [SDM24]) sind zu beachten:

- **Datenminimierung:** Es werden nicht mehr und nicht andere Daten erhoben als vom Verarbeitungszweck abgedeckt.
- **Intervenierbarkeit:** Betroffenen müssen die ihnen zustehenden Rechte auf Benachrichtigung, Auskunft, Berichtigung, Sperrung und Löschung jederzeit wirksam gewährt werden. Die verarbeitende Stelle ist verpflichtet, die entsprechenden Maßnahmen umzusetzen. Dazu müssen die für die Verarbeitungsprozesse verantwortlichen Stellen jederzeit in der Lage sein, in die Datenverarbeitung vom Erheben bis zum Löschen der Daten einzugreifen.
- **Transparenz:** Betroffene, Betreiber und Kontrollinstanzen müssen erkennen können, welche Daten für welchen Zweck bei einer Verarbeitungstätigkeit erhoben und verarbeitet werden, welche Systeme und Prozesse dafür genutzt werden, wohin die Daten zu welchem Zweck fließen und wer die rechtliche Verantwortung für die Daten und Systeme in den verschiedenen Phasen einer Datenverarbeitung besitzt.
- **Nichtverkettung:** Personenbezogene Daten dürfen nicht zusammengeführt, also verkettet werden. Eine Zusammenführung darf nur dann erfolgen, wenn verkettete und die resultierenden Daten nur für den Zweck verarbeitet und ausgewertet werden, für den sie erhoben werden.

Die Informationen (Daten) des Unternehmens werden häufig entsprechend ihrer Art klassifiziert, um über Enterprise Architecture Management oder eine Configuration-Management-Datenbank (CMDB; siehe Kapitel 5) schnell einen Überblick über die Verwendung von aus Datenschutzsicht kritischen Informationen zu erhalten. Ein Beispiel für eine Klassifizierung ist die Unterscheidung in personenbezogene, sensible, pseudonymisierte, anonymisierte und unkritische Daten. Diese Klassifikation kann entsprechend der Verwendung von Informationen in Anwendungen an die Anwendung vererbt werden.

Die Anforderungen in Bezug auf die Datenschutz-Gewährleistungsziele werden durch Festlegung von Schutzbedarfsabstufungen von Daten definiert. Für erhöhten Schutzbedarf wird die Datenschutzfolgenabschätzung auch letztendlich für den Nachweis der Einhaltung der Gewährleistungsziele genutzt. Für jedes Gewährleistungsziel werden im Standard-Datenschutzmodell (kurz SDM, siehe [SDM24]) Referenzmaßnahmen benannt und beschrieben. Diese sind wesentlicher Bestandteil der Sicherheitsmaßnahmen des integrierten DS & ISMS.

Aufgabe der Informationssicherheit ist der angemessene Schutz der Grundwerte Vertraulichkeit, Integrität und Verfügbarkeit von Informationen sowie erweiterter Grundwerte, wie der Authentizität und Nichtabstreitbarkeit als Spezialfälle der Integrität. Im Bereich Datenschutz werden im Rahmen des Standard-Datenschutzmodells (siehe [SDM24]) weitere Grundwerte herangezogen, nämlich Datenminimierung, Intervenierbarkeit (als technische Gestaltung von Verfahren zur Ausübung der Betroffenenrechte), Transparenz und Nichtverkettung (als Sicherung der Zweckbindung).

Nun schauen wir uns die Schutzbedarfsfeststellung etwas näher an.

4.1.2 Schutzbedarfsfeststellung

Bei der Schutzbedarfsfeststellung wird ermittelt, welcher Schutz für die Geschäftsprozesse, die dabei verarbeiteten Informationen und die eingesetzte Informationstechnik, wie z. B. Anwendungen und deren technische Plattform und Infrastruktur, ausreichend und angemessen ist. Hierbei werden die zu erwartenden Schäden betrachtet, die bei der Beeinträchtigung der Schutzziele (u. a. Vertraulichkeit, Integrität und Verfügbarkeit) entstehen können. Hier sind sowohl das Schadensausmaß als auch die Eintrittswahrscheinlichkeit und Häufigkeit maßgeblich (siehe Abschnitt 4.2). Bei erhöhtem Schutzbedarf muss die Analyse dediziert erfolgen. Auf dieser Basis kann die Auswahl angemessener Sicherheitsmaßnahmen für erhöhten Schutzbedarf z. B. auf Basis des IT-Grundschutz-Kompendiums erfolgen.

Die Schutzbedarfsfeststellung beantwortet letztendlich folgende Fragen:

- Wie viel Schutz benötigen die Assets (Werte) des Unternehmens? Welcher Schutzbedarf leitet sich daraus für unterstützende Assets wie z. B. Anwendungen ab?
- Welche Assets haben erhöhten Schutzbedarf? Was sind die Kronjuwelen des Unternehmens?
- Wie kann die Einschätzung des Schutzbedarfs nachvollziehbar begründet werden?
- Bei welchen Assets genügen Standardsicherheitsmaßnahmen? Wo müssen individuelle Sicherheitsmaßnahmen für einen erhöhten Schutzbedarf ergänzt werden?

Die Ergebnisse der Schutzbedarfsfeststellung sind nachvollziehbar zu dokumentieren und aufzubewahren. Dabei ist darauf zu achten, dass nicht nur die Festlegung des Schutzbedarfs, sondern auch die entsprechenden Begründungen, die Verantwortlichen und die daraus abgeleiteten erweiterten Schutzmaßnahmen dokumentiert werden. Die Dokumentation der Begründungen und der abgeleiteten Schutzmaßnahmen erlaubt es, diese später zu überprüfen und gegebenenfalls zu überarbeiten.

4.1.2.1 Schadensszenarien

Der Schutzbedarf eines Assets, wie z. B. eine Information, ein Geschäftsprozess oder deren IT-Unterstützung, wird anhand der für das Unternehmen relevanten Schadensszenarien, wie Beeinträchtigung der Aufgabenerfüllung oder finanzielle Auswirkungen, bestimmt.

Häufig treffen für einen Schaden mehrere Schadensszenarien zu. Die Schadensauswirkung kann oft nicht genau bestimmt werden. Daher werden meistens Schutzbedarfskategorien definiert. Die IT-Grundschutz-Vorgehensweise (siehe Abschnitt 1.2.4) empfiehlt die Schutzbedarfskategorien „normal", „hoch" und „sehr hoch". Von erhöhtem Schutzbedarf spricht man bei den Kategorien „hoch" und „sehr hoch". Für alle Schadensszenarien muss ein einheitlicher Maßstab für die Grenzen der Kategorien unternehmensindividuell gefunden werden, z. B. wenn eine Beeinträchtigung tolerabel ist, dann ist die Schutzbedarfskategorie „normal".

Beispiel Schutzbedarf mit Angabe von Schadensbereichen

- **normal:** Der Ausfall von wesentlichen Geschäftsprozessen oder die Offenlegung von Informationen hat Beeinträchtigungen zur Folge. Informationen sollten korrekt sein. Jedoch können kleinere Fehler toleriert werden, solange diese die Aufgabenerfüllung und Termineinhaltung nicht erheblich beeinträchtigen. Der Schutz personenbezogener Daten muss gewährleistet sein. Die Schadensauswirkungen sind begrenzt und überschaubar (z. B. unter 0,3 Mio. EUR).
  Die Standardsicherheitsmaßnahmen aus dem IT-Grundschutz-Kompendium reichen in der Regel aus.
- **hoch:** Im Schadensfall kommt es zur Handlungsunfähigkeit zentraler Bereiche oder des Unternehmens. Die Schadensauswirkungen sind für die Institution selbst oder Dritte erheblich (z. B. über 0,3 Mio. bis 1 Mio. EUR).
  Die Standardsicherheitsmaßnahmen aus dem IT-Grundschutz-Kompendium reichen alleine in der Regel nicht aus. Erweiterte Sicherheitsmaßnahmen sollten individuell auf Basis einer Risikoanalyse ermittelt werden.
- **sehr hoch:** Der Ausfall von wesentlichen Geschäftsprozessen oder die Offenlegung bzw. Manipulation von kritischen Informationen führt zum Zusammenbruch des Unternehmens oder hat schwerwiegende Folgen für breite gesellschaftliche oder wirtschaftliche Bereiche. Die Schadensauswirkungen können ein existenziell bedrohliches, katastrophales Ausmaß erreichen (z. B. über 1 Mio. EUR oder nicht akzeptable Ausfallzeiten).
  Die Standardsicherheitsmaßnahmen aus dem IT-Grundschutz-Kompendium reichen alleine nicht aus. Erweiterte Sicherheitsmaßnahmen sollten individuell auf Basis einer Risikoanalyse ermittelt werden.

Hinweis: Formulierungen und Schadensbereiche sind den individuellen Gegebenheiten entsprechend anzupassen.

Im IT-Grundschutz (siehe [BSI19-4]) werden die folgenden Schadensszenarien benannt:

Verstoß gegen Gesetze, Vorschriften oder Verträge

Beispiele für Gesetze sind die EU-DSGVO und KonTraG. Dienstleisterverträge und Geheimhaltungsvereinbarungen sind Beispiele für Verträge.

Beispiele für Schadensauswirkungen: Strafverfolgung, Konventionalstrafen, Regressforderungen oder Haftungsschäden.

Die Höhe des Schadens hängt von den rechtlichen Konsequenzen ab (*normal:* geringfügige Konsequenzen und geringe Strafen; *hoch:* erhebliche Konsequenzen und hohe Konventionalstrafen; *sehr hoch:* hohe Strafen und existenzgefährdende Haftungsschäden, Konventionalstrafen oder Regressforderungen).

Beeinträchtigung des informationellen Selbstbestimmungsrechts (Datenschutz)

Datenschutz soll den Einzelnen davor schützen, dass er durch den Umgang mit seinen personenbezogenen Daten in seinem Persönlichkeitsrecht beeinträchtigt wird. Beispiele für eine Beeinträchtigung sind:

- unzulässige Erhebung personenbezogener Daten ohne Rechtsgrundlage oder Einwilligung,
- unbefugte Kenntnisnahme bei der Datenverarbeitung beziehungsweise der Übermittlung personenbezogener Daten,
- unbefugte Weitergabe von personenbezogenen Daten,
- Nutzung von personenbezogenen Daten zu einem anderen als dem bei der Erhebung zulässigen Zweck und
- Verfälschung von personenbezogenen Daten in IT-Systemen oder bei der Übertragung.

Beispiele für Schadensauswirkungen: Schädigung der Betroffenen mitunter durch den Missbrauch der personenbezogenen Daten, z. B. wirtschaftlich oder in ihrer gesellschaftlichen Stellung bis hin zu Gefahr für Leib und Leben oder die persönliche Freiheit der Betroffenen.

Schadenshöhe: *normal:* geringe Beeinträchtigung; *hoch:* erhebliche Beeinträchtigung; *sehr hoch:* gravierende Beeinträchtigung, ggf. besteht Gefahr für Leib und Leben.

Beeinträchtigung der persönlichen Unversehrtheit

Beispiele sind hier medizinische Diagnosesysteme oder Verkehrsleitsysteme.

Beispiele für Schadensauswirkungen: physische oder psychische Schädigung der Personen oder Beeinträchtigung der persönlichen Unversehrtheit bis hin zu Gefahr für Leib und Leben.

Die Höhe des Schadens ist am direkten persönlichen Schaden zu bemessen (*normal:* Beeinträchtigung nicht möglich; *hoch:* Beeinträchtigung der Unversehrtheit kann nicht ausgeschlossen werden; *sehr hoch:* gravierende Beeinträchtigungen der Unversehrtheit sind möglich, ggf. besteht Gefahr für Leib und Leben).

Beeinträchtigung der Aufgabenerfüllung

Durch nicht verfügbare Anwendungen oder Integritätsverletzungen kann die Aufgabenerfüllung von geschäftskritischen Prozessen beeinträchtigt werden.

Beispiele für Schadensauswirkungen: Fristversäumnisse durch verzögerte Bearbeitung, verspätete Lieferung aufgrund verspäteter Auftragsbearbeitung, fehlerhafte Produktion aufgrund fehlender oder falscher Produktdaten oder unzureichende Qualität wegen Ausfall von Prüfsystemen.

Die Schwere des Schadens richtet sich nach der zeitlichen Dauer der Beeinträchtigung und nach dem Umfang der Einschränkungen der Aufgabenerfüllung

(*normal:* tolerable Beeinträchtigung und Ausfallzeit; *hoch:* nicht mehr tolerable Beeinträchtigung und Ausfallzeit; *sehr hoch:* gravierende Beeinträchtigung und existenzbedrohende Ausfallzeit).

Negative Innen- oder Außenwirkung

Ansehens- oder Vertrauensverluste, die zu Image- oder Reputationsschäden führen können, sind Beispiele für negative Innen- oder Außenwirkung. Weitere Beispiele sind Demotivation von Mitarbeitern, Beeinträchtigung der Lieferfähigkeit oder von wirtschaftlichen Beziehungen zu Partnern und Institutionen oder Verlust der Konkurrenzfähigkeit.

Der Höhe des Schadens orientiert sich an der Schwere des Vertrauensverlusts und dem Verbreitungsgrad (*normal:* geringe bzw. nur interne Ansehens- und Vertrauensbeeinträchtigung; *hoch:* breite Ansehens- und Vertrauensbeeinträchtigung; *sehr hoch:* übergreifende oder existenzbedrohende Ansehens- und Vertrauensbeeinträchtigung).

Finanzielle Auswirkungen

Unmittelbare oder mittelbare finanzielle Schäden können durch den Verlust der Vertraulichkeit schutzbedürftiger Informationen, die Veränderung von Informationen oder den Ausfall von Geschäftsprozessen/Anwendungen entstehen.

Beispiele sind die unerlaubte Weitergabe von Forschungs- und Entwicklungsergebnissen, Manipulation von finanzwirksamen Daten in einem Abrechnungssystem, Ausfall von zentralen Produktions-, Vertriebs- und Servicesystemen und dadurch bedingte Umsatzverluste, unerlaubte Einsichtnahme in Produkt-, Vertriebs- oder Marketingstrategien oder Diebstahl von Hardware.

Die Höhe des Schadens ergibt sich aus den direkt und indirekt entstehenden Kosten und entgangenen Gewinnen (normal: tolerabel; hoch: hoch, aber nicht existenzbedrohend; sehr hoch: existenzbedrohend).

Diese und/oder weitere Schadensszenarien müssen zugeschnitten auf die Ziele, Anforderungen und Randbedingungen des Unternehmens ausgewählt werden.

Der Schutzbedarf bezieht sich immer auf Assets, die Werte des Unternehmens, wie Geschäftsprozesse, Informationen und die dafür verwendeten Anwendungen und IT-Systeme. Diese müssen ermittelt werden.

Schauen wir uns die besonders geschäftskritischen Assets etwas näher an.

4.1.2.2 Kronjuwelen

Kronjuwelen sind die Assets, die geschäftskritisch für das Unternehmen sind. Sie haben daher einen hohen Schutzbedarf. Beispiele für Kronjuwelen sind Strategiedokumente, Informationen über Firmenaufkäufe, Produktentwicklungen, Produktdesigns oder Rezepturen, Informationen über den Standort gefährdeter Personen, Masterschlüssel für unternehmensweit eingesetzte Kryptoverfahren oder geheime Anlagen oder administrative Zugriffsdaten. Die Leitungsebene legt fest, welche Assets als Kronjuwelen einzustufen sind. Für die Kronjuwelen müssen adäquate Sicherheitsmaßnahmen, sowohl Standardsicherheitsmaßnahmen als auch insbesondere erweiterte individuelle, häufig teure Sicherheitsmaßnahmen, ergriffen werden. Für alle Kronjuwelen müssen die Zuständigkeit („Responsibility“) und die Rechenschaftspflicht („Accountability“) definiert sein.

Indikatoren für Kronjuwelen sind:

- Informationen, die wesentlich für die Durchführung der Kernprozesse sind
- Informationen oder Geschäftsprozesse mit einem deutlich erhöhten Gefährdungspotenzial in Bezug auf die Schutzziele
- Informationen und Geschäftsprozesse, deren Diebstahl, Zerstörung, Kompromittierung oder Beeinträchtigung einen existenzbedrohenden Schaden für das Unternehmen bedeutet

Der hohe Schutzbedarf der Kronjuwelen ist z. T. zeitlich begrenzt, da gewisse Informationen über z. B. neue Produkte oder Geschäftsberichte nach deren Veröffentlichung ohnehin bekannt sind. Neben den als Kronjuwelen identifizierten Assets gibt es typischerweise weitere Assets mit hohem oder sehr hohem Schutzbedarf, die auch angemessen zu schützen sind.

Um die Kronjuwelen zu identifizieren, sollte möglichst frühzeitig grob abgeschätzt werden, ob diese ein höheres Schutzniveau als „normal“ erfordern. Eine Vorabeinschätzung des Schutzbedarfs sollte unter der Leitung des (zukünftigen) ISB erstellt werden. Hierzu sollte für alle Kerngeschäftsprozesse ein maximal halbtägiges Brainstorming mit den auskunftsfähigen Fachverantwortlichen für den Geschäftsprozess sowie dem entsprechenden IT-Verantwortlichen durchgeführt werden. Ausgehend von den Kerngeschäftsprozessen können dann die relevanten unterstützenden Prozesse und Informationen ermittelt werden.

Wichtig ist es, besonders kritische Assets in Business und IT in Bezug auf die Schutzziele Vertraulichkeit, Integrität und Verfügbarkeit zu identifizieren. Beispielfragen sind u. a.:

- Welche Geschäftsprozesse, Informationen oder IT-Systeme (die Assets) sind in Bezug auf Vertraulichkeit, Integrität und Verfügbarkeit besonders kritisch für das Unternehmen?

  Hinweis: Häufig reichen hier Gruppierungen, wie z. B. mobile Endgeräte oder Büroarbeitsplatz, völlig aus. Assets mit hohem Schutzbedarf, wie z. B. Serverräume, sind jedoch einzeln aufzuführen.
- Welche der kritischen Assets (siehe Kapitel 5) erfordern ein höheres Sicherheitsniveau als „normal"?
- In welchen Prozessen und IT-Systemen werden personenbezogene oder besonders schützenswerte Informationen verarbeitet?
- Welche kritischen Aufgaben des Unternehmens können ohne IT-Unterstützung nicht, nur unzureichend oder mit erheblichem Mehraufwand ausgeführt werden?
- Welche Auswirkungen haben Sicherheitsvorfälle?
- Welche gesetzlichen oder vertraglichen Anforderungen (z. B. Datenschutz) erfordern besondere Maßnahmen in welchen Prozessen und IT-Systemen?

Beim Brainstorming ist die Leitungsebene nicht zwingend erforderlich. Die Ergebnisse der Analyse sollten aber nach einem vorher festgelegten Schema dokumentiert und an die Leitungsebene berichtet werden.

4.1.2.3 Vorgehen bei der Schutzbedarfsfeststellung

Voraussetzung für die Schutzbedarfsfeststellung ist ein Asset-Register mit allen wesentlichen Werten des Unternehmens (siehe Kapitel 5). Dies kann durch eine Bestandsaufnahme oder aber idealerweise durch einen kontinuierlichen Prozess z. B. im Rahmen vom Enterprise Architecture Management erfolgen. Hier müssen sowohl die Geschäftsprozesse (oder/und Business Capabilities) und Informationen als auch deren IT-Unterstützung mit allen für die Informationssicherheit relevanten Abhängigkeiten aufgenommen werden.

Bei einer initialen Schutzbedarfsfeststellung müssen auf jeden Fall die kritischen Geschäftsprozesse aus dem Prozessmanagement (siehe [Gad24] und [HLo21]), aus der Business-Impact-Analyse (BIA, siehe Abschnitt 4.3) oder über Interviews mit der Leitungsebene festgelegt werden.

Die Schutzbedarfsfeststellung gliedert sich entsprechend des IT-Grundschutzes (siehe [BSI19-4]) in mehrere Schritte:

Schutzbedarfsfeststellung für Geschäftsprozesse und die zugehörigen Informationen aus Fachbereichssicht

Im Rahmen von Interviews mit den Verantwortlichen und Experten werden der Schutzbedarf für die festgelegten Schutzziele sowie die Schadensauswirkungen und möglichen Schutzmaßnahmen für Assets mit erhöhtem Schutzbedarf ermittelt.

Häufig werden in den Interviews auch bereits oder sogar vorrangig die Anwendungen, die die Geschäftsprozesse und Informationen verarbeiten, sowie Kommunikationsanbindungen und Räume adressiert. Dies ist für die Ermittlung des Schutzbedarfs bezüglich Verfügbarkeit nahezu unabdingbar, da hier die Fragen nach der maximalen Ausfallzeit bzw. Wiederherstellzeit gestellt werden müssen. Zudem kann hierüber das Asset-Register (siehe Kapitel 5) überprüft und gegebenenfalls vervollständigt werden.

Hinweise:

- Die IT-Prozesse müssen hier ebenfalls adressiert werden. Auch die IT ist ein Fachbereich.
- Entsprechend IT-Grundschutz (siehe [BSI19-4]) werden Geschäftsprozesse und Anwendungen als erster Schritt betrachtet.

Vererbung des Schutzbedarfs

Vererbung des Schutzbedarfs an die für die Verarbeitung genutzten Anwendungen, IT-Systeme, ICS- und sonstigen Geräte, Räume und Kommunikationsverbindungen nach dem **Maximumprinzip**. Das heißt, der Schaden mit den schwerwiegendsten Auswirkungen bestimmt den Schutzbedarf. So hat eine Anwendung A einen sehr hohen Schutzbedarf, wenn diese viele Geschäftsprozesse mit normalem Schutzbedarf und einen Geschäftsprozess mit sehr hohem Schutzbedarf unterstützt. Zudem wirken der Kumulationseffekt und der Verteilungseffekt.

Nach dem **Maximumprinzip** bestimmt der Schaden bzw. die Summe der Schäden mit den schwerwiegendsten Auswirkungen den Schutzbedarf eines Geschäftsprozesses, einer Anwendung bzw. eines IT-Systems, einer ICS-Komponente, eines Raums oder einer Kommunikationsverbindung.

Der **Kumulationseffekt** beschreibt, dass sich der Schutzbedarf eines IT-Systems erhöhen kann, wenn durch Kumulation mehrerer (z. B. kleinerer) Schäden auf einem IT-System ein insgesamt höherer Gesamtschaden entstehen kann.

Beispiel: Auf einem Datenbank-Server befindet sich die Datenhaltung von vielen verschiedenen Anwendungen mit normalem Schutzbedarf. Dieser Datenbank-Server kann aufgrund dessen gegebenenfalls mit einem Schutzbedarf von „hoch" versehen werden.

Der **Verteilungseffekt** kann sich auf den Schutzbedarf relativierend auswirken, wenn zwar eine Anwendung einen hohen Schutzbedarf besitzt, ihn aber deshalb nicht auf ein betrachtetes IT-System überträgt, weil auf diesem IT-System nur unwesentliche Teilbereiche der Anwendung laufen.

Ein Beispiel ist ein Cluster. Durch die Redundanz reduziert sich die Schadenseintrittswahrscheinlichkeit. Der Schutzbedarf kann hier ggf. reduziert werden.

Schutzbedarfsfeststellung für Anwendungen und IT-Systeme mit den IT-Verantwortlichen sowie IoT- und ICS-Geräten mit den entsprechenden Verantwortlichen

Für die IT-Assets, die im Rahmen der Schutzbedarfsfeststellung mit dem Fachbereich direkt oder indirekt adressiert wurden, muss deren Schutzbedarf über Vererbung über das Maximumprinzip unter Berücksichtigung des Kumulations- und Verteilungseffekts ermittelt werden. Dieser Schutzbedarf und die erforderlichen Schutzmaßnahmen müssen mit dem IT-Verantwortlichen für das Asset besprochen werden. Hieraus können sich Rückfragen für ein Nachinterview oder eine Nachabstimmung mit dem Fachbereich ergeben.

Für alle IT-Assets aus einer Bestandsaufnahme, die nicht direkt oder indirekt über die Interviews mit dem Fachbereich ermittelt werden, muss mit dem jeweiligen IT-Verantwortlichen deren Zweck geklärt werden. Die Kernfrage lautet: Welche Funktionen werden durch das IT-System in welcher Art und Weise unterstützt?

Auch Querschnittssysteme, wie z. B. Telekommunikationssysteme oder Berechtigungssysteme, müssen adressiert und deren Schutzbedarf muss entsprechend ermittelt werden.

Hinweise:

- Für IoT- und ICS-Systeme gilt das Gleiche.
- Haben die meisten Anwendungen auf einem IT-System nur einen normalen Schutzbedarf und wenige einen sehr hohen Schutzbedarf, sollte in Erwägung gezogen werden, die Anwendungen mit einem sehr hohen Schutzbedarf auf ein isoliertes IT-System auszulagern. Dies gilt auch für Cloud-Computing.

Schutzbedarfsfeststellung für u. a. Gebäude, Räume und Werkhallen (wie z. B. Serverräume, Rechenzentren, Werkshallen oder Datenträgerarchive)

Der Schutzbedarf für Gebäude, Räume und Werkhallen leitet sich, wie bereits beschrieben, aus dem Schutzbedarf der dort befindlichen Objekte, verarbeiteten Informationen oder der Datenträger, die dort gelagert oder genutzt werden, nach dem Maximumprinzip unter Berücksichtigung des Kumulations- und Verteilungseffekts ab.

Ansprechpartner sind in der Regel Bereiche im Kontext „Bau und Technik" oder „Facility Management".

Mit den Verantwortlichen müssen analog der Schutzbedarf erörtert und mögliche Schutzmaßnahmen für erhöhten Schutzbedarf identifiziert werden. Dies ist gegebenenfalls mit den fachlichen oder technischen Verantwortlichen iterativ erneut abzustimmen.

Schutzbedarfsfeststellung für Kommunikationsverbindungen

Auf der Basis eines Netzplans, der gegebenenfalls erhoben werden muss, sind Entscheidungen vorzubereiten, welche Strecken gegebenenfalls redundant ausgelegt oder über kryptografische Sicherheitsmaßnahmen abgesichert werden sollten.

Hierzu bedarf es einer Analyse, über welche Verbindungen Angriffe durch Innen- oder Außentäter zu erwarten sind. Besonders kritisch sind folgende Kommunikationsverbindungen zu analysieren:

- Außenverbindungen, die in oder über unkontrollierte Bereiche führen, wie z. B. ins Internet, drahtlose Kommunikation oder über ein öffentliches Gelände.

  Es besteht die Gefahr, dass externe Angreifer Penetrationsversuche unternehmen oder Schadprogramme einspielen. Ebenso müssen hier auch Außenverbindungen für die Fernadministration sowie unter Umständen Innentäter berücksichtigt werden, die über eine geschützte Verbindung vertrauliche Informationen nach außen übertragen.

- Kommunikationsverbindungen, über die hochschutzbedürftige Informationen übertragen werden (sowohl bzgl. Vertraulichkeit als auch Verfügbarkeit).

  Hier bestehen die Gefahren des Ausfalls mit erheblichen Beeinträchtigungen des Geschäftsbetriebs, des Abhörens oder der vorsätzlichen Manipulation.

- Kommunikationsverbindungen im Forschungs- und produzierenden Bereich, die gegebenenfalls schnell über Netztrennung abgeschottet werden müssen.

Bei der Erfassung der Kommunikationsverbindungen werden alle Außenverbindungen als kritisch eingestuft und analysiert. Anschließend werden sämtliche Verbindungen von einem IT-System mit einem erhöhten Schutzbedarf analysiert. Dabei werden die Verbindungen identifiziert, über die hoch schutzbedürftige Informationen übertragen oder weitergeleitet werden. Anschließend werden die Kommunikationsverbindungen identifiziert, über die hoch schutzbedürftige Informationen nicht übertragen werden dürfen.

In der Dokumentation ist zu jeder Verbindungsstrecke aufgeführt, ob es sich um eine Außenanbindung handelt, ob hoch schutzbedürftige Informationen übertragen werden und ob der Schutzbedarf aus der Vertraulichkeit, Integrität oder Verfügbarkeit stammt.

Idealerweise wird dies tabellarisch und als Netzplan dokumentiert.

Schlussfolgerungen aus den Ergebnissen der Schutzbedarfsfeststellung

- Ableitung von möglichen Sicherheitsmaßnahmen für erhöhten Schutzbedarf. Für Assets mit normalem Schutzbedarf wird davon ausgegangen, dass die Sicherheitsanforderungen nach IT-Grundschutz im Allgemeinen ausreichend und angemessen sind.

Die Sicherheitsanforderungen nach IT-Grundschutz liefern eine Standardabsicherung (siehe Abschnitt 1.2.4). Unter Umständen reichen diese alleine nicht aus. Erhöhte Sicherheitsmaßnahmen sollten auf Basis der Risikoanalyse (siehe Abschnitt 4.2) ermittelt werden.

Bei normalem Schutzbedarf muss auch eine Risikoanalyse durchgeführt werden, wenn die Assets nicht mit den existierenden Bausteinen des IT-Grundschutzes hinreichend modelliert werden können, oder in Einsatzszenarien, die im Rahmen des IT-Grundschutzes nicht vorgesehen sind.

- Bildung von räumlichen, technischen oder/und personellen Sicherheitszonen zur Trennung von Bereichen zur Eindämmung von Risiken und Kosten (siehe Abschnitt 4.1.2.4).

  Begründung: Durch die Vererbung des Schutzbedarfs nach dem Maximumprinzip unter Berücksichtigung des Kumulations- und Verteilungseffekts ergibt sich häufig ein hoher Schutzbedarf für u. a. IT-Systeme, auch wenn nur wenige Geschäftsprozesse, Informationen oder Anwendungen besonders schutzbedürftig sind.

  Wenn alle diese IT-Systeme in einer Sicherheitszone angesiedelt werden, müssen aufgrund der Vernetzung und Kopplung für alle IT-Systeme und deren Vernetzung ein entsprechendes Sicherheitsniveau teuer hergestellt oder hohe Risiken in Kauf genommen werden. Durch die Trennung können Risiken und Kosten beschränkt werden.

- Bei der Schutzbedarfsfeststellung zeigt sich häufig, dass es Bereiche innerhalb des betrachteten Informationsverbunds gibt, in denen Informationen verarbeitet werden, die einen hohen oder sehr hohen Schutzbedarf haben. Auch wenn nur wenige, herausgehobene Daten besonders schutzbedürftig sind, führen die starke Vernetzung und Kopplung von IT-Systemen, ICS- und sonstigen Geräten und Anwendungen schnell dazu, dass sich der höhere Schutzbedarf nach dem Maximumprinzip auf andere Bereiche überträgt.
- Nachvollziehbare Dokumentation des Schutzbedarfs mit Begründung für alle Schritte für alle Schutzziele, gesamthaft sowie die Schadenauswirkungen sowie möglichen Schutzmaßnahmen.

4.1.2.4 Zonenkonzept

Das Zonenkonzept dient dazu, ein oder mehrere Sicherheitsniveaus von Einsatzumgebungen zu definieren, herzustellen und aufrechtzuerhalten. Es unterscheidet getrennte Schutzzonen mit dedizierten Sicherheitseigenschaften für unterschiedlichen Schutzbedarf. Bestehende Systeme können basierend auf ihrem Schutzbedarf einem Sicherheitsniveau und damit Schutzzonen mit den entsprechenden Sicherheitseigenschaften zugeordnet werden. Die Schutzzonen müssen durch bauliche Maßnahmen sowie die Sicherheitsarchitektur in Netz und Anwendungen realisiert werden. Beispiele sind Kontrolle der Verkehrsflüsse, Zutrittskontrollen wie Pförtner, logische oder physische Netztrennung durch Firewalls, Intrusion-Detection-Systeme oder Netzzugangskontrollen.

Neben dem Schutzbedarf von Informationen und anderen Assets sind für die Konzeption alle vorhandenen internen und externen Kommunikationsbeziehungen zu ermitteln und mit den tatsächlich notwendigen abzugleichen. Dies reduziert einerseits den Netzverkehr auf ein sinnvolles und notwendiges Maß und minimiert Abhängigkeiten zwischen IT-Systemen. Gleichzeitig bilden die gewonnenen Daten eine gute Grundlage für die Einteilung in Sicherheitszonen mit normalem, höherem oder sehr hohem Schutzniveau bei entsprechendem Schutzbedarf. Die erforderlichen Sicherheitsmaßnahmen der Sicherheitszone müssen diesem Schutzbedarf entsprechen. So muss für die Absicherung der Kommunikation im Netz bei einem erhöhten Schutzbedarf hinsichtlich Vertraulichkeit und Integrität die Kommunikation über WAN- oder auch Standleitungsstrecken außerhalb des geschützten LAN möglichst verschlüsselt erfolgen. Welche kryptografischen Verfahren, wie z. B. IPsec, eingesetzt werden, ist im Kryptokonzept geregelt.

Ein **Kryptokonzept** beinhaltet alle kryptografischen Verfahren, Techniken und Produkte, die in der Organisation eingesetzt werden. Unter anderem ist hier beschrieben:

- Kryptografische Verfahren zum Schutz von lokal gespeicherten und über Kommunikationsverbindungen übertragenen Daten
- Organisatorische oder prozessuale Anforderungen zur Gewährleistung von Vertraulichkeit, Integrität und Authentizität
- Beschreibung von Kryptomodulen, d. h. Produkten (Hardware, Software, Firmware oder Kombinationen) mit Sicherheitsfunktionalität

Die Ergebnisse der Schutzbedarfsfeststellung sowie die Analyse der Kommunikationsbeziehungen bilden die Basis für die Einteilung in Sicherheitszonen. Sicherheitszonen unterscheiden sich dabei in der Regel durch

- den Eigentümer der Prozesse und Daten,
- die Klassifizierung und den Schutzbedarf der zu verarbeitenden Informationsobjekte,
- die Benutzergruppen und Komponenten, die auf diese Informationsobjekte zugreifen dürfen,
- die Bedrohungen und die umgesetzten Sicherheitsmaßnahmen.

Wesentlicher Bestandteil eines Zonenkonzepts ist die geeignete Dokumentation der festgelegten Regeln für die erlaubten Zugriffswege. Nur so können Verstöße, wie z. B. unerlaubte Zugriffe mit der Gefahr einer Kompromittierung, erkannt und der Durchmischung von Systemen mit unterschiedlichem Schutzbedarf vorgebeugt werden. Neben der Definition muss die Kommunikation zwischen den Sicherheitszonen überwacht werden. Je nach Sicherheitszone sind unterschiedliche Anforderungen der

Kontrolle der Kommunikation zu berücksichtigen. Dies kann relativ komplex werden, da u. a. neben der Filterung von Protokollen, die dynamisch Ports aushandeln (z. B. RTP), auch die Erkennung von Sitzungen auf der Basis von UDP (z. B. Authentifizierungen über RADIUS) erfolgen muss. Dies kann z. B. über den Einsatz einer Next Generation Firewall (NGFW) vereinfacht werden. Diese stellt u. a. zusätzliche identitätsbasierte Regeln auf Ebene der Anwendungen bereit.

Besonders schützenswerte Endgeräte in einer Sicherheitszone können vor unkontrollierten Zugriffen aller anderen Sicherheitszonen abgeschottet werden („**Trusted Zone**"). Dann dient ein Sicherheitselement an der Grenze zur Sicherheitszone, wie z. B. die Next Generation Firewall, primär dem Schutz der Sicherheitszone. Andererseits kann eine Sicherheitszone auch zum Schutz der weiteren Infrastruktur vor Endgeräten in der Sicherheitszone dienen („Untrusted Zone").

Alle eingesetzten IT-Systeme (und ggf. auch andere Assets) werden genau einer Zone des Zonenkonzepts zugeordnet, ein zonenübergreifender Zugriff ist verboten, wenn nicht explizit freigegeben („Prinzip des Verbots zonenübergreifender Zugriffe"). Dies erhöht das Sicherheitsniveau, da verhindert wird, dass Angreifer ein kompromittiertes System mit weniger starken Sicherheitsmaßnahmen als Sprungbrett für andere Zonen oder das ganze Netz nutzen können. Wurde ein IT-System in einer Zone kompromittiert, dann können lediglich die IT-Systeme aus derselben Zone angegriffen werden. Andere Zonen sind abgesichert, wenn die Kommunikationsbeziehungen unterbunden oder ausreichend abgesichert sind. So können im Zusammenspiel mit der Umsetzung eines Rechte- und Rollenkonzepts, durch das Zugriffe auf IT-Systeme in jeweils angrenzende Zonen erlaubt oder unterbunden werden, Daten mit einem höheren Schutzbedarf nach außen hin abgesichert werden.

Zur **physischen Sicherung eines Gebäudes** und gegebenenfalls des umgebenden Grundstücks hat es sich bewährt, Sicherheitszonen wie Außenbereich, kontrollierter Innenbereich, interner Bereich und Hochsicherheitsbereich zu definieren. Die Sicherheitsmaßnahmen werden nach dem Zwiebelschalenprinzip von außen nach innen verfeinert. So kann es im Außenbereich ausschließlich Zufahrtskontrollen geben und erst für den (kontrollierten) Innenbereich existieren Zutrittskontrollen, z. B. über Pförtner oder Drehkreuze. Diese Zutrittskontrollen gelten auch für den internen Bereich und den Hochsicherheitsbereich. Hier kommen erweiterte Sicherheitsmaßnahmen wie z. B. Zugangsberechtigung oder Kameraüberwachung hinzu.

Beispiel:

- **Zone 0 – Außenbereich (und öffentliche Gebäudeteile)**

  Der Außenbereich wird in der Regel durch die Grundstücksgrenze abgegrenzt, die z. B. über eine Einfriedung angezeigt wird.

- **Zone 1 – kontrollierter Innenbereich**

  Beispiele sind Bereiche mit Besucherverkehr, wie Kantinen oder halböffentliche Schulungsräume, oder Poststellen, Anlieferungs-, Ladezonen und Lagerbereich.

Durch eine angemessene Zutrittskontrolle mit z. B. Pförtner oder einem Zutrittskontrollsystem erhalten nur Berechtigte wie Mitarbeiter oder geladene Besucher Zutritt zu dieser Zone. Bei hohem Schutzbedarf sollte in dieser Zone bereits die Verpflichtung bestehen, stets sichtbar Ausweise zu tragen.

Die Außenhaut der Zone 1 (Gebäudeaußenhaut) sollte durch bauliche und technische Maßnahmen gegen Sabotage und Einbruch geschützt werden.

- **Zone 2 – interner Bereich**

  Der Zutritt zum internen Bereich ist auf den Kreis der Berechtigten eingeschränkt. Beispiele sind Bürobereiche, Elektrotechnikräume, IT- oder Telekommunikationsräume.

  Räume der Schutzzone 2 sollten nur einen Zugang aufweisen. Weitere Zuwege dienen ausschließlich als Flucht- und Rettungswege und sind während des Geschäftsbetriebs immer geschlossen zu halten. Sie sind permanent zu überwachen und durch Fluchtwegsicherungssysteme gegen missbräuchliche Nutzung zu sichern.

- **Zone 3 – Hochsicherheitsbereich**

  Im Hochsicherheitsbereich befinden sich in der Regel Vorstandsbereiche, kritische IT-Räume und Forschungs- und Entwicklungsbereiche, die besonders abgesichert werden müssen. Der Kreis der Zutrittsberechtigten ist sehr eingeschränkt. Die Sicherheitsmaßnahmen müssen den Anforderungen für hohen und sehr hohen Schutzbedarf entsprechen. Beispiele sind eine Sicherheitsschleuse, die Zwei-Faktor- oder biometrische Authentifizierung sowie die automatische Scharfschaltung der Alarmanlage, sobald keine Personen mehr als anwesend gemeldet sind.

Die Zonen mit Besucherverkehr sollten von schutzbedürftigen Bereichen getrennt werden. So sollten (halb-)öffentliche Räume, wie eine Kantine, Besprechungs-, Schulungs- oder Veranstaltungsräume in der Nähe des Gebäudeeingangs angeordnet sein. Der Zugang zu Gebäudeteilen mit internen Bereichen wie den Büros kann dann über einen Pförtner einfach überwacht werden. Besonders sensitive Bereiche wie die Forschung und Entwicklung, IT-Räume oder Räume der Gebäudetechnik sollten mit einer zusätzlichen Zutritts- und Zugangskontrolle abgesichert werden.

Zudem muss die bauliche Ausführung der Sicherheitszone entsprechend des Schutzbedarfs gegebenenfalls angepasst werden. Wände, Fenster und Türen müssen gegebenenfalls verstärkt und mit Sicherheits- und Überwachungstechnik ausgerüstet werden.

Bei der Festlegung der initialen Sicherheitszonen einer Zonenarchitektur ist Vorsicht geboten. Im Sinne von „weniger ist mehr“ sollten nur die wirklich benötigten Sicherheitszonen angelegt und schrittweise mit Leben gefüllt werden. Es ist allerdings damit zu rechnen, dass bedarfsorientiert weitere Sicherheitszonen hinzuzufügen sind. Daher ist zu empfehlen, zur besseren Strukturierung unterschiedliche Typen festzulegen.

Beispiele sind:

- **Aufteilung nach Clients und Servern:**
  Sicherheitszonen mit virtuellen Clients und ggf. (virtuellen) Servern und Sicherheitszonen, in denen sich ausschließlich (virtuelle) Server befinden
- **Aufteilung nach Vertrauensgrad:**
  hohes Vertrauen (Trusted), geringes Vertrauen (Untrusted) und ggf. Restricted für eingeschränktes Vertrauen

An Sicherheitszonen im Rechenzentrum werden meist nur Server angeschlossen. Diese Server befinden sich im Rechenzentrum und daher in einem besonders geschützten und mit höchster Sorgfalt betriebenen Bereich. Es ist daher nicht besonders wahrscheinlich, dass ein Server versehentlich oder mit Absicht an eine Sicherheitszone angeschlossen wird, zu der er nicht gehört.

In der Regel muss ein Virtualisierungs-Host (z. B. VMware ESX) Schnittstellen in unterschiedliche Sicherheitszonen erhalten. Die Segmentierung des Netzes in unterschiedliche Sicherheitszonen muss dann konsequent im Virtualisierungs-Host fortgesetzt und die virtuellen Maschinen (VMs) auf dem Virtualisierungs-Host müssen unterschiedlichen Zonen zugeordnet werden. Für allgemein verfügbare Dienste, wie z. B. DNS, LDAP oder Active Directory, wird häufig eine separate Sicherheitszone eingerichtet.

Nach dem Exkurs „Zonenkonzept" schauen wir uns die fachliche Schutzbedarfsfeststellung nochmals etwas näher an.

4.1.2.5 Schutzbedarfsfeststellung für Geschäftsprozesse und die dazugehörigen Informationen

Für Geschäftsprozesse und die dazugehörigen Informationen ist ein Fachbereich verantwortlich, der zum Schutzbedarf befragt wird. Wenn die Geschäftsprozesse z. B. über ein Geschäftsprozessmanagement (siehe Kapitel 5) gemanagt werden, können die jeweiligen Prozess-Owner als fachliche Ansprechpartner genutzt werden. Anderenfalls müssen z. B. über eine Organisationsabteilung oder die oberste Leitungsebene klare Verantwortlichkeiten festgelegt werden.

Die fachlichen Verantwortlichen werden in der Regel vom ISB über ihre Assets und insbesondere die Kronjuwelen befragt, welcher Schaden bei Verletzung der Schutzziele entstehen kann. Die Schutzziele werden hierbei einzeln betrachtet und bewertet und dann wird zusätzlich der Schutzbedarf für das Asset als Ganzes festgelegt. Häufig erfolgt dies zweistufig. Zuerst wird bewertet, ob überhaupt ein erhöhter Schutzbedarf vorliegt oder nicht. Lediglich für die Schutzobjekte mit erhöhtem Schutzbedarf wird eine detaillierte Schadensszenarioanalyse durchgeführt. Die detaillierte Szenarioanalyse erfolgt in der Regel im Nachgang auf der Basis der vorab festgelegten relevanten Schadensszenarien (siehe Abschnitt 4.1.2.1). Für die finale Festlegung des Schutzbedarfs ist der rechenschaftspflichtige Ansprechpartner („Accountable") verantwortlich. Dies ist z. B. der Prozess-Owner.

> **!** Bei der Schutzbedarfsfeststellung sollten Sie unbedingt die Verantwortlichen und Key-Nutzer der betrachteten Geschäftsprozesse und Systeme miteinbeziehen. Es ist möglich, dass der Schutzbedarf von den Key-Usern unterschiedlich eingeschätzt wird. Falls kein Konsens erzielt werden kann, muss der „Accountable" oder aber die oberste Leitungsebene entscheiden.

Der Schutzbedarf von Assets kann in Bezug auf die Schutzziele unterschiedlich hoch sein. In Abhängigkeit von der Bewertung für die verschiedenen Schutzziele sind gegebenenfalls unterschiedliche Sicherheitsmaßnahmen erforderlich. Ein Beispiel ist die öffentliche Webseite eines Unternehmens. Diese ist bezüglich des Schutzziels Vertraulichkeit „Öffentlich", also nicht kritisch. Bezüglich des Schutzziels Verfügbarkeit sieht dies aber anders aus. Die Webseite muss hoch verfügbar sein, sodass keine Imageschäden für das Unternehmen entstehen. Hier müssen gegebenenfalls Verfügbarkeitsmaßnahmen, wie z. B. der Einbau von Redundanz, ergriffen werden.

Für die Analyse der Schadensauswirkungen sollten realistische Schadensszenarien entwickelt und bewertet werden. Dabei kann es helfen, „Was wäre wenn?"-Fragen zu jedem Schadensszenario zu formulieren. Ein Beispiel ist: „Was wäre, wenn das neue Geschäftsmodell dem Wettbewerb vor der Markteinführung bekannt wird?" Wichtig sind vor allen Dingen Fragen wie:

- Gegen welche Gesetze, Vorschriften oder Verträge wird verstoßen? Welche Konsequenzen oder Sanktionen können damit verbunden sein?
- Werden personenbezogene Daten verarbeitet? Wird das informationelle Selbstbestimmungsrecht beeinträchtigt? Wenn ja, mit welchen Folgen?
- Ist die persönliche Unversehrtheit beeinträchtigt? In welchem Umfang? Mit welchen Folgen?
- Wird der kontinuierliche Geschäftsbetrieb beeinträchtigt? Wie stark? Wodurch? Gibt es Workarounds?
- Wird der Ruf oder das Image des Unternehmens beschädigt oder drohen andere negative Außenwirkungen? In welchem Umfang?
- Gibt es bekannte finanzielle Auswirkungen? Welche und in welcher Höhe?

Hier kann auf die vom BSI vorgeschlagenen Schadensszenarien, siehe [BSI-19-4], zurückgegriffen werden.

Anhand der Antworten der Interview-Partner auf die Fragen kann eine erste Einschätzung der Schadenshöhe (Schwere), Häufigkeit und Eintrittswahrscheinlichkeit ermittelt werden. Diese sollte direkt mit dem Interviewpartner erhärtet und vom fachlichen Verantwortlichen („Accountable") verifiziert werden.

Beispiel Schadensszenario

Wenn Auftragsdaten in dem zentralen Auftragsabwicklungssystem des Unternehmens zerstört oder manipuliert und nicht wiederhergestellt werden können, können

- Verpflichtungen gegenüber den Kunden nicht eingehalten werden (Vertragsverletzung),
- Kundenaufträge nicht gefertigt und ausgeliefert werden (Beeinträchtigung der Aufgabenerfüllung),
- beträchtliche Einnahmeausfälle unmittelbar und mittelfristig wegen Kundenverlust erwartet werden (finanzielle Auswirkungen),
- Imageverluste zu langfristigen Schäden (negative Außenwirkung) führen.

Bei normalem Schutzbedarf wird davon ausgegangen, dass die Standardsicherheitsmaßnahmen aus dem IT-Grundschutz in der Regel ausreichend sind, sofern das Zielobjekt mit den existierenden Bausteinen des IT-Grundschutzes modelliert werden kann. Bei erhöhtem Schutzbedarf sind dedizierte Schadensszenarien zu erstellen und bereits im Interview (anzu)diskutieren. Für ein Schutzobjekt können hierbei mehrere Szenarien mit unterschiedlichen Gefährdungen relevant sein. Die Schadensszenarien und die möglichen Gefährdungen sind zu priorisieren.

Schutz ist kein Selbstzweck, sondern es ist so viel Schutz notwendig, um einen kontinuierlichen Geschäftsbetrieb, Reputationserhalt, Kundenbindung und allgemein die Unternehmensziele zu erreichen. Jedoch ist eine hundertprozentige Sicherheit auch mit noch so hohem Aufwand nicht zu erreichen. Ein hinreichender Informationsschutz der IT ist, ebenso wie eine Standardabsicherung (siehe Abschnitt 1.2.4), schon mit verhältnismäßig geringen Mitteln zu erreichen. In [Hen13] finden Sie in einer Prinzip-Darstellung die Abwägung zwischen Kosten und Sicherheitsbedürfnis sowie eine grobe Zuordnung zu Fehlerklassen nach dem CRISAM®-Modell. Die Abwägung zwischen Sicherheitsstatus und Maßnahmenkosten muss aber jedes Unternehmen für sich treffen.

Basis für die Schutzbedarfsfeststellung ist das Inventar der Werte, der Assets, einer Organisation im Geltungsbereich des DS & ISMS. Alle relevanten Assets einer Organisation müssen inventarisiert werden. Wesentliche Aspekte sind neben dem Namen die Lage bzw. der Standort, der festgelegte Wert sowie der Asset-Owner. Der Asset-Owner ist der primäre Ansprechpartner für alle Sicherheitsaspekte der zugeordneten Assets. Gleichartige Assets sollten als Eintrag in der Inventarliste zusammengefasst werden, um den Aufwand für das Asset-Management zu beschränken. Beispiele hierfür sind Geschäftsprozesse, Daten und IT-Systeme.

Ausgangspunkt für die Inventarisierung bilden vorhandene Listen, wie z. B. Listen der Anlagenbuchhaltung, der Einkaufsabteilung oder aber eine Unternehmensarchitektur-Datenbasis bzw. eine Configuration-Management-Datenbank (CMDB) für IT-

Assets und die Verknüpfungen mit dem Business. Parallel zur Inventarisierung müssen Pflegeprozesse festgelegt und in der Organisation verankert werden, damit die Inventarliste nicht veraltet. Aufgenommene Assets sind Voraussetzung für die Schutzbedarfsfeststellung. Ein etabliertes Enterprise Architecture Management und eine CMDB liefern häufig die wesentlichen Assets (siehe Kapitel 5).

Die Schutzbedarfsfeststellung ist ein iterativer Prozess, der einerseits in einem festen Intervall, z. B. ein Jahr, erfolgen sollte. Andererseits sollte nach Bedarf, wenn z. B. neue Assets „auftauchen" oder aber die Ergebnisse der Risikoanalyse und -bewertung oder die Auswahl der Maßnahmen neue Erkenntnisse für den Schutzbedarf ergeben, der Schutzbedarf überprüft werden.

4.2 Risikomanagement

Sowohl für ein ISMS gemäß ISO 27001 als auch für ein Datenschutzmanagementsystem sind Verfahren zur Identifikation, Bewertung und Behandlung von Risiken erforderlich. Auch im IT-Grundschutz ist das Risikomanagement ein zentrales Element. Siehe hierzu BSI-Standard 200-3 „Risikoanalyse auf der Basis vom IT-Grundschutz" in [BSI19-5].

Risikomanagement umfasst die Identifikation, Analyse, Bewertung, Behandlung sowie Überwachung, Steuerung und Kontrolle von Risiken. Es ist wichtig, eine systematische und unternehmensweit einheitliche Risikomanagementmethode festzulegen. Folgende Ziele werden in diesem Rahmen verfolgt:

- Frühzeitiges Erkennen und Adressieren von Risiken
- Einheitliches Bewerten identifizierter Risiken und transparente Darstellung des Risikoportfolios
- Eindeutige Zuweisung von Verantwortlichkeiten beim Umgang mit Risiken
- Standardisierte und transparente Dokumentation von Risiken
- Effiziente Behandlung von Risiken
- Transparenz über den Risikobehandlungsplan

Von der obersten Leitungsebene muss eine Richtlinie für das Risikomanagement mit u. a. folgenden Schwerpunkten festgelegt werden:

- Methodik und Verantwortlichkeiten für das Risikomanagement und auch für die Risiken (Risiko-Eigentümer)
- Risikoakzeptanzkriterien und Risikoappetit
- Berichtspflichten
- Zeitintervall für die regelmäßige Durchführung des Risikomanagements (z. B. mindestens jährlich)

Risikomanagement ist weit verbreitet und findet in vielen Fachgebieten Anwendung, z. B. unternehmensübergreifend (Corporate Risikomanagement) oder im Projekt.

Wenn es bereits ein übergreifendes Risikomanagement gibt, sollten die dort etablierten Methoden zumindest für die Risikobewertung genutzt und das DS & ISMS-Risikomanagement mit dem unternehmensübergreifenden Risikomanagement verzahnt werden.

Das Risikomanagement in der Informationssicherheit und im Datenschutz trägt dazu bei, ein akzeptables Sicherheitsniveau im Geltungsbereich zu erreichen und das bestehende Sicherheits- und Datenschutzniveau nachhaltig zu verbessern. Es geht darum, eine potenzielle Gefährdung der Vertraulichkeit, Integrität und Verfügbarkeit (siehe Schutzziele in Abschnitt 4.1.1) zu identifizieren, richtig einzuschätzen und richtig damit umzugehen.

Risiken können immer eintreten, wenn Schwachstellen vorhanden sind. Eine Schwachstelle sind z. B. fehlende, ungeeignete oder fehlerhaft angewendete Sicherheitsmaßnahmen. Weitere Keimzellen für Schwachstellen sind:

- Einsatz von IT-Systemen mit diversen sich über die Zeit verändernden Schwachstellen, u. a. veraltete, nicht aktualisierte oder nicht abgeschaltete IT-Systeme
- Einsatz neuartiger Systeme und Technologien
- Datenaustausch innerhalb und außerhalb der Organisation (u. a. Business-Eco-System, Mobile, Arbeitsplatz und Heimarbeitsplatz)
- Fernzugriffe in das Unternehmensnetzwerk, z. B. von Partnern oder Herstellern
- Sabotage und Wirtschaftskriminalität
- Risikofaktor Mensch („Social Engineering")
- Eintritt in neue Märkte

Risikomanagement ist ein systematischer Prozess innerhalb eines Managementsystems zur Identifizierung, Analyse, Bewertung, Behandlung sowie Überwachung und Überprüfung von Risiken. Im Risikomanagement sind viele Stakeholder involviert, da Risiken an vielen Stellen auftreten, von anderen Stellen identifiziert und von weiteren Stellen behandelt, überwacht und überprüft werden können. Wie in Bild 4.2 dargestellt, sind die Kommunikation und Beratung im Umgang mit Risiken ein entscheidender Erfolgsfaktor für ein wirksames Risikomanagement.

Das Risikomanagement nutzt das Asset-Register aus der Strukturanalyse oder aus dem Enterprise Architecture Management in Integration mit einer CMDB (siehe Kapitel 5) und baut auf den Ergebnissen der Schutzbedarfsfeststellung auf (siehe Abschnitt 4.1.2). Das heißt, alle wichtigen Informationen über den Informationsverbund und dessen Schutzbedarf bezogen auf die Grundwerte Vertraulichkeit, Integrität und Verfügbarkeit mit den Stufen normal, hoch und sehr hoch liegen vor. Dies beinhaltet den Schutzbedarf für die Geschäftsprozesse, Informationen, Anwendungen, IT-Systeme und genutzten Räume sowie eine Liste der kritischen Kommunikationsverbindungen.

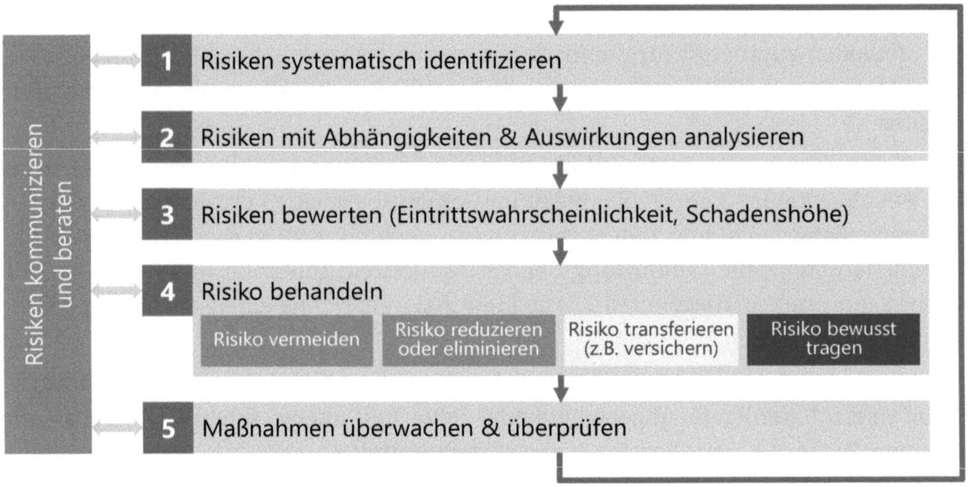

Bild 4.2 Risikomanagementprozess

Daneben nutzt das Risikomanagement die Ergebnisse der GAP-Analyse (siehe Kapitel 3). In einer GAP-Analyse (oder Sicherheitscheck) entsprechend ISO 27001 auf der Basis von IT-Grundschutz wird der aktuelle Stand Ihres ISMS im Vergleich zum „anerkannten Stand der Technik" (siehe ISO 27001 in Abschnitt 1.2.3 und IT-Grundschutz in Abschnitt 1.2.4) analysiert. Dadurch wird festgestellt, welche Basis- und Standardsicherheitsanforderungen für den vorliegenden Informationsverbund bereits erfüllt sind und wo noch Defizite bestehen. Der Umfang und die Tiefe der GAP-Analyse richten sich nach der konkreten Aufgabenstellung.

Die Netzwerk- und Systemsicherheit wird durch gezielte Penetrationstests geprüft. Dabei werden eventuell vorhandene Schwachstellen ermittelt und aufgezeigt, die es einem entfernten Angreifer ermöglichen, unberechtigten Zugang zu den Systemen und Daten zu erhalten oder deren Verfügbarkeit zu beeinträchtigen. Im Penetrationstest werden solche Schwachstellen als potenzielle Angriffspunkte ermittelt und entsprechende Gegenmaßnahmen empfohlen.

Die durch die Analyse gegen den „Stand der Technik" und die Penetrationstests identifizierten Lücken (GAPs) stellen eine Grundlage für die Festlegung von erforderlichen Maßnahmen dar, um eine erfolgreiche ISMS-Zertifizierung nach ISO 27001 zu erreichen und Ihr ISMS nachhaltig zu verbessern.

Auf der Basis dieser Vorarbeiten liegt eine Liste von Zielobjekten vor, für die eine Risikoanalyse und -bewertung durchgeführt werden sollten. Die Zielobjekte werden zu Gruppen, wie z. B. alle PC-Arbeitsplätze, zusammengefasst, damit das Risikomanagement mit einem vertretbaren Aufwand geleistet werden kann. Falls trotz Gruppenbildung viele Zielobjekte verbleiben, sollte eine geeignete Priorisierung vorgenommen werden.

Der eigentliche Risikomanagementprozess umfasst folgende Schritte:

1. Risiken systematisch identifizieren

a) Erstellung einer **Übersicht der Gefährdungen**, die auf die betrachteten Zielobjekte einwirken. Dies erfolgt zweistufig. Zuerst werden die möglichen elementaren Gefährdungen (siehe IT-Grundschutz [BSI23-1]) wie Naturkatastrophen, unberechtigte Nutzung oder Administration von Geräten und Systemen oder Ausfall oder Störung von Dienstleistern betrachtet. Dann werden zusätzliche Gefährdungen ermittelt, die über die elementaren Gefährdungen hinausgehen und sich aus dem spezifischen Einsatzszenario ergeben.

b) Für jedes Zielobjekt wird geprüft, ob Gefährdungen für dieses direkt relevant sind und zu einem nennenswerten Schaden führen können. Die Gefährdungen sind dann für das Zielobjekt relevant, wenn sie zu einem nennenswerten Schaden führen können und im Anwendungsfall und Einsatzfeld des Zielobjekts realistisch sind.

c) Berücksichtigung der **Ergebnisse der Schutzbedarfsfeststellung**. Wenn das Zielobjekt für einen bestimmten Grundwert einen erhöhten Schutzbedarf hat, sollte vorrangig nach Gefährdungen gesucht werden, die diesen Grundwert beeinträchtigen.

   Hat das Zielobjekt in einem bestimmten Grundwert einen normalen Schutzbedarf, sind die empfohlenen Sicherheitsanforderungen (siehe IT-Grundschutz in [BSI23-1]) für diesen Grundwert in der Regel ausreichend, sofern das Zielobjekt mit den existierenden Bausteinen des IT-Grundschutzes modelliert werden kann.

d) Identifikation zusätzlicher Gefährdungen über ein gemeinsames Brainstorming mit allen beteiligten Mitarbeitern. Es sollten Informationssicherheitsbeauftragte, Fachverantwortliche, Administratoren und Benutzer des jeweils betrachteten Zielobjekts und gegebenenfalls auch externe Sachverständige herangezogen werden.

> **!** Gefährdungen sind vielfältig. Die Kenntnis der möglichen Risikofelder ist wichtig, um zu wissen, an welchen Stellen nach Risiken „gesucht" werden muss. Daher muss jede Organisation entsprechend ihres Geschäftsmodells, ihrer Struktur und Größe sowie der individuellen Anforderungen und Rahmenbedingungen Schwerpunkte im Risikomanagement festlegen. Ein guter Ausgangspunkt sind hier eine Prozesslandkarte oder eine Business Capability Map (siehe Kapitel 5). Die Identifizierung von relevanten Risiken erfolgt mit den zuständigen („Responsible") und rechenschaftspflichtigen („Accountable") Stakeholdern entlang der Prozesse oder/und Informationen des Unternehmens. Als Techniken kommen Interviews, Szenarioanalysen („Was-wäre-wenn-Analysen"), Brainstorming, Delphi-Methode, Business-Impact-Analysen (BIA) ergänzt durch die Nutzung von Checklisten zum Einsatz. Risiken werden häufig auch über Audits oder Reviews ermittelt.

Eine systematische Risikoidentifikation ist sehr mühsam und aufwendig. Wenn bereits ein Asset-Management erfolgt ist, wie in Kapitel 5 beschrieben, kann dieses mit der Zuordnung der Assets zu den IT-Grundschutz-Bausteinen und damit auch deren Gefährdungen (Standardabsicherung) genutzt werden. Zudem kann der Katalog der Gefährdungen vom BSI (siehe [BSI23-1]) genutzt werden, um zusätzliche relevante Gefährdungen entsprechend spezifischer Anwendungsfälle oder Einsatzszenarien des Unternehmens abzuleiten und den Assets zuzuordnen. Beispiele für Gefährdungen sind „Software-Schwachstellen oder -Fehler" und „Manipulation von Informationen".

e) Benennung des Risikos, das von einer relevanten Gefährdung ausgeht (= identifiziertes Risiko) und Aufnahme aller Risiken in einem zentralen Risikoregister. Für jedes Risiko müssen der „Risikoappetit", die Risikoverantwortlichen (Responsible und Accountable) sowie später die Risikoeinstufung und die Art und der Status der Behandlung dokumentiert werden.

   Lediglich Risiken, die zu einem nennenswerten Schaden führen und die im vorliegenden Anwendungsfall und Einsatzumfeld realistisch sind, sind für die Informationssicherheit relevant. Hierbei werden ausschließlich die Zielobjekte mit erhöhtem Schutzbedarf berücksichtigt, da bei den Zielobjekten mit normalem Schutzbedarf davon ausgegangen wird, dass diese über die Standardsicherheitsmaßnahmen des IT-Grundschutzes hinreichend abgesichert sind.

2. Risiken mit Abhängigkeiten und Auswirkungen analysieren

Viele Gefährdungen an einem Zielobjekt, wie z. B. bei der Fernwartung, können an vollständig anderen Zielobjekten Schäden verursachen. Daher ist eine Analyse der Abhängigkeiten und Auswirkungen essenziell.

Im Kontext „Informationssicherheit" werden hierzu Schadensszenarien und im Kontext „Datenschutz" Gewährleistungsszenarien herangezogen. Für die Informationssicherheit sind als Instrumente der Risikoanalyse daher die Bedrohungs- und die Schwachstellenanalyse von Bedeutung. In der Bedrohungsanalyse werden die Bedrohungen, denen ein Objekt ausgesetzt wird, ermittelt. In der Schwachstellenanalyse werden die Angriffspunkte, über welche die Bedrohungen erst wirksam werden können, aufgedeckt. Die Risikoanalyse ist ein aufwendiges Verfahren und erfordert Expertenwissen, viel Sorgfalt und eine gewisse Unabhängigkeit des Ausführenden sowie schnelle Korrekturmaßnahmen, wenn sich Annahmen als falsch erweisen.

Die neuen Erkenntnisse müssen im Risikoregister nachgezogen werden.

[!] Bei der Risikoanalyse und -bewertung wird immer das Spezialisten-Know-how des jeweiligen Fachverantwortlichen benötigt. Dieses kann mittels Interviews, Workshops oder Fragebögen zum Self-Assessment mit 4-Augen-Kontrolle eingeholt werden.

3. Risiken bewerten (Eintrittswahrscheinlichkeit und Schadenshöhe)

Zur Beurteilung von Schadensszenarien werden das Risiko, dem ein Objekt ausgesetzt ist, in Abhängigkeit von der Eintrittswahrscheinlichkeit eines Schadensereignisses, und die mögliche Schadenshöhe (Schadensausmaß) abgeschätzt.[1] Da sich die Werte in der Regel nicht berechnen lassen, legt man Stufen fest und betrachtet Risikokategorien (Risikobewertung siehe Bild 4.3). Den Stufen sind Bereiche der Schadenshöhe und Eintrittswahrscheinlichkeit zugeordnet.

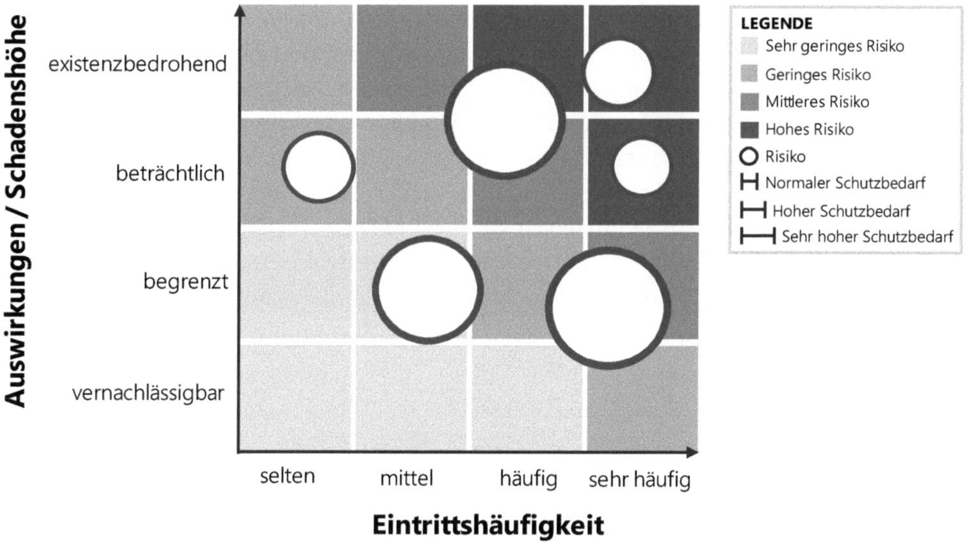

Bild 4.3 Risikoportfolio

Die Schadenshöhe und auch die Eintrittswahrscheinlichkeit müssen mit den Entscheidungsträgern diskutiert werden. Hier ist eine verständliche Darstellung oder Erläuterung insbesondere der möglichen geschäftlichen Konsequenzen für z. B. die Geschäftsprozesse oder die Geschäftstätigkeit, ohne technische Details in den Vordergrund zu stellen, essenziell.

Die Schadenshöhe muss von den fachlichen Verantwortlichen selbst eingeschätzt werden. Hier müssen sowohl die möglichen direkten als auch die Folgeschäden sowie der Aufwand für die Schadensbehebung berücksichtigt werden.

Die Eintrittswahrscheinlichkeit muss durch geeignete Experten abgeschätzt werden. Hier werden häufig Statistiken und Erfahrungswerte herangezogen.

Aus Aufwand-Nutzen-Gründen und weil zumeist ausreichend statistisches Material fehlt, beruhen die Abschätzungen auf Annahmen, insbesondere wenn es um die Zu-

---

1 Eintrittswahrscheinlichkeit und Schadenshöhe sind häufig nicht mit vertretbarem Aufwand berechenbar.

kunft geht. Für Risiken, die nicht mit einem vertretbaren Aufwand abgeschätzt werden können, müssen Notfallpläne erstellt und eintretende Risiken in das Vorfalls- und Notfallmanagement (siehe Abschnitt 4.3) eingesteuert werden. Die Entscheidung, ob bei einem Risiko völlig auf Maßnahmen verzichtet wird, trifft die Leitungsebene.

Die Risikoeinschätzung ist häufig mit Unsicherheiten behaftet. Deshalb ist es wichtig, die resultierende Risikokategorie mit dem fachlichen Verantwortlichen abzustimmen.

4. Risiko behandeln

Die Risikobehandlung erfolgt nach dem Risikoappetit und in Abhängigkeit von der Art des Risikos und den jeweiligen Rahmenbedingungen. Hierzu müssen Risikoakzeptanzkriterien einhergehend mit dem Sicherheitsniveau festgelegt werden. Risikoakzeptanzkriterien werden häufig in Form von Akzeptanzstufen in Abhängigkeit des qualitativen oder quantitativen Schadensausmaßes definiert. Als qualitative Aspekte können hier z. B. Compliance-Verstöße, finanzieller Schaden oder Reputationsschaden betrachtet werden. Zur einfacheren Vergleichbarkeit werden die qualitativen Stufen in quantitative (finanzielle) Beträge umgerechnet (wie z. B. über 1 Mio. Euro).

Als Basis für die systematische Behandlung von Risiken müssen zudem Risikobehandlungsstrategien festgelegt werden. Folgende Risikobehandlungsstrategien (siehe Bild 4.2) werden hier unterschieden:

- **Risiko vermeiden**

  Risiken können nur vermieden werden, wenn die Ursache des Risikos oder aber die Eintrittswahrscheinlichkeit auf null reduziert werden kann. Beispiele hierfür sind die Nichtausführung einer Tätigkeit durch geschicktes Umplanen oder das Weglassen einer Funktionalität eines Produkts, einer Leistung oder eines Services, welches große Risiken birgt. Dies schränkt aber ggf. die Geschäftstätigkeit und damit die Ertragsmöglichkeiten ein. Sicherlich können einige Risiken vermieden werden. Beispiele hierfür sind klar definierte Projektziele und -inhalte oder aber Qualitätskriterien für Lieferanten, um z. B. unzuverlässige Lieferanten in Zukunft überhaupt nicht mehr zu berücksichtigen.

- **Risiko reduzieren oder eliminieren**

  Risiken reduzieren heißt, die Eintrittswahrscheinlichkeit und/oder die Risikoauswirkungen zu reduzieren. Dies kann ursachen- oder wirkungsbezogen erfolgen. Durch Coaching oder intensiveren Test kann die Eintrittswahrscheinlichkeit erheblich gesenkt werden. Zudem kann der Schaden an sich begrenzt oder durch Schadensvorsorge vereitelt oder unterteilt werden. Beispiele hierfür sind spezielle Sicherheitssysteme, die im Notfall sofort bestimmte Systemanteile abschalten (Schadensvorsorge), oder Sprinklersysteme in Gebäuden, die den Schaden möglichst begrenzen (Schadensbegrenzung).

- **Risiko transferieren** (z. B. versichern)

  Risiken transferieren bedeutet, das Risiko mit allen möglichen Auswirkungen an Dritte weiterzugeben, die das Risiko z. B. wie eine Versicherung besser managen können. Diese Risikobehandlungsstrategie findet vor allen Dingen bei Risiken mit direkten finanziellen Auswirkungen Anwendung. In der Regel sind zwar damit Kosten verbunden, wie eine Prämie oder ein Risikozuschlag, diese Kosten werden aber häufig indirekt wieder an den Kunden weitergegeben. Durch die Übertragung in Vertragsklauseln werden die Haftung oder Garantien begrenzt.

  Die Weitergabe von Risiken an Lieferanten kann jedoch zum Bumerang werden, wenn der Lieferant das Risiko nicht im Griff hat. Oft ist es besser, die Risiken unter eigener Kontrolle zu haben, als sie an andere zu übertragen.

- **Risiko bewusst tragen**

  Risiken selbst zu tragen, ist eine sinnvolle Strategie bei kleinen Risiken oder bei Risiken, bei denen z. B. die Versicherung oder Sicherheitsmaßnahmen teurer sind als der zu erwartende Schaden. Für den Fall, dass das Risiko eintritt, ist ein Notfallplan (siehe Abschnitt 4.3) notwendig.

  Im Rahmen der Risikobehandlung von Risiken, die zu reduzieren oder zu eliminieren sind, werden Sicherheitsmaßnahmen ausgewählt, die dabei unterstützen, das Risiko zu verringern, d. h. die Eintrittswahrscheinlichkeit und/oder das Schadensausmaß auf ein vertretbares, umsetzbares (Aufwand und Ressourcen) Restrisiko zu senken. Diese häufig zusätzlichen Maßnahmen aus dem Risikobehandlungsplan müssen in das Sicherheitskonzept integriert werden.

5. Maßnahmen überwachen und überprüfen

Integration der im Rahmen der Risikobehandlung identifizierten Maßnahmen in das Sicherheitskonzept.

Risikomanagement im BSI IT-Grundschutz

> Bei Nutzung des IT-Grundschutz-Kompendiums kann auf einen Großteil der Bedrohungs- und Schwachstellenanalysen verzichtet werden, da das BSI bei der Erstellung der IT-Grundschutz-Bausteine eine implizite Risikobewertung für Bereiche mit normalem Schutzbedarf durchgeführt hat. Lediglich für die Assets mit erhöhtem Schutzbedarf und für die Assets, die nicht mit den existierenden IT-Grundschutz-Bausteinen abgebildet werden können oder in Einsatzszenarien (wie z. B. Umgebung) betrieben werden, die im Rahmen des IT-Grundschutzes nicht vorgesehen sind, müssen individuelle Bedrohungs- und Schwachstellenanalysen durchgeführt werden.

Mit dem BSI-Standard 200-3 (siehe [BSI19-5]) stellt das BSI ein einfach anzuwendendes und bewährtes Vorgehen zur Verfügung, mit dem Unternehmen ihre Informationssicherheitsrisiken angemessen und zielgerichtet steuern können. Das Vorgehen basiert auf den elementaren Gefährdungen und deren Zuordnung zu den IT-Grundschutz-Bausteinen.

Im BSI-Standard 200-3 erfolgt das Vorgehen zweistufig. Im ersten Schritt wird die Gefährdungsübersicht systematisch abgearbeitet. Es wird für jedes Objekt und jede Gefährdung eine Bewertung unter der Annahme vorgenommen, dass bereits Sicherheitsmaßnahmen umgesetzt oder geplant worden sind. Im zweiten Schritt werden die Sicherheitsmaßnahmen zur Risikobehandlung betrachtet. Durch einen Vorher/Nachher-Vergleich lässt sich die Wirksamkeit der Sicherheitsmaßnahmen für die Risikobehandlung prüfen.

Hinweis

Der BSI-Standard 200-3 benennt das Risikomanagement als Risikoanalyse, was z. B. bei der ISO/IEC 27005 lediglich einem Schritt entspricht.

Die ISO 27001 fordert die Dokumentation des Risikomanagementprozesses mit Bewertung und Behandlung sowie Aufzeichnungen und Ergebnisse des Risiko-Assessments, wie das Risikoportfolio und der Risikobehandlungsplan. Durch die SoA (siehe Abschnitt 1.2.3) werden die Querbeziehungen zwischen Anforderungen, Risiken und Maßnahmen konsolidiert. Das Risikoportfolio sowie die Aufnahme der Risikomaßnahmen in die SoA dienen auch der Übersichtlichkeit, da der Bericht zur Risikoeinschätzung sehr lang werden kann. In einigen Unternehmen umfasst der Risikobericht ein paar Tausend Risiken.

Über die SoA mit ihren circa 93 Zeilen (entsprechend der Anzahl der festgelegten Kontrollen) ist es möglich, diese dem Management vorzulegen und kontinuierlich aktuell zu halten. Wichtig ist dabei:

- Keine Kontrollen dürfen ausgeschlossen werden, die wesentliche Risiken adressieren.
- Alle wesentlichen Risiken durch Maßnahmen sind so zu behandeln, dass diese unter der festgelegten Risikoakzeptanz liegen. Wenn im Ausnahmefall die Risikoakzeptanzkriterien nicht erfüllt werden, muss eine entsprechende Risikoübernahme der obersten Leitungsebene vorliegen.
- Wesentlich ist neben dem Vorgehen insbesondere die Risikomanagementorganisation, da Sicherheitsrisiken in der Regel vom Fachbereich bzgl. deren Auswirkungen bewertet werden müssen. Dies spielt häufig auch mit dem Vorfall- und Notfallmanagement zusammen.

Vorbeugend können durch ein systematisches **Schwachstellenmanagement** relevante Schwachstellen schnell identifiziert und behoben werden, bevor ein Schaden eintritt.

Schwachstellenmanagement dient zum Identifizieren, Analysieren und Managen von Schwachstellen. Schwachstellen schlummern z. B. in den IT-Systemen. Über Vulnerability-Scanner oder über von BSI versandte sogenannte CERT-Mails werden weitere mögliche Bedrohungen aufgedeckt. Für diese muss unter Berücksichtigung der vorhandenen Schutzmaßnahmen eingeschätzt werden, mit welcher Wahrscheinlichkeit Sicherheitsvorfälle eintreten können. Auf Basis der festgelegten Kriterien zur Risikoakzeptanz kann dann entschieden werden, welche Risiken akzeptiert und beobachtet werden und welchen Risiken begegnet werden muss. Es werden geeignete interne Maßnahmen oder Vereinbarungen mit externen Partnern hinsichtlich der Übernahme bestimmter Risiken ausgewählt, mit denen nicht akzeptable Risiken vermieden oder zumindest deren Risikoniveau gesenkt werden kann.

Alle nicht präventiv beseitigten Schwachstellen können gegebenenfalls zu Notfällen, Krisen oder Katastrophen führen. Hierfür ist ein systematisches Notfallmanagement notwendig.

4.3 Notfallmanagement

Das Notfallmanagement zielt darauf ab, die Kontinuität des Geschäftsbetriebs selbst in kritischen Situationen (Notfällen) sicherzustellen, und ermöglicht es Organisationen, bei Störungen von kritischen Geschäftsprozessen angemessen und schnell zu reagieren. Das Notfallmanagement wird auch als „Business Continuity Management“ (BCM) oder „betriebliches Kontinuitätsmanagement“ bezeichnet.

Bestandteile des Notfallmanagements sind die Notfallvorsorge und Notfallbewältigung. Die Notfallvorsorge ist präventiv. Es werden bestmögliche Vorkehrungen für alle denkbaren Szenarien getroffen, die zum Stillstand (zeit-)kritischer Prozesse führen und damit das Überleben des Unternehmens bedrohen können. Das Notfallmanagement bereitet auf Notfall- und Krisensituationen vor und beantwortet u. a. folgende Fragestellungen:

- Was kann vorsorglich getan werden, damit das Unternehmen Notfälle und Krisen möglichst unbeschadet übersteht?
- Was ist zu tun, um bei Unterbrechungen von kritischen Prozessen deren raschen Wiederanlauf zu bewerkstelligen?
- Welche Prozesse und Ressourcen sind kritisch für ein Unternehmen?

Bei der Notfallbewältigung (siehe Bild 4.4) geht es darum, Sicherheitsvorfälle schnell zu identifizieren und angemessen zu reagieren. Hier sind insbesondere wichtig:

- **Zentrale Meldestelle**, wie z. B. das Incident-Management im IT-Servicemanagement.

  Häufiger Vorteil: Nutzung von vorhandenen Prozessen und Systemen.

- **Klare Kriterien für die Klassifikation des Vorfalls** in z. B. Störung, Notfall, Krise, Katastrophe und klare Verantwortlichkeiten. Anhand dieser Kriterien sollte schnell eingeschätzt werden, ob ein Notfall oder eine Krise vorliegt. Wenn dies nicht möglich ist, wird der Vorfall im Zweifelsfall an die Notfallorganisation weitergegeben, wo schnell über z. B. ein CERT (Cyber Emergency Response Team) eine Einschätzung vorgenommen wird, um entsprechende Maßnahmen zu initiieren.

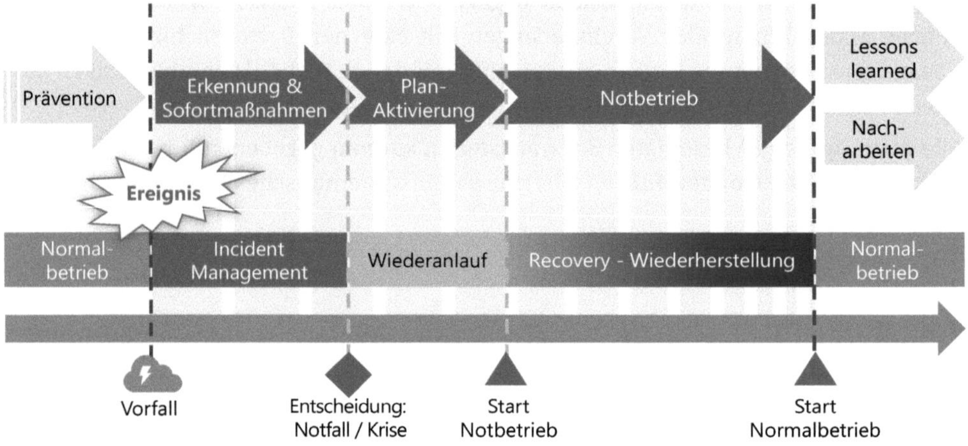

Bild 4.4 Notfallbewältigung

In Tabelle 4.2 finden Sie die Vorfallarten entsprechend BSI 100-4 (siehe [BSI19-6]) sowie die Erläuterungen und die typische Art und Weise der Behandlung.

Tabelle 4.2 Vorfallarten und ihre Behandlung

Vorfallart	Erläuterung	Behandlung
Störung	Kurzzeitiger Ausfall oder Einschränkung von Prozessen oder Ressourcen mit nur geringem Schaden	Behandlung ist Teil des Incident-Managements.
Notfall	Länger andauernder Ausfall von Prozessen oder Ressourcen mit hohem oder sehr hohem Schaden	Behandlung erfolgt über Notfallorganisation.
Krise	Auf die Organisation begrenzter verschärfter Notfall, der die Existenz der Institution bedroht oder die Gesundheit oder das Leben von Menschen beeinträchtigt	Behandlung innerhalb der Notfallorganisation. Information der relevanten Parteien
Katastrophe	Schadensgroßereignis, wie z. B. Erdbeben oder Überschwemmung	Behandlung über Notfallorganisation in Zusammenarbeit mit externen Hilfsorganisationen oder Behörden

Eine **Störung** ist eine Situation, in der die Funktionsweise von Prozessen oder Ressourcen eines Unternehmens kurzzeitig und mit einem nur geringen Schaden eingeschränkt ist. Ein „geringer" Schaden ist ein Schaden mit geringer Schadenshöhe, z. B. im Verhältnis zum Gesamtjahresergebnis eines Unternehmens. Störungen werden durch die im Tagesgeschäft integrierte Störungsbehebung beseitigt. Da sich Störungen jedoch zu einem Notfall ausweiten können, sind diese genau zu beobachten, sorgfältig zu dokumentieren und zeitnah zu beheben. Das Störungsmanagement ist kein Bestandteil des Notfallmanagements.

Ein **Notfall** ist eine starke Beeinträchtigung von Prozessen oder Ressourcen eines Unternehmens mit hohem Schaden. Die Verfügbarkeit der entsprechenden Prozesse oder Ressourcen kann innerhalb einer geforderten Zeit nicht wiederhergestellt werden. Der Geschäftsbetrieb ist stark beeinträchtigt. Eventuell gesetzte SLAs (Service Level Agreements) können nicht eingehalten werden. Die Schadensauswirkungen sind signifikant und wirken sich auf den Geschäftserfolg oder die Aufgabenerfüllung aus oder führen zu Image-Schäden. Notfälle erfordern besondere Aufmerksamkeit und benötigen für das Notfallmanagement eine gesonderte Notfallorganisation. Wenn ein Notfall die Existenz des Unternehmens oder das Leben und die Gesundheit von Personen gefährdet, dann wird von Krise oder verschärftem Notfall gesprochen, wenn die Schadensauswirkungen lokal sind.

Eine **Krise** ist eine vom Normalzustand abweichende einmalige Situation, die trotz vorbeugender Maßnahmen jederzeit eintreten und mit der normalen Aufbau- und Ablauforganisation nicht bewältigt werden kann. Die Krise kann zumindest größtenteils im Unternehmen selbst behoben werden und beeinträchtigt nicht breitflächig die Umgebung oder das öffentliche Leben. Für die Bewältigung der Krise existieren keine Ablaufpläne, sondern lediglich Rahmenvorgaben für das Krisenmanagement der Notfallorganisation des Unternehmens.

Eine **Katastrophe** ist ein Großschadensereignis, das zeitlich und örtlich kaum begrenzbar und behebbar ist und großflächige Auswirkungen auf Menschen und Werte hat oder haben kann. Die Existenz des Unternehmens oder die Gesundheit bis hin zum Leben von Personen sind gefährdet und das öffentliche Leben wird stark beeinträchtigt. Hier ist der Katastrophenschutz gefordert. Dies ist in Deutschland eine Aufgabe der Länder, die dabei vom Bund unterstützt werden. Aus der Sicht eines Unternehmens ist eine Katastrophe eine Krise, die in Zusammenarbeit mit den externen Hilfsorganisationen zu bewältigen ist.

Schauen wir uns die Notfallbewältigung (siehe Bild 4.5) etwas näher an. Nach Eintritt eines Schadensereignisses löst eine Meldung den Notfall- oder Krisenbewältigungsprozess aus. Die Meldung sollte an einer zentralen Meldestelle, wie z. B. dem Incident-Management, eingehen. Hier werden gegebenenfalls Sofortmaßnahmen eingeleitet und bei Überschreitung der Notfall-/Krisenschwelle (Entscheidungsgremium) an die Notfallorganisation eskaliert. Diese beurteilt die Lage, stellt mit Unterstützung der vorab benannten Experten fest, ob der Notfall zu bewältigen oder ob an das Krisenmanagement eskaliert werden muss.

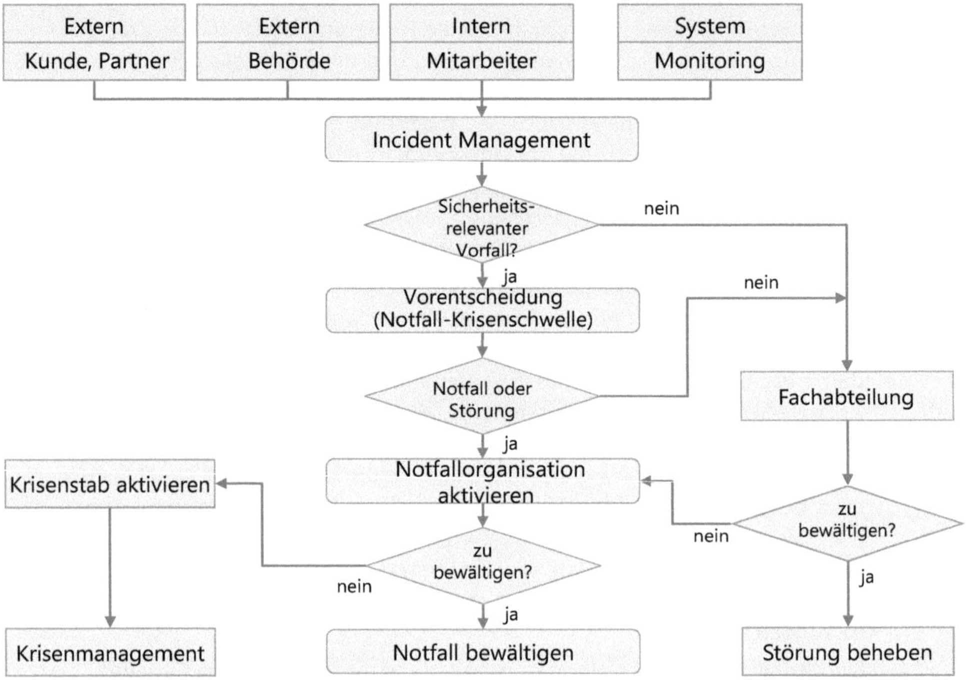

Bild 4.5 Ablauf Notfallbewältigung

Notfallorganisation

Die **Notfallorganisation** muss durch die oberste Leitungsebene festgelegt werden. Insbesondere muss ein Notfallbeauftragter bestimmt werden, der alle Aktivitäten rund um die Notfallvorsorge steuert und für die Aufrechterhaltung und kontinuierliche Verbesserung des Notfallmanagementprozesses sorgt. Der Notfallbeauftragte koordiniert in Abstimmung mit der obersten Leitungsebene die Bereitstellung aller erforderlichen Ressourcen, die bei der Notfallvorsorge und Notfallbewältigung mitwirken. Er berichtet an die oberste Leitungsebene und schafft Transparenz über den Status und Fortschritt der Notfallvorsorge und Notfallbewältigung.

Auch bei der Notfallorganisation wird zwischen der Notfallvorsorge und der Notfallbewältigung unterschieden:

- **Notfallvorsorge:** Was kann präventiv getan werden, um Notfälle zu verhindern und die Schadensauswirkungen zu begrenzen?

  Die Notfallorganisation in der Notfallvorsorge umfasst (siehe [BSI19-6]):

  - Die **oberste Leitungsebene** hat die Gesamtverantwortung, bestimmt die strategische Ausrichtung, benennt den Notfallbeauftragten und bewilligt das Budget.
  - Der **Notfallbeauftragte** plant und koordiniert alle Aufgaben der Notfallvorsorge und wirkt auch dabei mit.

  - In größeren Institutionen finden sich häufig **Notfallkoordinatoren** für einzelne Organisationseinheiten, Standorte oder auch Regionen. Diese unterstützen den Notfallbeauftragten in ihrem Kontext.
  - **Temporäre Notfallvorsorgeteams** für bestimmte Fragenstellen mit vorwiegend beratender Funktion.

- **Notfallbewältigung:** Wie können Notfallsituationen schnell erkannt und dann rasch, zielgerichtet und angemessen gehandelt werden, um Schadensauswirkungen zu begrenzen?

  Die Notfallorganisation in der Notfallbewältigung besteht aus (siehe [BSI19-6]):

  - **Krisenentscheidungsgremium** auf Leitungsebene, um schnell Entscheidungen treffen zu können und um externe Interessensgruppen abzudecken.
  - **Krisenstab-Gremium**, das alle wesentlichen Aktivitäten für die Behandlung und Bewältigung von Krisen und Notfällen koordiniert. Bei Bedarf werden vom Krisenstab weitere interne Experten oder externe Fachberater hinzugezogen.
  - Operativ tätige Arbeitsgruppen (**Notfallteams**), zum Beispiel für die Wiederherstellung von Infrastruktur, den Wiederanlauf von IT-Systemen und die Wiederaufnahme von Geschäftsprozessen und Fachaufgaben.
  - Je nach Art des Notfalls kann es sinnvoll sein, weiteres **unterstützendes Personal** hinzuzuziehen, beispielsweise Psychologen, wenn aufgrund der Art der Krise das Personal oder dessen Angehörige psychischen Belastungen ausgesetzt sind.

Häufig wird ein sogenanntes CERT (Cyber Emergency Response Team) für IT-Sicherheitsvorfälle installiert. Dies hat Aufgaben wie:

- Erstellung von präventiven Handlungsempfehlungen zur Schadensvermeidung
- Veröffentlichung von Hinweisen auf Schwachstellen in Hardware- und Software-Produkten
- Bereitstellung von Lösungsvorschlägen für die Behebung von bekannten Sicherheitslücken sowie Maßnahmenempfehlungen zur Schadensbegrenzung oder -beseitigung
- Unterstützung bei der Reaktion auf IT-Sicherheitsvorfälle
- Enge Zusammenarbeit mit dem BSI

Notfallkonzept

Die Notfallvorsorge und Notfallbewältigung müssen jedoch operationalisiert sein. Die Prozesse des Notfallmanagements sowie die Notfallorganisation müssen in der Organisation verankert werden. Zudem muss jeder Mitarbeiter durch Schulungs- und Awareness-Maßnahmen sensibilisiert werden. Dies ist u. a. auch Bestandteil des Notfallkonzepts.

Ein **Notfallkonzept** besteht aus zwei Komponenten:

- einem **Notfallvorsorgekonzept** für den präventiven Schutz gegen Notfälle und deren Auswirkungen sowie
- einem **Notfallhandbuch** mit Handlungsanleitungen für Notfälle und Krisen.

Notfallmanagement

Der Notfallmanagementprozess besteht aus folgenden Teilprozessen:

- **Initiierung des Notfallmanagements**

  Initiierung des Notfallmanagements und Schaffung der organisatorischen Voraussetzungen (u. a. Rollen und Verantwortlichkeiten sowie Budget) durch die Leitungsebene.

- **Konzeption des Notfallmanagements**

  Im Vorfeld der Konzeption werden alle kritischen Geschäftsprozesse und Ressourcen identifiziert, die Prioritäten für den Wiederanlauf festgelegt und die Mindestanforderungen für den potenziellen Notbetrieb ermittelt. Dies erfolgt innerhalb der Geschäftsauswirkungsanalyse (Business-Impact-Analyse – kurz BIA, siehe Abschnitt 4.2). Für die ermittelten kritischen Prozesse und Ressourcen wird eine Risikoanalyse durchgeführt. Dabei werden alle denkbaren Schadensszenarien systematisch analysiert, die zum Stillstand (zeit-)kritischer Prozesse führen und damit das Überleben des Unternehmens bedrohen können.

  Wenn die Informationen bereits vorliegen, siehe Abschnitt 4.1 und Abschnitt 4.2, kann die Risikoanalyse entfallen.

  Auf Basis der Informationen aus der BIA und der Risikoanalyse werden angemessene Kontinuitätsstrategien abgeleitet. Diese setzen den Rahmen für die Auswahl der Vorsorgemaßnahmen und der dafür erforderlichen Investitionen.

Notfallvorsorgekonzept

Anschließend werden die Notfallvorsorgemaßnahmen festgelegt (Notfallvorsorgekonzept). Dazu gehört auch die Entwicklung eines Notfallhandbuchs, das die Grundlage und das Hilfsmittel für die Notfallbewältigung bildet. Dieses beinhaltet u. a. alle relevanten Kontaktdaten, die im Notfall relevant sind. Neben dem Notfallhandbuch sind auch der Übungsplan und das Übungshandbuch sowie das Schulungs- und Sensibilisierungskonzept zu nennen.

Im Notfallhandbuch werden vorab definierte Notfallszenarien, wie z. B. Ausfall IT, Ausfall Gebäude, Ausfall Personal oder Ausfall Dienstleister, mit unterschiedlichen Kontinuitätsstrategien, ggf. vordefiniertem Notfallbetrieb und Workarounds und Wiederanlaufverfahren beschrieben. So kann schnell und wirksam reagiert werden.

- **Umsetzung des Notfallvorsorgekonzepts**

  Das Notfallvorsorgekonzept bildet die Grundlage zur Umsetzung der Kontinuitätsstrategien und beinhaltet alle Aspekte und Maßnahmen für die Notfallvorsorge. Hierzu zählen vorbeugende Maßnahmen, die den Schaden oder die Eintrittswahrscheinlichkeit von Risiken senken oder die Widerstandsfähigkeit stärken. Beispiele sind Systemhärtung oder Penetrationstests mit Einleitung von Absicherungsmaßnahmen für aufgedeckte Lücken.

- **Notfallbewältigung**

  In Bild 4.4 wird die Notfallbewältigung, wie ausgeführt, dargestellt.

  Auswertungen über die Notfallbewältigung sind wesentlicher Input für die kontinuierliche Verbesserung des Notfallmanagementprozesses.

- **Tests und Übungen**

  Regelmäßige Tests und Übungen entsprechend des Übungshandbuchs und Übungsplans sind notwendig, um sicherzustellen, dass im Ernstfall die Prozesse auch wirklich funktionieren. Die Tests und Übungen werden protokolliert.

- **Aufrechterhaltung und kontinuierliche Verbesserung des Notfallmanagementprozesses**

  Der Notfallbeauftragte ist verantwortlich für die Aufrechterhaltung und kontinuierliche Verbesserung des Notfallmanagementprozesses. Dies beinhaltet insbesondere alle Aktivitäten für die Notfallvorsorge und -bewältigung, wie ausgeführt.

  Auswertungen der Notfallbewältigung wie auch Findings aus den regelmäßigen Überprüfungen liefern Anhaltspunkte für Änderungs- und Optimierungsbedarf. Dieser fließt in die stetige Anpassung, Verbesserung und Aktualisierung der Notfallverfahren und -pläne mit ein. Diese immer wiederkehrende Überarbeitung der Notfallvorsorgemaßnahmen und Notfallpläne sorgt für die permanente Angemessenheit des Notfallmanagements.

Die Identifikation der (zeit-)kritischen Ressourcen im Rahmen der BIA ist entscheidend für das Notfallmanagement. Im Rahmen der BIA wird untersucht, wie gravierend sich Ausfälle von Prozessen und Ressourcen auswirken können. So werden die kritischen Prozesse und Ressourcen identifiziert, die besonders abzusichern sind, damit das Unternehmen den Geschäftsbetrieb hinreichend weiterführen kann und die Schadensauswirkungen begrenzt werden können. Für alle (zeit-)geschäftskritischen Prozesse werden maximal tolerierbare Ausfallzeiten und die Schadensauswirkungen definiert. Auf dieser Basis können geeignete Notfallbewältigungs-, aber auch Präventionsmaßnahmen, wie z. B. Penetrationstests oder Datensicherung, identifiziert werden.

Kritisch im Sinne des Notfallmanagements bedeutet zeitkritisch insofern, dass der Prozess eine schnelle Wiederaufnahme erfordert, da sonst ein hoher Schaden für die Organisation zu erwarten ist. Der hohe Schaden kann aus finanziellen Verlusten, Verstößen gegen Gesetze oder Verträge, aus Imageschäden oder weiteren Schadensszenarien entstehen. Ein bei der BIA als „unkritisch“ eingestufter Geschäftsprozess bedeutet nicht, dass dieser für die Organisation unwichtig ist, sondern lediglich, dass er eine geringere Priorität in der Wiederherstellung hat.

Schritte der Business-Impact-Analyse (BIA):

Voraussetzung (oder vor der BIA zu erstellen): hinreichend aktuelle Bestandsaufnahme aller Geschäftsprozesse und Daten des Unternehmens (auf einer taktischen Granularität, siehe Kapitel 5).

1. Vorabanalyse zum Ausschluss von Geschäftsprozessen, die für den Geschäftsbetrieb nicht wesentlich sind
2. Schadensanalyse zum Feststellen, welchen Schaden der Ausfall einzelner Geschäftsprozesse verursachen kann und wann der Geschäftsprozess wiederhergestellt werden muss, um größere Schadensauswirkungen zu vermeiden
3. Feststellung von Schadenshöhe und Wiederanlaufparametern (maximal tolerierbare Ausfallzeit, Wiederanlaufzeit und -niveau) für jeden kritischen Geschäftsprozess
4. Analyse von Abhängigkeiten zwischen den Geschäftsprozessen und ggf. Anpassung von Schadenshöhe und Wiederanlaufparametern
5. Festlegung der Kritikalität von Prozessen und Prioritäten für deren Wiederanlauf
6. Ermittlung der benötigten kritischen Ressourcen der kritisch bewerteten Prozesse, wie z. B. Räumlichkeiten, IT-Systeme, Informationen oder aber unentbehrliche „knappe“ Know-how-Träger
7. Bestimmung der Kritikalität und Wiederanlaufzeiten der Ressourcen, die von den kritischen Prozessen benötigt werden

Für die erfolgreiche Verankerung des Notfallmanagements sind die wirksame Integration aller Teilprozesse des Notfallmanagements in die Planungs-, Entscheidungs- und Durchführungsprozesse des Unternehmens sowie die Einbeziehung der Mitarbeiter durch Sensibilisierungs- und Schulungsmaßnahmen ausschlaggebend.

4.4 ISMS-Reporting

Zu den Aufgaben des Informationssicherheitsbeauftragten gehört es, die oberste Leitungsebene bei der Wahrnehmung ihrer Gesamtverantwortung für die Informationssicherheit und den Datenschutz zu unterstützen. Eine wichtige Grundlage für die zu treffenden Entscheidungen sind übersichtlich und aussagekräftig aufbereitete Informationen zu Konformität und Wirksamkeit des ISMS sowie zur aktuellen Bedrohungslage und zum Maßnahmenstatus. Beispiele für erforderliche ISMS-Reportings sind:

- **Regelmäßige kurze und übersichtliche Managementberichte** zur Entscheidungsunterstützung für die Steuerung und Lenkung des Informationssicherheitsprozesses mit
  - Ergebnissen von Audits und Datenschutzkontrollen,
  - Berichten über Sicherheitsvorfälle, Datenpannen und Maßnahmenstatus,
  - Berichten über bisherige Erfolge und Probleme beim Informationssicherheitsprozess, insbesondere in Bezug auf Konformität, Wirksamkeit[2] sowie das erreichte Sicherheits- und Datenschutzniveau,
  - Einschätzung der Sicherheitslage, um aufzuzeigen, inwieweit die eigene Institution von diesen Sicherheitsvorfällen betroffen wurde oder betroffen werden kann,
  - klar priorisierte und mit realistischen Abschätzungen des zu erwartenden Umsetzungsaufwands versehene Maßnahmenvorschläge, um eine notwendige Entscheidung herbeizuführen und unnötige Verzögerungen zu vermeiden.
- **Anlassbezogene Managementberichte** bei Veränderungen der Sicherheitslage (z. B. neue Bedrohungen durch neue Technologien oder Gesetze), überraschend auftretenden Sicherheitsproblemen oder aufgrund von Risiken, die aus neuen technischen Entwicklungen oder erkannten Schwachstellen resultieren.

  Anlassbezogene Managementberichte werden vor allen Dingen dann notwendig, wenn die Probleme nicht auf Arbeitsebene gelöst werden können, weil Ressourcen oder finanzielle Mittel außerhalb des bewilligten Rahmens benötigt werden oder weitergehende personelle Regelungen getroffen werden müssen.

Das ISMS-Reporting muss sich immer an der Zielgruppe orientieren. Bei Managementberichten sollte berücksichtigt werden, dass sich der Leserkreis in der Regel nicht aus technischen Experten zusammensetzt. Der Bericht muss prägnant und verständlich formuliert sein und von einem Mitglied des Managementteams für Informationssicherheit und Datenschutz persönlich präsentiert werden, um Erläuterungen zu geben und Rückfragen zu ermöglichen. Dies führt erfahrungsgemäß zu einer Beschleunigung von Entscheidungsprozessen.

Kontinuierlich und insbesondere vor wichtigen Entscheidungsmeetings muss der persönliche Kontakt gepflegt werden, um Entscheidungen besser vorbereiten und Probleme schon im Voraus entschärfen zu können. Wo möglich, sollte idealerweise der „kleine Dienstweg" genutzt werden. Dies erweist sich gerade in Notfällen als sehr vorteilhaft.

---

[2] U. a., ob sich die Sicherheitsmaßnahmen zur Erreichung der Sicherheitsziele als geeignet erwiesen haben oder ob Maßnahmen geändert oder ergänzt werden müssen.

Für das DS & ISMS-Reporting gibt es unterschiedliche Abnehmer. Von besonderer Bedeutung ist aber die Leitungsebene, wie bereits ausgeführt. Damit die Leitungsebene die richtigen Entscheidungen bei der Steuerung und Lenkung des Datenschutz- und Informationssicherheitsprozesses treffen kann, benötigt sie in prägnanter und aufbereiteter Form Informationen über den Status quo des Datenschutz- und Informationssicherheitsniveaus sowie über aktuelle Entscheidungs- und Handlungsbedarfe.

Auf jeden Fall sind folgende Bereiche in allen Reportings abzudecken:

- Status und Umsetzungsgrad des Datenschutz- und Sicherheitskonzepts
- Ergebnisse von Audits und Datenschutzkontrollen (siehe auch Datenschutz-Grundverordnung [DSGVO])
- Berichte über Sicherheitsvorfälle
- Berichte über bisherige Erfolge und Probleme sowie Verbesserungsmöglichkeiten beim Datenschutz- und Informationssicherheitsprozess
- Berichte über die Reduzierung bestehender Umsetzungsdefizite und der damit verbundenen Risiken (Risikobehandlungsplan, siehe BSI-Standard 200-3)

Auf dieser Basis kann die Leitungsebene eventuell notwendige Maßnahmen veranlassen.

In Bild 4.6 finden Sie ein Beispiel eines Informationssicherheits-Dashboards. Zur Erfüllung der in der SoA definierten Anforderungen ist im Unternehmen ein Steuerungssystem für die Informationssicherheit mit adäquaten Kennzahlen entsprechend der Erfordernisse und Fragestellungen der abnehmenden Stakeholder, vorwiegend Entscheider, aufzusetzen. Dies ist ebenso Teil der Datenschutz- und Informationssicherheitskonzeption.

Reifegrad ISMS

Häufig findet man auch eine Reifegradeinschätzung des ISMS in Bezug auf Konformität und Wirksamkeit entsprechend ISO 27001 als Ergebnis eines ISMS-Assessments (siehe Bild 4.7).

Beispiele für KPIs, um den Status quo aufzuzeigen, sind der Erstellungsgrad und die Aktualität der benötigten Dokumentation sowie der Umsetzungsgrad der Sicherheitsmaßnahmen. In [Kli17] finden Sie weitere Informationen zu Best-Practice-KPIs.

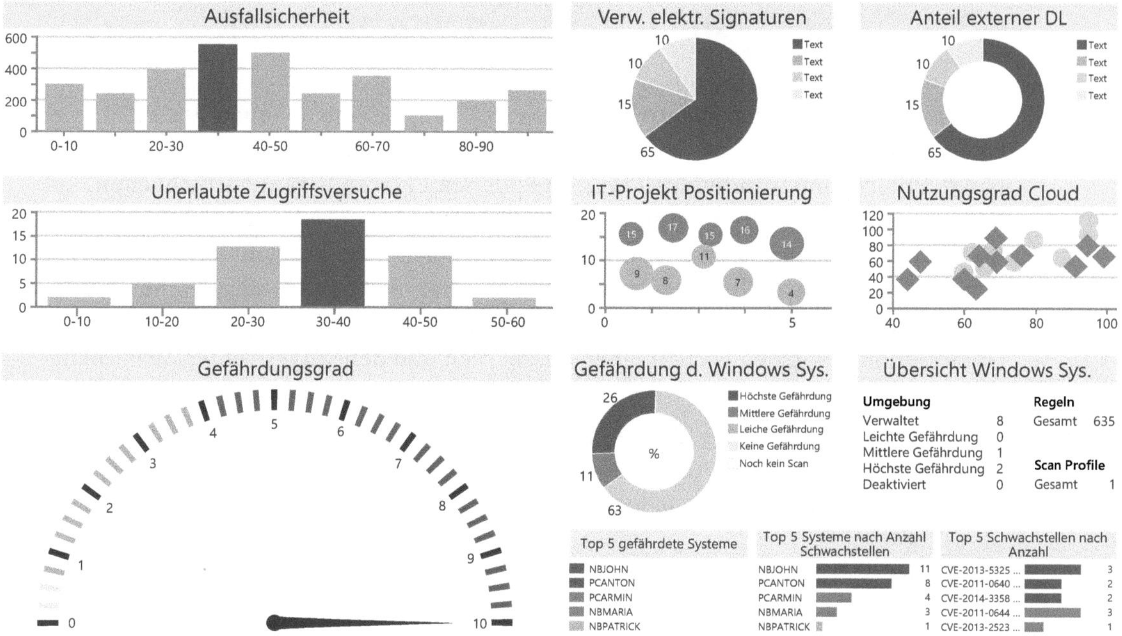

Bild 4.6 Beispiel Informationssicherheits-Dashboard

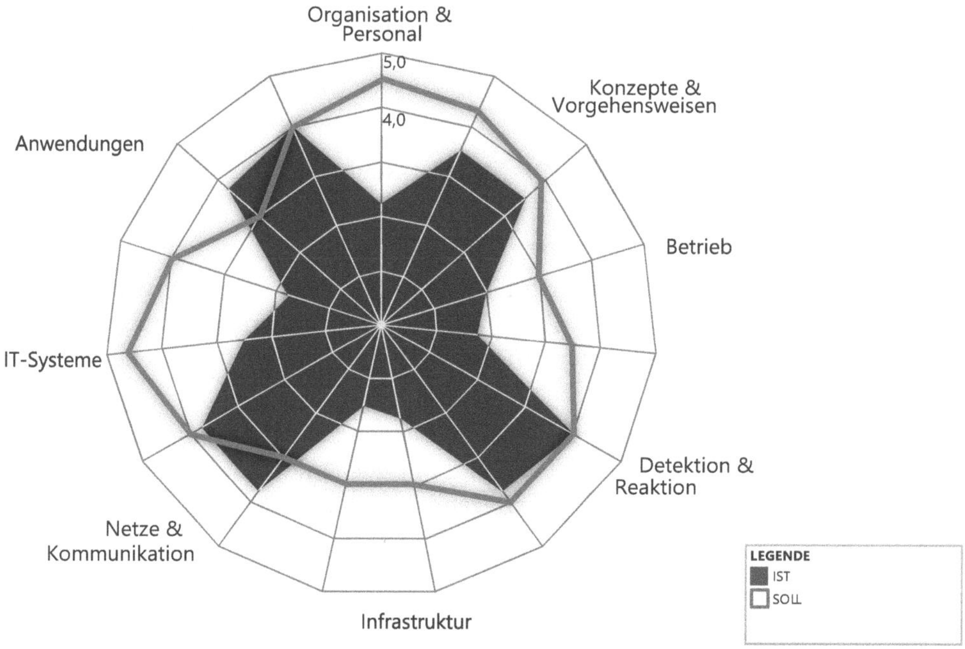

Bild 4.7 Reifegrad ISMS entsprechend ISO 27001

4.5 Sicherheits- und Datenschutzorganisation

Um das angestrebte Sicherheitsniveau zu erreichen, ist eine adäquate DS & ISMS-Organisation erforderlich, die von der Größe, Art und Struktur des Unternehmens abhängt. Unternehmensindividuell müssen Rollen mit klaren Verantwortlichkeiten und Kompetenzen sowie Gremien festgelegt und in der Organisation verankert werden. Diese Rollen müssen dann qualifizierten Mitarbeitern übertragen werden. Hierbei können verschiedene Rollen auch von den gleichen Personen wahrgenommen werden. Die personelle Ausgestaltung richtet sich nach der Größe, Art und Struktur der Organisation sowie den vorhandenen Ressourcen und dem angestrebten Sicherheitsniveau.

Die Gesamtverantwortung für die ordnungsgemäße und sichere Aufgabenerfüllung im Kontext „Datenschutz und Informationssicherheit" verbleibt bei der Leitungsebene. Die Aufgaben können jedoch delegiert werden.

Grundregeln für die DS & ISMS-Organisation

- Die Gesamtverantwortung für die Informationssicherheit verbleibt bei der Leitungsebene.
- Es ist mindestens eine Person (typischerweise der Informationssicherheitsbeauftragte) als Kümmerer für den Informationssicherheitsprozess zu benennen.
- Jeder Mitarbeiter ist gleichermaßen für seine originäre Aufgabe wie für die Aufrechterhaltung der Informationssicherheit an seinem Arbeitsplatz und in seiner Umgebung verantwortlich (siehe BSI-Standard 200.2).

Wesentliche Rollen in der DS & ISMS-Organisation sind:

Informationssicherheitsbeauftragter (ISB)

Er ist der zentrale Ansprechpartner für Förderung, Koordination, Verwaltung und Kommunikation des Informationssicherheitsprozesses. Andere Benennungen sind CISO (Chief Information Security Officer) oder Informationssicherheitsmanager (ISM).

Seine Hauptaufgabe besteht darin, die Leitungsebene bei deren Aufgabenwahrnehmung im Kontext der Informationssicherheit zu beraten und diese bei der Umsetzung zu unterstützen. Im Einzelnen sind dies folgende Aufgaben:

- Steuerung des Informationssicherheitsprozesses
- Unterstützung der Leitungsebene bei der Erstellung und Aktualisierung der Informationssicherheitsleitlinie
- Erstellung des Sicherheitskonzepts und des Konzepts für das Notfallmanagement

- Koordination der Erstellung von allen erforderlichen Konzepten im Kontext der Informationssicherheit sowie Erlassen von Richtlinien und Regelungen zur Informationssicherheit
- Realisierung von Sicherheitsmaßnahmen initiieren und überprüfen sowie sicherheitsrelevante Projekte koordinieren
- Sicherheitsvorfälle verfolgen, eskalieren und mit dem Notfallmanagement und Risikomanagement verzahnen
- Berichterstattung an die Leitungsebene und das DS & ISMS-Management über den Status quo der Informationssicherheit
- Sensibilisierungs- und Schulungsmaßnahmen zur Informationssicherheit initiieren und koordinieren

Datenschutzbeauftragter (DSB)

Er ist der zentrale Ansprechpartner für Datenschutzfragen im Unternehmen, der für eine angemessene Umsetzung und eine ausreichende Kontrolle des Datenschutzes sorgt. Er wird von der Leitungsebene bestellt und berichtet direkt an diese. Nach Bestellung hat er ein Einbeziehungsrecht in alle datenschutzrelevanten Vorgänge.

Als DSB kann er nur bestellt werden, wenn die zur Erfüllung seiner Aufgaben erforderliche Fachkunde vorhanden ist und die jeweiligen gesetzlichen Regelungen (insbesondere EU-DSGVO, siehe Abschnitt 1.2.5) und die für das Unternehmen gesetzten Vorgaben bekannt sind und sicher angewendet werden können. Er arbeitet eng mit dem ISB zusammen.

Er hat u. a. folgende Aufgaben:

- Unterstützung der Leitungsebene, ihre Verantwortung in der Wahrung des Persönlichkeitsschutzes wahrzunehmen. Es gilt Zwischenfälle zu vermeiden, die dem Ansehen des Unternehmens abträglich sind.
- Einhaltung der Vorschriften der EU-DSGVO überwachen sowie Beratung und Kontrolle
- Beitrag leisten, dass sein Unternehmen den Erfordernissen des Datenschutzes entsprechend der EU-DSGVO Rechnung trägt
- Beratung der Leitenden und Ansprechpartner für alle Mitarbeiter in Datenschutzfragestellungen
- Gemeinsam mit den Beteiligten bei Schwachstellen und Versäumnissen nach angemessenen Lösungen suchen
- Sensibilisierung und Schulung im Kontext „Datenschutz“

Der ISB und auch der DSB müssen über Wissen und Erfahrung auf den Gebieten der Informationssicherheit, IT und Datenschutz verfügen. Wesentlich sind aber auch insbesondere Kommunikations-, Kooperations-, Teamfähigkeit, Durchsetzungsvermögen, Projektmanagement-Skills und grundlegende Kenntnisse über alle relevanten Prozesse, Fachaufgaben und Grundkenntnisse im IT- und IoT-Bereich sowie das kontinuierliche Lernen von neuen Gebieten und Entwicklungen, insbesondere in der IT.

Der ISB ist, ebenso wie der DSB, in der Regel als Stabstelle organisiert. Die beiden Rollen können auch in Personalunion übernommen werden. Auf Leitungsebene sollte die Aufgabe der Informationssicherheit und des Datenschutzes eindeutig einem verantwortlichen Manager zugeordnet sein, an den ISB und DSB berichten.

In größeren Institutionen gibt es typischerweise mehrere Personen, die verschiedene Teilaufgaben der Informationssicherheit und des Datenschutzes übernehmen. Diese regeln alle übergreifenden Belange des Datenschutzes und der Informationssicherheit und erarbeiten Pläne, Vorgaben und Richtlinien. Dies wird im Folgenden DS & IS-Team genannt. Das DS & IS-Team setzt sich aus den Personen zusammen, die alle wesentlichen Fach- und IT-Kenntnisse inklusive IoT-Systeme abdecken und die unterschiedlichen Aufgaben und Geschäftsprozesse innerhalb des Anwendungsbereichs kennen.

So gibt es häufig in großen Unternehmen neben dem ISB auch einen dedizierten Beauftragten für IT-Sicherheit (IT-SiBe). Dieser ist dann typischerweise im IT-Bereich angesiedelt, während der ISB unmittelbar der Leitungsebene unterstellt ist. Der ISB kümmert sich um die Absicherung aller Arten von Informationen und nicht nur um IT-bezogene Aspekte.

Zudem gibt es ggf. einen Sicherheitsbeauftragten für den Bereich der industriellen Steuerung (ICS-ISB) sowie einen Sicherheitsbeauftragten für Arbeitsschutz, Betriebssicherheit oder Werkschutz und für große Projekte einen Projekt-Informationssicherheitsbeauftragten.

Rollen und Verantwortlichkeiten im Kontext der Informationssicherheit

Ein ISB sollte Erfahrung und Wissen auf den Gebieten der Informationssicherheit sowie der IT besitzen. Darüber hinaus sollte er im Unternehmen verdrahtet sein und die Produkte und Dienstleistungen sowie die Geschäftsprozesse gut kennen. Zur Wahrung der Unabhängigkeit und Vermeidung von Interessenskonflikten sollte der ISB direkt der obersten Leitungsebene zugeordnet sein oder zumindest einen direkten Berichtsweg zur Leitung haben.

In Abhängigkeit von Größe oder Organisationsform des Unternehmens kann es auch für unterschiedliche Bereiche ISBs als Ansprechpartner vor Ort geben:

- *Bereichs-Sicherheitsbeauftragter:*
  Der Bereichs-Sicherheitsbeauftragte ist für alle Belange der Informationssicherheit in seinem Bereich, wie z. B. Abteilung, Geschäftsstelle oder Standort, verantwortlich.
- *Beauftragter für IT-Sicherheit (IT-SiBe):*
  Der Beauftragte für die IT-Sicherheit ist in der Regel in der IT angesiedelt und sorgt dafür, dass die Sicherheitsstrategie im IT-Umfeld umgesetzt wird.

- *Projekt-Sicherheitsbeauftragter:*
  Der Projekt-Sicherheitsbeauftragte unterstützt die Projektleitung in Fragen der Informationssicherheit.
- Für große Projekte sollte ein Projekt-Sicherheitsbeauftragter benannt werden, um sowohl den Sicherheitsbedarf innerhalb des Projekts zu klären als auch die sichere Einbindung der Projektergebnisse in den Geschäftsbetrieb zu ermöglichen.
- *ICS-Sicherheitsbeauftragter (kurz ICS-ISB):*
  Der ICS-ISB deckt die speziellen Sicherheitsanforderungen im Bereich der industriellen Steuerung ab.

Für Geschäftsprozesse oder Fachverfahren sind zudem Fachverantwortliche zu benennen. Diese sind in ihrem fachlichen Bereich verantwortlich für

- die Entscheidung der geschäftlichen Relevanz der verarbeiteten Informationen, über den Schutzbedarf und die Schadensauswirkungen,
- die Definition von Sicherheits- und Kontrollmaßnahmen,
- die Definition des Zugangs zu Informationen sowie den Umfang und die Art der Autorisierung in den unterschiedlichen Verfahren sowie
- die Berücksichtigung von Aufbewahrungsvorschriften und die mit den Informationen verbundenen rechtlichen Anforderungen.

Da Informationssicherheit und Datenschutz Einfluss auf nahezu alle Bereiche des Unternehmens haben, müssen diese in der Organisation verankert werden. Bei allen Durchführungs-, Planungs- und Entscheidungsprozessen müssen Informationssicherheit und Datenschutz berücksichtigt werden. So sind z. B. bei Marketing-, Projekt- oder Sourcing-Entscheidungen die gesetzlichen und unternehmensspezifischen Vorgaben für den Umgang mit personenbezogenen Daten einzuhalten.

Über einen DS & IS-Koordinierungsausschuss (siehe Bild 4.8) können sowohl der Aufbau als auch die kontinuierliche Weiterentwicklung des DS & ISMS gesteuert und das Notfallmanagement aktiv unterstützt werden. Für das Notfallmanagement sind auch Vertreter der Marktkommunikation, der Unternehmenskommunikation sowie für die Klärung eventueller Rechtsfragen Vertreter der Rechtsabteilung erforderlich.

Der IS-Koordinierungsausschuss sollte die unterschiedlichen Aufgabenbereiche einer Institution widerspiegeln. Im IS-Koordinierungsausschuss sollten mindestens folgende Rollen vertreten sein: ein IT-Verantwortlicher, der Informationssicherheitsbeauftragte und Vertreter der Anwender (die IT-Koordinatoren in Bild 4.8). Da häufig auch personenbezogene Daten betroffen sind, sollte der Datenschutzbeauftragte ebenfalls Mitglied des IS-Koordinierungsausschusses sein. Wenn die Institution einen ICS-Informationssicherheitsbeauftragten hat, sollte auch dieser im IS-Koordinierungsausschuss vertreten sein. Gibt es in der Institution bereits ein ähnliches Gremium, könnten dessen Aufgaben entsprechend erweitert werden. Um die Bedeutung der Informationssicherheit zu unterstreichen, ist es jedoch ratsam, einen IS-Koordinationsausschuss einzurichten und diesen regelmäßig einzuberufen.

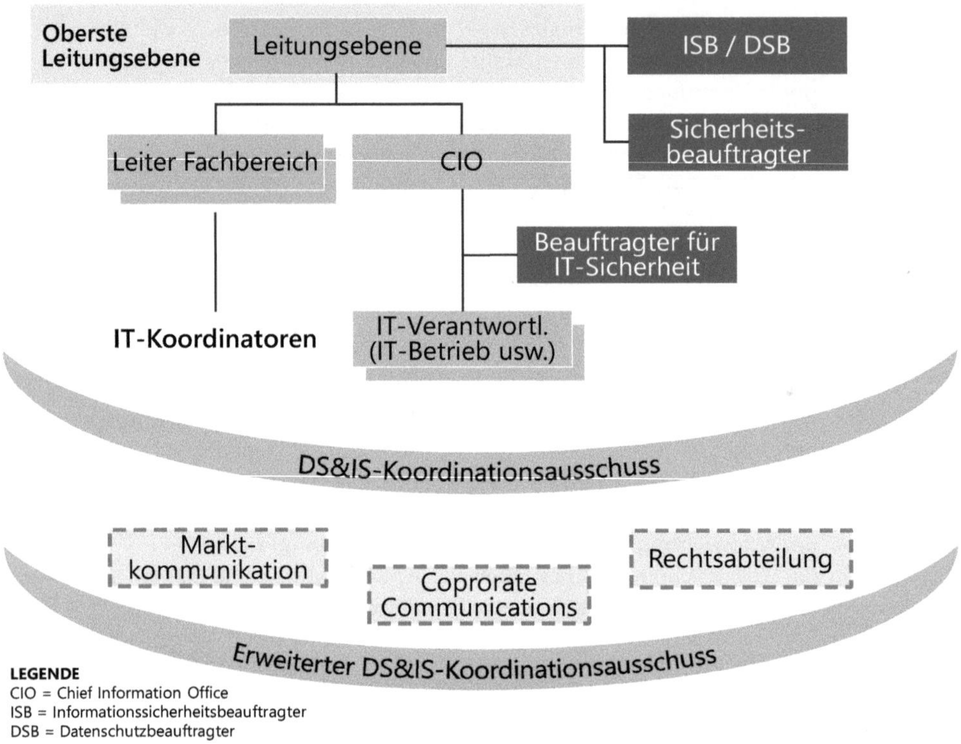

Bild 4.8 Beispielorganisation

Wesentlich für die Wirksamkeit von Datenschutz und Informationssicherheit ist die Verankerung in der Organisation. Vorhandene Rollen und Prozesse sind einzubeziehen oder zu integrieren. Insbesondere ist die Integration in das übergreifende Notfallmanagement (siehe Abschnitt 4.3) und Risikomanagement (siehe Abschnitt 4.2) für die Sicherstellung des gesetzten Sicherheitsniveaus unerlässlich, um Sicherheitsvorfälle in geordneter Art und Weise zu behandeln.

Da ein Großteil der Prozesse und Informationen nur noch mit IT-Unterstützung funktionieren, ist der sichere Betrieb von IT-Systemen und Netzen ein wesentlicher Bestandteil der Informationssicherheit und des Datenschutzes. Eine enge Zusammenarbeit mit dem IT-Betrieb und ein regelmäßiger Abgleich über Vorgehensweisen, aktuelle Gefährdungen und neu umzusetzende Sicherheitsanforderungen sind erforderlich. Hierfür wird oft die Rolle des IT-Sicherheitsbeauftragten (IT-SiBe) genutzt.

Häufig wird auch auf externe Sicherheitsexperten zurückgegriffen, da das erforderliche Know-how oder die Ressourcen im Unternehmen nicht vorhanden sind.

Für den Kontext „Cyber-Security" gibt es in der Regel weitere Organisationseinheiten, wie z. B. ein Computer Emergency Response Team (CERT; deutsch: Computersicherheits-Ereignis- und Reaktionsteam) oder Computer Security Incident Response Team (CSIRT), besetzt mit IT-Sicherheitsfachleuten, die bei der Lösung von konkreten Sicherheitsvorfällen (z. B. bei gezielten Angriffen oder Bekanntwerden neuer Sicherheitslücken in bestimmten IT-Systemen) mitwirken. Sie liefern Warnungen vor Sicherheitslücken oder bieten Lösungsansätze an. Diese Ansätze sollten in der Prävention genutzt werden.

Im Rahmen der Festlegung der DS & ISMS-Organisation müssen auch die Informationsfluss- und Meldewege (kurz Kommunikationsplan) festgelegt werden. Hierzu muss festgelegt werden, welche Personen mit welchen internen und externen Stellen wann und wie über welche Inhalte und über welche Kommunikationskanäle kommunizieren und wie die Kommunikation in Abhängigkeit von der Informationsklassifizierung geschützt ist. Häufig erfolgt dies in einer Richtlinie für den Informationsfluss und zu den Meldewegen.

In diesem Kapitel finden Sie die Antworten auf folgende Fragen:

- Welche Schutzziele gibt es?
- Wie ermittelt man den Schutzbedarf und wie leitet man daraus die erforderlichen Sicherheitsmaßnahmen ab?
- Wie sollte das Risikomanagement erfolgen?
- Wie kann man systematisch mit Notfällen und Krisen umgehen?
- Was ist bezüglich ISMS-Reporting zu beachten?
- Welche Rollen und Verantwortlichkeiten sind bei einer Sicherheits- und Datenschutzorganisation wesentlich?

5 Integration von EAM, IT-Servicemanagement und Informationssicherheit

Wer hohe Türme bauen will, muss lange beim Fundament verweilen.

Anton Bruckner (1824 – 1896, österreichischer Komponist und Domorganist in Linz)

Für ein funktionierendes Datenschutz- und Informationssicherheitsinstrumentarium muss Transparenz über alle zu schützenden Werte (Assets) hergestellt werden. Es müssen die Werte des Unternehmens ermittelt und in einem Asset-Register ständig aktuell gehalten werden, um auf dieser Basis die Schutzbedarfsfeststellung (siehe Abschnitt 4.1.2) und das Risikomanagement (siehe Abschnitt 4.2) durchzuführen sowie geeignete Maßnahmen zum Schutz dieser Assets zu treffen.

Daher verlangt die Norm ISO/IEC 27001, dass ein Asset-Register erstellt wird (ISO 7001 A.8.1.1), die Eigentümer der Assets klar festgelegt werden und ein akzeptabler Umgang mit Assets definiert wird (ISO 7001 A.8.1.3). Beispiele für Assets sind:

- Informationen, wie Personaldaten oder Kontaktdaten in elektronischer oder in Papierform
- Produkt- und Forschungsdaten, wie Produktplanungen oder Fahrzeugprototypen
- Hardware, wie Laptops, Server, Mobiltelefone oder USB-Speicher
- Software (Kaufsoftware und Individualsoftware), wie SAP, Salesforce oder eine eigenentwickelte Java-Anwendung
- IT-Systeme, wie Datenbanken oder Middleware
- Personen mit ihrem Wissen in den Köpfen
- Über das Asset-Management werden Informationen und andere Werte, die mit Informationen und informationsverarbeitenden Einrichtungen im Zusammenhang stehen, erfasst sowie ein Register (Inventar) dieser Werte gebildet und kontinuierlich gepflegt. Das Asset-Management ist ein wesentlicher Prozess jedes ISMS (siehe

Abschnitt 1.2.3). Es liefert und aktualisiert initial das Asset-Register als Grundlage für die Festlegung des Geltungsbereichs sowie für die Modellierung des Systemverbunds, um die passenden IT-Grundschutz-Bausteine auszuwählen, und insbesondere für die Schutzbedarfsfeststellung, das Risikomanagement und die Festlegung der erforderlichen Sicherheitsmaßnahmen.

Hierzu kann Enterprise Architecture Management (EAM) in Kombination mit einer CMDB (Configuration Management Database) einen großen Beitrag leisten, da im Rahmen des Enterprise Architecture Management über alle wesentlichen fachlichen und technischen Strukturen (siehe Bild 5.1) Transparenz hergestellt und die Weiterentwicklung dieser geplant und gesteuert wird.

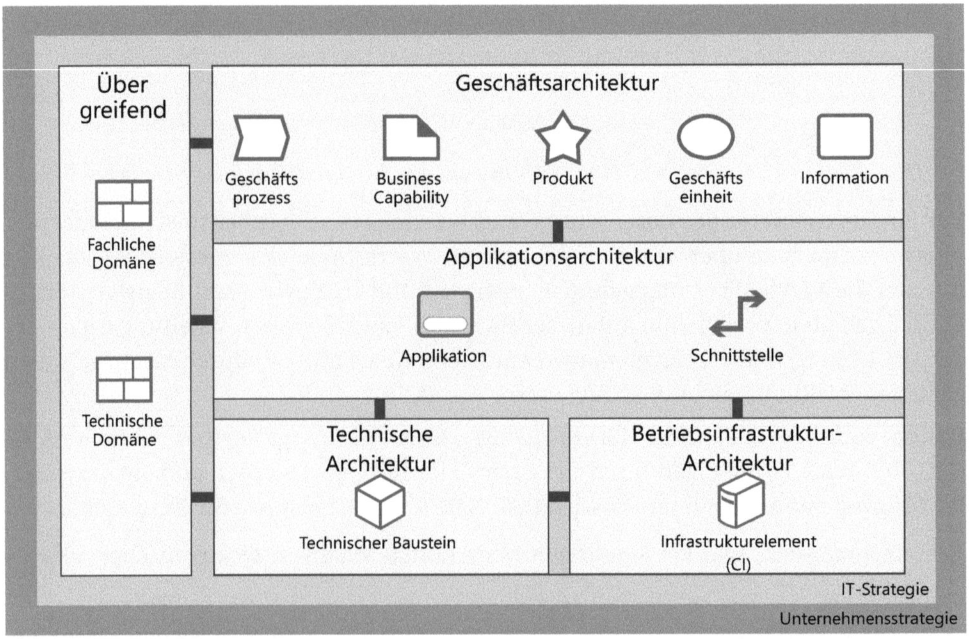

Bild 5.1 Fachliche und technische Strukturen im Enterprise Architecture Management (siehe [Han22])

Eine CMDB mit vorwiegend technischen Assets, den sogenannten Configuration Items (CI), wird im Rahmen des IT-Servicemanagements bereitgestellt. Durch eine Verknüpfung zwischen der EAM-Datenbasis und einer CMDB stehen alle fachlichen und technischen Strukturen bis auf niedrige technische Ebene für das Asset-Management zur Verfügung. Das Zusammenspiel zwischen EAM und ISMS sowie Datenschutz schauen wir uns in diesem Kapitel etwas näher an.

Zwischen Informationssicherheit und IT-Servicemanagement gibt es zudem enge Abhängigkeiten. So werden für die Umsetzung der Anforderungen an ein ISMS etablierte IT-Servicemanagement-Prozesse benötigt.

Das IT-Servicemanagement erfolgt in der Regel entsprechend des De-facto-Standards für IT-Servicemanagement „ITIL" (siehe [Bei23] und [Her23]). Die Information Technology Infrastructure Library (ITIL) ist eine Sammlung vordefinierter Prozesse, Funktionen und Rollen, wie sie typischerweise in jeder IT-Infrastruktur mittlerer und großer Unternehmen vorkommen. Zudem liefert ITIL eine Sammlung von Best-Practices zum IT-Servicemanagement. Der Zusammenhang von Informationssicherheitsmanagement und IT-Servicemanagement wird im Folgenden genauer beleuchtet.

In diesem Kapitel finden Sie die Antworten auf folgende Fragen

- Welche fachlichen und technischen Strukturen liefert EAM?
- Wie kann ein integriertes Managementsystem für Informationssicherheit und Datenschutz mit EAM und einer CMDB gekoppelt werden?
- Wie stellt sich der Zusammenhang zwischen IT-Servicemanagement und Informationssicherheit dar?

5.1 EAM und Informationssicherheit

Die Komplexität und der Aufwand für den Aufbau und kontinuierlichen Betrieb und die Weiterentwicklung eines DS & ISMS sind enorm. Transparenz über alle zu schützenden Werte (Assets) und deren Schutzbedarf ist essenziell, um Risiken zu bewerten und die richtigen Prioritäten bei den Sicherheitsmaßnahmen zu treffen.

Die Ermittlung und kontinuierliche Bestandsaktualisierung der schützenswerten Assets sowie die Schutzbedarfsfeststellung oder Informationsklassifizierung sind ein mühsames Unterfangen ohne den Einsatz von Enterprise Architecture Management (EAM) in Kombination mit einer CMDB.

Ein zentrales Asset-Management z. B. über eine Enterprise Architecture Management in Kombination mit einer CMDB, hilft Synergien zu heben. Jedoch müssen dann in diesem zentralen Asset-Management auch alle erforderlichen Strukturen in einer hinreichenden Aktualität und Vollständigkeit vorliegen.

Bei der Inventarisierung sind laut Norm folgende Vermögenswerte zu beachten:

- Alle Informationen, die sich auf beweglichen Datenträgern, Festplatten und Printmedien befinden und folgenden Inhalt haben:
  - Datenbanken, aktive und archivierte Dateien
  - Verträge und Vereinbarungen
  - Systemdokumentation und Supportinformation des Helpdesks
  - Forschungsinformationen, Benutzermanuals und Trainingsmaterialien

  - Geschäftspläne, die während eines Schadensfalls und danach die Weiterführung des Geschäftsfelds gewährleisten
  - Logs und Monitoringergebnisse sowie Überwachungspfade
- Alle auf Software basierenden Werte, wie Anwendungen, Systemsoftware und Entwicklungs-Tools
  - Alle physikalischen Werte, wie Computer und Kommunikationseinrichtungen, Telefone, Telefonanlagen und Voice-over-IP-Installationen
  - Kommunikationsdienste und Dienste zum Betrieb von Computern, wie Klimaanlage, Stromversorgung, Beleuchtung und andere Dienstleistungen

Daneben sind die Mitarbeiter mit ihren Skills und ihrer Erfahrung sowie die immateriellen Werte wie Reputation und Image der Organisation von Belang.

Alle diese Assets müssen im Asset-Register enthalten sein. Hier gibt es zahlreiche Best-Practices. Nun schauen wir uns das Enterprise Architecture Management etwas näher an.

5.1.1 Enterprise Architecture Management

Das Enterprise Architecture Management ist ein systematischer und ganzheitlicher Ansatz für das Verstehen, Kommunizieren, Gestalten und Planen der fachlichen und technischen Strukturen im Unternehmen. EAM in Kombination mit einer CMDB schafft einen Single-Point-of-Truth für alle fachlichen und technischen Strukturen, die von DS & ISMS genutzt werden können.

In Bild 5.1 sind die wesentlichen fachlichen und technischen Strukturen abgebildet. Diese bestehen aus Teilarchitekturen und Bebauungselementtypen. Folgende Teilarchitekturen und deren Bebauungen werden unterschieden:

- **Geschäftsarchitektur (Business Architecture)**

  Die Geschäftsarchitektur beschreibt die wesentlichen fachlichen Einheiten eines Unternehmens, die maßgeblich das Geschäft bestimmen. Die wesentlichen Elemente der Geschäftsarchitektur sind Geschäftsprozesse, Business Capabilities, Produkte, Geschäftseinheiten und Informationen. Mittels fachlicher Einteilungen, fachliche Domänen genannt, kann die fachliche Bebauung strukturiert werden.

> **Wichtig!**
> Die Bebauungselemente der Geschäftsarchitektur werden auch „Geschäftsdimensionen“ genannt. In der Regel findet man fünf oder weniger verschiedene Geschäftsdimensionen im Unternehmen.

Über das Management der Geschäftsarchitektur wird sichergestellt, dass alle Elemente der Geschäftsarchitektur in hinreichender Aktualität und Datenqualität in der geforderten Granularität vorliegen, um auf dieser Basis die Fragestellungen der Stakeholder beantworten zu können. Alle relevanten Informationen werden vom Geschäftsarchitekt (siehe [Han16]), von den verschiedenen Disziplinen, wie dem Prozessmanagement, dem Business Capability Management, der Organisationsentwicklung oder der Unternehmensstrategieentwicklung, eingesammelt, zusammengeführt, qualitätsgesichert, abgestimmt und veröffentlicht (siehe [Han18]).

- **Applikationsarchitektur (Application Architecture)**

  Die Applikationsarchitektur beinhaltet alle Applikationen und deren Schnittstellen bzw. Informationsfluss. Die Applikationsbebauung kann auch über fachliche oder technische Domänen oder nach anderen Kriterien strukturiert werden.

  Die Applikationsarchitektur ist das Bindeglied zwischen der Geschäftsarchitektur und der technischen sowie der Betriebsinfrastrukturarchitektur. Durch die Verknüpfung mit den Elementen der Geschäftsarchitektur wird die IT-Unterstützung für das Business transparent. Die technische Realisierung der Applikationen und Schnittstellen wird durch die Zuordnung von Elementen aus der technischen Bebauung dokumentiert. Durch die Zuordnung der Infrastrukturelemente zu den Applikationen und Schnittstellen wird nachvollziehbar, auf welcher Betriebsinfrastruktur diese „laufen“.

- **Technische Architektur (Technology Architecture)**

  In der technischen Architektur werden die unternehmensspezifischen technischen Bausteine für die Realisierung von Applikationen, Schnittstellen und Betriebsinfrastrukturbestandteilen hinterlegt. Technische Standards werden im Rahmen des Technologiemanagements gestaltet.

- **Betriebsinfrastrukturarchitektur (Infrastructure Architecture)**

  Die Betriebsinfrastrukturarchitektur beschreibt die Infrastrukturelemente, wie z. B. Server oder Rechenzentrum, letztendlich Configuration Items (CI) aus einer CMDB. In EAM sind in der Regel nur grobgranulare CIs, wie z. B. CI-Typen, enthalten. Durch eine Kopplung mit einer CMDB kann auch eine Verbindung mit feingranularen CIs, wie konkrete Datenbankinstanzen, hergestellt werden. Die Infrastrukturelemente verbinden zu Betriebsinfrastrukturen im operativen IT-Management (siehe [itS08] und [Joh11]).

Die Bebauungselemente der verschiedenen Teilarchitekturen können innerhalb der Teilarchitektur und auch mit Elementen anderer Teilarchitekturen in Beziehung stehen. Die Verbindung zwischen den Teilarchitekturen ist durch Linien zwischen den Teilarchitekturen angedeutet. So können z. B. Abhängigkeiten zwischen Applikationen und Geschäftsprozessen und Infrastrukturelementen beschrieben werden. Darüber kann die Fragestellung „Welche Geschäftsprozesse sind von dem Ausfall des Servers X betroffen?“ oder „Welcher Schutzbedarf leitet sich für Applikationen und IT-Systeme aus dem Schutzbedarf für Informationen und Geschäftsprozessen ab?“ beantwortet werden.

Für alle Strukturen sind zudem Aspekte, wie fachliche und technische Verantwortlichkeiten bis hin zum Strategiebezug entsprechend der Erfordernisse abzubilden. So müssen zu jedem Geschäftsprozess und jeder Fachaufgabe (Business Capability) der fachliche Ansprechpartner („Responsible“) und der Rechenschaftspflichtige („Accountable“) hervorgehen.

Enterprise Architecture Management liefert Ihnen ein wirkungsvolles Instrumentarium, um

- auf einen Blick die aktuelle Ausgangslage zu erfassen,
- Auswirkungen und Abhängigkeiten zu analysieren,
- fundierte Entscheidungen zeitnah zu treffen,
- die Zukunft zielgerichtet, u. a. auch bezüglich der Sicherheitsziele und der Datenschutzpolitik, zu gestalten (den richtigen Weg zu finden) und
- sicherzustellen, dass die Soll-Vision auch wie geplant umgesetzt wird.

EAM ist ein wesentlicher Bestandteil des IT-Managements und beinhaltet alle Prozesse für die Dokumentation, Analyse, Qualitätssicherung, Planung und Steuerung der Weiterentwicklung der IT-Landschaft und der Geschäftsarchitektur. Es stellt Hilfsmittel bereit, um die Komplexität der IT-Landschaft zu beherrschen und diese zielgerichtet businessorientiert weiterzuentwickeln.

Transparenz über die IT-Landschaft ist die Voraussetzung für die Beherrschung der IT-Komplexität und der Umsetzung der Sicherheitsanforderungen, insbesondere im Kontext IT-Sicherheit. EAM stellt die erforderliche Transparenz her. In der EAM-Datenbasis[1] werden die wesentlichen fachlichen Strukturen, wie z. B. Geschäftsprozesse und Business Capabilities, und die IT-Strukturen, wie z. B. Applikationen in ihrem Zusammenspiel, abgelegt. Über die Analyse der EAM-Datenbasis und anschauliche Ergebnisvisualisierungen (siehe Bild 5.2 und Bild 5.3) können viele Fragestellungen beantwortet werden.

1 In der Regel werden die EAM-Strukturen in einer Datenbasis gesammelt. Bei kleinen Datenmengen, z. B. im Projektkontext, können diese aber auch in einer andersgearteten EAM-Dokumentation, z. B. direkt in Form von Visualisierungen in PowerPoint, dokumentiert und analysiert werden.

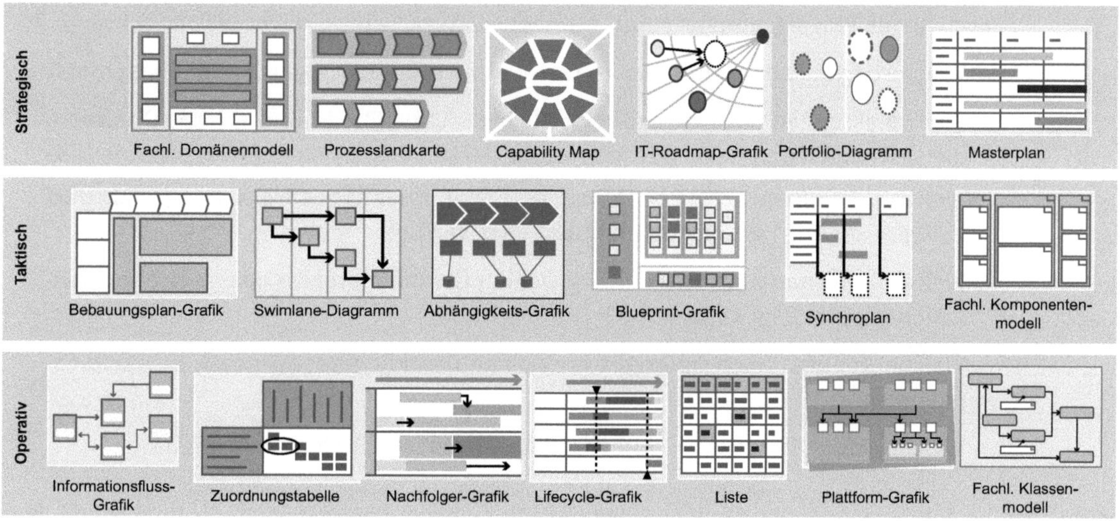

Bild 5.2 Typische EAM-Visualisierungen im Überblick

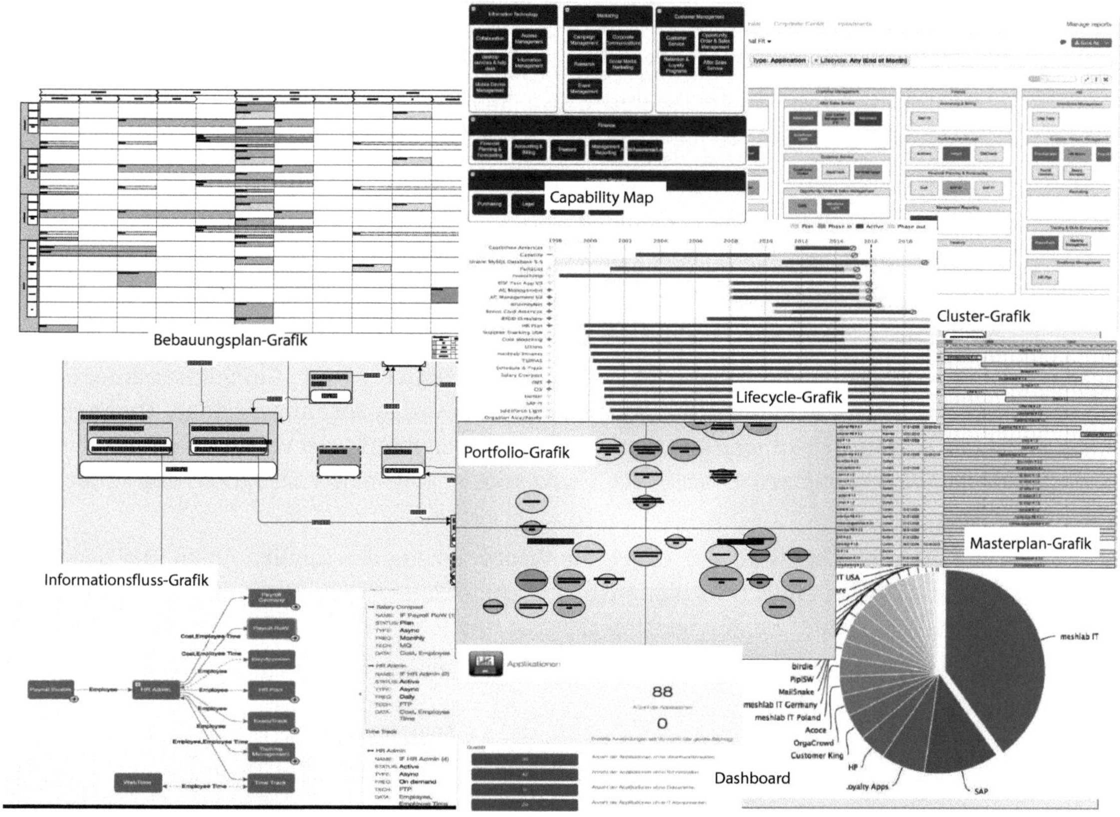

Bild 5.3 Typische EAM-Visualisierungen

Beispiele für Fragestellungen sind:

- Welche Organisationseinheiten nutzen welche Produkte über welche Touchpoints?
- Welche aktuellen oder zukünftigen Business Capabilities sind für das Unternehmen relevant? Welche Geschäftsprozesse decken welche Business Capabilities ab?

  Welche Geschäftsprozesse oder Business Capabilities haben welchen Schutzbedarf bezogen auf Vertraulichkeit, Integrität oder Verfügbarkeit?
- Welche Informationen werden in welchem Geschäftsprozess oder welcher Applikation genutzt bzw. verarbeitet?
- Welche Applikationen unterstützen welche Geschäftsprozesse bzw. Business Capabilities?
- Welche Geschäftsprozesse sind vom Ausfall welchen Systems betroffen?
- Wer ist verantwortlich für welche Geschäftsprozesse oder Applikationen?
- Welche Abhängigkeiten bestehen zwischen Applikationen und IT-Systemen?
- Wie sind Applikationen oder Schnittstellen technisch realisiert? Sind unterschiedliche Schutzzonen betroffen?
- Welche Applikationen werden wann durch welche ersetzt oder abgeschaltet?
- Welche Informationen werden in welchen Geschäftsprozessen verwendet und mit welcher Informationstechnik bearbeitet?
- Welche Informationen sind personenbezogen oder in Bezug auf Vertraulichkeit und Integrität besonders schützenswert?

Je genauer diese Fragen für den betrachteten Informationsverbund beantwortet werden, desto zielgerichteter können die erforderlichen und angemessenen Sicherheitsmaßnahmen (siehe Kapitel 3) festgelegt werden.

Durch die systematische und überschaubare Darstellung der Geschäftsarchitektur und der IT-Landschaft in ihrem Zusammenspiel werden Zusammenhänge, Abhängigkeiten und Auswirkungen sichtbar und letztendlich häufig erst verstanden („Glauben durch Wissen ersetzen“). Das Überblickswissen ist allgemein zugänglich (keine „Kopfmonopole“).

Die IT-Komplexität wird z. B. durch die Visualisierung der Applikationen und deren Schnittstellen in einer Informationsflussgrafik offensichtlich. Hierdurch werden Zusammenhänge und Abhängigkeiten sichtbar und letztendlich häufig erst verstanden.

Für weitere Informationen zu den Visualisierungen sei auf [Han16] verwiesen.

Wichtig!

IT-Komplexität resultiert aus der Vielzahl und Heterogenität von Elementen, deren Abhängigkeiten, Redundanzen und Inkonsistenzen sowie der Veränderungsdynamik. Bereits bei mittelständischen Unternehmen oder aber ab einer größeren Anzahl von z. B. Geschäftsprozessen und IT-Systemen sind die Abhängigkeiten in der IT-Landschaft und vor allen Dingen die Geschäftsunterstützung nicht immer klar. Dies verschärft sich mit jeder Änderung. Mit jedem neuen Geschäftsprozess, jeder neuen Applikation, jeder neuen Schnittstelle oder Technologie wächst die Komplexität. Die Gefahr von redundanten und inkonsistenten Daten steigt. Die Auswirkungen von Änderungen werden unvorhersehbar, da Änderungen nur selten an einzelnen Applikationen vorgenommen werden können. Die Entwicklungs-, Wartungs- und Betriebskosten steigen.

Transparenz über die IT-Landschaft und die Geschäftsunterstützung ist die Voraussetzung, um über geeignete Konsolidierungsmaßnahmen die Komplexität in den Griff zu bekommen. EAM schafft diese Transparenz und damit das inhaltliche Fundament für die Konsolidierung der IT-Unterstützung durch z. B. Standardisierung, Homogenisierung, Vereinfachung, Beseitigung von Redundanzen, Abhängigkeiten und insbesondere auch für technische und organisatorische Maßnahmen im Kontext Informationssicherheit.

Häufig reicht für die Beantwortung von Fragestellungen aber auch eine einfache Aufstellung, wie z. B. eine Liste der Applikationen und deren Verantwortlichkeiten. Für Steuerungsaufgaben sind hingegen Dashboards mit z. B. Torten-, Balken- oder Spider-Diagrammen geeignet. Hier werden häufig der Status, der Fortschritt und die Prognose von Steuerungsaspekten betrachtet. Hierfür ist eine zeitliche Betrachtung erforderlich. So werden Trends leichter erkannt und damit die Möglichkeit für ein rechtzeitiges Agieren geschaffen.

Die relevanten Aspekte, auf die der Betrachter ein Hauptaugenmerk legen soll, können durch Kennzeichnungen, wie z. B. Farbe oder Linientyp, hervorgehoben werden. So lassen sich Handlungsbedarf und Optimierungspotenzial bzw. Ansatzpunkte für Tiefenbohrungen deutlich sichtbar machen.

Bei farbigen Hervorhebungen spricht man häufig von „Heat Map“. Ein verbreitetes Beispiel für eine Heat Map findet man im Business Capability Management, wo die für die Umsetzung der digitalen Strategie erforderlichen und die vorhandenen Business Capabilities unterschieden werden (siehe [Han16]).

Zugeschnitten auf die individuellen Fragestellungen, wie z. B. Berichtspflichten, muss EAM Ihnen zeitnah die relevanten Informationen als Input für fundierte Entscheidungen möglichst aufwandsarm bereitstellen. Der Nutzen muss deutlich größer sein als der Aufwand, damit die EAM-Ergebnisse auch wirklich verwendet werden. Nur so kann EAM nachhaltig in der Organisation verankert werden. Siehe hierzu EA-Governance in [Han16].

EAM ist aber auch der Schlüssel für das **Business-Alignment der IT**. Dies wird durch abgestimmte Begriffe, die Verknüpfung von Business- und IT-Strukturen und eine businessorientierte Steuerung der IT erreicht.

Abgestimmte Begriffe bilden eine gemeinsame Sprache für Geschäftsprozesse, Business Capabilities und Geschäftsobjekte und eine gute Kommunikationsgrundlage für die unterschiedlichen Beteiligten in Business und IT. Dies ist letztendlich das gemeinsame Glossar, das im Idealfall unternehmensübergreifend vorgegeben wird. Die Semantik von Begriffen wie „Vertriebsprozess" oder „Kundenauftrag" wird festgelegt. Durch ein gemeinsames Verständnis werden Missverständnisse vermieden. Dies alleine ist schon ein großer Wert. Häufig gibt es in Unternehmen noch keine abgestimmten Listen von z. B. Geschäftsprozessen oder Applikationen. Den abgestimmten Strukturen können zudem Verantwortlichkeiten zugeordnet werden.

Über die abgestimmten fachlichen Strukturen kann zudem der Bezug zu IT-Strukturen hergestellt werden. So lassen sich Abhängigkeiten und Auswirkungen analysieren und auch darstellen. Die Fragestellung „Welche Applikationen unterstützen welche Geschäftsprozesse und werden durch welche IT-Systeme unterstützt?" kann beantwortet werden. Auf dieser Basis lassen sich die Schadensauswirkungen analysieren und die Sicherheitsarchitektur kontinuierlich optimieren und an den Zielen und Erfordernissen des Unternehmens ausrichten. Die Unternehmensarchitektur liefert das inhaltliche Fundament für die Weiterentwicklung des Geschäfts.

Das EAM-Analyseinstrumentarium beinhaltet Hilfsmittel, um Auswirkungen und Abhängigkeiten aufzuzeigen sowie Handlungsbedarf und Optimierungspotenzial zu identifizieren.

Über die Analyse der EAM-Datenbasis in Kombination mit einer CMDB und anschauliche Ergebnisvisualisierungen können Abhängigkeiten und Auswirkungen transparent gemacht werden. Hierdurch werden Zusammenhänge und Abhängigkeiten sichtbar und letztendlich häufig erst verstanden.

In Bild 5.4 finden Sie ein Beispiel für eine Analyse im Hinblick auf die Auswirkungen des Schutzbedarfs von Geschäftsprozessen und Informationen. Ein hoher Schutzbedarf des Geschäftsprozesses und ein sehr hoher Schutzbedarf der Information bilden den Ausgangspunkt für die Analyse. Die für den Geschäftsprozess genutzten Applikationen und deren Abhängigkeiten sowie technischen Bausteine werden ermittelt. Auf dieser Basis können der Schutzbedarf für die Applikationen und die IT-Systeme abgeleitet werden (siehe Abschnitt 4.1.2) und Anhaltspunkte für die Bildung von räumlichen, technischen oder/und personellen Sicherheitszonen zur Trennung von Bereichen zur Eindämmung von Risiken und Kosten gegeben werden.

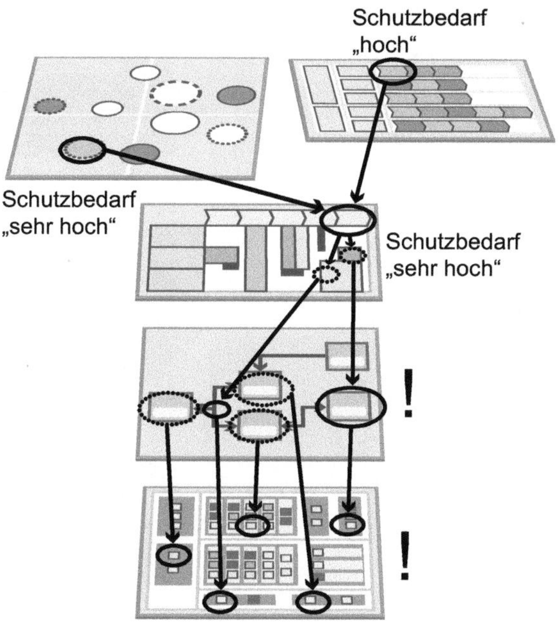

Bild 5.4
Beispiel Business-Alignment der IT

5.1.2 Zusammenspiel von EAM und DS & ISMS

In Bild 5.5 ist das Zusammenspiel zwischen den EAM- bzw. den CMDB-Strukturen mit den erforderlichen Strukturen für Informationssicherheit und Datenschutz dargestellt. Durch ein handhabbares DS & ISMS, Nutzung von EAM mit integrierter CMDB als Asset-Basis und eine enge analysierbare Verbindung können Synergien gehoben werden.

Das DS & ISMS ist in Bild 5.5 oben skizziert. Rechts sind die verschiedenen Normen und Kataloge, die Anforderungen, mit Schwerpunkt auf den ISO-27001-Kontrollen dargestellt. Für die Erfüllung der Anforderungen und Bewältigung der identifizierten Risiken sind adäquate Sicherheitsmaßnahmen festzulegen. Daneben sind die Schwachstellen, die aus unterschiedlichen Quellen wie z. B. aus einem Schwachstellenscanner (Vulnerability Scanner), CERT-Mails vom BSI oder anderen Quellen stammen können. Auch Findings von Audits können gegebenenfalls als Schwachstelle abgebildet werden.

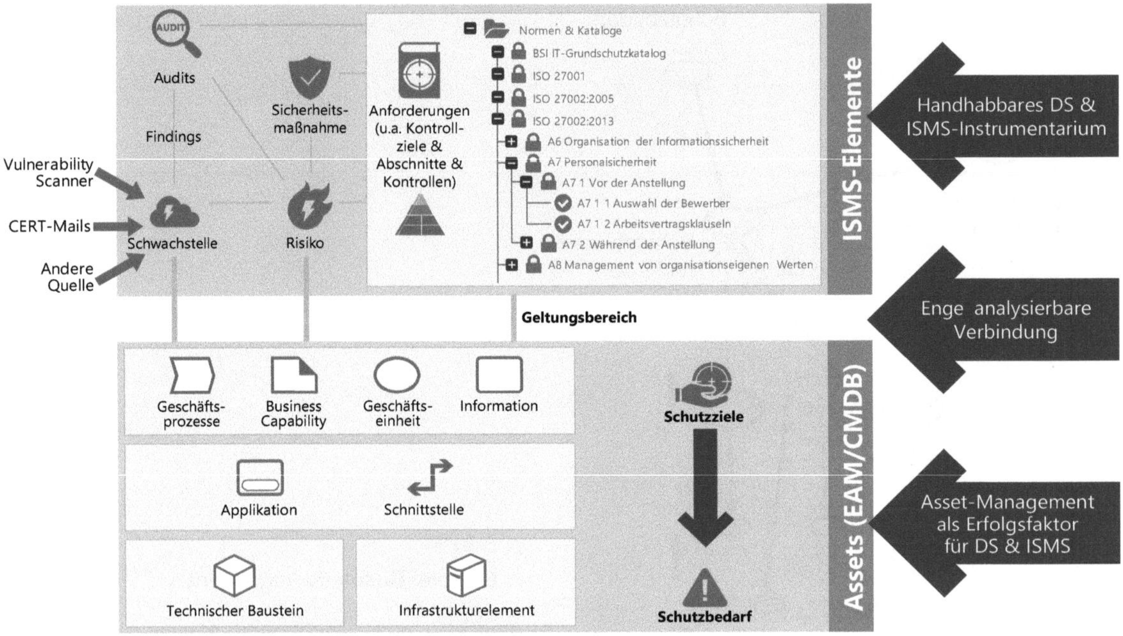

Bild 5.5 Zusammenspiel zwischen EAM und DS & ISMS

Nicht alle Assets aus einer EAM-Datenbasis und einer CMDB sind für ein Informationssicherheitsmanagementsystem relevant. Häufig sind relevant:

- Geschäftsprozesse und Informationen als Basis für die fachliche Schutzbedarfsfeststellung
- Applikationen mit Zuordnung zu Geschäftsprozessen und Informationen
- IT-Systeme (technische Bausteine und Infrastrukturelemente), häufig auf Typ-Ebene, wie z. B. Notebooks oder Windows 10 Server. Besondere schutzbedürftige Assets, wie z. B. spezielle Datenbankinstanzen, müssen zusätzlich berücksichtigt werden.
- ICS-Komponenten analog zu IT-Systemen
- Räume und dergleichen über Zusatzinformationen an den Assets
- Netzwerk-Topologien werden in der Regel nicht durch EAM und CMDB abgedeckt. Dies erfolgt meistens in Papierform und wird dann über einen Link den Assets zugeordnet.

Die Asset-Basis ist in Bild 5.5 unten dargestellt. EAM in Kombination mit einer CMDB schafft einen Single-Point-of-Truth für alle fachlichen und technischen Strukturen (siehe Abschnitt 5.1.1), die von ISMS genutzt werden können:

- Grundlage für die Festlegung des Geltungsbereichs und der Schutzbedarfsfeststellung:

  Geschäftsprozesse, Business Capabilities, Informationen und Geschäftseinheiten

- Modellierung des Systemverbunds als Basis für die Auswahl von IT-Grundschutz-Bausteinen mit IT-, ICS- und IoT-Systemen:

  Applikationen, technische Bausteine und Infrastruktur

- Netzplanerhebung und Kommunikationsverbindungen zwischen den IT-Systemen und nach außen: logische und technische Schnittstellen- und Topologie-Information (logische Schnittstellen in EAM und technische Schnittstellen und Topologie-Informationen in der CMDB)
- Erfassung der Räume und Gebäude sowie produzierende Räumlichkeiten: als Geschäftseinheiten oder ein spezieller CI-Typ
- Abhängigkeiten und Auswirkungen, z. B. zwischen Schutzbedarf und Schwachstellen (siehe Bild 5.6), analysieren auf Basis der fachlichen und technischen Strukturen eine EAM-Datenbasis in Kombination mit einer CMDB

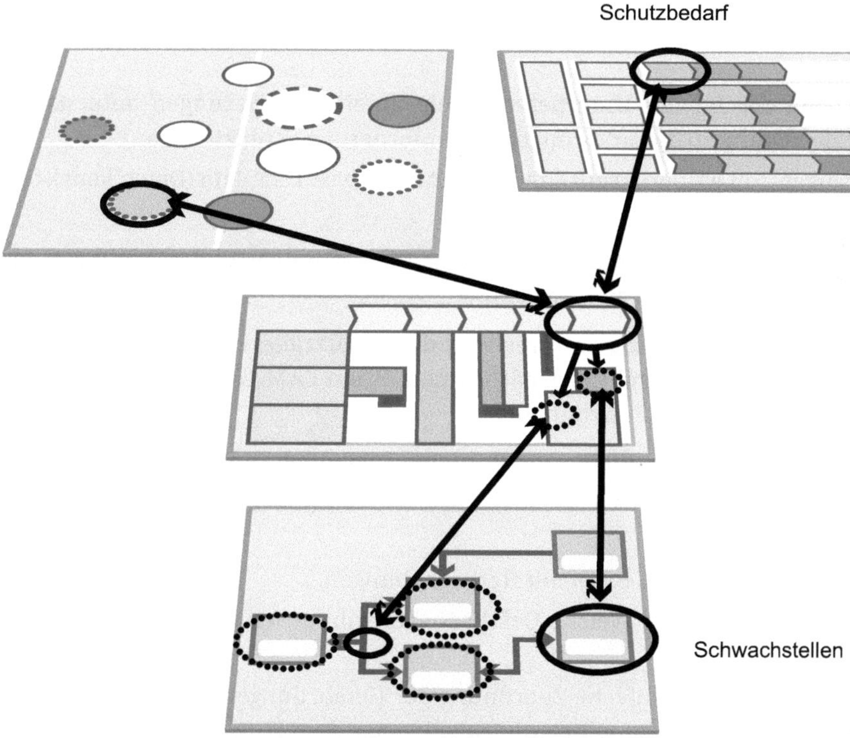

Bild 5.6 Schwachstellen und Schutzbedarf von Assets

Neben dem Single-Point-of-Truth liefert EAM in Kombination mit einer CMDB ein Analyse-, Planungs- und Steuerungsinstrumentarium, das für die Erstellung und kontinuierliche Verbesserung des integrierten Datenschutz- und Sicherheitskonzepts von großer Bedeutung ist. Gerade für die Anwendung des IT-Grundschutz-Kompendiums ist es erforderlich, das Zusammenspiel der Geschäftsprozesse, der Anwendungen und der vorliegenden Informationstechnik zu analysieren und zu dokumentieren.

Über die Analyse der Geschäftsprozesse, Fachaufgaben und Informationen im Zusammenspiel mit den genutzten Informationen und der eingesetzten Informationstechnik lassen sich Aussagen über die Auswirkungen von Sicherheitsvorfällen auf die Geschäftstätigkeit und die Aufgabenerfüllung ableiten.

5.1.3 Tool-Unterstützung für DS & ISMS

Eine Tool-Unterstützung für DS & ISMS muss alle Prozesse abdecken und idealerweise zumindest folgenden Anforderungen genügen:

- **Management von Kontrollen** (für z. B. ISO 27001, EU-DSGVO oder weitere Normen und Anforderungen) mit u. a.:
  - Import von Normständen und IT-Grundschutzkatalogen und deren Zuordnung
  - Auswahl der für das Unternehmen relevanten Anforderungen unter Erhalt der Beziehung zu der ursprünglichen Anforderung (Kreuztabellen)
  - Erzeugen von editierbarem SoA- und GAP-Analyse-Template (Daten konsistent im Tool)
- **Asset-Management** (Inventarisierung aller Unternehmenswerte) durch z. B. ein EAM-Tool mit Integration zu einer CMDB
- **Schutzbedarfsfeststellung** entsprechend der Schutzziele, insbesondere Vertraulichkeit, Verfügbarkeit und Integrität, durch z. B. ein EAM-Tool mit Integration zu einer CMDB mit Survey-Funktionalität
- **Risikomanagement mit Risikoportfolio und Risikobehandlungsplan:**
  - Abweichungsanalyse: Wo bestehen Lücken in der Abdeckung von Anforderungen?

    Beispielergebnis: SoA-Excel mit Hervorhebungen.
  - Gefährdungsanalyse: Welche Gefährdungen gibt es für die Assets mit erhöhtem Schutzbedarf?

    Hierzu sollte eine einfache Zuordnung der Gefährdungen zu den Assets möglich sein. Idealerweise sollten die Tabellen aus dem IT-Grundschutz direkt als Vorschlag mitgeliefert werden.

  - Unterstützung bei der Risikobewertung und der Festlegung des Risikobehandlungsplans

- **Maßnahmenmanagement für Informationssicherheitsmaßnahmen:**

  Management von Maßnahmen (Anlegen, Verändern, Löschen, Zuordnen) inklusive Tracking

- **Vorfallmanagement inklusive Notfallmanagement** zum systematischen Behandeln von Informationssicherheitsvorfällen über z. B. Kopplung mit der IT-Servicemanagement-Plattform inklusive Workflow-Unterstützung mit Integration in das übergreifende Notfallmanagement und Reporting-Funktionalitäten

- **Prävention** durch z. B. Penetrationstests und Schwachstellenmanagement zum Identifizieren, Analysieren und Managen von Schwachstellen.

  Hier wünschenswert: Neben entsprechendem Tooling für die Prävention wären die Integration in das Maßnahmenmanagement und das Reporting wünschenswert.

- **Interne und externe Audits/Assessments:**

  Möglichkeit zum Erfassen der Auditergebnisse und Integration in das Risiko- und Maßnahmenmanagement

- **ISMS Monitoring & Reporting:**

  Möglichkeit, geeignete Kennzahlen und Reports zu definieren

- **Awareness und Schulungen:**

  Unterstützung des Nachweises über Awareness- und Schulungsmaßnahmen

- **Datenschutzprozesse**, wie z. B. Prozess Betroffenenrechte und Prozess Datenpannen:

  Abbildung von Verarbeitungen und deren Beziehungen sowie ggf. Workflow-Unterstützung und Dokumentenvorlagen

Hierfür sind alle erforderlichen Strukturen vorzusehen. In Bild 5.7 finden Sie ein Beispiel des groben Datenmodells sowie in Bild 5.8 die groben logischen Zusammenhänge. Die konkrete Ausgestaltung kann natürlich von Tool zu Tool leicht unterschiedlich aussehen. Weitere Informationen zu integrierten Tools finden Sie unter *www.LeanISMS.de.*

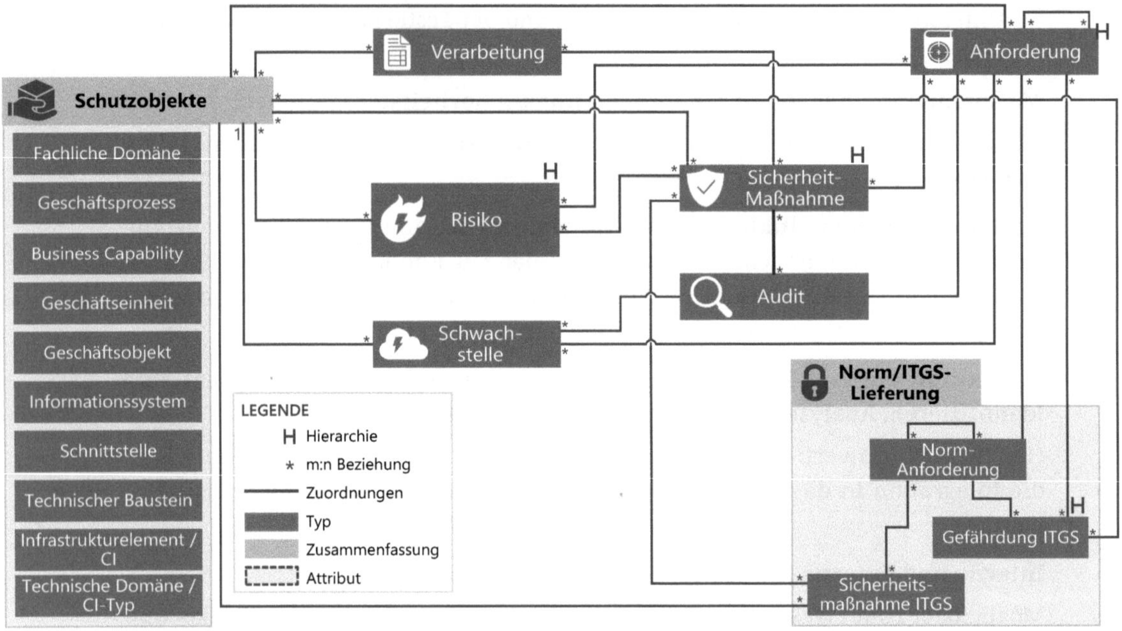

Bild 5.7 Beispiel grobes Datenmodell

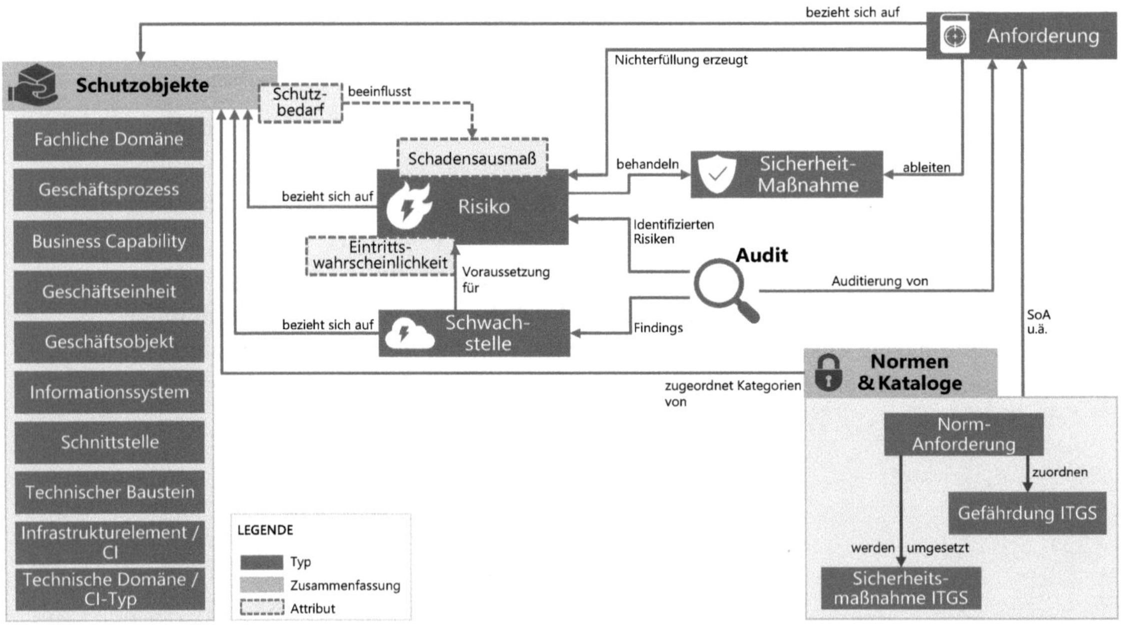

Bild 5.8 Grobe logische Zusammenhänge

Gerade für die Schutzbedarfsfeststellung kann das EAM-Tool effektiv eingesetzt werden. Der Schutzbedarf wird den zu schützenden Assets, wie z. B. Geschäftsprozesse oder Geschäftsobjekte, zugeordnet. Über transitive Analysen kann so der Schutzbedarf von z. B. Anwendungen (Maximumprinzip) oder aber auch der technischen Infrastruktur ermittelt werden. Umgekehrt kann die Auswirkung von Schwachstellen leicht ermittelt werden. Über eine Informationsklassifikation können personenbezogene Daten oder Vertraulichkeitseinstufungen den Geschäftsobjekten zugeordnet werden. Durch eine transitive Analyse der Datenverwendung lassen sich auch hier Rückschlüsse auf die Umsetzung von z. B. Datenschutzanforderungen ziehen. Viele EAM-Tools bieten zudem Möglichkeiten, um z. B. aufwandsarm die Schutzbedarfsfeststellung mit einem Survey durchzuführen.

Die Ermittlung und kontinuierliche Bestandsaktualisierung der schützenswerten Assets sowie die Schutzbedarfsfeststellung oder Informationsklassifizierung sind ein mühsames Unterfangen ohne den Einsatz von Enterprise Architecture Management (EAM) in Kombination mit einer CMDB. Enterprise Architecture Management ist ein systematischer und ganzheitlicher Ansatz für das Verstehen, Kommunizieren, Gestalten und Planen der fachlichen und technischen Strukturen im Unternehmen.

Falls im Unternehmen noch kein Asset-Management aufgebaut worden ist, kann das Projekt zum Aufbau des DS & ISMS dazu genutzt werden. In diesem Fall wird aber empfohlen, dies als unabhängiges Teilprojekt mit idealerweise Unternehmensarchitekten (siehe [Han16]) aufzusetzen, das dann z. B. über ein Programm oder das Multiprojektmanagement mit dem DS & ISMS-Aufbauprojekt verzahnt wird.

Beim Neuaufbau eines Asset-Managements sollten Sie im Unternehmen bereits vorhandene Quellen, wie Prozesslandkarten, Geschäftsverteilungspläne, Lösungsarchitekturdokumente, Netzpläne und Inventarisierungstools, für die initiale Bestandsaufnahme nutzen. Der Detaillierungsgrad muss dabei den Erfordernissen für das DS & ISMS genügen. Eine Orientierung liefern hier die Bausteine des IT-Grundschutzes.

Ein systematisches Datenschutz- und Informationssicherheitsmanagement ist erforderlich, um einen handhabbaren und wirksamen Prozess zur Herstellung von Informationssicherheit und Datenschutz aufzubauen sowie kontinuierlich durchzuführen und zu verbessern. Ein wirksames DS & ISMS muss in die existierenden Governance-Strukturen und die Organisation eingebettet und auf die individuellen Anforderungen zugeschnitten werden.

Die enge Integration mit dem Enterprise Architecture Management sowohl der Strukturen als auch der Prozesse wird zunehmend zum Erfolgsfaktor für ein wirksames ISMS. Auswirkungsanalysen und Schutzbedarfsfeststellungen können nur so auf Dauer handhabbar durchgeführt werden.

Neben EAM ist aber insbesondere auch das IT-Servicemanagement ein Erfolgsfaktor für ein wirksames ISMS. Dieses schauen wir uns im Folgenden etwas näher an.

5.2 IT-Servicemanagement und Informationssicherheit

Ein effektives und effizientes IT-Servicemanagement ist Erfolgsvoraussetzung für ein wirksames Informationssicherheitsmanagementsystem. Gerade die Prozesse im IT-Servicemanagement müssen in einem ausreichenden Reifegrad vorhanden sein, um eine ausreichende IT-Sicherheit umzusetzen. Dies schauen wir uns im Folgenden etwas näher an. Startpunkt ist eine Kurzbetrachtung des IT-Servicemanagements.

Das IT-Servicemanagement basiert auf dem De-facto-Standard ITIL. Die Information Technology Infrastructure Library (ITIL) ist eine Sammlung von Best Practices zur Etablierung eines IT Service Managements innerhalb einer Organisation. IT-Leistungen (IT-Services) werden zur Unterstützung der Geschäftsprozesse bereitgestellt. Notwendige Leistungen werden geplant, überprüft und bei Bedarf optimiert.

Die aktuelle Version des ITIL-Frameworks ist ITIL 4, die 2019 veröffentlicht wurde. ITIL 4 beschreibt ein Betriebsmodell für das Bereitstellen technologiebasierter Services. ITIL 4 bietet eine modernisierte und flexible Herangehensweise an das IT-Service-Management (ITSM), die speziell auf digitale Transformationsprozesse und neue Technologien wie Cloud, Automatisierung und künstliche Intelligenz (KI) abgestimmt ist.

Während ITIL v3 stärker auf Prozesse und einen Lebenszyklusansatz fokussiert ist, setzt ITIL 4 auf eine modernisierte und agile Denkweise mit u. a. Praktiken anstelle von Prozessen, um besser mit den dynamischen Anforderungen umgehen zu können.

Der Schwerpunkt von ITIL 3 liegt auf einzelnen Prozessen und deren spezifischen Outputs. ITIL 3 konzentriert sich auf den Service-Lebenszyklus, der in fünf Phasen unterteilt ist:

- **Service Strategie:** Welche Services bietet die IT-Organisation an und welche Fähigkeiten müssen dazu entwickelt werden?
- **Service Design:** Entwurf neuer Services, Änderung bzw. Verbesserung bestehender Services
- **Service Transition:** bei der Serviceüberführung sicherstellen, dass Änderungen an Services und Servicemanagement-Prozessen koordiniert abgewickelt werden
- **Service Operation** (Servicebetrieb): sicherstellen, dass die IT-Services effektiv und effizient erbracht werden. Dies beinhaltet die Erfüllung von Anwenderanfragen und die Erarbeitung von Problemlösungen ebenso wie die Erbringung von Betriebsaufgaben im laufenden Tagesgeschäft.
- **Continual Service Improvement:** Prozess der Kontinuierlichen Serviceverbesserung mit dem Ziel, sowohl die Prozesseffektivität als auch die Prozesseffizienz zu steigern

Sicherlich müssen auch bei Anwendung von ITIL 4 die IT-Servicemanagement-Prozesse festgelegt und operationalisiert werden, dies kann aber flexibel entsprechend der jeweiligen Anforderungen, des Organisationskontexts und der Randbedingungen des Unternehmens erfolgen. Die Praktiken und die anderen Hilfsmittel von ITIL 4 können flexibel entsprechend der jeweiligen Anforderungen ausgewählt werden. Häufig werden hierfür die ITIL-3-Prozesse nach wie vor als Orientierung herangezogen.

Mit ITIL 4 wird das ITIL-Framework grundlegend modernisiert. ITIL 4 beinhaltet Konzepte aus Agile, DevOps und Lean. ITIL 4 verfolgt einen ganzheitlichen Ansatz und stellt das „End-to-End-Service-Management von der Nachfrage bis zur Wertschöpfung" in den Mittelpunkt. Die wesentlichen Neuerungen in ITIL 4 sind:

- **Service Value System**

  Der Service-Lifecycle aus ITIL v3 wird ersetzt durch das Service Value System und bietet eine ganzheitliche Perspektive auf das Erzeugen von Wert durch IT-Services. Das Service Value System beschreibt, wie alle Disziplinen in der Organisation zusammenwirken, um Wertschöpfung zu erreichen.

- **Leitprinzipien („Guiding principles")**

  Es gibt sieben zentrale Leitprinzipien, darunter Fokus auf Wert, iterative Verbesserung und Optimierung durch Automatisierung.

- **Service Value Chain**

  Eine flexible Kette von Aktivitäten, die den Wertschöpfungsprozess in IT-Diensten unterstützt und in der die verschiedenen Praktiken genutzt werden können.

- **Praktiken statt Prozesse**

  34 Management-Praktiken, die einen breiteren und anpassbaren Rahmen bieten. Hierzu zählen Incident Management, Problem Management, Change Enablement, Service Desk, Service Request Management, Service Level Management und Continual Improvement.

Praktiken statt Prozesse in ITIL 4

- ITIL v3: umfasst 26 Prozesse, die im Lebenszyklus strukturiert sind.
- ITIL 4: transformiert Prozesse zu 34 Praktiken, die flexibler sind und sich besser in verschiedene Arbeitskontexte einfügen lassen.

ITIL 4 integriert sich nahtlos mit anderen Frameworks wie DevOps, Agile und Lean, um umfassendere IT-Management-Strategien zu ermöglichen (siehe [Bei23] und [Her23]).

> Die ISO/IEC 20000 ist weltweit der einzige zertifizierbare Standard für das IT-Servicemanagement und baut direkt auf der IT Infrastructure Library (ITIL) auf. Er spezifiziert die notwendigen Mindestanforderungen an Prozesse, die eine Organisation etablieren muss, um IT-Services in definierter Qualität für interne und externe Kunden erbringen zu können.
>
> Die ISO/IEC 20000 ist der internationale Standard für IT-Service-Management (ITSM). Er legt Anforderungen fest, die es Organisationen ermöglichen, ein effektives Service-Management-System (SMS) zu etablieren, zu implementieren, zu betreiben, zu überwachen, zu überprüfen, zu pflegen und kontinuierlich zu verbessern.
>
> Die ISO/IEC 20000-3:2019 ist der aktuelle Stand der Norm und basiert in ihrer Grundstruktur weiterhin auf den Prinzipien von ITIL 3. Dies liegt daran, dass die ISO/IEC-20000-Serie als unabhängiger Standard entwickelt wurde, der sich nicht ausschließlich an ITIL orientiert, sondern auch andere IT-Service-Management-Frameworks berücksichtigt. Der Standard enthält weiterhin prozessorientierte Anforderungen, die eng mit dem Lebenszyklusansatz von ITIL v3 und ähnlichen Frameworks übereinstimmen.
>
> Die ISO/IEC 20000-1:2018/Amd 1:2024: Ein im Jahr 2024 veröffentlichter Änderungsentwurf (Amendment 1) ergänzt den Standard um Aspekte des Klimaschutzes. Dies unterstreicht die wachsende Bedeutung von Nachhaltigkeit im IT-Service-Management.
>
> Die ISO/IEC TR 20000–17:2024: Dieser technische Bericht, ebenfalls 2024 veröffentlicht, bietet Szenarien, Erklärungen und Beispiele für die praktische Anwendung von Service-Management-Systemen basierend auf ISO/IEC 20000-1:2018. Er dient als Leitfaden für Organisationen bei der Implementierung und Optimierung ihres SMS.
>
> Siehe hierzu Abschnitt 1.2.1.

Informationssicherheit ist Bestandteil von vielen Disziplinen. So ist im Service Design die Informationssicherheitsleitlinie angesiedelt. Wir schauen uns die Abhängigkeiten und Zusammenhänge etwas genauer an.

Service Desk als zentraler Anlaufpunkt

Der **Service Desk ist zentraler Anlaufpunkt** (Single Point of Contact) für die professionelle Anwenderunterstützung mit hoher Erreichbarkeit und Reaktionsschnelligkeit.

Synergien mit dem Informationssicherheitsmanagement:

- **Annahme und Erfassung von Sicherheitsvorfällen über das Service Desk**

  Voraussetzungen:

  - Informationssicherheit benötigt bei Sicherheitsvorfällen eine hohe Erreichbarkeit und Reaktionsschnelligkeit.

  - Service Desk muss in der Lage sein, sicherheitsrelevante Aussagen in den Anfragen zu erkennen, mit aufzunehmen, zu klassifizieren und richtig weiterzuleiten.
  - Alarmierung von Verantwortlichen bei IT-Sicherheitsvorfällen
- **Umsetzung von Standardprozessen der Informationssicherheit**, wie Nutzeranmeldung, Berechtigungsvergabe, Kennwortrücksetzung oder Nutzersperrung

Störungsmanagement (Incident Management)

Das Störungsmanagement (Incident Management) erfolgt mittels Support-Stufen (1st, 2nd und 3rd Level Support und/oder Eskalation ans Management) zur schnellen und nachhaltigen Störungsbeseitigung (gegebenenfalls mit Ausweich- und Notlösungen).

Synergien mit dem Informationssicherheitsmanagement:

- **Gemeinsamer Störungsmanagement-Prozess – auch für Sicherheitsvorfälle und Störungen in IT-Services.** Sicherheitsvorfallbehandlung muss explizit im Störungsmanagement integriert werden. Dies erfordert mitunter die Berücksichtigung von servicespezifischen Sicherheitsanforderungen.
- **Integration von Intrusion-Detection-Systemen** (IDS), Integritätschecks oder Windows-eigenen Überwachungsmechanismen in das Störungsmanagement, insbesondere des Monitorings. Erkannte Störungen sind für alle Verantwortlichen direkt sichtbar.
- **Integration der Forensik in das Störungsmanagement:**

  Die forensische Analyse dient zur detaillierten Analyse der genutzten Sicherheitslücken, der Spurensicherung und der ersten Täterverfolgung. Dies birgt zwar gegebenenfalls einen Zielkonflikt mit dem schnellen Wiederherstellen der betroffenen Services. Jedoch muss in einigen Fällen eine Spurensicherung rechtzeitig durchgeführt werden, damit die Spuren nicht verwischt werden können.

Problemmanagement

Das Problemmanagement dient zur Steigerung der Zuverlässigkeit und Wirtschaftlichkeit durch Ursachenanalyse und Lösungssuche für tatsächliche und potenzielle Störungen innerhalb der IT-Services.

Synergien mit dem Informationssicherheitsmanagement:

- **Sicherheitslücken wie Probleme behandeln** und vorhandene Lösungen auf sicherheitstechnische Konsequenzen hin untersuchen. Hierfür ist mitunter die Einbindung von Sicherheitsspezialisten notwendig.
- **Richtlinien**, wie z. B. Installations- und Konfigurationsrichtlinien, sind mögliche Lösungen für Probleme.
- **Sicherheitsmuster** auf der Basis von z. B. Anomalien liefern

Änderungsmanagement (Change Management)

Änderungsmanagement (Change Management) steht für steuer- und kontrollierbare Eingriffe in Applikationen, IT-Systeme, Dokumentationen, Prozesse oder Verfahren inklusive Annahme der Änderungsanträge (RfC, Request for Change), Planung der Durchführung inklusive Rücksetzverfahren und Steuerung der Änderung.

Synergien mit dem Informationssicherheitsmanagement:

- **Informationssicherheit als Initiator von Änderungen**

  Sicherheitsprobleme, die im Rahmen des Problemmanagements festgestellt werden, führen in der Regel zu notwendigen technischen und organisatorischen Änderungen. Diese werden durch das Sicherheitsmanagement beantragt.

- **Informationssicherheit als Umsetzer von Änderungen**

  Sicherheitsverantwortliche haben im Kontext der Sicherheitsinfrastruktur häufig auch Betriebsverantwortung.

- **Sicherheitsmanagement als Planungs- oder Freigabeinstanz für Änderungen**

  Änderungen mit möglichen Auswirkungen auf die Sicherheitsmerkmale von IT-Services müssen unter Mitwirkung des Sicherheitsmanagements geplant und freigegeben werden. Kriterien für Sicherheitsrelevanz sind hierzu ebenso zu erarbeiten wie die Strategie, wie die Einbindung erfolgen soll. Idealerweise sollte das Sicherheitsmanagement immer im Freigabeprozess eingebunden sein, um die Entstehung von Sicherheitslücken durch Änderungen zu verhindern.

  Hierzu sollte der ISB in das Änderungsfreigabe-Gremium (z. B. Change Advisory Board) eingebunden werden.

- **Gemeinsame Vorgaben für das Patchmanagement**

  Sicherheitsrelevante Patches haben nicht nur eine hohe Brisanz und müssen in der Regel unter Termindruck ausgerollt werden. Patches haben auch gleichzeitig gegebenenfalls große Auswirkungen auf bestehende Funktionalitäten und Prozesse. Das heißt, hier müssen Lösungen für den Zielkonflikt zwischen Reaktionsschnelligkeit und Qualitätssicherung gefunden werden.

Versionsmanagement (Release Management)

Versionsmanagement (Release Management) dient zur Planung der Umsetzung, Test und Abnahme von Soft- und Hardwareversionen bis hin zur organisatorischen und technischen Vorbereitung der Einführung einer Komponente.

> Eine Version fasst eine Menge Konfigurationselemente zusammen, die zusammenhängend getestet und in Betrieb genommen werden.

Synergien mit dem Informationssicherheitsmanagement:

- **Ein Versionsmanagement ist auch für die Einführung von Sicherheitslösungen notwendig.** Dies schließt das Anforderungsmanagement mit ein, um zu gewährleisten, dass die notwendigen Sicherheitsanforderungen bereits in der Versionsplanung Berücksichtigung finden. Dies kann z. B. durch Abnahmekriterien, geeignete Richtlinien (Gestaltungsrichtlinien oder Policies) erfolgen.
- **Versionstest und Freigabe** unter Einbeziehung von formulierten Sicherheitskriterien. Jede Version muss den Anforderungen an Stabilität, Integrität und Vertraulichkeit genügen.
- **Softwareversionsmanagement für Sicherheitslösungen und -patches** als Vorbereitung des Patch-Managements

Konfigurationsmanagement von der Planung bis zur Verifizierung

Synergien mit dem Informationssicherheitsmanagement:

- **Service- und Infrastrukturtransparenz über die CMDB**

  CMDB (siehe Abschnitt 5.1.1) als zentrale Datenbank zur Verwaltung von IT-Komponenten auf Instanzebene mit u. a. Services, Hardware, Software und anderen Infrastrukturelementen und deren Beziehungsnetz
- **Sicherheitssicht in der CMDB** (und/oder in EAM) mit u. a. zusätzlichen Informationen, wie Kritikalitäts- und Risikobewertungen
- **Maßnahmenplanung mit Service-Management-Vorgängen koppeln** und ggf. Workflow- und weitere Funktionalitäten der IT-Servicemanagement-Plattform verwenden

Service Level Management

Service Level Management zur Vereinbarung und Überwachung der Service Level Agreements (SLAs)

Synergien mit dem Informationssicherheitsmanagement:

- Konkrete Sicherheitsanforderungen in der Serviceplanung und -implementierung sowie in OLAs und Vereinbarungen mit Dienstleistern berücksichtigen

Verfügbarkeitsmanagement

Verfügbarkeitsmanagement für die Definition, Planung und Überwachung geeigneter Verfügbarkeitsstufen für IT-Services

Synergien mit dem Informationssicherheitsmanagement:

- **Analyse von Verfügbarkeitsbedarf und Verwundbarkeit** durch z. B. BIA-Analysen (siehe Abschnitt 4.3) sowie Überprüfung von Architekturen und Verfahren zur Gewährleistung einer Hochverfügbarkeit
- **Sicherheitsmanagement entwickelt Maßnahmen zur Prävention**, d. h. Vermeidung von Serviceausfällen in Folge von Sicherheitsvorfällen, z. B. durch Denial-of-Service-Angriffe und Virenbefall
- **Wiederanlauf und forensische Analyse** im Verfügbarkeitsmanagement berücksichtigen (Wiederanlaufparameter z. B. aus der BIA)

Kapazitätenmanagement

Kapazitätenmanagement zum wirtschaftlichen Umgang mit IT-Ressourcen

Synergien mit dem Informationssicherheitsmanagement:

- Bereitstellung von Mindestkapazitäten für Sicherheitsvorfälle

Service Continuity Management

Service Continuity Management zur Sicherstellung, dass die IT-Infrastruktur und die IT-Services (einschließlich Support und Help Desk) nach einem Notfall möglichst rasch wiederhergestellt werden können. Dies ist integraler Bestandteil des Business Continuity Management (siehe Abschnitt 4.3).

Synergien mit dem Informationssicherheitsmanagement:

- Gemeinsame Definition von Notfall, Krise und Katastrophe sowie des Notfallmanagements (siehe Abschnitt 4.3), inkl. Konzepte zur Notfallvorsorge und Notfallbewältigung und Continuity-Strategie mit Präventivmaßnahmen und Wahl der Kontinuitätsoptionen
- Business-Impact-Analyse (BIA) zur Bewertung der Kritikalität von Geschäftsprozessen und Zuordnung der erforderlichen IT-Services sowie benötigter Infrastrukturkomponenten
- Analyse der Bedrohungen und Schwachstellen sowie Risikobewertung

Finanzmanagement

Das Finanzmanagement adressiert die Wirtschaftlichkeit von IT-Services.

Synergien mit dem Informationssicherheitsmanagement:

- Wirtschaftlichkeitsbetrachtungen als Kriterium für die Lenkung der Sicherheitsmaßnahmen (Angemessenheit) sowie verursacher- und verursachungsgerechte Kostenverteilung als Maßnahme, um die Akzeptanz der Leistungen des Sicherheitsmanagements zu steigern.

Hieraus wird die enge Verzahnung zwischen dem Informationssicherheitsmanagement und dem IT-Servicemanagement ersichtlich. Ein effizientes und effektives IT-Servicemanagement ist deshalb auch ein wichtiger Erfolgsfaktor für ein wirksames DS & ISMS.

Integration von EAM, IT-Servicemanagement und Informationssicherheit

- Wie kann Asset-Management handhabbar durchgeführt werden?
- Wie kann durch die Integration von EAM inklusive CMDB ein Mehrwert für DS & ISMS erzielt werden?
- Wie spielen IT-Servicemanagement und Informationssicherheit wirksam zusammen?

Glossar

Agilität	Die Fähigkeit eines Unternehmens, sich schnell auf alle Arten von Veränderungen einzustellen und das Geschäftsmodell anzupassen.
Anforderungs-management	Eine wesentliche Kernaktivität in Vorgehensmodellen für die effiziente und effektive Entwicklung von IT-Systemen. Es umfasst die Anforderungserhebung, -dokumentation und -validierung sowie das Management der Anforderungen und deren Änderungen und der Maßnahmen zur Umsetzung.
Anwendungsentwicklung	Prozesse oder Organisation zur Planung, Weiterentwicklung und Wartung von Informationssystemen.
API-Management	Das aktive Management von Services und insbesondere deren APIs (Application Programming Interface) über den kompletten Lebenszyklus der Services hinweg. Dies beinhaltet die Steuerung, Optimierung, Standardisierung und Veröffentlichung von Services über APIs in einer sicheren und skalierbaren Umgebung. Sie automatisieren, überwachen und steuern die API-Verbindungen und gewährleisten die Konsistenz zwischen mehreren API-Implementierungen und Versionen. Zudem unterstützen sie das Performance-Management und das Informationssicherheitsmanagement, indem z. B. Sicherheitsrichtlinien integriert werden.
Arbeitsanweisung (AA)	Geben im Gegensatz zu Verfahrensanweisungen konkrete Arbeitsschritte für eine klar definierte Zielgruppe, wie z. B. IT-Administratoren, vor. Sie konkretisieren Verfahrensanweisungen, die komplexe Verfahren bzw. Prozesse zur Umsetzung von normativen Anforderungen beschreiben.

Asset	Alle digitalen oder nicht digitalen Werte des Unternehmens. Dies können Anlagen, Maschinen, Gebäude, Grundstücke und insbesondere auch Geschäftsprozesse, Daten, Geschäftsdokumente und IT-Systeme sein.
Auftragsverarbeitung	Die Erhebung, Verarbeitung oder Nutzung von personenbezogenen Daten durch einen Auftragsverarbeiter gemäß den Weisungen des für die Verarbeitung Verantwortlichen auf Grundlage eines Vertrags.
Authentisierung	Bezeichnet den Nachweis oder die Überprüfung der Authentizität. Im Rahmen der Authentisierung wird z. B. bei der Anmeldung an einem System die Identität der Person bzw. eines Systems oder einer IT-Komponente geprüft und verifiziert. Dies kann u. a. durch Passworteingabe, Chipkarte oder Biometrie erfolgen oder über kryptografische Signaturen.
Autorisierung	Bei der Autorisierung wird geprüft, ob eine Person, IT-Komponente oder Anwendung zur Durchführung einer bestimmten Aktion berechtigt ist.
Basis-Infrastruktur	Setzt sich aus IT-Produkten zusammen, die unverändert vom Markt bezogen werden können. Zur Basis-Infrastruktur zählen z. B. PCs und PC-Arbeitsplatzsoftware, wie z. B. Office- oder Kommunikationsplattformen und Server-Infrastruktur-Komponenten.
Bebauung	Instanziierung einer Unternehmensarchitektur, d. h., sie beinhaltet alle Ausprägungen der jeweiligen Gesamt- oder Teilarchitektur, wie z. B. der fachlichen, der IS-, der technischen und der Betriebsinfrastrukturarchitektur. Eine Bebauung füllt die durch die Architektur vorgegebenen Strukturen.
Bebauungsplangrafik	Dient zur Einordnung von Bebauungselementen eines Elementtyps in einen zweidimensionalen Bezugsrahmen, wie z. B. Zuordnung von Informationssystemen zu Geschäftsprozessen und Geschäftseinheiten.
Bedrohung	Eine Bedrohung (*engl.:* threat) bezeichnet einen Zustand oder ein Ereignis, durch den oder das ein Schaden entstehen kann. Der Schaden bezieht sich auf ein konkretes Schutzobjekt.
Best Practices	Stellen Wissen, Methoden und Standards zu Praktiken dar, die sich bei einer Vielzahl von Organisationen und Unternehmen in der Vergangenheit als wertvoll erwiesen haben (siehe [Bei23]).

Blueprint	Legt die Standards für HW-, NW- und SW-Infrastruktur sowie auf Anwendungsebene (wie z. B. SAPx) und fachlicher Ebene (wie z. B. EDIFACT) fest. Der Blueprint sollte in der Informationssystem- und Betriebsinfrastruktur-Bebauung „verbaut" werden.
Business Capability Management	Ein systematischer Ansatz zur Identifikation der aktuell oder zukünftig für das Unternehmen relevanten Fähigkeiten (Business Capabilities) und zur schnellen Anpassung des Geschäftsmodells und der Geschäftsprozesse sowie deren IT-Unterstützung an veränderte Marktanforderungen und Wettbewerbsbedingungen.
Business Capability Map	Beschreibt die aktuellen oder zukünftig benötigten Fähigkeiten des Unternehmens. Auf dieser Basis werden die Geschäftsprozesse und die Organisation schrittweise weiterentwickelt oder neu gestaltet. Business Capability Management schafft ein inhaltliches Fundament für Entscheidungen im Kontext von Business-Transformationen oder strategischen Veränderungen des Geschäftsmodells.
Business Continuity Management (BCM)	Zielt darauf ab, die Kontinuität des Geschäftsbetriebs selbst in kritischen Situationen (Notfällen) sicherzustellen, und ermöglicht Organisationen bei Störungen von kritischen Geschäftsprozessen, angemessen und schnell zu reagieren. Bestandteile des Notfallmanagements sind die Notfallvorsorge und Notfallbewältigung. *Synonym:* Notfallmanagement
Business Intelligence (BI)	Zielt darauf ab, Fragen zur aktuellen wirtschaftlichen Situation zu beantworten. Hierzu werden Unternehmensdaten systematisch gesammelt, ausgewertet und visualisiert. Kennzahlen, gegebenenfalls aggregiert in Dashboards und Auswertungen zum Monats- oder Quartalsende, unterstützen in Kombination mit Soll-Ist-Vergleichen das Management bei der Entscheidungsfindung.
Change Management	Ein ganzheitlicher Ansatz, der Veränderungen im Unternehmen vorbereitet, begleitet und nachhaltig einführt.
Change Request (CR)	Änderungswunsch, der eingeht, nachdem der Umfang der umzusetzenden Anforderungen verbindlich festgelegt wurde. Ein CR kann den Umfang der umzusetzenden Anforderungen erweitern, verändern oder reduzieren. Die Auswirkungen des CR sind zu bewerten, bevor über die Annahme entschieden wird.

Chatbots	Smarte Programme, die automatisiert mit Nutzern in natürlicher Sprache kommunizieren können. Sie werden auch virtuelle persönliche Assistenten genannt. Chatbots übernehmen zunehmend die Kundenkommunikation und nutzen hierfür künstliche Intelligenz. *Beispiele:* Siri und Alexa. Sie können eine für den Menschen natürlich klingende Antwort geben. Es gibt Chatbots, die auf strukturierten Fragen und Antworten basieren, und Chatbots auf Basis von maschinellem Lernen. Die für Nutzer sichtbare Oberfläche unterscheidet sich hierbei kaum. *Synonym:* Bots
Cloud-Computing	Bezeichnet die Bereitstellung von IT-Infrastruktur, wie z. B. Speicherplatz oder Rechenleistung, Entwicklungsplattformen für webbasierte Anwendungen oder Anwendungsservices über das Internet.
Cluster-Analyse	Wird eingesetzt, um fachlich eng zusammengehörige Funktionen, Geschäftsprozesse, Geschäftsobjekte und Geschäftseinheiten sowie Informationssysteme, Betriebsinfrastruktureinheiten und Projekte zu identifizieren. Dies ist eine Form der Abhängigkeitsanalyse.
CMMI (Capability Maturity Model Integration)	Qualitätsmanagementmodell für die System- und Softwareentwicklung und verwandte Bereiche und Nachfolger des bekannten CMM (Capability Maturity Model). Es wurde vom Verteidigungsministerium der USA entwickelt, um die Qualität von Software-Zulieferern standardisiert beurteilen zu können.
CobiT (Control Objectives for Information and Related Topics)	Referenzmodell für IT-Governance, das eine Menge von Kontrollzielen für die IT-Prozesse definiert. Die aktuelle Version ist CobiT 5.
Cockpit	Steuerungsinstrument für einen Manager. Es bietet eine strukturierte und kompakte Darstellung aller wesentlichen Informationen zu den Steuerungsobjekten. Diese werden üblicherweise grafisch visualisiert.
Commercial-off-the-Shelf-Produkt (COTS)	COTS-Produkte sind relativ kostengünstige IT-Massen-Kaufprodukte, die ohne Veränderung einfach nur genutzt werden. *Beispiele:* Betriebssysteme und Programme für Textverarbeitung, Präsentation und E-Mails.

Commodity	Ursprünglich die englische Bezeichnung für Güter, die direkt aus der Natur gewonnen werden, sich gut lagern lassen und in ihrer Qualität leicht vergleichbar sind. Für die Beschaffungsentscheidung ist in der Regel nur ihr Preis relevant, sodass sie gängigerweise auf Börsen (Commodity Exchanges) gehandelt werden. In der IT werden damit Produkte oder Dienstleistungen bezeichnet, die von einer Vielzahl von Anbietern in vergleichbarer Qualität erbracht werden können, was einen Anbieterwechsel relativ leicht macht. *Beispiel:* Betrieb von Rechenzentren (siehe [KüM07]).
Compliance	Die Gesamtheit aller organisatorischen Aufsichts- und Kontrollmaßnahmen einschließlich des Berichts- und Dokumentationswesens der Unternehmensführung, um einen Verstoß des Unternehmens gegen gesetzliche oder vertragliche Pflichten zu verhindern. Bei Verstößen gegen Compliance-Anforderungen drohen Haft oder Bußgelder wegen Aufsichtspflichtverletzung gegen geschäftsführende Organmitglieder, negatives Rating, nationale oder internationale Sperre (Blacklist), steuerlich negative Folgen wie Abzugsverbot oder Schätzung, Schadensersatzansprüche sowie negative Presseberichterstattung mit enormen Auswirkungen auf den Geschäftserfolg. *Beispiele* für Vorgaben sind KonTraG, UMAG, HBG, Basel III, Arbeitsrecht (BetrVG), Steuerrecht (AO, UStG), Buchhaltung und Rechnungslegung (HGB, GoB, GoBS, GDPdU, IFRS, SOX 404), Datenschutz (EU-DSGVO), Informationssicherheit (u. a. ISO 27001) sowie auch freiwillige Kodizes.
Configuration Management Database (CMDB)	In einer CMDB werden alle Informationen über die Configuration Items der IT-Infrastruktur (Informationssysteme, Clients, Netzwerk, Server, Speicher) und deren Beziehung zueinander zur Unterstützung der IT-Servicemanagement-Prozesse bereitgestellt.
Controlling	Teilbereich des Managements. Er umfasst alle Tätigkeiten und Hilfsmittel, um sowohl die Planung als auch die Entscheidungsvorbereitung kontinuierlich zu unterstützen (siehe [KüM07]).
Cyber Emergency Response Team	Spezielles Team von Sicherheitsfachleuten, das bei der Lösung von konkreten Sicherheitsvorfällen als koordinierende Instanz mitwirkt, Warnungen vor Sicherheitslücken herausgibt und Lösungsansätze anbietet (sogenannte Advisories).

Cyber-Physical System (CPS)	Mittels digitaler Netze untereinander vernetzte Systeme mit eingebetteter Software und Elektronik, die über Sensoren und Aktoren mit der Umgebung verbunden sind. Über die Sensoren werden Daten der Umgebung für die vernetzten Systeme verfügbar und über Aktoren können diese direkt auf Vorgänge der realen Welt einwirken. Sie erlauben ein kontextsensitives Verhalten, wie z. B. die relative Lage zu anderen Komponenten zu erkennen. Lokale Problemlösungen werden durch Interaktion in einem sich selbst steuernden System zu einem optimierten Ganzen zusammengesetzt. Quelle: „Umsetzungsempfehlungen für das Zukunftsprojekt Industrie 4.0", Forschungsunion, acatech 2013
Data Governance	Im Rahmen der „Data Governance" werden durch organisatorische Richtlinien und Standards eine hohe Datenqualität und die Compliance bzgl. z. B. externer Vorgaben sichergestellt. Hierzu werden Qualitätsmetriken, Prozesse, Rollen und Verantwortlichkeiten definiert.
Data Lake	Eine Datenhaltung mit einer großen Menge an Rohdaten in ihrem ursprünglichen Format, um beliebige Daten schnell und einfach für Analysen nutzbar zu machen und zu verknüpfen. Es geht hier primär um das Entdecken neuer Zusammenhänge in einem nicht aufbereiteten Datenbereich. Häufig ist vorab unklar, ob und welcher Nutzen aus den Daten generiert werden kann. Ein Data Lake besteht im Allgemeinen aus einem Rohdatenbereich und einem aufbereiteten, integrierten und qualitätsgesicherten Datenbereich. Im Rohdatenbereich steht das Entdecken neuer Zusammenhänge in nicht aufbereiteten Daten im Gegensatz zum klassischen Data Warehouse im Vordergrund. Das Data Warehouse zielt dagegen auf eine hohe Effizienz für interaktive Analysen und Berichte ab. Die Informationen sind passgenau für den Benutzer aufbereitet. Die Kombination aus dem Data-Science-orientierten Vorgehen und vorwiegenden Self-Service-Analysen auf die aufbereiteten Daten hat sich in der Praxis bewährt.
Datenschutz	Unter Datenschutz wird primär der Schutz personenbezogener Daten vor missbräuchlicher Erhebung, Verwendung und Verarbeitung verstanden, um das Recht des Einzelnen auf informationelle Selbstbestimmung zu stärken.
Datensicherung	Bei einer Datensicherung (engl. Backup) werden zum Schutz vor Datenverlust eine oder mehrere Sicherungskopien von vorhandenen Datenbeständen erstellt.

Demand Management	Die Schnittstellenfunktion zwischen Business und IT für das Management der strategischen und operativen Geschäftsanforderungen. Es geht darum, im Zusammenspiel zwischen Business und IT die Geschäftsanforderungen möglichst angemessen, kostengünstig und trotzdem tragfähig und zeitgerecht in den Geschäftsprozessen und durch IT umzusetzen.
DevOps	DevOps ist ein zusammengesetztes Wort aus „Development", der Anwendungsentwicklung, und „Operation", dem IT-Betrieb. DevOps ist ein Ansatzpunkt zur Verbesserung der Zusammenarbeit zwischen Anwendungsentwicklung und IT-Betrieb durch gemeinsame Anreize, Prinzipien, Prozesse und Werkzeuge. Hierbei sollen sowohl die Qualität der Produkte als auch die Geschwindigkeit und Zuverlässigkeit der Inbetriebnahme verbessert werden. Time-to-Market und Release-Zyklen sollen verkürzt und der Aufwand und die Kosten für die Inbetriebnahme und den Betrieb sollen reduziert werden. Betriebsstörungen sollen schnell beseitigt werden.
Dienstleistungs- und Produktportfolio	Die Gesamtheit aller IT-Dienstleistungen und IT-Produkte in einem Unternehmen, die für die IT-Kunden bereitgestellt werden. *Beispiele:* Applikationsbetrieb oder Infrastrukturbereitstellung oder Unterstützungsleistungen für die Geschäftsprozessmodellierung.
Disruption	Steht für den Umbruch, in dem traditionelle Geschäftsmodelle durch innovative Geschäftsmodelle abgelöst oder verdrängt werden.
Dokumentenlenkung	Ein systematisches, dokumentiertes Verfahren mit Festlegungen, wie Dokumente erstellt, geprüft, genehmigt, gekennzeichnet, verteilt und aktualisiert werden.
Domäne	Strukturierung nach festgelegten Kriterien. So kann z. B. die Bebauung nach IS-Domänen oder fachlichen Domänen strukturiert werden. Bündelt kohärentes Wissen und Vorgehensweisen. Domänen sind organisationsinvariant und strukturieren das Geschäft nach festgelegten Kriterien. So kann z. B. die IS-Bebauung nach organisatorischen Bereichen aufgeteilt werden.
DS & ISMS	Ein integriertes Managementsystem für Informationssicherheit und Datenschutz (DS & ISMS) ist ein umfassendes, ganzheitliches und standardisiertes Managementsystem mit definierten Richtlinien, Regeln und Prozessen zur Planung, Durchführung, Steuerung und fortlaufenden Optimierung der Informationssicherheit und des Datenschutzes im Unternehmen.

End-to-end	Erstreckt sich vom Kundenbedürfnis über alle Stationen bis zur Befriedigung des Kundenbedürfnisses. Häufig sind hierzu auch externe Partner zu involvieren.
Enterprise Architecture Management (EAM)	Ein systematischer und ganzheitlicher Ansatz für das Verstehen, Kommunizieren, Gestalten und Planen der fachlichen und technischen Strukturen im Unternehmen. Es hilft dabei, die Komplexität der IT-Landschaft zu beherrschen und die IT-Landschaft strategisch und businessorientiert weiterzuentwickeln. EAM ist ein wesentlicher Bestandteil des IT-Managements und beinhaltet alle Prozesse für die Dokumentation, Analyse, Qualitätssicherung, Planung und Steuerung der Weiterentwicklung der IT-Landschaft und der Geschäftsarchitektur.
Gefahr	Beschreibt die Möglichkeit eines Fehler- oder Schadensereignisses. Gefahren beziehen sich in der Regel auf Asset-Typen, wie z. B. Windows-Server.
Gefährdung	Eine räumlich, zeitlich und nach ihrer Art konkretisierte Gefahr. Eine Gefährdung ist eine Bedrohung, die auf eine Schwachstelle eines Bezugsobjekts einwirkt. Das parallele Vorhandensein einer solchen Schwachstelle und einer Bedrohung ist somit die Voraussetzung für eine konkrete Gefährdung. (*engl.:* applied threat)
Geschäftsanforderung	Eine überprüfbare Aussage über eine Eigenschaft oder Leistung, die ein Produkt, ein Prozess, ein am Prozess Beteiligter oder ein IT-System erfüllen muss. Jede Geschäftsanforderung erfüllt das Bedürfnis eines bestehenden oder potenziellen Kunden oder das anderer Stakeholder. Geschäftsanforderungen leiten sich aus der Unternehmens- oder IT-Strategie ab oder resultieren aus Veränderungsanforderungen aus dem operativen Geschäftsbetrieb oder von externen Randbedingungen, wie z. B. gesetzlichen Anforderungen. Sie beschreiben das Ergebnis der Veränderung nach der Umsetzung. Die Veränderungen können organisatorischer, prozessualer oder technischer Natur sein. Beschreibt das, was ein Anforderungssteller zur Lösung seines Problems oder zur Erreichung seines Ziels benötigt oder was ein System oder eine Systemkomponente erfüllen muss, um Vorgaben zu genügen (siehe IEEE 1990 [IEE90]).

Geschäftsprozess	Geschäftsprozesse bestehen aus einer Abfolge von zielgerichteten Aktivitäten zur Umsetzung des Geschäftsmodells des Unternehmens. Geschäftsprozesse leisten einen unmittelbaren Beitrag zur Wertschöpfung oder unterstützen andere wertschöpfende Geschäftsprozesse. Geschäftsprozesse haben einen definierten Anfang und ein definiertes Ende mit einem klar festgelegten Ergebnis. In der Regel werden Geschäftsprozesse mehrfach durchgeführt.
Geschäftsregel	Spezifische Richtlinien, die das Geschäftsverhalten beeinflussen oder leiten, sind ein Mittel, um die Umsetzung der Unternehmensstrategie und die aktuellen Geschäftsanforderungen zu kontrollieren und durchzusetzen.
Governance	Grundsätze, Verfahren und Maßnahmen, die sicherstellen, dass die Geschäftsziele erreicht, Ressourcen verantwortungsvoll eingesetzt und Risiken angemessen überwacht werden (angelehnt an [Mey03]).
Granularität	Ein Maß für die Feinkörnigkeit (Detailgrad) des Betrachtungsgegenstands. In der Regel wird zwischen grobgranular und feingranular unterschieden.
Gremium	Bezeichnet die Zusammenarbeit von Personen in einer Gruppe (Ausschuss, Kollegium), die sich zum Zweck der Beratung über einen speziellen Themenkomplex bzw. der Beschlussfassung über diesen Themenbereich über einen längeren Zeitraum hinweg bildet (siehe *www.wikipedia.org*).
Handlungsbedarf	Definiert die Notwendigkeit, Veränderungen im Business oder in der IT vorzunehmen.
Incident Management	Ausgefallener Service ist so schnell wie möglich wieder bereitzustellen. Hierbei ist die Beseitigung der Ursache zweitrangig, auch eine Störungsvermeidung zählt als Beseitigung der Störung (Störungsmanagement).
Indikator	Zeigt zahlenmäßig oder grafisch auf, was in Betracht gezogen wird, um die geplante Zielerreichung zu überprüfen oder zu messen. Ein Indikator stellt somit eine möglichst genau zu formulierende Messgröße dar, die zu einem bestimmten Berichtszeitpunkt eine Aussage über die geplante oder tatsächliche Ausprägung eines Steuerungsobjekts macht (siehe [KüM07]).

Informationssicherheit	Zielt auf den angemessenen Schutz von Informationen und IT-Systemen insbesondere in Bezug auf alle festgelegten Schutzziele, wie Vertraulichkeit, Integrität und Verfügbarkeit, ab. So soll insbesondere ein unbefugter Zugriff oder die Manipulation von Daten verhindert und dem soweit möglich vorgebeugt werden, um daraus resultierende wirtschaftliche Schäden zu verhindern. Bei den Daten ist es unerheblich, ob diese einen Personenbezug haben oder nicht. Informationen können sowohl auf Papier als auch in IT-Systemen vorliegen.
Informationssicherheits-leitlinie	Sie ist das zentrale Strategiedokument für die Informationssicherheit und erklärt, für welche Zwecke, mit welchen Mitteln und auf welche Art und Weise und mit welchem angestrebten Sicherheitsniveau Informationssicherheit für das Unternehmen hergestellt werden soll. Sie beinhaltet die angestrebten Schutzziele sowie die verfolgte Sicherheitsstrategie. Zudem beinhaltet diese eine Verpflichtung der Mitarbeitenden zur Einhaltung und das Bekenntnis der Leitung, die Informationssicherheit und den Datenschutz aktiv zu unterstützen. Die Informationssicherheitsleitlinie muss von der Leitungsebene unterschrieben und in deren Namen veröffentlicht werden. Sie muss so allgemein verständlich gestaltet sein, dass alle Mitarbeitenden die Inhalte kennen und nachvollziehen können.
Informationssicherheits-strategie	Enthält grundlegende Aussagen und Eckwerte, wie die gesetzten Sicherheitsziele erreicht werden sollen.
Informationssicherheits-system (ISMS)	Ein umfassendes und ganzheitliches Managementsystem mit definierten Richtlinien, Regeln und Prozessen zur Planung, Durchführung, Steuerung und fortlaufenden Optimierung der Informationssicherheit im Unternehmen. Die Norm ISO/IEC 27001 legt den internationalen Standard für ein ISMS fest. Ein ISMS dient zur Absicherung aller Verfahren und Prozesse im Kontext der Informationssicherheit.
Informationssystem	Eine logische Zusammenfassung von Funktionalitäten, die der Anwender als technische oder fachliche Einheit begreift (siehe [Sie02]). Es unterstützt im Allgemeinen zusammengehörige fachliche Funktionen, die sich logisch und technisch abgrenzen lassen. *Synonyme:* Applikation oder Anwendung
Infrastrukturelemente	Über Infrastrukturelemente werden die logischen HW- und NW-Einheiten, auf denen Informationssysteme betrieben werden, abgebildet. Die Infrastrukturelemente werden im Allgemeinen im Enterprise Architecture Management auf grober logischer Ebene erfasst.

Infrastruktur-Service	Betriebsinfrastrukturplattformen können Infrastruktur-Services anbieten und Infrastruktur-Services von anderen nutzen. Die Services (Leistungen) werden in einem standardisierten Service-Katalog mit deren SLAs und gegebenenfalls auch Preisen beschrieben, um sie am Markt (internen oder externen Kunden) anzubieten. Die Leistungen können bezüglich funktionaler und dann im Anschluss bezüglich SLA-Aspekte zu aussagekräftigen und verrechenbaren Leistungen verfeinert werden. Die Differenzierung erlaubt eine gezielte Kostensteuerung.
Infrastruktursysteme	Stellen im Allgemeinen Dienste bereit, die von anderen Infrastruktursystemen oder Informationssystemen genutzt werden können. Im Unterschied zu Informationssystemen stellen sie in der Regel keine Business-Unterstützung bereit, z. B. implementieren sie keine fachlichen Funktionen. Infrastruktursysteme sind daher typischerweise auch nicht in einer IS-Bebauung enthalten. *Beispiel:* eine Portalinfrastruktur.
Integrationsarchitektur	Eine Integrationsarchitektur liefert unternehmensspezifische Vorgaben für die serviceorientierte Umsetzung von Geschäftsanforderungen. Hierzu zählen Technologie-, Softwarearchitektur- und Infrastrukturaspekte für Entwicklung, Betrieb und Governance der involvierten Einzelsysteme und deren Zusammenspiel (end-to-end). *Beispiele:* Architekturvorgaben für die lose Kopplung von Komponenten über einen ESB (Enterprise Service Bus) oder die Herauslösung der Geschäftsregeln und Ablaufsteuerung aus dem Programmcode und die Hinterlegung dieser in einer Rules Engine und einem BPMS (Business Process Management System).
IT-Architektur	Die statischen und dynamischen Aspekte, die die (Grund-)Struktur eines Systems definieren. Eine IT-Architektur besteht aus verschiedenen Sichten: *Konzeptionelle Sicht:* Kontext, Kerninhalte und Zusammenspiel mit dem Umfeld *Logische Sicht:* logische, fachliche und technische Komponenten und deren Zusammenspiel *Technische Sicht:* Implementierungseinheiten, z. B. Codestruktur und Abbildung von Implementierungseinheiten auf die logischen Komponenten und auf die Deployment-Einheiten *Infrastruktursicht:* Abbildung der Deployment-Einheiten auf die Betriebsinfrastruktur sowie Betriebssicht (Sicherstellung der betriebsrelevanten Anforderungen)

IT-Bebauungsmanagement	Eine Metapher aus der Stadt- und Landschaftsplanung. Das IT-Bebauungsmanagement schafft Transparenz über die IT-Landschaft und stellt die Verknüpfung zwischen Business- und IT-Strukturen (die „Brücke" zwischen Business und IT) her. Mithilfe einer Unternehmensarchitektur werden die verstreuten Informationen aus dem Business und der IT, wie z. B. Geschäftsprozesse und Informationssysteme, verknüpft und ein Gesamtblick auf die IT im Unternehmen geschaffen. Abhängigkeiten und Auswirkungen von fachlichen und IT-Änderungen werden transparent. Es wird Transparenz sowohl über den Ist-Zustand als auch über den Zielzustand sowie die Umsetzungsplanung hergestellt.
IT-Governance	Grundsätze, Verfahren und Maßnahmen, die sicherstellen, dass mithilfe der eingesetzten IT die Geschäftsziele abgedeckt, Ressourcen verantwortungsvoll eingesetzt und Risiken angemessen überwacht werden (siehe [Mey03]).
IT-Koordinatoren-Gremium	Ist für die übergreifende Planung und Steuerung der Umsetzung von Geschäftsanforderungen verantwortlich. Häufig gibt es sowohl unternehmensübergreifende als auch geschäftseinheitenweite Gremien. Die von den Fachbereichen eingebrachten Geschäftsanforderungen werden übergreifend entsprechend der Umsetzungspakete (Projekte, Wartungsbudgets) priorisiert und in die Umsetzung eingesteuert.
IT-Landschaft	Besteht aus der Gesamtheit aller IT-Systeme des Unternehmens, wie z. B. Informationssysteme, Daten, Schnittstellen, technische Bausteine und Betriebsinfrastrukturen.
IT-Management	Beinhaltet alle Planungs- und Steuerungsaufgaben im IT-Umfeld. Ziel ist die Steigerung des Wertbeitrags der IT zum Unternehmenserfolg und die Minimierung der mit der IT verbundenen Risiken und Kosten.
IT-Produkt	Soft- und/oder Hardware-Element, das als Ganzes als Eigenentwicklung oder Kaufsoftware erstellt, erworben oder lizenziert wurde.
IT-Projektportfolio	Das IT-Projektportfolio eines Unternehmens beinhaltet alle aktiven IT-Projekte des Unternehmens, von deren Genehmigung bis zu deren Beendigung.

IT-Revision	Prüft im unmittelbaren Auftrag der Unternehmensführung die IT-Organisationseinheiten sowie IT-Prozessabläufe hinsichtlich der Einhaltung von Vorgaben und Vorschriften. Prüfkriterien sind die Ordnungsmäßigkeit, Risiken, Sicherheit, Wirtschaftlichkeit, Zukunftssicherheit und Zweckmäßigkeit. Schwerpunkte der IT-Revision als Teil der internen Revision sind Prüfung der IT-Systeme und -Infrastrukturen, IT-Leistungserstellung und IT-gestützte Abläufe (siehe [KüM07]).
IT-Sicherheit	Adressiert als Teilbereich der Informationssicherheit den Schutz elektronisch gespeicherter Informationen und deren Verarbeitung inklusive Funktionssicherheit, also das fehlerfreie Funktionieren und die Zuverlässigkeit der IT-Systeme. Hier müssen auch Systeme einbezogen werden, die häufig nicht unmittelbar als IT-Systeme wahrgenommen werden, wie beispielsweise Steuerungs- (ICS) oder IoT-Systeme. Die IT-Sicherheit ist also Bestandteil der Informationssicherheit. Das Aktionsfeld der klassischen IT-Sicherheit wird bei der Cyber-Sicherheit auf den gesamten Cyber-Raum ausgeweitet.
IT-System	Alle technischen, informationsverarbeitenden Einheiten werden IT-Systeme genannt. IT-Systeme können sowohl Informationssysteme (z. B. SAP R/3), Datenbankmanagementsysteme (z. B. Oracle) ohne oder im Zusammenspiel mit Betriebssystemen (z. B. Unix) als auch Hardware-/NW-Komponenten sein.
ITIL (Information Technology Infrastructure Library)	Eine herstellerunabhängige Sammlung von „Best Practices" für das IT-Servicemanagement. ITIL ist zum De-facto-Standard für das IT-Servicemanagement geworden.
Katastrophe	Ein Großschadensereignis, das zeitlich und örtlich kaum begrenzbar und behebbar ist und großflächige Auswirkungen auf Menschen und Werte hat oder haben kann. Die Existenz des Unternehmens oder das Leben und die Gesundheit von Personen sind gefährdet und das öffentliche Leben wird stark beeinträchtigt. Hier ist der Katastrophenschutz gefordert. Dies ist in Deutschland eine Aufgabe der Länder, die durch den Bund unterstützt und ergänzt werden. Aus der Sicht eines Unternehmens ist eine Katastrophe eine Krise, die in Zusammenarbeit mit den externen Hilfsorganisationen zu bewältigen ist.

Kennzahl	Zahl, die zu einem bestimmten Berichtszeitpunkt eine Aussage über die geplante oder tatsächliche Ausprägung eines Merkmals eines Steuerungsobjekts macht. Die Merkmale selber können sich sowohl auf Zeitpunkte als auch auf Zeiträume beziehen. Eine Kennzahl nimmt unterschiedliche Werte an (siehe [KüM07]). Eine Kennzahl kann entweder eine absolute Zahl, wie z. B. Investitionssumme oder Projektlaufzeit, oder aber eine Zahl sein, die im Verhältnis zu anderen Informationen steht, wie z. B. Innovations- oder Fertigstellungsgrad. Im Rahmen der Planung wird für die Kennzahl ein Zielwert vorgegeben, z. B. Kostenreduktion um 30 %. Gegebenenfalls wird ein Schwellenwert festgelegt, der angibt, wann ein Eingreifen erforderlich ist.
Kennzahlensystem	Beinhaltet eine Menge von Kennzahlen, die in Abhängigkeit zueinander stehen können. Eines der bekanntesten Kennzahlensysteme ist die Balanced Scorecard. Ein Kennzahlensystem macht zu einem bestimmten Zeitpunkt eine qualitative Aussage über den geplanten oder tatsächlichen Zustand von vorab festgelegten Steuerungsobjekten (siehe [KüM07]).
Kernkompetenz	Als Kernkompetenz bezeichnet man eine oder mehrere Fähigkeiten eines Unternehmens, durch die nachhaltig Wettbewerbsvorteile erreicht werden.
Kernprozesse	Geschäftsprozesse, die der Wertschöpfung im Rahmen der Erstellung von Produkten bzw. Erbringung von Dienstleistungen dienen.
Key Performance Indicator (KPI)	Der KPI bezeichnet Kennzahlen, anhand derer man den Fortschritt oder den Erfüllungsgrad hinsichtlich wichtiger Zielsetzungen oder kritischer Erfolgsfaktoren innerhalb einer Organisation messen und/oder ermitteln kann. KPIs verschaffen einen schnellen Überblick über den Status und signalisieren Handlungsbedarf. Sie bieten aber ohne eine Operationalisierung (Herunterbrechen auf fassbare Kennzahlen) keine ausreichende Grundlage für Entscheidungen (siehe [KüM07]).
Key-User	Wichtige Anwender von Informationssystemen.
Kontrolle	Kontrolle ist eine effektive Überwachung, Lenkung bzw. Überprüfung eines Sachverhalts. Eine Kontrolle dient dem frühzeitigen Erkennen von Abweichungen oder Problemen und ermöglicht ein zeitnahes Eingreifen und Gegensteuern.

Krise	Eine vom Normalzustand abweichende einmalige Situation, die trotz vorbeugender Maßnahmen jederzeit eintreten und mit der normalen Aufbau- und Ablauforganisation nicht bewältigt werden kann. Die Krise kann zumindest größtenteils im Unternehmen selbst behoben werden und beeinträchtigt nicht breitflächig die Umgebung oder das öffentliche Leben. Für die Bewältigung der Krise existieren keine Ablaufpläne, sondern lediglich Rahmenvorgaben für das Krisenmanagement der Notfallorganisation des Unternehmens.
Kryptokonzept	Beinhaltet alle kryptografischen Verfahren, Techniken und Produkte, die in der Organisation eingesetzt werden. Unter anderem ist hier beschrieben: ▪ Kryptografische Verfahren zum Schutz von lokal gespeicherten und über Kommunikationsverbindungen übertragenen Daten ▪ Organisatorische oder prozessuale Anforderungen zur Gewährleistung von Vertraulichkeit, Integrität und Authentizität ▪ Beschreibung von Kryptomodulen, d. h. Produkten (Hardware, Software, Firmware oder Kombinationen) mit Sicherheitsfunktionalität
Laufzeitumgebung	Technische Infrastruktur, um ein Informationssystem auszuführen.
Leitlinien	Konkrete und verbindliche Prämissen und Orientierungshilfen für IT-Entscheidungen.
Lieferantenmanagement	Umfasst die Entwicklung und Steuerung des Lieferantenportfolios in Abhängigkeit von der Kerneigenleistungsfähigkeit und Sourcing-Strategie. Es beinhaltet die Auswahl, die Bewertung und das Controlling des Lieferantenportfolios.
Lifecycle	Beschreibt die Zustände eines Objekts und deren Veränderung.
Lokation	Ein physischer Ort der Leistungserbringung. *Beispiele:* Werke, Standort oder Standortteil.
Mandant	Ein Unternehmensteil, der ggf. rechtlich selbstständig ist, für den eine individuelle und abgegrenzte Sicht auf den Datenbestand benötigt wird.

Maßnahme	Ein Vorhaben, das eine Veränderung organisatorischer, technischer oder prozessualer Natur einführt. Maßnahmen werden durch die Linienorganisation umgesetzt. Sie erfüllen nicht die Kriterien, die eine Umsetzung als Projekt erfordern (geringes Budget, begrenzte Wirkung, zum Beispiel auf nur ein IT-System, auf einen Detailprozess oder innerhalb einer Abteilung oder eines Bereichs). Maßnahmen sollten dem Demand Management bekannt gemacht werden, werden durch dieses aber in der Regel nicht an das Projektportfoliomanagement weitergegeben.
Masterplan	Eine strategische Multiprojektplanung, in der die wesentlichen grobgranularen Maßnahmen zur Umsetzung des Zielbilds gesamthaft aufgeführt sind. Die Planung in der absehbaren Zukunft ist konkreter und je weiter es in die Zukunft geht, umso visionärer wird der Plan. Der Masterplan wird entsprechend der Veränderungen in Strategie, Geschäftsanforderungen und Randbedingungen fortgeschrieben.
Masterplan-Grafik	Visualisiert zeitliche Abhängigkeiten von z. B. strategischen Maßnahmen oder Projekten.
Maturity Level	Beschreibt den Reifegrad eines Unternehmens oder von Teilen, wie z. B. Teilarchitekturen oder Geschäftsprozessen, in Stufen.
Methode	Eine systematische Vorgehensweise, um Aufgaben aus einem bestimmten Kontext zu lösen. Häufig wird eine Handlungsvorschrift und/oder die Art und Weise der Durchführung vorgegeben, wie, ausgehend von vorgegebenen Bedingungen, ein Ziel erreicht werden kann.
Migrationsstrategie	Geplantes und organisiertes Vorgehen, um eine IT-Lösung durch eine andere IT-Lösung abzulösen. Wesentlich ist hierbei die Bewertung der Umsetzungszeit, -kosten, -nutzen und -risiken.
Mittelfristplanung	In einer Mittelfristplanung wird typischerweise für einen längeren, aber noch überschaubaren Zeitraum in der Zukunft die Zielbebauung festgelegt. Als Zeitraum werden häufig drei bis maximal fünf Jahre gewählt. Eine Mittelfristplanung ist also ein Meilenstein in Richtung der Soll-Bebauung.

Modell	Eine Abbildung eines Ausschnitts der Realität. Modelle können z. B. über mathematische Formeln, Grafiken, aber auch in natürlicher Sprache dargestellt sein. Ein „gutes" Modell zeichnet sich dadurch aus, dass Modellersteller und Modellnutzer anhand des Modells das gleiche Verständnis für den durch das Modell abgebildeten Ausschnitt aus der Realität entwickeln können. Ein Modell kann beliebig viele Diagramme und eine beliebige Anzahl von Modellelementen enthalten. Modellelemente können über beliebig viele Diagramme visualisiert werden.
Monitoring	Im CobiT werden unter Monitoring die vier Prozesse „Prozesse überwachen", „interne Steuerung bewerten", „unabhängige Bewertung einholen" und „unabhängige Auditierung vorsehen" zusammengefasst (siehe [KüM07]).
Notfall	Eine starke Beeinträchtigung von Prozessen oder Ressourcen eines Unternehmens mit hohem Schaden. Die Verfügbarkeit der entsprechenden Prozesse oder Ressourcen kann innerhalb einer geforderten Zeit nicht wiederhergestellt werden. Der Geschäftsbetrieb ist stark beeinträchtigt. Eventuell gesetzte SLAs (Service Level Agreements) können nicht eingehalten werden. Die Schadensauswirkungen sind signifikant und wirken sich auf den Geschäftserfolg oder die Aufgabenerfüllung aus oder führen zu Imageschäden. Notfälle erfordern besondere Aufmerksamkeit und für das Notfallmanagement eine gesonderte Notfallorganisation. Wenn ein Notfall die Existenz des Unternehmens oder das Leben und die Gesundheit von Personen gefährdet, dann wird von Krise oder verschärftem Notfall gesprochen, wenn die Schadensauswirkungen lokal sind.
Operational Excellence	Fähigkeit, das aktuelle Geschäft kostenangemessen, sicher und zuverlässig durchzuführen und die Prozesse kontinuierlich zu optimieren.
Operational Model	Stellt das Unternehmen mit seinen wesentlichen Beziehungen zu den Geschäftspartnern, wie z. B. Lieferanten, Partnern, Dienstleistern, Kunden, Shared Service Centern, Aufsichts- und Regulierungsbehörden oder Tochtergesellschaften, dar.
Operative Ausrichtung	Im Fokus der operativen Ausrichtung steht das Tagesgeschäft. In der Planung werden kurzfristige Zeithorizonte von weniger als einem Jahr, häufig auch die laufende Rechnungs- bzw. Berichtsperiode für einen Teil des Unternehmens oder Aktivitäten adressiert.

Operatives Prozessmanagement	Das operative Prozessmanagement wickelt die bestehenden Prozesse im Tagesgeschäft bestmöglich ab, um die vorgegebenen Leistungskennzahlen zu erreichen und die Potenziale bestehender Prozesse auszuschöpfen. Es modelliert, analysiert, designt und misst die Prozesse innerhalb seines Verantwortungsbereichs, der an den Schnittstellen zu anderen Organisationseinheiten endet. Es treibt die kontinuierliche Prozessverbesserung und verantwortet das Change Management für seine Prozesse (siehe auch [Sch10]).
Opportunitätskosten	Erlöse, die nicht entstehen, weil Möglichkeiten (Opportunitäten) zur Nutzung von Ressourcen nicht wahrgenommen werden (siehe *www.wikipedia.org*).
Organisationseinheit	Strukturelle Einheiten des Unternehmens; dies können Einheiten der Aufbauorganisation oder Werke bzw. Niederlassungen sein.
Organisationsstruktur	Die Art, wie ein Unternehmen strukturiert ist, z. B. die Geschäftseinheiten wie Abteilungen des Unternehmens oder die Standorte oder Werke des Unternehmens.
O-Ton Kunde	Die wörtliche Formulierung der Anforderung des Anforderungsstellers („Originalton“).
Outsourcing	Nutzung externer Ressourcen und Verlagerung von Prozessen zu einem externen Anbieter mit dem Ziel, Kosten insbesondere durch Skalenvorteile zu reduzieren.
Owner	Der Owner eines Bebauungselements ist fachlich verantwortlich für dieses. So kann z. B. ein Geschäftsprozess Daten-Owner für ein Geschäftsobjekt sein.
Penetrationstest	Ein gezielter, in der Regel simulierter Angriffsversuch auf ein IT-System. Er wird als Wirksamkeitsprüfung vorhandener Sicherheitsmaßnahmen eingesetzt. Es ist ein umfassender Sicherheitstest einzelner Rechner oder Netzwerke jeglicher Größe.
Performance Management	Eine systematische Überprüfung und Steuerung der Leistungserstellung im Unternehmen zur Steigerung der Leistung im Unternehmen. Dies umfasst sowohl die Prozesse als auch das Ergebnis der Prozesse. IT Performance Management und Application Performance Management sind die typischen Ausprägungen im IT-Umfeld. Diese zielen im Wesentlichen darauf ab, einen zuverlässigen und sicheren Geschäftsbetrieb zu gewährleisten.

Planung	Alle Aktivitäten zur Festlegung von Zielen und Strategien zur Zielerreichung. Am Ende jeder Planungsaktivität steht eine Entscheidung, welches Ziel in welchem Zeitraum wie erreicht werden soll.
Plattform	In einer Plattform werden in der Regel technisch eng zusammenhängende technische Bausteine und Infrastrukturelemente zusammengefasst, die für die Entwicklung, die Wartung oder den Betrieb eines oder mehrerer Informationssysteme erforderlich sind.
Plattform-API	Eine Form von Application Programming Interface (API), die Schnittstellen und Funktionen für die Integration von Anwendungen oder Plug-ins in eine Plattform bietet. *Beispiele* für Funktionen sind der Zugriff auf Benutzerdaten oder Integration von sozialen Kanälen wie Facebook.
Portfoliografik	Dient zur übersichtlichen Visualisierung von relativen „Wertigkeiten" von Bebauungselementen oder Strategien für Bebauungselemente auf einen Blick.
Portfoliomanagement	Unter Portfoliomanagement versteht man die Zusammenstellung und Verwaltung eines Portfolios, d. h. eines Bestands an Investitionen, im Sinne der mit dem Investor vereinbarten Anlagekriterien, insbesondere durch Käufe und Verkäufe mit Blick auf die erwarteten Marktentwicklungen (siehe *www.wikipedia.org*).
Prämisse	Eine als wahr unterstellte Aussage, aus der man logische Schlussfolgerungen ziehen kann.
Prinzipien	Voneinander unabhängige Grundsätze, die die Wahlfreiheit bezüglich Auswahl, Gestaltung oder Vorgehen einschränken und einen Entscheidungskorridor vorgeben. Die Prinzipien sind grundsätzlich anzuwenden. Abweichungen von den Grundsätzen sind bei entsprechender Begründung ggf. möglich. Prinzipien sind an sich beständig, d. h., sie werden nicht durch schnellen Technologie- oder Produktwechsel beeinflusst. *Beispiele:* Serviceorientierung oder Best-of-Breed.
Produkt	Ergebnis des Leistungsprozesses eines Unternehmens, z. B. eine Ware wie ein Auto oder ein Rechner. Ein Produkt kann sowohl materiell als auch immateriell sein.
Programm	Der Begriff wird häufig anstelle von Projekt verwendet, wenn das Projekt strategische oder übergreifende Bedeutung hat. Häufig wird auch ein Projektbündel einer gewissen Größenordnung als Programm bezeichnet.

Projekt	Ein Vorhaben, das im Wesentlichen durch die Einmaligkeit der Bedingungen in ihrer Gesamtheit gekennzeichnet ist, z. B. Zielvorgabe, zeitliche, finanzielle, personelle und andere Begrenzungen, Abgrenzung gegenüber anderen Vorhaben und projektspezifischen Organisationen (siehe [GPM03]).
Projektantrag	Enthält sämtliche Informationen für die Entscheidung für oder gegen die Durchführung des Projekts im Projektportfoliomanagement. In der Regel sind dies Informationen zu Anforderungssteller, Auftraggeber, Projektorganisation, Ausgangslage, Randbedingungen, Zielen, Annahmen, Handlungsfelder und Handlungsbedarfe, grobe fachliche und technische Lösungsideen und Abgrenzung, Risikobetrachtung, erwarteter Nutzen, Kosten- und Zeitrahmen sowie Wirtschaftlichkeit, die zu diesem Zeitpunkt vorliegen.
Projektidee	Eine erste grobe Skizze für einen Projektantrag.
Projektportfolio	Das Projektportfolio eines Unternehmens ist die Menge all seiner aktiven Projekte von deren Genehmigung bis zu deren Beendigung. Ein Projektportfolio kann z. B. Organisations-, Strategie-, Softwareentwicklungs-, Architektur- oder Infrastrukturprojekte umfassen. Da Projekte laufend neu genehmigt, neu priorisiert, verworfen und beendet werden, ändert sich das Projektportfolio ständig. Ziel des Projektportfoliomanagements ist es, die richtigen Projekte zum richtigen Zeitpunkt im richtigen Umfeld durchzuführen.
Projektportfolio-Board	Im Projektportfolio-Board wird das Projektportfolio des Unternehmens oder eines Geschäftsbereichs gesteuert. Projektanträge werden bewertet, priorisiert und das Projektportfolio wird festgelegt. Es werden Projekte gestartet, gestoppt oder unterbrochen und in diesem Rahmen werden Investitionsentscheidungen getroffen, gegebenenfalls unter Einbeziehung des Investitionskreises. Entscheidungsgrundlage sind aufbereitete Informationen zu den beantragten Projekten und zum Fortschritt und der Performance der laufenden Projekte.

Projektportfolio-management	Unter Projektportfoliomanagement wird die regelmäßige Planung, Priorisierung, übergreifende Überwachung und Steuerung aller Projekte eines Unternehmens oder einer Geschäftseinheit verstanden. Zu den Aufgaben des Projektportfoliomanagements gehören ▪ die Definition von Projekten und Programmen, ▪ die Bewertung von Projektanträgen, ▪ die Bewilligung, Zurückstellung und Ablehnung von Projektanträgen, ▪ die laufende Überwachung von Projekten aus der Sicht der Auftraggeber, ▪ die Wahrnehmung übergreifender Projekt- und Qualitätsmanagementaufgaben ▪ sowie das projektübergreifende Informations- und Wissensmanagement.
Projektsteuerkreis	Ein Projektsteuerkreis, häufig auch Lenkungsausschuss genannt, entscheidet über Projektaufträge, setzt Randbedingungen für die Projektdurchführung, ernennt den Projektleiter, entscheidet über die Ressourcen- und Budgetzuteilung sowie bei inhaltlichem und budgettechnischem Änderungsbedarf und setzt übergeordnete Unternehmensinteressen durch.
Prozesslandkarte	Ausprägung eines fachlichen Referenzmodells. Eine Prozesslandkarte stellt die Geschäftsprozesse in der Regel auf Wertschöpfungskettenebene des Unternehmens in ihrem Zusammenwirken grafisch dar. Sie gibt eine fachliche Strukturierung für das Unternehmen vor, die sich in der Regel in der Organisation widerspiegelt.
Prozessmanagement	Teilt sich in die beiden Komponenten „strategisches" und „operatives" Prozessmanagement auf. Im strategischen Prozessmanagement wird die Frage nach der Effektivität von Geschäftsprozessen beantwortet. Die Geschäftsprozesse werden strategisch weiterentwickelt. Beim operativen Prozessmanagement werden Prozesse dokumentiert, modelliert, analysiert, umgesetzt, überwacht und optimiert (siehe [Rei09]).
Qualitätsmanagement	Bezeichnet alle organisatorischen Maßnahmen, die der Verbesserung der Prozessqualität, der Leistungen und damit den Produkten jeglicher Art dienen (siehe *www.wikipedia.org*).

Quality Gate	Meilensteine in der Projektdurchführung, bei denen anhand vorher definierter Kriterien über die Freigabe der nächsten Phase oder des nächsten Inkrements entschieden wird.
Reifegradmodell	Ein Reifegradmodell gibt verschiedene Reifegradstufen vor. Jede Reifegradstufe beschreibt Anforderungen oder Qualitätsniveaus, die erfüllt sein müssen, damit diese Stufe als „erreicht" gilt. Die Einstufung erfolgt mithilfe eines definierten Assessment-Verfahrens. Reifegradmodelle dienen der systematischen Analyse der Ist-Situation, der Definition der Soll-Situation und der Roadmap zur Umsetzung.
Release	Eine Menge von Softwareeinheiten, die als Ganzes für die Nutzung bereitgestellt werden.
Releasemanagement	Bündelung von Anforderungen zu einem Release oder Patch, das auf einmal in Betrieb genommen werden kann, sowie Sicherstellung, dass dies mit einem vertretbaren Risiko in der geforderten Zeit erfolgreich umgesetzt werden kann.
Resilienz	Flexibilität von Maschinen, Systemen und Organisationen, bei sich verändernden Situationen mithilfe digitaler Technologien optimal zu reagieren. Sie müssen widerstandsfähig gegen die unterschiedlichsten externen Einflüsse sein und gleichzeitig schnell auf Entwicklungen reagieren können. Es gilt, das Gleichgewicht zwischen Innovation und Wirtschaftlichkeit zu finden.
Richtlinie	Verbindliche Anweisung, die Orientierung bei Entscheidungen schafft. Abweichungen von Richtlinien sind explizit zu begründen. Richtlinien unterstützen die Einhaltung und die Durchsetzung von Vorgaben.
Risiko	Ereignis, das die Zielerreichung gefährdet.
Risikomanagement	Ein systematischer Prozess innerhalb eines Managementsystems zur Identifikation, Analyse, Bewertung, Behandlung sowie Überwachung, Steuerung und Kontrolle von Risiken.
Schnittstelle	Definiert eine ggf. gerichtete Abhängigkeit zwischen zwei Informationssystemen. Hierbei kann zwischen Informationsfluss und Kontrollfluss unterschieden werden. Der Begriff „Schnittstelle" wird im Kontext des IT-Bebauungsmanagements in der Regel im Sinn von „Informationsfluss" zwischen Informationssystemen gebraucht. Über Schnittstellen werden somit Informationsobjekte zwischen Informationssystemen in einer bestimmten Flussrichtung übertragen.

Schwachstelle	Ein sicherheitsrelevanter Fehler eines Bezugsobjekts. Ursachen können in der Konzeption, Implementierung, Konfiguration oder der Organisation des Bezugsobjekts liegen. Eine Schwachstelle kann von einer Bedrohung ausgenutzt werden. Eine Schwachstelle ist Voraussetzung für eine Gefährdung. *Synonym:* Verwundbarkeit (*engl.:* vulnerability)
Service	Eine klar abgegrenzte Funktionalität, die ein Servicegeber einem Servicenehmer über eine oder mehrere Schnittstellen bereitstellt. Jedem Service liegt ein Vertrag zugrunde. Der Vertrag legt einerseits die bereitgestellte Funktionalität und andererseits nichtfunktionale Eigenschaften (QoS – Quality of Service), wie z. B. Sicherheitslevel oder Performance, fest. *Synonym:* Dienst
Service-Level-Agreement (SLA)	Vereinbarung zwischen Servicegeber und Servicenehmer über Qualität und Quantität der Serviceleistungen (eindeutig nachweisbar, nachvollziehbar). Bestandteile sind u. a. Leistungsdefinitionen, Servicezeiten und Reaktionszeiten.
Service-Level-Management	Prozess zur Sicherstellung der Service-Level-Agreements durch den Servicegeber und die Kontrolle durch den Servicenehmer. Basis sind Service Monitoring und Service Reporting.
Servicemanagement	Fasst alle Aufgaben zusammen, die für Aufbau, Pflege und Ausbau sämtlicher Serviceaktivitäten gegenüber den Kunden notwendig sind. Dies umfasst sowohl den Support und Betrieb von Informationssystemen und Infrastruktur als auch Beratungsleistungen. ITIL ist die Referenz für das Servicemanagement.
Sicherheitsarchitektur	Die Gesamtheit aller Leitlinien, Richtlinien, Verfahrensanweisungen, Handlungsanweisungen und technischen Maßnahmen im Kontext Informationssicherheit.
Sicherheitsereignis	Ein Ereignis, das möglicherweise Auswirkungen auf die Sicherheit einer Organisation haben kann. (*engl.:* Security Event)
Sicherheitsnotfall	Ein Sicherheitsvorfall mit gravierenden Auswirkungen auf die Sicherheit einer Organisation.
Sicherheitsvorfall	Vorfall, der mit hoher Wahrscheinlichkeit Auswirkungen auf die Sicherheit einer Organisation haben wird. (*engl.:* Security Incident)

Social Engineering	Social Engineering nennt man zwischenmenschliche Beeinflussungen mit dem Ziel, bei Personen bestimmte Verhaltensweisen hervorzurufen (siehe wikipedia.com). Social Engineering im Sicherheitsbereich sind Verfahren, um an sensible Unternehmensdaten (sicherheitskritische Daten) durch das Ausnutzen menschlichen Verhaltens zu gelangen. Die Opfer werden hier manipuliert, beeinflusst oder getäuscht und Stress wird erzeugt, damit sie unüberlegt handeln und persönliche und finanzielle Informationen preisgeben oder dem Angreifer die Kontrolle über ein Computersystem überlassen.
Sourcing-Strategie	Hier werden zentrale Eckpfeiler gesetzt, um den richtigen Mix aus „make or buy" zu finden. Die Sourcing-Strategie hängt stark von der Eigenleistungsfähigkeit des Unternehmens ab.
Sponsor	Der Auftraggeber oder gegebenenfalls ein anderer nutznießender Stakeholder. Er gibt bei der Einführung der Disziplin Rückendeckung. Er hat Einfluss und sorgt initial für die entsprechenden Budgets und dafür, dass die richtigen Personen im Einführungsprojekt und später in der Linie mitwirken. Später macht er aktiv Marketing mit den Erfolgen und hilft, die Disziplin „zum Fliegen zu bekommen".
Stakeholder	Eine Person oder logische Gruppe, die ein Interesse an der Durchführung oder dem Ergebnis einer Tätigkeit oder eines Prozesses hat.
Stakeholder-Analyse	Analyse der Beteiligten an einer Aufgabe oder einem Prozess(schritt) hinsichtlich festgelegter oder festzulegenden Kriterien.
Stakeholder-Gruppe	Besteht aus einer Menge von Stakeholder.
Steuerkreis	Ist verantwortlich für die Vorgabe von Zielen und Randbedingungen sowie die Überwachung von deren Einhaltung. Ein Steuerkreis besteht entsprechend seiner Zielsetzung (siehe Projektsteuerkreis) aus den Entscheidungsträgern in diesem Kontext. In einer Gremienordnung, auch Geschäftsordnung genannt, werden sowohl die Häufigkeit und Dauer der Sitzungen als auch alle Verfahrensregelungen, nach denen Sitzungen dieses Gremiums abzulaufen haben, zusammengefasst.

Steuerungsgrößen	Sind maßgeblich für die Unternehmens- und IT-Steuerung. Sie sind unternehmensspezifisch. *Beispiele:* die Wettbewerbsdifferenzierung von Geschäftsprozessen oder der Strategiebeitrag oder der Gesundheitszustand eines Informationssystems.
Steuerungs-instrumentarium	Ein Hilfsmittel, um zielgerichtet die Einhaltung von Planvorgaben zu überprüfen und durchzusetzen. Hierzu werden der aktuelle Status, der Fortschritt und/oder eine Prognose für die zukünftige Entwicklung Stakeholder-orientiert in einer Steuerungssicht als Input zur Verfügung gestellt.
Steuerungsobjekt	Aspekt, der zielorientiert zu steuern ist. Steuerungsobjekte können u. a. Dienstleistungen, Prozesse, Produkte, Informationssysteme, Personen, Geschäftseinheiten oder Projekte sein.
Störung	Eine Situation, in der die Funktionsweise von Prozessen oder Ressourcen eines Unternehmens kurzzeitig und mit einem nur geringen Schaden eingeschränkt ist. Ein „geringer" Schaden ist ein Schaden mit geringer Schadenshöhe, z. B. im Verhältnis zum Gesamtjahresergebnis eines Unternehmens. Störungen werden durch eine im Tagesgeschäft integrierte Störungsbehebung beseitigt. Da sich Störungen jedoch zu einem Notfall ausweiten können, sind diese genau zu beobachten, sorgfältig zu dokumentieren und zeitnah zu beheben. Das Störungsmanagement ist kein Bestandteil des Notfallmanagements.
Strategic Excellence	Fähigkeit, das Unternehmen oder den jeweiligen Verantwortungsbereich strategisch auszurichten und systematisch weiterzuentwickeln. Aufgrund der sich immer schneller ändernden Randbedingungen und Geschäftsanforderungen müssen hierzu gegebenenfalls auch das Geschäftsmodell, die Organisationsstrukturen und die Geschäftsprozesse hinterfragt und angepasst werden.
Strategie	Eine Unternehmensstrategie steht für die langfristigen Vorgaben, die für den Aufbau, den Erhalt oder die Weiterentwicklung des Unternehmens erfolgskritisch sind. Sie beschäftigt sich mit der Frage, auf welche Art und Weise Ziele erreicht werden können.
Strategisches IT-Controlling	Zielt auf die Steigerung der Effektivität ab. Es stellt entscheidungsrelevante Informationen für das Management bereit.

Strategische IT-Maßnahmenplanung	Schafft einen langfristigen und unternehmensweiten Plan zur Gestaltung der IT-Landschaft. Ein strategischer Maßnahmenplan besteht in der Regel aus mehreren Teilplänen. Jeder Teilplan nimmt konkreten Bezug auf mindestens eine Kategorie von IT-Assets wie z. B. Betriebsinfrastruktur.
Szenario	Mögliche alternative Lösung, in der vorausschauend qualitativ und quantitativ die relevanten Aspekte und Randbedingungen abgebildet sowie Annahmen und Entwurfsentscheidungen getroffen werden. In der Regel werden irrelevante Aspekte ausgeblendet.
Tailoring	Bezeichnet die Anpassung oder Konfiguration von Bausteinen an die unternehmensspezifischen Anforderungen und Randbedingungen.
Technische Domäne	Strukturiert den Blueprint, den Standardisierungskatalog für die technische Bebauung. *Beispiele:* Datenbanken, fachliche Standardsoftware oder Laufzeitumgebungen.
Technische Standardisierung	Beinhaltet alle Prozesse zur Planung und Steuerung der technischen Standardisierung, um die Flexibilität und Qualität durch adäquate Architekturen zu erhöhen und die Kosten durch technische Standardisierung (Prinzipien, Standardarchitekturen, Tools, Blueprints und Best-Practice-Beispiele) zu reduzieren. Im Rahmen des Technologiemanagements werden die unternehmensspezifischen IT-Standards wie z. B. Datenbanken für die Weiterentwicklung der IT-Landschaft vorgegeben. Dies ist ein wichtiger Input im IT-Bebauungsmanagement zur Steuerung der Verbauung der technischen Bausteine.
Unternehmensarchitektur (Enterprise Architecture)	Eine Unternehmensarchitektur (Enterprise Architecture) schafft eine gesamthafte Sicht auf das Unternehmen. Sie legt die wesentlichen fachlichen und IT-Strukturen fest und verknüpft sie miteinander. Auf dieser Basis lassen sich das Business und die IT und ihre Zusammenhänge beschreiben. Eine gemeinsame Sprachbasis, „eine Brücke" zwischen Business und IT, wird geschaffen. So kann die strategische Weiterentwicklung von Business und IT aktiv gesteuert werden.

Unternehmensplanung	Ein systematisches und zukunftsorientiertes Durchdenken und Festlegen von Mitteln und Wegen zur Erreichung der Unternehmensziele (siehe [Kle00]). Die Ziele und Strategien des Unternehmens werden in Plänen dokumentiert, die häufig für die verschiedenen Geschäftseinheiten des Unternehmens in Einzelpläne und/oder Rahmenvorgaben heruntergebrochen werden. Auf Basis der Pläne und der gesetzten Rahmenbedingungen, wie z. B. Budgettöpfe oder eine Produktvision, kann das Unternehmen zielorientiert gesteuert werden, da sich die Zielerreichung durch einen Plan-Ist-Vergleich überprüfen lässt.
Unternehmenssteuerung	Vorgabe von Geschäftsmodell, Zielen und Leitplanken für das taktische und operative Management im Unternehmen und Sicherstellung von deren Umsetzung durch eine geeignete Organisation und Prozesse sowie Führung.
Unternehmensstrategie	Gibt Geschäftsmodell, Organisation, Prozesse und Zielvorgaben für die Steuerung des Unternehmens vor. Es ist eine umfassende Beschreibung des Entscheidungsverhaltens der Unternehmensführung zur Sicherung zukünftiger Erfolgspotenziale. Obwohl sie sich von einem zukünftigen Erfolg ableitet, gibt sie den Weg vor, wie in der Gegenwart entschieden werden soll. Die Unternehmensstrategie gibt Antworten auf folgende essenzielle Fragen: „Wo stehen wir mit unserem Unternehmen? (Ist-Zustand)", „Wo wollen wir hin? (Ziel- und Soll-Zustand)" und „Wie kommen wir dorthin? (Weg zum Ziel)" (siehe [Tie07]).
Use-Case	Beschreibt das nach außen hin für den Nutzer eines Systems sichtbare Verhalten.
Verantwortlichkeit	Dafür Sorge zu tragen, dass die Entwicklung des Verantwortungsbereichs im gewünschten Sinne verläuft (siehe *www.wikipedia.org*). Verantwortung besteht aus den drei untrennbaren Bestandteilen Aufgabe, Befugnis und Rechenschaftspflicht. Es ist also nicht möglich, für die Durchführung einer Aufgabe ohne die entsprechenden Befugnisse (z. B. Zeichnungsrecht, Weisungsrecht) verantwortlich zu sein (sog. Kongruenzprinzip). Ebenso bedeutet Verantwortung, dass aus falschem Handeln oder Nichthandeln Konsequenzen, wie z. B. Vertragsstrafen oder disziplinarische Strafen, erwachsen (siehe *http://wirtschaftslexikon.gabler.de*).

Verbindlichkeit	Zusammenfassung der Sicherheitsziele Authentizität und Nichtabstreitbarkeit. Bei der Informationsübertragung hat die Informationsquelle ihre Identität bewiesen und der Empfang der Nachricht kann nicht in Abrede gestellt werden.
Verfahren	Ausführbare Vorschriften oder Anweisungen zur Anwendung von Methoden. Sie beschreiben einen konkreten Weg zur Lösung bestimmter Probleme oder Problemklassen.
Verfahrensanweisung (VA)	Beschreibt komplexe Verfahren bzw. Prozesse zur Umsetzung von normativen Anforderungen. Sie sind teilweise bereichsübergreifend relevant. *Beispiele:* Verfahrensanweisungen zu Dokumentenlenkung und Informationsklassifizierung. Durch Verfahrensanweisungen werden die z. T. komplexen Zusammenhänge zusammengefasst, wie z. B. bei der Dokumentenlenkung die Vorgaben für die Kennzeichnung, Freigabe und Verteilung von Dokumenten und Informationen. Im Gegensatz dazu geben Arbeitsanweisungen konkrete Arbeitsschritte für eine klar definierte Zielgruppe wie z. B. IT-Administratoren vor.
Vision	Langfristig ausgerichtetes Zielbild, an dem sich sämtliche Aktivitäten orientieren. Eine Vision ist eine Wunschvorstellung, die die aktuelle Ausgangslage berücksichtigt, d. h. prinzipiell umsetzbar ist. Eine Vision dient als Leitgedanke für alle Beteiligten.
Vorhaben	Projekte, Programme oder Wartungsmaßnahmen, die als Ganzes geplant und gesteuert werden.
Wertbeitrag	Bezeichnet den Grad der Unterstützung des aktuellen Geschäfts.
Wissensmanagement	Beschäftigt sich mit dem Erwerb, der Konsolidierung, dem Transfer, der Speicherung sowie der Nutzung von Wissen.
Ziel	Bezeichnet einen in der Zukunft liegenden, gegenüber dem Gegenwärtigen im Allgemeinen veränderten, erstrebenswerten und angestrebten Zustand (Zielvorgabe). Ein Ziel ist somit ein definierter und angestrebter Endpunkt eines Prozesses, meist einer menschlichen Handlung. Mit dem Ziel ist häufig der Erfolg eines Projekts bzw. einer mehr oder weniger aufwendigen Arbeit markiert (siehe *www.wikipedia.org*).
Zuständigkeit	Legt Verantwortlichkeiten für Elemente wie z. B. Prozesse fest. Die Zuständigkeit kann in Form einer RACI (responsible, accountable, consulted, informed) festgelegt werden.

Abkürzungen

AA	Arbeitsanweisung
ACL	Access Control List
API	Application Programming Interface
BAIT	Bankaufsichtliche Anforderungen an die IT
BCM	Business Continuity Management
BI	Business Intelligence
BPMN	Business Process Modeling Notation
BSI	Bundesamt für Sicherheit in der Informationsverarbeitung
BYOD	Bring Your Own Device
CA	Certification Authorities
CERT	Computer Emergency Response Team
CIO	Chief Information Officer
CMDB	Configuration Management Database
CMMI	Capability Maturity Model Integration
COBIT	Control Objectives for Information and Related Technology
COTS	Commercial-off-the-Shelf-Produkt
CRAMM	CCTA Risk Analysis and Management Method
CRUD	C-Create, R-Read, U-Update, D-Delete
DBMS	Datenbankmanagementsystem

DGSA	Department of Defense Goal Security Architecture
DMZ	Demilitarized Zone
DoD	Department of Defense
DWH	Data Warehouse (BI-Lösungen)
EAI	Enterprise Application Integration
EAM	Enterprise Architecture Management
ENX	European Network Exchange
EPK	Ereignisgesteuerte Prozesskette (Kontext ARIS Prozessmodellierung siehe [Sch01])
ERP	Enterprise Resource Planning
ESB	Enterprise Service Bus
GfK	Gesetz über die Finanzkontrolle
HGB	Handelsgesetzbuch
HTTP	Hypertext Transfer Protocol
HW	Hardware
IAM	Identity und Access Management
IdM	Identity Management
IDW	Institut der Wirtschaftsprüfer in Deutschland e. V.
IS	Informationssystem
ISEC	Informationssicherheit
ISMS	Informationssicherheitsmanagementsystem
ISF	Information Security Forum
ITIL	Information Technology Infrastructure Library
JRE	Java Runtime Environment
KonTraG	Gesetz zur Kontrolle und Transparenz im Unternehmensbereich
LAN	Local Area Network
LOC	Lines of Code
MaRisk	Mindestanforderungen an das Risikomanagement
MitM	Man-in-the-Middle
NW	Netzwerk

OLA	Operating Level Agreement
OLAP	Online Analytical Processing
OLTP	Online Transaction Processing
PKI	Public Key Infrastructure
PoC	Proof of Concept
SHA-1	Secure Hash Algorithm 1
S/MIME	Secure/Multipurpose Internet Mail Extensions
SLA	Service Level Agreement
SOA	Service Oriented Architecture
SoGP	Standard of Good Practice
SOX	Sarbanes-Oxley Act
SWOT	Strength, Weakness, Opportunity, Threats
TISAX	Trusted Information Security Assessment Exchange
TKG	Telekommunikationsgesetz
TLS	Transport Layer Security
TOGAF	The Open Group Architecture Framework
UC	Underpinning Contract
VA	Verfahrensanweisung
VPN	Virtuelles Privates Netz
WAN	Wide Area Network
WPO	Wirtschaftsprüferordnung

Literatur

[Bun17] *Dr. Bungartz, O.:* Handbuch Interne Kontrollsysteme (IKS): Steuerung und Überwachung von Unternehmen. 1. Auflage. Schmidt, Berlin 2017

[Aie04] *Aier, S.; Schönherr, M. (Hrsg.):* Enterprise Application Integration – Serviceorientierung und nachhaltige Architekturen. 1. Auflage. Gito, Berlin 2004

[Aie05] *Aier, S.; Schönherr, M. (Hrsg.):* Unternehmensarchitekturen und Systemintegration. 1. Auflage. Gito, Berlin 2005

[Ahl06] *Ahlrichs, F.; Knuppertz, Th.:* Controlling von Geschäftsprozessen. Prozessorientierte Unternehmenssteuerung umsetzen. 1. Auflage. Schäffer-Poeschel, Stuttgart 2006

[All05] *Allweyer, Th.:* Geschäftsprozessmanagement. 1. Auflage. W3L, Witten, 2005

[Bei23] *Beims, M.; Ziegenbein, M.:* IT-Service-Management in der Praxis mit ITIL®: Zusammenarbeit systematisieren und relevante Ergebnisse erzielen. 6. Auflage. Carl Hanser Verlag, 2023

[Bre24] *Brenner, M.; Felde, N.; Hommel, W.; Metzger, S.; Reiser, H. u. a.:* Praxisbuch ISO/IEC 27001: Management der Informationssicherheit und Vorbereitung auf die Zertifizierung. Zur Norm ISO/IEC 27001: 2015. 5. Auflage. Hanser, München 2024

[Bit11] *BITKOM:* Enterprise Architecture Management – neue Disziplin für die ganzheitliche Unternehmensentwicklung. BITKOM, 2011

[Bit17] *BITKOM:* Das Verarbeitungsverzeichnis: Verzeichnis von Verarbeitungstätigkeiten nach Art. 30 EU-Datenschutz-Grundverordnung (DS-GVO). 2017. *https://www.bitkom.org/sites/default/files/file/import/180529-LF-Verarbeitungsverzeichnis-online.pdf.*

[BSI23-1] *BSI:* IT-Grundschutz-Kompendium 2023. Edition 2023. *https://www.bsi.bund.de/DE/Themen/Unternehmen-und-Organisationen/Standards-und-Zertifizierung/IT-Grundschutz/IT-Grundschutz-Kompendium/it-grundschutz-kompendium_node.html*

[BSI23-2] *BSI:* Umsetzungshinweise zum IT-Grundschutz-Kompendium Edition 2023. *https://www.bsi.bund.de/DE/Themen/Unternehmen-und-Organisationen/Standards-und-Zertifizierung/IT-Grundschutz/IT-Grundschutz-Kompendium/Umsetzungshinweise/umsetzungshinweise_node.html*

[BSI23-3] *BSI:* IT-GS-Kompendium/Zuordnung_ISO_und_IT_Grundschutz. *www.bsi.bund.de/SharedDocs/Downloads/DE/BSI/Grundschutz/IT-GS-Kompendium/Zuordnung_ISO_und_IT_Grundschutz_Edit_6.pdf*, 2023

[BSI19-3] *BSI:* BSI-Standard 200-1: Managementsysteme für Informationssicherheit. *https://www.bsi.bund.de/DE/Themen/Unternehmen-und-Organisationen/Standards-und-Zertifizierung/IT-Grundschutz/BSI-Standards/BSI-Standard-200-1-Managementsysteme-fuer-Informationssicherheit/bsi-standard-200-1-managementsysteme-fuer-informationssicherheit_node.html*

[BSI19-4] *BSI:* BSI-Standard 200-2: IT-Grundschutz-Methodik. *https://www.bsi.bund.de/DE/Themen/Unternehmen-und-Organisationen/Standards-und-Zertifizierung/IT-Grundschutz/BSI-Standards/BSI-Standard-200-2-IT-Grundschutz-Methodik/bsi-standard-200-2-it-grundschutz-methodik_node.html*

[BSI19-5] *BSI:* BSI-Standard 200-3: Risikomanagement. Leitfaden Basis-Absicherung. *https://www.bsi.bund.de/DE/Themen/Unternehmen-und-Organisationen/Standards-und-Zertifizierung/IT-Grundschutz/BSI-Standards/BSI-Standard-200-3-Risikomanagement/bsi-standard-200-3-risikomanagement_node.html*

[BSI19-6] *BSI:* BSI-Standard 100-4: Notfallmanagement. *https://www.bsi.bund.de/DE/Themen/Unternehmen-und-Organisationen/Standards-und-Zertifizierung/IT-Grundschutz/BSI-Standards/BSI-Standard-100-4-Notfallmanagement/bsi-standard-100-4-notfallmanagement_node.html*

[DOD04–1] *Department of Defence Architecture Framework Working Group:* DoD Architecture Framework Version 1.0, Volume I: Definitions and Guidelines. USA 2004

[DOD04–2] *Department of Defence Architecture Framework Working Group:* DoD Architecture Framework Version 1.0, Volume II: Product Descriptions. USA 2004

[Dop02] *Doppler, K.; Lauterburg, Ch.:* Chance Management. Den Unternehmenswandel gestalten. 10. Auflage. Campus, Frankfurt 2002

[Foe08] *Foegen, M.; Solbach, M.; Raak, C.:* Der Weg zur professionellen IT. Eine praktische Anleitung für das Management von Veränderungen mit CMMI, ITIL oder SPICE. 1. Auflage. Springer, Heidelberg 2008

[Fre10] *Freund, J.; Rücker, B.:* Praxishandbuch BPMN 2.0. 2. Auflage. Hanser, München 2010

[Frö07] *Fröhlich, M.; Glasner, K.:* IT-Governance – Leitfaden für eine praxisgerechte Implementierung. 1. Auflage. Gabler, Wiesbaden 2007

[Gad07] *Gadatsch, A.:* Grundkurs Geschäftsprozess-Management. Methoden und Werkzeuge für die IT-Praxis: Eine Einführung für Studenten und Praktiker. 5., verbesserte und erweiterte Auflage. Vieweg, Wiesbaden 2007

[Rie11] *Ries, R.:* The Lean Start-up: How Constant Innovation Creates Radically Successful Businesses. 1. Auflage. Portfolio Penguin, 2011

[Gad21] *Gadatsch, A.:* IT-Controlling: Von der IT-Kosten- und Leistungsverrechnung zum Smart-Controlling. 2. Auflage. Springer Vieweg, 2021

[Gad24] *Gadatsch, A.:* Grundkurs Geschäftsprozess-Management. Methoden und Werkzeuge für die IT-Praxis: Eine Einführung für Studenten und Praktiker. 10., verbesserte und erweiterte Auflage. Vieweg, Wiesbaden 2024

[Gau19] *Gaulke, M.:* Praxiswissen COBIT, Grundlagen und praktische Anwendung in der Unternehmens-IT. 3. Auflage. dpunkt.verlag, 2019

[Gui03] *Guiney, E.; Kulak, D.; Lavkulich, E.:* Use Cases: Requirements in Context. 2. Auflage. Addison-Wesley Longman, Amsterdam 2003

[Han13] *Hanschke, I.:* Strategisches Management der IT-Landschaft – Ein praktischer Leitfaden für das Enterprise Architecture Management. 3. Auflage. Hanser, München 2013

[Han16] *Hanschke, I.:* Enterprise Architecture Management – einfach und effektiv. 2. Auflage. Hanser, München 2016

[Han17] *Hanschke, I.:* Agile in der Unternehmenspraxis. 1. Auflage. Springer, 2017

[Han18] *Hanschke, I.:* Digitalisierung und Industrie 4.0 – einfach und effektiv. 1. Auflage. Hanser, München 2018

[Han17] *Hanschke, I.:* Agile in der Unternehmenspraxis. 1. Auflage. Springer, 2017

[Han18] *Hanschke, I.:* Digitalisierung und Industrie 4.0 – einfach und effektiv. 1. Auflage. Hanser, München 2018

[Han22] *Hanschke, I.:* Enterprise Architecture Management – einfach und effektiv. 3. Auflage. Hanser, München 2022

[Han23] *Hanschke, I.:* Strategisches Management der IT-Landschaft – Ein praktischer Leitfaden für das Enterprise Architecture Management. 4. Auflage. Hanser, München 2023

[Han24] *Hanschke, I.:* Einfache & effektive strategische IT-Planung – systematisch und agil den Wandel wirksam managen. 2. Auflage. Hanser, München 2024

[Han25] *Hanschke, I.: Hanschke, I.:* Lean IT-Management – einfach und effektiv. 2. Auflage. Hanser, München 2025

[Hen13] *Henderson, V.; Sircar, R.:* CRISAM-Modell in: Vicky Henderson, Ronnie Sircar: Paris-Princeton Lectures on Mathematical Finance 2013. Ban 2081. DIN e. V. (Hrsg.), Autoren: Wolfgang Böhmer, Knut Haufe, Juli 2013

[Her23] *Hermans, K.:* Mastering ISO/IEC 20000–1: A Comprehensive Guide To Understand And Implement The ISO/IEC 20000-1 Standard. 1. Independently published, 2023

[HGG24] *Hanschke, I.; Giesinger, G.; Goetze, D.:* Business-Analyse – einfach und effektiv. 3. Auflage. Hanser, München 2024

[Hir11] *Hirzel, M.; Seldmayer, M.; Alter, W.:* Projektportfolio-Management: Strategisches und operatives Multi-Projektmanagement. 3. Auflage. Gabler, Wiesbaden 2011

[Hlo21] *Hanschke, I.; Lorenz, R.:* Strategisches Prozessmanagement – einfach und effektiv: Ein praktischer Leitfaden. 2. Auflage. Hanser, München 2021

[ISA19] *IT Governance Institute:* CobiT 2019. *https://www.isaca.de/de/veroeffentlichungen/cobit*

[itS08] *itSMF und ISACA:* Praxishandbuch. ITIL-COBIT-Mapping. Gemeinsamkeiten und Unterschiede der IT-Standards. 1. Auflage. Symposion Publishing, Düsseldorf 2008

[Joh11] *Johannsen, W.; Goeken, M.:* Referenzmodelle für IT-Governance. Strategische Effektivität und Effizienz mit COBIT, ITIL & Co. 2. Auflage. dpunkt.verlag, Heidelberg 2011

[Ker19] *Kersten, H.; Klett, G.; Reuter, J.; Schröder, K.-W.:* IT-Sicherheitsmanagement nach der neuen ISO/IEC 27001: ISMS, Risiken, Kennziffern, Controls. 2. Auflage. Springer Vieweg, Wiesbaden 2019

[Kli17] *Klipper, S.; Lohre, T., u. a.:* Managementsysteme für Informationssicherheit (ISMS) mit DIN EN ISO/IEC 27001 betreiben und verbessern. 1. Auflage. Beuth, Berlin 2017

[Küt11] *Kütz, M.:* Kennzahlen in der IT – Werkzeuge für Controlling und Management. 4. Auflage. dpunkt.verlag, Heidelberg 2011

[Lef11] *Leffingwell, D.:* Agile Software Requirements – Lean Requirements Practices for Teams, Programs, and the Enterprise. 1. Auflage. Addison-Wesley 2011

[Lit05] *Litke, H.-D.:* Projektmanagement – Handbuch für die Praxis. Konzepte – Instrumente – Umsetzung. 1. Auflage. Hanser, München 2005

[Mai05] *Maizlish, B.; Handler, R.:* IT Portfolio Management Step-by-Step. 1. Auflage. Wiley & Sons, USA 2005

[Omg11] *Object Management Group:* Business Process Model and Notation (BPMN). Version 2.0. OMG, 2011. *http://www.omg.org/cgi-bin/doc?formal/11-01-03.pdf*

[Ost11] *Osterwalder, A.:* Business Model Generation: Ein Handbuch für Visionäre, Spielveränderer und Herausforderer. 1. Auflage. Campus, 2011

[Owe18] *Owen, P.; Burnett, A.:* Agile Enterprise Architecture and Innovation Management. 1. Auflage. BLURB INC, 2018

[Pax10] *Paxmann, S.; Fuchs, G.:* Der unternehmensinterne Businessplan: Neue Geschäftsmöglichkeiten entdecken, präsentieren, durchsetzen. 2. Auflage. Campus, Frankfurt 2010

[Pfe14] *Pfeffer, T.; Schmitt, R.; Masing, W.:* Handbuch Qualitätsmanagement. 6. Auflage. Hanser, München 2014

[Poh08] *Pohl, K.:* Requirements Engineering: Grundlagen, Prinzipien, Techniken. 2. Auflage. dpunkt.verlag, Heidelberg 2008

[Por85] *Porter, M.; Millar, V. E.:* How information gives you competitive advantage. In: Harvard Business Review. 63. Jg., 1985, Nr. 4, S. 149 – 160.

[Rat08] *Rattay, G.; Patzak, G.:* Projektmanagement: Leitfaden zum Management von Projekten, Projektportfolios und projektorientierten Unternehmen. 5. Auflage. Linde, Wien 2008

[Rom07] *Romeike, F.:* Rechtliche Grundlagen des Risikomanagements: Haftungs- und Strafvermeidung für Corporate. 1. Auflage. Schmidt, Berlin 2007

[Rüt06] *Rüter, A.; Schröder, J.; Göldner, A.:* IT-Governance in der Praxis. 1. Auflage. Springer, Berlin 2006

[Rup07] *Rupp, Ch.; Queins, S.; Zengler, B.:* UML 2 glasklar. Praxiswissen für die UML-Modellierung. 3. Auflage. Hanser, München 2007

[SDM24] SDM: Das Standard-Datenschutzmodell: Eine Methode zur Datenschutzberatung und -prüfung auf der Basis einheitlicher Gewährleistungsziele von der 107. Konferenz der unabhängigen Datenschutzaufsichtsbehörden des Bundes und der Länder am 14. Mai 2024 beschlossen. Version 3.1, 2024 *https://www.datenschutzkonferenz-online.de/media/ah/SDM-Methode-V31.pdf*

[Slo18] *Slogar, A.:* Die agile Organisation: Wo anfangen? Wie Mitarbeiter und Führungskräfte begeistern? Wie Strukturen und Strategien anpassen? Hanser, München 2018

[TOG01] *The Open Group:* Other Architectures and Architectural Frameworks. The Open Group 2001. *http://www.opengroup.org/architecture/togaf7-doc/arch/p4/others/others.htm* (Download 2007-05-07)

[TOG18] *The Open Group:* TOGAF™ (The Open Group Architecture Framework) Version 9.2 „Enterprise Edition“. The Open Group 2018 und Van Haren Publishing, 2018

[Vah05] *Vahs, D.:* Organisation. Einführung in die Organisationstheorie und -praxis. 5. Auflage. Schäffer Poeschel, Stuttgart 2005

[VDA18] *VDA Information Security Assessment:* VDA Information Security Assessment. 2018. https://www.vda.de/en/topics/digitization/data/information-security

[VDM15] *VDMA:* Leitfaden Industrie 4.0. Orientierungshilfe zur Einführung in den Mittelstand. VMDA-Verlag, 2015

[Vog05] *Vogel, O.; Arnold, I.; Chughtai, A.; Ihler, E.; Mehlig, U.; Neumann, T.; Völter, M.; Zdun, U.:* Software-Architektur. Grundlagen – Konzepte – Praxis. 1. Auflage. Spektrum Akademischer Verlag, München 2005

[Voi24] *Voigt, P.; von dem Bussche, A.:* EU-Datenschutz-Grundverordnung (DSGVO): Praktikerhandbuch. 2. Auflage. Springer-Verlag, 2024

[War02] *Ward, J.; Peppard, J.:* Strategic Planning for Information Systems. 3. Auflage. Wiley & Sons, USA 2002

[Wei04] *Weill, P.; Ross, J. W.:* IT Governance – How Top Performers Manage IT Decision Rights for Superior Results. McGraw-Hill Professional, New York 2004

[Wol10] *Wolf, H.; van Solingen, R.; Rustenburg, E.:* Die Kraft von Scrum: Inspiration zur revolutionärsten Projektmanagement-Methode. 1. Auflage. Addison-Wesley, München 2010

[Zin04] *Zink, K. J.:* TQM als integriertes Managementkonzept. Das EFQM Excellence Modell und seine Umsetzung. 1. Auflage. Hanser, München 2004

Stichwortverzeichnis

A

Access Management *63*
Agilität *229*
Anforderungsmanagement *229*
Anwendungsentwicklung *229*
API-Management *229*
Applikationsarchitektur *207*
Arbeitsanweisung *114, 229*
Asset *230*
Asset-Management *140, 150*
Auftragskontrolle *108*
Auftragsverarbeitung *95, 230*
Authentisierung *230*
Authentizität *158*
Autorisierung *230*

B

Basis-Absicherung *85*
Basis-Infrastruktur *230*
Beauftragte für Informationssicherheit (ISB) *137*
Bebauung *230*
Bebauungsplangrafik *230*
Bedrohung *230*
Best Practices *230*
Betriebsinfrastrukturarchitektur *207*
BI *231*
Blueprint *231*
BSI-Standards *80*
Business-Alignment *28*
Business Capability Management *231*
Business Capability Map *231*
Business Continuity Management *118, 231*
Business Intelligence *231*
BYOD *66*

C

Change Management *231*
Change Request *231*
Chatbots *232*
Cloud-Computing *232*
Cluster-Analyse *232*
CMDB *233*
CMMI *232*
CobiT *232*
Cockpit *232*
Commodity *233*
Compliance *29, 35, 233*
Consumerisation *66*
Controlling *233*
COTS *232*
Cyber-Physical Systeme (CPS) *234*

Cyber-Security *37*
Cyber-Sicherheit *3, 241*

D

Data Governance *234*
Data Lake *234*
Datenminimierung *97, 159*
Datenschutz *3, 158, 162, 234*
Datenschutzbeauftragter (DSB) *94, 121, 197*
Datenschutz-Folgenabschätzung *98*
Datenschutz-Grundverordnung (DSGVO) *15, 89*
Datenschutzpolitik *111*
Datensicherung *234*
Datentransparenz *97*
Demand Management *235*
DevOps *235*
Dienst *251*
Dienstleistungs- und Produktportfolio *235*
Disruption *235*
Dokumentenlenkung *46, 154, 235*
Dokumentenpyramide *111*
Domäne *235*
DS & ISMS *235*
– Integriertes Managementsystem für Datenschutz und Informationssicherheit *110, 235*

E

EAM *236*
Eingabekontrolle *108*
Einwilligung des Betroffenen *96*
End-to-end *236*
Enterprise Architecture *254*
Enterprise Architecture Management *208, 236*
Erklärung zur Anwendbarkeit *58*
EU-Datenschutz-Grundverordnung *7*
EU-DSGVO *7, 15, 89*

F

FAIT *26*
Fragestellungen *208*

G

GAP-Analyse *141*
Gefahr *236*
Gefährdung *236*
Geheimschutz *25*
Geschäftsanforderung *236*
Geschäftsarchitektur *206*
Geschäftsprozess *237*
Geschäftsregel *237*
Goldene Regeln der Informationssicherheit *89*
Governance *237*
Granularität *237*
Gremium *237*

H

Handlungsbedarf *237*

I

Identity Management *63*
Identity- und Accessmanagement (IAM) *63*
Incident Management *237*
Indikator *237*
Informationsklassifizierung *152*
Informationssicherheit *3, 238*
Informationssicherheitsbeauftragter (ISB) *121, 196*
Informationssicherheitsleitlinie *54, 132, 238*
Informationssicherheitsmanagementsystem (ISMS) *8, 41*
Informationssicherheitsstrategie *111, 238*
Informationssicherheitssystem *238*
Informationssystem *238*

Infrastrukturelemente *238*
Infrastruktur-Service *239*
Infrastruktursysteme *239*
Integrationsarchitektur *239*
Integrität *150, 155*
Intervenierbarkeit *159*
ISMS *8*
IT-Architektur *239*
IT-Bebauungsmanagement *240*
IT-Governance *240*
IT-Grundschutz-Kompendium *81*
ITIL *241*
– Information Technology Infrastructure Library *18*
IT-Koordinatoren-Gremium *240*
IT-Landschaft *240*
IT-Management *240*
IT-Nutzerrichtlinie *120*
IT-Produkt *240*
IT-Projektportfolio *240*
IT-Revision *241*
IT-Sicherheit *3, 241*
IT-System *241*

K

Katastrophe *187, 241*
Kennzahl *242*
Kennzahlensystem *242*
Kern-Absicherung *85*
Kernkompetenz *242*
Kernprozesse *242*
Key-User *242*
Kommunikationsplan *46, 201*
Kontrolle *242*
KPI *242*
Krise *187, 243*
KRITIS *11*
Kronjuwelen *85, 164*
Kryptokonzept *118, 170, 243*
Kumulationseffekt *166*
KVP *124*

L

Laufzeitumgebung *243*
Leitlinie *243*
Lieferantenmanagement *243*
Lifecycle *243*
Lokation *243*
Löschkonzept *69*

M

Malware *38*
Mandant *243*
Maßnahme *244*
Masterplan *244*
Masterplan-Grafik *244*
Maturity Level *244*
Maximumprinzip *166*
Methode *244*
Migrationsstrategie *244*
Mittelfristplanung *244*
Mobile Incident Response Teams
– MIRT *11*
Modell *245*
Modernisierter IT-Grundschutz *76, 136*
Monitoring *245*

N

Nichtabstreitbarkeit *158*
Nichtverkettung *159*
Notfall *187, 245*
Notfallhandbuch *190*
Notfallkonzept *190*
Notfallmanagement *231*
Notfallorganisation *186, 188*
Notfallvorsorgekonzept *190*

O

Operational Excellence *245*
Operational Model *245*
Operative Ausrichtung *245*
Operatives Prozessmanagement *246*

Opportunitätskosten *246*
Organisationseinheit *246*
Organisationsstruktur *246*
O-Ton Kunde *246*
Outsourcing *246*
Owner *246*

P

Penetrationstest *246*
Performance Management *29, 246*
Planung *247*
Plattform *247*
Plattform-API *247*
Portfoliografik *247*
Portfoliomanagement *247*
Prämisse *247*
Prinzipien *247*
Privacy by design und by default *98*
Produkt *247*
Profiling *96*
Programm *247*
Projekt *248*
Projektantrag *248*
Projektidee *248*
Projektportfolio *248*
Projektportfolio-Board *248*
Projektportfoliomanagement *249*
Projektsteuerkreis *249*
Provisioning *63*
Prozesslandkarte *249*
Prozessmanagement *249*

Q

Qualitätsmanagement *249*
Quality Gate *250*

R

Ransomeware *36*
Ransomware *38*
Rechtmäßigkeit der Verarbeitung *96*
Reifegradmodell *88, 250*
Release *250*
Releasemanagement *250*
Resilienz *13, 250*
Ressourcenmanagement *29*
Richtlinie *114, 250*
Risiko *250*
Risikoakzeptanzkriterien *182*
Risikoappetit *6, 182*
Risikobehandlung *182*
Risikofolgenabschätzung *94*
Risikoidentifikation *179*
Risikomanagement *29, 177, 250*
Risikoreduzierung *182*
Risikotransfer *183*
Risikoübernahme *183*
Risikovermeidung *182*
Rootkits *38*

S

Schnittstelle *250*
Schutzbedarf *160*
Schutzbedarfsfeststellung *141, 160*
Schutzbedarfskategorien *151*
Schutzziel *151*
Schwachstelle *251*
Schwachstellenmanagement *184*
Service *251*
Service-Level-Management *251*
Servicemanagement *251*
Sicherheitsarchitektur *251*
Sicherheitsereignis *251*
Sicherheitsniveau, Risikoappetit *6*
Sicherheitsnotfall *251*
Sicherheitsorganisation *87*
Sicherheitsvorfall *251*
SLA *251*
SoA *58*
Social Engineering *35, 252*
Sourcing-Strategie *252*
Sponsor *252*

Spyware *38*
Stakeholder *252*
Stakeholder-Analyse *252*
Stakeholder-Gruppe *252*
Standard-Absicherung *85*
Standard-Datenschutzmodell (SDM) *100*
Steuerkreis *252*
Steuerungsgröße *253*
Steuerungsinstrumentarium *253*
Steuerungsobjekt *253*
Störung *187, 253*
Strategic Excellence *253*
Strategie *253*
Strategische IT-Maßnahmenplanung *254*
Strategisches IT-Controlling *253*
Szenario *254*

T

Tailoring *254*
Technische Architektur *207*
Technische Domäne *254*
Technische Standardisierung *254*
Transparenz *159*
Trennungsgebot *108*
Trojaner *38*
Trusted Zone *171*

U

Unternehmensarchitektur *254*
Unternehmensplanung *255*
Unternehmenssteuerung *255*
Unternehmensstrategie *255*
Use-Case *255*

V

Verantwortlichkeit *255*
Verbindlichkeit *256*
Verfahren *256*
Verfahrensanweisung *114, 256*
Verfügbarkeit *150, 156*
Verfügbarkeitskontrolle *108*
Verschlusssache *25*
Verteilungseffekt *166*
Vertraulichkeit *150 f.*
Verzeichnis der Verarbeitungstätigkeiten *92*
Viren *38*
Vision *256*
Vorhaben *256*
Vulnerability *38*

W

Weitergabekontrolle *108*
Wertbeitrag *256*
Wiederanlaufpunkt (RPO) *157*
Wiederanlaufzeit (RTO) *157*
Wiederherstellzeit (RTO) *157*
Wissensmanagement *256*
Würmer *38*

Z

Ziel *256*
Zonenkonzept *169*
Zugangskontrolle *107*
Zugriffskontrolle *107*
Zurechenbarkeit *158*
Zuständigkeit *256*
Zutrittskontrolle *107*
Zweckbindung *97*